Wiesneth
Der amtsgerichtliche Bereitschaftsdienst

Der amtsgerichtliche Bereitschaftsdienst

von

Christian Wiesneth
Richter am Amtsgericht Bayreuth

Carl Heymanns Verlag 2009

Bibliografische Information der Deutschen Bibliothek
Die Deutsche Bibliothek verzeichnet diese Publikation in der Deutschen Nationalbibliografie; detaillierte bibliografische Daten sind im Internet über http://dnb.ddb.de abrufbar.

ISBN 978-3-452-27028-3

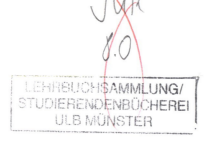

www.wolterskluwer.de
Alle Rechte vorbehalten.
© 2009 by Wolters Kluwer Deutschland GmbH, Luxemburger Straße 449, 50939 Köln.
Carl Heymanns Verlag – eine Marke von Wolters Kluwer Deutschland GmbH.

Das Werk einschließlich aller seiner Teile ist urheberrechtlich geschützt. Jede Verwertung außerhalb der engen Grenzen des Urheberrechtsgesetzes ist ohne Zustimmung des Verlages unzulässig und strafbar. Das gilt insbesondere für Vervielfältigungen, Übersetzungen, Mikroverfilmungen und die Einspeicherung und Verarbeitung in elektronischen Systemen.
Umschlaggestaltung: Martina Busch, Grafikdesign, Fürstenfeldbruck
Satz: Satz-Offizin Hümmer GmbH, Waldbüttelbrunn
Druck: Wilhelm & Adam OHG, Heusenstamm

∞ Gedruckt auf säurefreiem, alterungsbeständigem und chlorfreiem Papier

Vorwort

Zahlreiche Entscheidungen des Bundesverfassungsgerichts in den letzten Jahren haben deutlich gemacht, dass der Grundrechtsschutz eine Neuregelung des richterlichen Bereitschaftsdienstes verlangt, um dem verfassungsrechtlich normierten Richtervorbehalt Geltung zu verschaffen. Gefordert wird eine ständige Erreichbarkeit des Richters vom frühen Morgen bis in die Abendstunden und damit eine zeitliche Ausweitung des Eildienstes. Nach den Erfahrungen in der Richterfortbildung zum amtsgerichtlichen Bereitschaftsdienst besteht bei den Kolleginnen und Kollegen ein hohes Interesse daran, sich dazu in die unterschiedlichsten Rechtsgebiete, die im richterlichen Eildienst anfallen können, rasch einzuarbeiten. Verbunden wird dies mit dem Eigenanspruch, den Aufgaben als Richter auch auf ungewohntem Rechtsgebiet qualitativ gerecht zu werden. Dabei wird häufig beklagt, dass es für den Bereitschaftsdienst an ausreichendem Material mangelt, das zusammenfassend neben der Vermittlung theoretischen Wissens zu den anfallenden Aufgaben zusätzliche praktische Anschauung in der Rechtsanwendung gibt. Dem versucht das Buch abzuhelfen. Es befasst sich mit den unterschiedlichsten Formen des Freiheitsentzugs, beginnend vom Haftbefehlsverfahren über die öffentlich-rechtliche und zivilrechtliche Unterbringung bis hin zur Ingewahrsamnahme nach Polizeirecht, erläutert das Gewaltschutzgesetz, das Arrest- und einstweilige Verfügungsverfahren, beschränkt sich jedoch aus Platzgründen bei den strafprozessualen Eingriffsmaßnahmen auf die häufig vorkommenden Durchsuchungs- und Beschlagnahmebeschlüsse und Telekommunikationsüberwachungsmaßnahmen. Die Bestimmungen des am 1.9.2009 in Kraft tretenden FamFG, welches unter anderem das FGG ablösen wird, sind bereits berücksichtigt.

Das Buch enthält eine Kombination von Einführungen in die jeweilige Rechtsmaterie mit praktischem Anschauungsmaterial. Neben Beschlussformularen als Entscheidungsvorschlag wird in den wesentlichen Tätigkeitsbereichen jeweils ein praktischer Fall in Form eines Aktenauszugs dargestellt, der die Umsetzung der rechtlichen Möglichkeiten in die gerichtliche Praxis zeigt.

Der Verfasser wendet sich an Amtsrichter, denen ein schneller Überblick über die Vielzahl der Rechtsgebiete im richterlichen Bereitschaftsdienst ermöglicht werden soll, sowie an Staatsanwälte, die in die Richterlaufbahn wechseln. Jedoch auch erfahrenen Kollegen, die längere Zeit in anderen Rechtsbereichen tätig sind, oder Richtern am Landgericht, welche in ihrem Bundesland zum amtsgerichtlichen Bereitschaftsdienst eingeteilt werden, möchte das Buch ein Ratgeber und Helfer zur Auffrischung ihres Wissens sein. Für interessierte Rechtsanwälte erschließt sich ein Einblick in Rechtsgebiete und gerichtliche Maßnahmen, die anwaltliches Tätigwerden auch außerhalb gewöhnlicher Dienstzeiten ermöglichen.

Bayreuth, im April 2009   Christian Wiesneth

Inhaltsverzeichnis

	Seite	Rdn.
Vorwort	V	
Inhaltsverzeichnis	VII	
Literaturverzeichnis	XV	
Polizeigesetze	XIX	
Landesgesetze zur Unterbringung	XXI	
Abkürzungsverzeichnis	XXIII	
Einführung	1	1
§ 1 Der amtsgerichtliche Bereitschaftsdienst	1	1
I. Einführung	1	1
II. Der Richtervorbehalt	2	3
III. Die Konzentration des Bereitschaftsdienstes	4	6
IV. Die Erreichbarkeit des Bereitschaftsdienstrichters	5	7
V. Die personelle und sächliche Ausstattung	5	9
§ 2 Der Richter im Bereitschaftsdienst	6	10
I. Allgemeines	6	10
II. Beteiligung der Richter am Landgericht	7	11
III. Der gesetzliche Richter	8	12
IV. Der Richter auf Probe	9	13
V. Die richterliche Entscheidung	9	14
1. Das Antragserfordernis	9	14
2. Der Prüfungsumfang	11	15
3. Die Form der Entscheidung	12	16
VI. Die Haftung des Richters im Bereitschaftsdienst	14	18
Teil 1 Der strafprozessuale Freiheitsentzug	16	21
§ 3 Das Verfahren auf Erlass eines Haftbefehls	16	21
I. Einführung	16	21
II. Der Anwendungsbereich	17	23
1. Persönlicher Anwendungsbereich	17	23
2. Sachlicher Anwendungsbereich	17	24
3. Die Haftvoraussetzungen im Einzelnen	18	25
4. Strafbestimmungen	22	34

				Seite	Rn.
		5.	Die Beweislage	22	35
		6.	Der Verhältnismäßigkeitsgrundsatz	23	36
	III.	Das Verfahren auf Erlass eines Haftbefehls		23	37
		1.	Zuständigkeitsbestimmungen	23	37
		2.	Antragsverfahren	24	38
		3.	Vorführungsfrist	24	39
		4.	Der Vernehmungsablauf	25	40
	IV.	Der Haftbefehl		29	53
	V.	Die Haftverschonung		30	54
	VI.	Der Vollzug der Untersuchungshaft		30	55
	VII.	Der praktische Fall		31	56
§ 4		**Die Eröffnung eines Haftbefehls**		37	61
	I.	Einführung		37	61
	II.	Das Verfahren auf Eröffnung eines Haftbefehls		37	62
		1.	Zuständigkeitsbestimmungen	37	62
		2.	Vorführungsfrist	38	63
		3.	Der Verfahrensablauf	38	64
	III.	Die Prüfung der Haftfrage		38	66
	IV.	Der Vollzug der Untersuchungshaft		39	68
	V.	Der praktische Fall		40	69
§ 5		**Strafprozessuale einstweilige Unterbringung**		42	71
	I.	Einführung		42	71
	II.	Der Anwendungsbereich		43	72
		1.	Persönlicher und sachlicher Anwendungsbereich	43	72
		2.	Die Unterbringungsvoraussetzungen im Einzelnen	43	73
	III.	Der Verfahrensablauf		44	74
		1.	Sachliche und örtliche Zuständigkeit	44	74
		2.	Das Verfahren	44	75
	IV.	Die Entscheidung		45	76
	V.	Der Vollzug		45	77
	VI.	Der praktische Fall		45	78
§ 6		**Der Europäische Haftbefehl**		52	79
	I.	Einführung		52	79
	II.	Der Anwendungsbereich		53	80
		1.	Persönlicher Anwendungsbereich	53	80
		2.	Sachlicher Anwendungsbereich	53	81
	III.	Das Verfahren auf Auslieferung		53	82
		1.	Zuständigkeitsbestimmungen	53	82
		2.	Verfahrensvorschriften	54	83
	IV.	Die Festhalteanordnung im Eildienst		56	86
	V.	Der Vollzug		57	87

Inhaltsverzeichnis IX

	VI.	Der praktische Fall	57	88
Teil 2	Öffentlich-rechtlicher Freiheitsentzug		62	89
§ 7	Öffentlich-rechtliche Unterbringung		62	89
	I.	Einführung	62	89
	II.	Der Anwendungsbereich	63	91
		1. Persönlicher Anwendungsbereich	63	91
		2. Sachlicher Anwendungsbereich	63	92
		3. Unterbringung gesetzlich Vertretener	64	94
		4. Eingriffsvoraussetzungen im Einzelnen	66	95
	III.	Das Verfahren	69	100
		1. Sachliche Zuständigkeit	69	100
		2. Örtliche Zuständigkeit	69	101
		3. Verfahrensgrundsätze	69	102
	IV.	Die Entscheidung	74	112
		1. Voraussetzungen der einstweiligen Anordnung	74	113
		2. Form und Inhalt der einstweiligen Anordnung	74	114
	V.	Die Bekanntmachung	75	117
	VI.	Der Vollzug	76	119
	VII.	Der praktische Fall	77	121
§ 8	Die Abschiebungshaft		83	122
	I.	Einführung	83	122
	II.	Der Anwendungsbereich	85	123
		1. Persönlicher Anwendungsbereich	85	123
		2. Sachlicher Anwendungsbereich	85	124
		3. Die Haftvoraussetzungen im Einzelnen	86	125
	III.	Das Verfahren	91	133
		1. Sachliche Zuständigkeit	91	134
		2. Örtliche Zuständigkeit	91	135
		3. Verfahrensgrundsätze	92	136
	IV.	Die Entscheidung	95	142
	V.	Die Bekanntmachung	96	144
	VI.	Der Vollzug	97	145
	VII.	Besondere Haftformen	97	146
		1. Die Vorbereitungshaft	97	146
		2. Die Sicherungshaft zur alsbaldigen Abschiebung	97	147
		3. Die Zurückweisungshaft	98	148
		4. Die Zurückschiebungshaft	98	149
	VIII.	Der praktische Fall	99	150
§ 9	Freiheitsentzug nach Polizeirecht		104	151
	I.	Einführung	104	151
	II.	Der Anwendungsbereich	105	152

			1. Persönlicher Anwendungsbereich	105	152
			2. Sachlicher Anwendungsbereich	105	153
			3. Polizeiliche Befugnisse (Ingewahrsamnahme)	105	154
		III.	Das Verfahren	107	156
			1. Ermessensentscheidung der Polizeibehörde	107	156
			2. Verfahrensgrundsätze	107	157
			3. Zuständigkeitsbestimmungen	111	163
		IV.	Die Entscheidung	112	165
			1. Die materiell-rechtlichen Voraussetzungen	112	165
			2. Die gerichtliche Entscheidung	113	166
		V.	Bekanntmachung und Vollzug	114	168
		VI.	Rechtsbehelfe	115	169
			1. Sofortige Beschwerde	115	170
			2. Rechtsbeschwerde	115	171
			3. Antrag auf Feststellung der Rechtswidrigkeit	115	172
		VII.	Anhang: Ingewahrsamnahme bei Gewaltschutz	116	173
Teil 3			Die zivilrechtliche Unterbringung	117	174
§ 10			Zivilrechtliche Unterbringung Volljähriger	117	174
	I.		Einführung	117	174
	II.		Der Anwendungsbereich	118	176
			1. Persönlicher Anwendungsbereich	118	176
			2. Sachlicher Anwendungsbereich	118	177
			3. Genehmigungsvoraussetzungen im Einzelnen	119	179
	III.		Das Genehmigungsverfahren	121	181
			1. Sachliche Zuständigkeit	121	181
			2. Örtliche Zuständigkeit	121	182
			3. Verfahrensgrundsätze	122	183
	IV.		Die Entscheidung	123	186
	V.		Die Bekanntmachung	124	189
	VI.		Der Vollzug	125	190
	VII.		Anhang: Vorläufige Betreuerbestellung	125	191
	VIII.		Der praktische Fall	126	193
§ 11			Zivilrechtliche Unterbringung Minderjähriger	131	194
	I.		Einführung	131	194
	II.		Der Anwendungsbereich	133	195
			1. Persönlicher Anwendungsbereich	133	195
			2. Sachlicher Anwendungsbereich	133	196
	III.		Das Genehmigungsverfahren	133	197
			1. Sachliche Zuständigkeit	134	198
			2. Örtliche Zuständigkeit	134	199
			3. Verfahrensgrundsätze	134	200
	IV.		Abgrenzung zur anderweitigen Unterbringung	135	201

Inhaltsverzeichnis XI

	V.	Entscheidung und Vollzug	135	202
	VI.	Der praktische Fall	136	203

Teil 4 Gewaltschutzgesetz 142 204

§ 12 Allgemeines 142 204
    I. Einführung 142 204
    II. Der Anwendungsbereich 144 206
        1. Persönlicher Anwendungsbereich 144 206
        2. Sachlicher Anwendungsbereich 144 207
    III. Verfahrensfragen 145 208
        1. Das familiengerichtliche Verfahren 145 209
        2. Verfahrensgrundsätze 146 211
        3. Das zivilgerichtliche Verfahren 146 212

§ 13 Entscheidungsmöglichkeiten 147 215
    I. Familiengerichtliche Anordnung auf Unterlassung 147 215
        1. Kein erforderliches Hauptsacheverfahren 148 216
        2. Die einstweilige Anordnung 148 218
        3. Die Bekanntmachung 149 222
        4. Die Vollstreckung 150 223
        5. Der praktische Fall 150 224
    II. Einstweilige Verfügung auf Unterlassung 156 225
        1. Verfahrensfragen 156 225
        2. Die Entscheidung 157 226
        3. Die Bekanntmachung 158 230
        4. Die Vollstreckung 159 231

§ 14 Die Wohnungszuweisung 159 233
    I. Verfahrensfragen 160 234
    II. Die Entscheidung 160 235
        1. Anspruchsgrundlage 160 235
        2. Ausschluss des Anspruchs 161 236
        3. Vorläufiger Rechtsschutz 161 237
    III. Die Bekanntmachung 162 240
    IV. Die Vollstreckung 162 241
    V. Der praktische Fall 163 242

Teil 5 Strafprozessuale Eingriffsmaßnahmen 169 243
    I. Einführung 169 243
    II. Verfahrensfragen 170 245
        1. Örtliche Zuständigkeit 170 245
        2. Sachliche Zuständigkeit 170 246
        3. Das Verfahren als Antragsverfahren 171 247
    III. Die Prüfungskompetenz im Ermittlungsverfahren 171 250

	IV.	Beweiserhebungs- und Verwertungsverbote	172	251
	V.	Die Entscheidung	173	255
	VI.	Der Vollzug	173	256
§ 15		**Untersuchung von Personen**	174	257
	I.	Die zwangsweise Untersuchung einer Person	174	257
		1. Die Untersuchung des Beschuldigten	174	258
		2. Die Untersuchung von Zeugen/Geschädigten	174	259
		3. Die Untersuchung Dritter	175	260
		4. Maßnahmenbegrenzung	175	261
	II.	Besonderheiten	175	262
		1. Das Untersuchungsverweigerungsrecht	175	262
		2. Das Beweissicherungsverfahren bei Minderjährigen	175	263
	III.	Die Anordnung der Maßnahme	176	264
		1. Der Richtervorbehalt	176	264
		2. Die Entscheidung	177	265
§ 16		**Durchsuchung und Beschlagnahme**	177	266
	I.	Die Durchsuchung	177	266
		1. Durchsuchung beim Verdächtigen	178	267
		2. Durchsuchung beim Nichtverdächtigen	179	270
	II.	Die Beschlagnahme von Beweismitteln	180	271
	III.	Besonderheiten	181	275
		1. Kombinationsanordnung	181	275
		2. Durchsuchung zur Nachtzeit	182	276
		3. Haftbefehle	182	277
		4. Verteidigerunterlagen	182	278
		5. Das Persönlichkeitsrecht	182	279
		6. Bundestagsabgeordnete	183	280
		7. Durchsuchung bei Presseangehörigen	183	281
	IV.	Die Anordnung der Maßnahme	183	282
		1. Der Richtervorbehalt	183	282
		2. Entscheidungsinhalt	184	283
§ 17		**Verdeckte Überwachungsmaßnahmen**	184	284
	I.	Zweck der Maßnahmen	184	284
		1. Einsatz technischer Mittel	185	286
		2. Überwachung und Aufzeichnung des TK-Inhalts	187	290
		3. Die Auskunftpflicht über die Verkehrsdaten	188	291
		4. Besondere Maßnahmen der TK-Überwachung	189	293
		5. Die längerfristige Observation	191	299
	II.	Die Anordnung der Maßnahme	192	302
		1. Der Richtervorbehalt	192	302
		2. Entscheidungsinhalt	192	303

Teil 6	**Arrest und einstweilige Verfügung**		194	304
§ 18	**Einführung**		194	304
	I.	Abgrenzungsfragen	194	305
	II.	Zuständigkeitsregelungen	195	306
		1. Die sachliche Zuständigkeit	195	306
		2. Die örtliche Zuständigkeit	195	307
	III.	Das Verfahren	196	308
		1. Allgemeine Prozessvoraussetzungen	196	308
		2. Das Antragserfordernis	196	309
		3. Der zu sichernde Anspruch	197	310
		4. Arrest- bzw. Verfügungsgrund	197	311
		5. Die Beweismittel	197	312
		6. Besonderheiten zum Hauptsacheverfahren	199	316
	IV.	Die Entscheidung	200	317
		1. Form und Inhalt	200	317
		2. Die Bekanntmachung	201	318
	V.	Anordnungen zur Vollstreckung	201	319
§ 19	**Einstweilige Verfügung**		202	320
	I.	Das Verfahren	202	320
		1. Die Zuständigkeit	202	321
		2. Das Gesuch	203	322
		3. Der Verfügungsanspruch	203	323
		4. Der Verfügungsgrund	203	324
	II.	Rechtsschutzbedürfnis	204	325
	III.	Die Entscheidung	204	326
	IV.	Sonderformen	205	329
		1. Die Regelungsverfügung	205	329
		2. Die Leistungsverfügung	206	330
		3. Die Sequestration	207	331
	V.	Der praktische Fall	207	332
§ 20	**Der dingliche Arrest**		214	333
	I.	Das Verfahren	214	333
		1. Die Zuständigkeit	214	333
		2. Das Gesuch	214	334
	II.	Die Voraussetzungen	215	335
		1. Arrestanspruch	215	335
		2. Arrestgrund	215	335
		3. Rechtsschutzbedürfnis	216	336
	III.	Die Entscheidung	216	337
§ 21	**Der persönliche Arrest**		217	338
	I.	Zweck des Verfahrens	217	338
	II.	Das Verfahren	218	339

	III.	Die Entscheidung	218	340
§ 22		**Formularbeschlüsse**	219	341
	1.	Haftbefehl	219	341
	2.	Haftverschonung	222	342
	3.	Einstweilige Unterbringung nach StPO	224	343
	4.	Festhalteanordnung	226	344
	5.	Vorläufige Unterbringung – Öffentliches Recht	227	345
	6.	Vorläufige Unterbringung – Zivilrecht	231	346
	7.	Abschiebungshaft	235	347
	8.	Polizeigewahrsam	237	348
	9.	GewSchG – Einstweilige Verfügung	241	349
	10.	GewSchG – Einstweilige Anordnung	245	350
	11.	GewSchG – Wohnungszuweisung	249	351
	12.	Untersuchung des Beschuldigten	253	352
	13.	Untersuchung eines Nichtbeschuldigten	255	353
	14.	Durchsuchung und Beschlagnahme	257	354
	15.	TK-Überwachungsbeschluss	259	355
	16.	TK-Verkehrsdaten	262	356
	17.	Längerfristige Observation	264	357
	18.	Einstweilige Verfügung – Ablehnung	266	358
	19.	Dinglicher Arrest – Ablehnung	268	359
	20.	Dinglicher Arrest – Anordnung	270	360
	21.	Persönlicher Arrest – Anordnung	272	361

Stichwortverzeichnis 275

Literaturverzeichnis

BAER
 Wolfgang Bär: Handbuch zur EDV-Beweissicherung im Strafverfahren, 1. Aufl. 2007

BAMBERGER/ROTH-Verfasser
 Heinz Georg Bamberger/Herbert Roth: Beck'scher Onlinekommentar zum BGB, Edition 2/2006, Stand 1. 8. 2006

BAUMBACH-Verfasser
 Baumbach/Lauterbach/Albers/Hartmann: Zivilprozessordnung, 67. Aufl. 2009

BERNER/KÖHLER
 Berner/Köhler: Polizeiaufgabengesetz, Handkommentar, 19. Aufl. 2008

BRUNNER/DÖLLING
 Brunner/Dölling: Jugendgerichtsgesetz, 11. Aufl. 2002

BURHOFF, Ermittlungsverfahren
 Burhoff, Detlev: Handbuch für das strafrechtliche Ermittlungsverfahren, 4. Aufl. 2006

DAMRAU/ZIMMERMANN
 Jürgen Damrau/Walter Zimmermann: Betreuungsrecht, Kommentar zum materiellen und formellen Recht, 3. Aufl. 2001

DODEGGE/ROTH
 Georg Dodegge/Andreas Roth: Systematischer Praxiskommentar Betreuungsrecht, 2. Aufl. 2005

LISKEN/DENNINGER-Bearbeiter,
 Lisken/Denninger: Handbuch des Polizeirechts, hrsg. von H. Lisken u. E. Denninger, 4. Aufl. 2007

KEIDEL/KUNTZE/WINKLER-Bearbeiter
 Keidel/Kuntze/Winkler: Freiwillige Gerichtsbarkeit: FG, 15. Aufl. 2003 mit Nachtrag 2005

KISSEL/MAYER
 Kissel/Mayer: Gerichtsverfassungsgesetz, 5. Aufl. 2008

KK-Bearbeiter
 Karlsruher Kommentar zur Strafprozessordnung und zum Gerichtsverfassungsgesetz mit Einführungsgesetz, hrsg. von G. Pfeiffer, 6. Aufl. 2008

KMR-Bearbeiter
 Kleinknecht, Th./Müller, H./Reitberger L.: Kommentar zur Strafprozessordnung, ab der 14. Lieferung hrsg. von B. v. Heintschel-Heinegg und H. Stöckel, 1998 ff.

LK-BEARBEITER
Leipziger Kommentar: Strafgesetzbuch, Großkommentar, hrsg. von B. Jähnke, H. W. Laufhütte, W. Odersky, 11. Aufl. 1993 ff.

LR-Bearbeiter
Löwe, Ewald/Rosenberg, Werner: Die Strafprozessordnung und das Gerichtsverfassungsgesetz, Großkommentar, hrsg. von P. Rieß, 25. Aufl. ab 2006

MARSCHNER/VOLCKART
R. Marschner/B. Volckart: Freiheitsentziehung und Unterbringung, 4. Aufl. 2001

MAUNZ/DÜRIG
Kommentar zum Grundgesetz von Maunz/Dürig/Herzog/Scholz u. a., Loseblattkommentar, 53. Lieferung, 2008

MEYER-GOSSNER
Meyer-Goßner, Lutz: Strafprozessordnung, 51. Aufl. 2008

MÜNCHKOMM-Verfasser
Münchener Kommentar zum BGB, 4. Aufl. 2005

PALANDT-Verfasser
Palandt, Bürgerliches Gesetzbuch, 68. Aufl. 2009

SCHÄFER, Strafverfahren
Schäfer, Gerhard: Die Praxis des Strafverfahrens, 6. Aufl. 2000

SCHLOTHAUER/WEIDER, Untersuchungshaft
Reinhold Schlothauer/Hans-Joachim Weider: Untersuchungshaft, 3. Aufl. 2001

SCHMIDBAUER/STEINER/ROESE
Schmidbauer/Steiner/Roese: Bayerisches Polizeiaufgabengesetz und Bayerisches Polizeiorganisationsgesetz, 2. Aufl. 2006

SK-StPO-Bearbeiter
Systematischer Kommentar zur Strafprozessordnung und zum Gerichtsverfassungsgesetz, von Hans-Joachim Rudolphi/Wolfgang Frisch/Hans-Ulrich Paeffgen/Klaus Rogall/Ellen Schlüchter/Jürgen Woher – Loseblattkommentar

S/L-Bearbeiter
Schomburg, Wolfgang/Lagodny, Otto: Internationale Rechtshilfe in Strafsachen, 4. Aufl. 2006

STAUDINGER-Verfasser
Staudinger, Kommentar zum bürgerlichen Gesetzbuch, 13. Aufl. 1993 ff., danach in bandweiser Neubearbeitung

THOMAS/PUTZO-Bearbeiter
Zivilprozessordnung, Kommentar, mitbegründet von Prof. Dr. Heinz Thomas, fortgeführt von Prof. Dr. Hans Putzo gemeinsam mit Dr. Klaus Reichold und Dr. Rainer Hüßtege, 29. Aufl. 2008

Literaturverzeichnis

WABNITZ/JANOVSKY
  Wabnitz/Janovsky: Handbuch des Wirtschafts- und Steuerstrafrechts, 3. Aufl. 2007

WIESNETH, Handbuch
  Wiesneth: Handbuch für das ermittlungsrichterliche Verfahren, 1. Aufl. 2006

ZIMMERMANN, Bayer. UnterbrG
  W. Zimmermann: Bayerisches Unterbringungsgesetz, Praxiskommentar, 2. Aufl. 2005

ZÖLLER-Verfasser
  Zöller, Zivilprozessordnung, Kommentar, begründet von Dr. Richard Zöller, bearbeitet von Dr. Reinhold Geimer/Dr. Reinhard Greger/Peter Gummer/Kurt Herget/Dr. Hans-Joachim Heßler/Clemens Lückemann/Dr. Peter Philippi/Kurt Stöber/Dr. Max Vollkommer, 27. Aufl. 2009

Polizeigesetze

PolG BW	Polizeigesetz vom 13. Januar 1992 (GBl. S. 1), zuletzt geändert am 18. November 2008 (GBl. S. 390)
BayPAG	Gesetz über die Aufgaben und Befugnisse der Bayerischen Staatlichen Polizei (Polizeiaufgabengesetz – PAG) in der Fassung der Bekanntmachung vom 14. September 1990 (GVBl. 1990, S. 397), zuletzt geändert am 22. Juli 2008 (GVBl. S. 421)
ASOG Bln	Allgemeines Gesetz zum Schutz der Öffentlichen Sicherheit und Ordnung in Berlin (ASOG – Berliner Polizeigesetz) in der Fassung vom 11. Oktober 2006 (GVBl. S. 930), zuletzt geändert am 15. Dezember 2007 (GVBl. S. 604)
GPolG Bdg	Gesetz über die Aufgaben, Befugnisse, Organisation und Zuständigkeit der Polizei im Land Brandenburg – Brandenburgisches Polizeigesetz vom 19. März 1996 (GVBl. I S. 74), zuletzt geändert am 18. Dezember 2008 (GVBl. I S. 355)
BremPolG	Bremisches Polizeigesetz in der Fassung der Bekanntmachung vom 25. Oktober 2001 (Brem.GBl. S. 341); zuletzt geändert am 8. Juli 2008 (Brem.GBl. S. 229)
HmbSOG	Gesetz zum Schutz der öffentlichen Sicherheit und Ordnung (SOG) vom 14. März 1966 (HmbGVBl. 1966, S. 77), zuletzt geändert durch Gesetz vom 26. 1. 2006 (HmbGVBl. 2006, S. 37)
HSOG	Hessisches Gesetz über die öffentliche Sicherheit und Ordnung (HSOG) vom 26. Juni 1990 (GVBl. I S. 197, 534) in der Fassung vom 14. Januar 2005 (GVBl. I S. 14), zuletzt geändert am 19. November 2008 (GVBl. S. 970)
SOG M-V	Gesetz über die öffentliche Sicherheit und Ordnung in Mecklenburg-Vorpommern (Sicherheits- und Ordnungsgesetz – SOG M-V) in der Fassung der Bekanntmachung vom 25. März 1998 (GVOBl. M-V 1998, S. 335), zuletzt geändert am 24. Juli 2006 (GVOBl. M-V S. 318)
Nds. SOG	Niedersächsisches Gesetz über die öffentliche Sicherheit und Ordnung (Nds.SOG) vom 19. 01. 2005 (Nds.GVBl. 2/2005 S. 9), zuletzt geändert am 16. Januar 2009 (Nds.GVBl. S. 2)
PolG NW	Polizeigesetz des Landes Nordrhein-Westfalen (PolG NRW), Bekanntmachung der Neufassung vom 25. Juli 2003 (GV. NRW. S. 410), zuletzt geändert am 16. Juni 2008 (GV.NRW. S. 473)
POG RP	Polizei- und Ordnungsbehördengesetz (POG) in der Fassung vom 10. November 1993 (GVBl. S. 595), zuletzt geändert durch Gesetz vom 25. 7. 2005 (GVBl. S. 320)
SPolG	Saarländisches Polizeigesetz (SPolG) vom 8. November 1989 in der Fassung der Bekanntmachung vom 26. März 2001 (Amtsbl. S. 1074), zuletzt geändert am 21. November 2007 (Amtsbl. S. 1074)

SächsPolG	Polizeigesetz des Freistaates Sachsen, Neufassung in der Bekanntmachung vom 13. August 1999 (SächsGVBl. S. 466), zuletzt geändert am 8. Dezember 2008 (SächsGVBl. S. 940)
SOG LSA	Gesetz über die öffentliche Sicherheit und Ordnung des Landes Sachsen-Anhalt in der Fassung der Bekanntmachung vom 23. September 2003 (GVBl. LSA 2003, S. 214), zuletzt geändert am 14. Februar 2008 (GVBl. LSA S. 58)
LVwG SH	Allgemeines Verwaltungsgesetz für das Land Schleswig-Holstein (Landesverwaltungsgesetz – LVwG –) in der Fassung der Bekanntmachung vom 2. Juni 1992 (GVOBl. 1992, S. 243, 534), zuletzt geändert am 12. Dezember 2008 (GVOBl. S. 693)
ThürPAG	Thüringer Gesetz über die Aufgaben und Befugnisse der Polizei (Polizeiaufgabengesetz – PAG –) vom 4. Juni 1992 (GVBl. S. 199), zuletzt geändert am 16. Juli 2008 (GVBl. S. 245)

Landesgesetze zur Unterbringung

Unterbringung psychisch Kranker

UBG BW	Gesetz über die Unterbringung psychisch Kranker (Unterbringungsgesetz – UBG) des Landes Baden-Württemberg vom 2.12.1991 (GBl. 1991, S. 794), zuletzt geändert durch Artikel 1 des Gesetzes vom 7. März 2006 (GBl. S. 52)
BayUnterbrG	Gesetz über die Unterbringung psychisch Kranker und deren Betreuung (Unterbringungsgesetz – UnterbrG) des Landes Bayern in der Fassung der Bekanntmachung vom 5. April 1992 (GVBl. 1992, S. 60), zuletzt geändert durch 2. Verwaltungsreformgesetz v. 28. März 2000 (GVBl. S. 136)
PsychKG Bln	Gesetz für psychisch Kranke (PsychKG) vom 8. März 1985 (GVBl. S. 586) des Landes Berlin, zuletzt geändert durch Gesetz zur Ausführung des Betreuungsgesetzes und zur Anpassung des Landesrechts vom 17. März 1994 (GVBl. 1994, S. 86)
BbgPsychKG	Gesetz über Hilfen und Schutzmaßnahmen sowie über den Vollzug gerichtlich angeordneter Unterbringung für psychisch Kranke (Brandenburgisches Psychisch-Kranken-Gesetz – Bbg PsychKG) vom 8. Februar 1996 (GVBl. S. 26), zuletzt geändert durch Artikel 1 des Gesetzes vom 29. Juni 2004 (GVBl. I/04 S. 342)
BremPsychKG	Gesetz über Hilfen und Schutzmaßnahmen bei psychischen Krankheiten des Landes Bremen (Brem.GBl. S. 471) vom 19. Dezember 2000, zuletzt geändert am 28. Juni 2005 (Brem.GBl. S. 306)
HmbPsychKG	Hamburgisches Gesetz über Hilfen und Schutzmaßnahmen bei psychischen Krankheiten (HmbPsychKG) vom 27. September 1995 (HmbGVBl. 1995, S. 235)
FrhEntzG HE	Hessisches Gesetz über die Entziehung der Freiheit geisteskranker, geistesschwacher, rauschgift- oder alkoholsüchtiger Personen des Landes Hessen vom 19. Mai 1952 (GVBl. I 1952, S. 111), zuletzt geändert durch Art. 48 Erstes Gesetz zur Rechts- und Verwaltungsvereinfachung vom 15. Juli 1997 (GVBl. I S. 217)
PsychKG M-V	Gesetz über Hilfen und Schutzmaßnahmen für psychisch Kranke (Psychischkrankengesetz – PsychKG M-V) des Landes Mecklenburg-Vorpommern in der Fassung der Bekanntmachung vom 13. April 2000 (GVOBl. M-V 2000, S. 182), zuletzt geändert durch Artikel 6 des Gesetzes vom 23. Mai 2006 (GVOBl. M-V S. 194)
NPsychKG	Niedersächsisches Gesetz über Hilfen und Schutzmaßnahmen für psychisch Kranke (NPsychKG) vom 16. Juni 1997 (Nds. GVBl. 1997, S. 272), zuletzt geändert durch Artikel 1 des Gesetzes vom 25.01.2007 (Nds. GVBl. S. 50)

PsychKG NW	Gesetz über Hilfen und Schutzmaßnahmen bei psychischen Krankheiten (PsychKG) des Landes Nordrhein-Westfalen vom 17. Dezember 1999 (GV. NRW 1999, S. 662), zuletzt zuletzt geändert durch Artikel 64 des Gesetzes vom 05. 04. 2005 (GV. NRW. S. 332)
PsychKG RP	Rheinland-Pfälzisches Landesgesetz für psychisch kranke Personen (PsychKG) vom 17. November 1995 (GVBl. 1995, S. 473), zuletzt geändert durch Gesetz vom 10. 09. 2008 (GVBl. S. 205)
UBG	Gesetz Nr. 1301 über die Unterbringung psychisch Kranker (Unterbringungsgesetz – UBG) des Landes Saarland vom 11. November 1992 (Amtsblatt 1992, S. 1271), zuletzt geändert durch das Gesetz vom 21. 11. 2007 (Amtsbl. S. 2393)
SächsPsychKG	Sächsisches Gesetz über die Hilfen und die Unterbringung bei psychischen Krankheiten (SächsPsychKG) des Landes Sachsen in der Fassung vom 10. Oktober 2007 (SächsGVBl. 2007, S. 422)
PsychKG LSA	Gesetz über Hilfen für psychisch Kranke und Schutzmaßnahmen des Landes Sachsen-Anhalt (PsychKG LSA) vom 30. Januar 1992 (GVBl. LSA 1992, S. 88), zuletzt geändert durch Gesetz vom 14. 02. 2008 (GVBl. LSA S. 58)
PsychKG SH	Gesetz zur Hilfe und Unterbringung psychisch kranker Menschen (Psychisch-Kranken-Gesetz – PsychKG) des Landes Schleswig-Holstein vom 14. Januar 2000 (GVOBl. 2000, S. 206), zuletzt geändert durch Gesetz vom 03. 01. 2005 (GVOBl. S. 21)
ThürPsychKG	Thüringer Gesetz zur Hilfe und Unterbringung psychisch Kranker (ThürPsychKG) des Landes Thüringen vom 2. Februar 1994 (GVBl. 1994, S. 81), zuletzt geändert durch Gesetz vom 16. 12. 2008 (GVBl. S. 81)

Abkürzungsverzeichnis

a. A.	anderer Ansicht
a. a. O.	am angegebenen Ort
a. E.	am Ende
Abl.	Amtsblatt
Abs.	Absatz
AG	Amtsgericht
AKB	Allgemeine Bedingungen für die Kraftfahrtversicherung
AktO	Aktenordnung (AktO) für die Geschäftsstellen der Gerichte der ordentlichen Gerichtsbarkeit und der Staatsanwaltschaften
Alt.	Alternative
Anl.	Anlage
Anm.	Anmerkung(en)
AO	Abgabenordnung
Art.	Artikel
AsylVfG	Asylverfahrensgesetz
AufenthG	Aufenthaltsgesetz
AuslG	Ausländergesetz
BauFordSiG	Bauforderungssicherungsgesetz
Bayer.	Bayerisch (e/es/er)
BayHO	Bayerische Haushaltsordnung
BayJMS	Schreiben des Bayer. Staatsministeriums der Justiz
BayObLG	Bayerisches Oberstes Landesgericht
BayPAG	Bayerisches Polizeiaufgabengesetz
BGB	Bürgerliches Gesetzbuch
BGBl.	Bundesgesetzblatt
BGH	Bundesgerichtshof
BGH-ER	Ermittlungsrichter des BGHs
BGH-GS	BGH – Großer Senat
BGHSt	Entscheidung(en) des BGHs in Strafsachen
BKA	Bundeskriminalamt
BKAG	Bundeskriminalamtgesetz
BPolG	Bundespolizeigesetz
BR-Drs.	Bundesrats-Drucksache(n)
BT-Drs.	Bundestags-Drucksache(n)
BtMG	Betäubungsmittelgesetz

BtPrax	Zeitschrift für soziale Arbeit, gutachterliche Tätigkeit und Rechtsanwendung in der Betreuung
BVerfG	Bundesverfassungsgericht
BVerfGE	Entscheidung(en) des Bundesverfassungsgerichts
BZRG	Bundeszentralregistergesetz
CR	Computer und Recht (Zeitschrift)
d. h.	das heißt
DGVZ	Deutsche Gerichtsvollzieher-Zeitung
DNA-IFG	DNA-Identifizierungsgesetz
DÖV	Die Öffentliche Verwaltung
DRiZ	Deutsche RichterZeitung
EGGVG	Einführungsgesetz zum Gerichtsverfassungsgesetz
EGMR	Europäischer Gerichtshof für Menschenrechte
EGStGB	Einführungsgesetz zum Strafgesetzbuch
Einl.	Einleitung
EMRK	Europäische Menschenrechtskonvention
EuAlÜbk	Europäisches Auslieferungsabkommen
EuGRZ	Europäische Grundrechte-Zeitschrift
EuHbG	Europäisches Haftbefehlsgesetz
EuRHiÜbK	Europäisches Rechtshilfeübereinkommen
f.	folgende
FAG	Finanzausgleichsgesetz
FreihEntzG	Freiheitsentziehungsverfahrensgesetz
ff.	fortfolgende
FGG	Gesetz über die Angelegenheiten der freiwilligen Gerichtsbarkeit
FGG-RG	FGG-Reformgesetz
Fn.	Fußnote
FPR	Familie Partnerschaft und Recht. Zeitschrift für die Anwaltspraxis
GBO	Grundbuchordnung
gem.	gemäß
GewSchG	Gewaltschutzgesetz
GG	Grundgesetz
GPS	Global Positioning System
GVG	Gerichtsverfassungsgesetz
GVGA	Geschäftsanweisung für Gerichtsvollzieher
GwG	Geldwäschegesetz

GZVJu	Verordnung über gerichtliche Zuständigkeiten im Bereich des Staatsministeriums der Justiz
h. M.	herrschende Meinung
Halbs.	Halbsatz
Hdb	Handbuch
HinterlO	Hinterlegungsordnung
HPflVG	Haftpflichtversicherungsgesetz
hrsg	herausgegeben
i. d. R.	in der Regel
i. S. d.	im Sinne des
i. V. m.	in Verbindung mit
IfSG	Infektionsschutzgesetz
IMEI	International Mobile Equipment Identity
INPOL	Polizeiliches Informationssystem des BKA
InsO	Insolvenzordnung
IRG	Gesetz über die internationale Rechtshilfe in Strafsachen
JGG	Jugendgerichtsgesetz
JMS	Schreiben des Justizministeriums
JuS	Juristische Schulung
JVA	Justizvollzugsanstalt
JZ	Juristenzeitung
KPI	Kriminalpolizeiinspektion
LG	Landgericht
lit.	litera
Lit.	Literatur
m. E.	meines Erachtens
m. w. N.	mit weiteren Nachweisen
MDR	Monatsschrift für deutsches Recht
MMR	MultiMedia und Recht, Zeitschrift für Information, Telekommunikation und Medienrecht
NJW	Neue Juristische Wochenschrift
NJWE-FER	NJW-Entscheidungsdienst Familien- und Erbrecht
noeP	nichtöffentlich ermittelnder Polizeibeamter
Nr.	Nummer
NStZ	Neue Zeitschrift für Strafsachen

NStZ-RR	Neue Zeitschrift für Strafsachen-Rechtsprechungsreport
NVwZ	Neue Zeitschrift des Verwaltungsrechts
NW	Nordrhein-Westfalen
NZM	Neue Zeitschrift für Mietrecht
NZV	Neue Zeitschrift für Verkehrsrecht
öff.-rechtl.	öffentlich-rechtlich
OLG	Oberlandesgericht
OrgKG	Gesetz zur Bekämpfung des illegalen Rauschgifthandels und anderer Erscheinungsformen der Organisierten Kriminalität
OWiG	Ordnungswidrigkeitengesetz
PHM	Polizeihauptmeister
PKHVV	ProzesskostenhilfevordruckVO
pers.	persönlich
PolG	Polizeigesetz
PostG	Gesetz über das Postwesen
PrOVG	Preußisches Oberverwaltungsgericht
PsychKG	Psychiatriegesetz (des Landes)
RGBl.	Reichsgesetzblatt
RiStBV	Richtlinien für das Strafverfahren und das Bußgeldverfahren
RiVASt	Richtlinien für den Verkehr mit dem Ausland in strafrechtlichen Angelegenheiten
Rn.	Randnummer
RPfleger	Der Deutsche Rechtspfleger
RPflG	Rechtspflegegesetz
S.	Seite
sachl.	sachlich
SDÜ	Schengener Durchführungsübereinkommen
SGB X	Sozialgesetzbuch X – Sozialverwaltungsverfahren und Sozialdatenschutz
SIRENE	Supplementary Information Request at the National Entry
SIS	Schengener Informationssystem
sog.	so genannt (e/er/es)
StA	Staatsanwaltschaft
StGB	Strafgesetzbuch
StMdJ	Staatsministerium der Justiz
StPO	Strafprozessordnung

str.	strittig
StraFO	Strafverteidiger Forum
StrEG	Gesetz über die Entschädigung für Strafverfolgungsmaßnahmen
StV	Strafverteidiger (Zeitschrift)
StVG	Straßenverkehrsgesetz
StVollzG	Strafvollzugsgesetz
TDSV	Telekommunikations-Datenschutzverordnung
Thür.	Thüringisch (e/es/er)
TKG	Telekommunikationsgesetz
TK-Maßnahme	Telekommunikations-Überwachungsmaßnahme
u. a.	unter anderem
u. U.	unter Umständen
UVollzO	Untersuchungshaftvollzugsordnung
VerfGBdg	Verfassungsgericht des Landes Brandenburg
vgl.	vergleiche
VPI	Verkehrspolizeiinspektion
Vorb.	Vorbemerkung(en)
vorl.	vorläufig
VVJug	Verwaltungsvorschriften zum Jugendstrafvollzug
VwVfG	Verwaltungsverfahrensgesetz
WeimRV	Weimarer Reichsverfassung
wistra	Zeitschrift für Wirtschafts- und Steuerstrafrecht
WM	Wertpapier-Mitteilungen (Zeitschrift für Wirtschafts- und Bankrecht)
WÜK	Wiener Übereinkommen über konsularische Beziehungen vom 24. 4. 1963, BGBl. 1969 II, S. 1585 ff.
z. B.	zum Beispiel
ZFdG	Zollfahndungsdienstgesetz
ZfStrVO	Zeitschrift für Strafvollzug und Straffälligenhilfe
ZMR	Zeitschrift für Miet- und Raumrecht
ZPO	Zivilprozessordnung
ZRP	Zeitschrift für Rechtspolitik
ZSchG	Gesetz zum Schutz von Zeugen bei Vernehmungen im Strafverfahren und zur Verbesserung des Opferschutzes

Einführung

§ 1 Der amtsgerichtliche Bereitschaftsdienst

I. Einführung

Der Bereitschaftsdienst an den Amtsgerichten erfährt in den letzten Jahren bundesweit eine grundlegende Veränderung. Durch mehrere Entscheidungen des Bundesverfassungsgerichts seit dem Jahr 2001[1] hat sich die bis dahin übliche Ausgestaltung des richterlichen Bereitschaftsdienstes gewandelt. Die Entscheidungen postulieren die Erreichbarkeit des Richters auch außerhalb der bisher üblichen Dienstzeiten, um den von der Verfassung geforderten Richtervorbehalt (Art. 104 Abs. 2 Satz 2 GG und Art. 13 Abs. 2 GG) Geltung zu verschaffen. Das führt zu einem erhöhten zeitlichen Bedarf beim amtsgerichtlichem Eildienst und damit zu einem gesteigerten Personaleinsatz. War bisher in allen Bundesländern ein Eildienst nur an Samstagen, Sonn- und Feiertagen eingeführt, muss nun ein Richter im Bereitschaftsdienst zumindest zur Tageszeit (§ 104 Abs. 3 StPO) erreichbar sein. Dies hat zu gesetzgeberischen Maßnahmen geführt. Durch die Änderung des § 22 c GVG[2] wurde die bis ins Jahr 2002 geltende Beschränkung des Eildienstes auf die dienstfreien Tage gestrichen. In den Ländern wurde und wird die Notwendigkeit gesehen, eine zeitliche Erweiterung der Erreichbarkeit eines Bereitschaftsdienstrichters zu regeln. Durch Änderung der Zuständigkeitsverordnungen und der Verwaltungsvorschriften über den Bereitschaftsdienst bei Gerichten folgt man den verfassungsgerichtlichen Vorgaben. 1

Durch diese Ausweitung folgen im Bereitschaftsdienst verstärkt Anträge auf richterliche Entscheidungen, welche strafprozessuale Zwangsmaßnahmen oder auch polizeiliche Ingewahrsamnahmen betreffen. Auf dem Gebiet des öffentlichen Rechts, so bei Unterbringung psychisch Kranker oder bei beantragter Abschiebungshaft mit eigenem Antragsrecht der Ver- 2

---

1 Grundlegend BVerfG NJW 2001, 1121; s. auch BVerfG NJW 2002, 315 (Abschiebung); BVerfG NJW 2002, 3161; BVerfG NVwZ 2006, 579 (Freiheitsentzug bei Sitzblockade); BVerfG NVwZ 2006, 925 (Wohnungsdurchsuchung).
2 Mit Gesetz zur Änderung des Rechts der Vertretung durch Rechtsanwälte vor den Oberlandesgerichten – OLG-VertrÄndG vom 23. 7. 2002, BGBl. I 2850.

waltungsbehörden, ist dies dagegen kaum zu befürchten, weil – wie in Haftsachen – die gesetzlichen Bestimmungen schon immer enge zeitliche Vorgaben festlegen. Trotz des Beschleunigungsgebots kann und muss schon wegen des erforderlichen Personals und der Schutzmaßnahmen innerhalb der Gerichtsgebäude oder der Erreichbarkeit zuständiger Ärzte die Maßnahme in der Regel zur regulären Dienstzeit bzw. in bestimmten Zeitfenstern durchgeführt werden. Gleiches gilt für den Zivilrechtsbereich bei Unterbringung nach bürgerlich-rechtlichen Vorschriften, den Erlass eines dinglichen Arrests oder einer einstweiligen Verfügung sowie bei einstweiligen Anordnungen nach familienrechtlichen Normen.

II. Der Richtervorbehalt

3 Nicht nur der Freiheitsentzug, Art. 2 Abs. 2 Satz 2 i. V. m. Art. 104 GG, und der Eingriff in die Unverletzlichkeit der Wohnung, Art. 13 Abs. 2 Halbs. 1 GG, normieren einen Richtervorbehalt. Auch der einfachgesetzliche Richtervorbehalt im Bundes- und Landesrecht zielt auf eine vorbeugende Kontrolle der Maßnahme in ihren konkreten gegenwärtigen Voraussetzungen durch eine unabhängige und neutrale Instanz.[3] Zu den nicht unmittelbar in der Verfassung genannten gesetzlich normierten Richtervorbehalten hat sich das Bundesverfassungsgericht *im Zusammenhang mit dem richterlichen Eildienst* bislang noch nicht geäußert, verlangt jedoch grundsätzlich auch bei diesen einfachgesetzlichen Normen die Beachtung der zum verfassungsrechtlichen Richtervorbehalt entwickelten Maßstäbe wie Dokumentations- und Begründungspflichten der anordnenden Stelle, soweit sie bei einer originär gerichtlichen Eingriffsbefugnis ohne richterliche Prüfung tätig wird (s. Rz. 14). Die Frage, ob die zur Wohnungsdurchsuchung entwickelten verfassungsrechtlichen Maßstäbe auch auf die Maßnahme der körperlichen Untersuchung des Beschuldigten nach § 81 a StPO »in vollem Umfang« übertragbar sind, hat das Bundesverfassungsgericht ausdrücklich offen gelassen. Es verlangt, dass die Strafverfolgungsbehörden regelmäßig versuchen, eine Anordnung des zuständigen Richters zu erlangen, bevor sie selbst z. B. eine Blutentnahme anordnen.[4] Eilmaßnahmen der Ermittlungsbehörden bei Gefahr des Verlustes von Beweismitteln und sonstiger Feststellungen zur Sachverhaltsaufklärung oder zur Ermittlung des Aufenthalts eines Beschuldigten unterliegen engen Grenzen.

4 Der **Maßstab**, den das Bundesverfassungsgericht an den verfassungsrechtlichen Richtervorbehalt anlegt, *kann zwar nicht bedenkenlos auf den*

---

3 BVerfG NJW 2001, 1121 m. w. N.
4 BVerfG NJW 2007, 1345 bei einer Blutentnahmeanordnung in einer BtM-Sache um 9.00 Uhr eines Werktages.

einfachrechtlichen Richtervorbehalt angewendet werden, weil es sich bei Freiheitsentzug um das höchste Rechtsgut handelt und die Stätte privaten Lebens als elementarer Lebensraum des Einzelnen, in welchem er grundsätzlich in Ruhe zu lassen ist,[5] schon durch den Verfassungsgeber besonderer Stellenwert eingeräumt wurde. *Da es sich beim Richtervorbehalt stets um präventiven Rechtsschutz gegenüber den Betroffenen handelt*, die teilweise lange nach der Maßnahme gehört werden können und erst dann Gelegenheit erhalten, sich durch Rechtsbehelfe zu verteidigen, sollte in den Fällen **nichtöffentlicher Ermittlungen** die Notwendigkeit richterlicher Entscheidung im Eildienst unstreitig sein, z. B. bei Abhörmaßnahmen gem. §§ 100 a, 100 b Abs. 1, 100 f Abs. 4 StPO oder der Erlangung von Telekommunikationsverkehrsdaten, § 100 g Abs. 1 und Abs. 2 Satz 1 StPO, für die der Gesetzgeber **Schriftform** vorgeschrieben und Eilentscheidungen der Ermittlungspersonen der Staatsanwaltschaft ausgeschlossen hat. Diese Möglichkeit der Anordnung bei den heimlich vorgenommenen verdeckten Ermittlungsmethoden mit dem möglichen Eingriff bis in die Intimsphäre hat der Gesetzgeber bei Gefahr in Verzug nur der Staatsanwaltschaft zugebilligt. Das dürfte auch wegen des erheblichen Eingriffs in die grundrechtlich geschützte körperliche Unversehrtheit bei **erheblichen körperlichen Eingriffen** gelten, §§ 81 a, 81 c StPO. Zu denken wäre hierbei an Opfer schwerer Straftaten. Beweissicherungsmaßnahmen nach § 81 c Abs. 3 Satz 3 StPO sind ausschließlich unter Richtervorbehalt gestellt, Eilanordnungen durch die Staatsanwaltschaft oder deren Ermittlungspersonen sind ausgeschlossen, § 81 c Abs. 5 Satz 1 StPO. *Bei der Blutentnahme im Rahmen von Verkehrsdelikten wird* in der Regel zwecks tatnaher Feststellung der Blutalkoholkonzentration die direkte Zuführung des Beschuldigten von der Kontrollstelle zu einem Arzt zwecks Blutentnahme geboten sein, damit *in der Regel eine Eilanordnung des ermittelnden Polizeibeamten die Maßnahme tragen*.[6] Denn es ist praktisch undurchführbar, dass der Beamte zunächst in die Diensträume zurückkehrt, einen Aktenvorgang anlegt, diesen dem Bereitschaftsdienststaatsanwalt als alleinigem Antragsberechtigten zur Weiterleitung an den Bereitschaftsdienstrichter übermittelt und dessen Entscheidung abwartet (zur Dokumentation s. Rz. 14 und 17, zur Blutentnahme bei Verkehrsdelikten s. Rz. 264). Eine Pflicht zur mündlichen Anordnung besteht auch in diesen Fällen für den Ermittlungsrichter nicht.

Bei der **Beweismittelbeschlagnahme** nach § 94 StPO, **Führerscheinbeschlagnahme** nach §§ 94, 98 StPO, einer **vollstreckungssichernden Beschlagnahme** nach §§ 111 b ff. StPO, **Durchsuchung von Personen** 5

---

5 BVerfG NJW 2003, 2669.
6 So auch LG Hamburg NZV 2008, 213; einschränkend: LG Itzehoe NStZ-RR 2008, 249; Hanseatisches OLG Hamburg NZV 2008, 362.

und Sachen nach § 102 StPO, der Einrichtung von **Kontrollstellen** nach § 111 StPO und **Sicherheitsleistungen** nach § 132 StPO dagegen ist die Eingriffstiefe in das jeweils betroffene Grundrecht weniger tief als dass die Forderungen des Bundesverfassungsgerichts zum Bereitschaftsdienst uneingeschränkt übertragen werden müssen.[7] Neben der Möglichkeit des Betroffenen, dazu gegenüber dem Ermittlungsorgan direkt Stellung nehmen zu können, kann er in unmittelbarem Zusammenhang mit der offen durchgeführten Maßnahme Rechtsbehelfe ergreifen. Vor allem aber ist die Folge des Eingriffs bei weitem weniger belastend und diskriminierend wie bei Freiheitsentzug, körperlichem Eingriff und bei der Wohnungsdurchsuchung. *Als Maßstab kann dazu die **Wertung des Gesetzgebers** dienen. Immer dann, wenn er die Anordnungsbefugnis – von dem besonderen verfassungsrechtlichen Gebot bei Wohnungsdurchsuchungen abgesehen – in Eilfällen auch den Ermittlungspersonen der Staatsanwaltschaft zubilligt, geht er von in der Regel besonderer Eilbedürftigkeit der zeitnahen Beweissicherung oder Täterermittlung als Bedürfnis der Praxis und einem weniger tiefgehenden Grundrechtseingriff aus.*

III. Die Konzentration des Bereitschaftsdienstes

6   Durch Rechtsverordnung können die Landesregierungen bestimmen, dass für mehrere Amtsgerichte im Bezirk eines Landgerichts ein gemeinsamer Bereitschaftsdienst eingerichtet wird, § 22 c Abs. 1 Satz 1 GVG, wofür zwei Wege zur Verfügung stehen. Einmal die Konzentration bei einem Amtsgericht des Landgerichtsbezirks (**Zentralisierungslösung**), zum anderen die Bildung eines gemeinschaftlichen Bereitschaftsdienstes aller Amtsgerichte im Landgerichtsbezirk, die turnusgemäß jeweils den Dienst für den gesamten Bezirk ausüben (sog. **Pool-Lösung**), wobei die Verteilung der Geschäfte des Bereitschaftsdienstes von dem Präsidium des Landgerichts **im Einvernehmen** mit den Präsidien der betroffenen Amtsgerichte beschlossen wird. Es gilt das Jährlichkeitsprinzip des § 21 e Abs. 1 i. V. m. § 22 c Abs. 1 Satz 4 GVG. Die Zentralisierungslösung bedeutet dabei nicht, dass der Eildienst ausschließlich den planmäßigen Richtern dieses Gerichts zugeordnet ist. Vielmehr kann die Heranziehung der Richter der anderen Gerichte des Landgerichtsbezirks und des Landgerichts beschlossen werden, die dann dort ihren Eildienst ausüben und ihre Entscheidungen für das genannte Amtsgericht treffen.

---

7 A. A. Amelung NStZ 2001, 337, 342.

IV. Die Erreichbarkeit des Bereitschaftsdienstrichters

Das Bundesverfassungsgericht hat keinerlei Zweifel daran gelassen, dass alle staatlichen Organe verpflichtet sind dafür Sorge zu tragen, dass der Richtervorbehalt als Grundrechtssicherung zum Tragen kommen muss, denn die Freiheit einer Person sei nach Art. 2 Abs. 2 Satz 2 GG »unverletzlich«, der schwerste Eingriff dabei die Freiheitsentziehung. Deshalb sei dem Vorbehalt des förmlichen Gesetzes zum Freiheitsentzug eine richterliche Entscheidung beigefügt, die nicht zur Disposition steht.[8] Bei der Wohnungsdurchsuchung werde in den räumlich geschützten Bereich der Privatsphäre eingegriffen und damit schwerwiegend in die grundrechtlich geschützte persönliche Lebenssphäre.[9] Für den Staat folge daraus die Verpflichtung, die Erreichbarkeit des zuständigen Richters zu ermöglichen. »Die Landesjustiz- und die Justizverwaltungen sowie die Ermittlungsrichter haben dabei sicherzustellen, dass der Richtervorbehalt als Grundrechtssicherung praktisch wirksam wird. Dazu gehört die Erreichbarkeit eines Ermittlungsrichters **bei Tage**, auch außerhalb der üblichen Dienststunden, uneingeschränkt«.[10]

7

Ein richterlicher Bereitschaftsdienst **zur Nachtzeit** ist demgegenüber von Verfassungs wegen erst dann gefordert, wenn hierfür ein konkreter Bedarf besteht. Dazu hat das Bundesverfassungsgericht ausgeführt: »Das Fehlen eines richterlichen Bereitschaftsdienstes zur Nachtzeit begegnet (vorliegend) keinen verfassungsrechtlichen Bedenken ... Nach der Rechtsprechung des Zweiten Senats zur Erreichbarkeit des Haftrichters bedeutet dies jedoch nicht, dass auch zur Nachtzeit im Sinne des § 104 Abs. 3 StPO unabhängig vom konkreten Bedarf stets ein richterlicher Eildienst zur Verfügung stehen müsste«.[11] Vielmehr ist ein nächtlicher Bereitschaftsdienst des Ermittlungsrichters von der Verfassung erst dann gefordert, wenn hierfür ein praktischer, nicht auf Ausnahmefälle beschränkter Bedarf besteht.[12]

8

V. Die personelle und sächliche Ausstattung

Die Verpflichtung des Staates, die Erreichbarkeit eines zuständigen Richters zur Wahrung des Richtervorbehalts zu gewährleisten, beinhaltet auch eine sachangemessene Wahrnehmung seiner richterlichen Aufgaben

9

---

8 BVerfG NVwZ 2006, 579.
9 BVerfG NVwZ 2006, 925.
10 BVerfG NJW 2005, 1637, 1638.
11 BVerfG NJW 2002, 3161, 3162 unter Hinweis auf BVerfGE 103, 142, 146 (= NJW 2001, 1121 ff.).
12 BVerfG NJW 2005, 1637; BVerfG NJW 2004, 1442; BVerfG NJW 2001, 1121.

zu ermöglichen. Durch Änderung der Zuständigkeitsverordnungen und der Verwaltungsvorschriften über den Bereitschaftsdienst bei Gerichten folgt man den verfassungsgerichtlichen Vorgaben. Dies berührt einen der zentralen Auseinandersetzungspunkte zwischen Richtern, Richtervereinigungen und den Justizverwaltungen. Problematisch ist die Ausgestaltung dieses Eildienstes zum einen durch Zeitvorgaben seitens der Justizverwaltungen in Verwaltungsvorschriften, steht doch das Selbstverwaltungs- und Selbstorganisationsrecht den Richtern zu. Zum anderen besteht Streit in der tatsächlichen Ausübung des Dienstes in Form einer (teilweisen) Präsenzpflicht oder Rufbereitschaft (sog. »Handyrichter« oder »Bettkantenrichter«). Weniger ausgeprägt ist dabei die Neigung, Personal im Unterstützungsbereich wegen des zu gewährenden Zeitausgleichs zur Verfügung zu stellen, jedoch wird wenigstens ein Urkundsbeamter der Geschäftsstelle einzuteilen sein. Bei kleineren Gerichtseinheiten wird dies zumindest an den dienstfreien Tagen erforderlich werden (Wochenendbereitschaftsdienst), da für die übrige Zeit außerhalb der »normalen Dienstzeit« etwa bei Haftsachen in seltenen Eilfällen eine andere Person, etwa ein anwesender Polizeibeamter, nach Vereidigung gem. § 168 Satz 3 StPO als Protokollführer herangezogen werden kann.

§ 2 Der Richter im Bereitschaftsdienst

I. Allgemeines

10 Zum Bereitschaftsdienst sind grundsätzlich alle Richter eines Gerichts heranzuziehen. Für die Ausgestaltung des richterlichen Bereitschaftsdienstes und die Zuteilung der Richter zu diesem Dienst sind die jeweiligen **Präsidien** zuständig. Diese haben entsprechend den örtlichen Möglichkeiten und Erfordernissen den Bereitschaftsdienst zu gestalten und anfallende Bereitschaftsdienste gleichmäßig auf die Richterschaft aufzuteilen. *Die Bestimmung des § 22 c GVG will eine ungleichmäßige Auslastung mit Bereitschaftsdiensten vermeiden und einen flexiblen Einsatz des vorhandenen richterlichen Personals ermöglichen.*[13] Soweit keine zwingenden Vorgaben durch Rechtsverordnung bestehen, haben sie unter Berücksichtigung der jeweiligen Verwaltungsvorschriften festzulegen, welcher Richter außerhalb der üblichen Dienstzeit für die unaufschiebbaren Entscheidungen zuständig ist. *Ob eine unaufschiebbare Eilentscheidung veranlasst ist und welche Prüfungsunterlagen der Richter für seine Entscheidung benötigt, entscheidet der Richter in eigener Verantwortung und in richterlicher Unabhängigkeit.*

---

13 Zöller/Gummer GVG § 22 c Rn. 1; BT-Drs. 14/9266 S. 38.

§ 2 Der Richter im Bereitschaftsdienst

Die dagegen gerichteten Einwände, die Amtsgerichte seien unzureichend personell ausgestattet, der Bereitschaftsdienstrichter würde bei Eilentscheidungen unter zu starkem Zeitdruck stehen, er könne gerade bei umfangreichen Verfahren keine vollständige Kenntnis des Sachverhalts erlangen und es würde im Bereitschaftsdienst bei den eingeteilten Richtern oft das nötige Fachwissen in Spezialgebieten fehlen, begegnet das Bundesverfassungsgericht damit, dass diese Mängel neben der Organisation durch die Justizverwaltung *auch durch den jeweils zuständigen Richter zu beheben* sind. »Seine **verfassungsrechtliche Pflicht**, sich die notwendige Zeit für die Prüfung eines Durchsuchungsantrags zu nehmen und sich Kenntnis von der Sache sowie das erforderliche Fachwissen zu verschaffen, kann er nur bei einer entsprechenden Geschäftsverteilung, ausreichender personeller und sächlicher Ausstattung seines Gerichts, durch **Aus- und Fortbildungsmöglichkeiten** sowie vollständige Information seitens der Strafverfolgungsbehörden über den Sachstand erfüllen«.[14]

II. Beteiligung der Richter am Landgericht

Die Belastung durch die ständige Rufbereitschaft bringt unabhängig von der tatsächlichen Inanspruchnahme eine Beschränkung im Familien- und Freizeitverhalten mit sich, zumal sich die Strafverfolgungsbehörden auf die neuen Gegebenheiten einstellen, wodurch die tatsächliche Inanspruchnahme erheblich zunimmt. Durch die Änderung des § 22 c Abs. 1 Satz 3 GVG können auch Richter am Landgericht für den amtsrichterlichen Bereitschaftsdienst herangezogen werden. Soweit dies konträr diskutiert und der Ausschluss der Richter von Strafkammern für das spätere Strafverfahren behauptet und damit die Funktionsfähigkeit kleinerer Landgerichte in Frage gestellt wird, kann dies durchaus zu praktischen Schwierigkeiten führen, weil gerade Haftsachen Verfahren betreffen, die später zu einer Kammeranklage und damit zu Befangenheitsanträgen gegen den Richter führen könnten. Die Problematik ist jedoch bereits bekannt beim Straf- oder Schöffenrichter kleinerer Gerichtseinheiten, ohne dass die Funktion des Geschäftsbetriebs dadurch wesentlich beeinträchtigt wird. Nicht alle Entscheidungen im Bereitschaftsdienst sind Haftsachen, Rechtsbehelfe gegen Eingriffsmaßnahmen sind selten. Eine Anzahl dieser Verfahren verbleibt beim Amtsgericht und wird dort rechtskräftig abgeschlossen. Hinzu kommt, dass immer nur ein Richter die Maßnahme im Eildienst anordnet und bei seinem Ausschluss bzw. der Verhinderung in einer Straf- oder Beschwerdekammer bei jedem Landgericht die Vertretungsregelung zum Tragen kommt. Die Bundesländer Bremen, Rheinland-Pfalz (§§ 1, 3 der Lan-

---

14 BVerfG NJW 2001, 1122.

desVO), Sachsen (§ 1 Abs. 1 JuZustVO), Saarland für den LG-Bezirk Saarbrücken (§ 1 Abs. 1 Satz 2 BerDVOAG) und Niedersachsen für den LG-Bezirk Verden (§ 16 g ZustVO-Justiz) haben sämtlich die Richter am Landgericht in den Bereitschaftsdienst der Amtsgerichte eingebunden, ebenso der Freistaat Bayern für die überwiegende Anzahl der Landgerichtsbezirke. Davon ausgenommen sind weder die Vorsitzenden Richter noch der Präsident des Landgerichts, der sich jedoch nach § 21 e Abs. 1 Satz 3 GVG dem Bereitschaftsdienst entziehen kann.[15]

III. Der gesetzliche Richter

12 Art. 101 Abs. 1 Satz 2 GG garantiert den gesetzlichen Richter. Danach muss seine Zuständigkeit im Voraus abstrakt-generell nach objektiven Kriterien festgelegt werden. Problematisch kann für die Bestimmung des gesetzlichen Richters die Abgrenzung zwischen dem Bereitschaftsdienstrichter und dem regulär zuständigen Richter werden, denn der Bereitschaftsdienstrichter kann in den Bereitschaftsdienstzeiten durch entsprechende Reglung im Geschäftsverteilungsplan originär für die Eilsachen zuständig sein[16] oder als Vertreter des geschäftsplanmäßig zuständigen Richters handeln.[17] Zweckmäßig scheint alleine die Vertreterlösung, wonach der Richter im Bereitschaftsdienst außerhalb der üblichen Dienstzeit als (erster) Vertreter des originär weiter regulär zuständig bleibenden Richters tätig wird, der damit auch in den Zeiten des Bereitschaftsdienstes seine Verfahren führen kann und die vom Bereitschaftsdienstrichter getroffenen Maßnahmen und Anordnungen nach dem Bereitschaftsdienst weiter führt. Die für die Vertreterlösung erforderliche Verhinderung des originär zuständigen Richters stellt der Bereitschaftsdienstrichter fest. Hält sich der zuständige Richter während der Zeit des zeitlich geregelten Bereitschaftsdienstes an Werktagen dienstbereit noch im Gerichtsgebäude auf, ist er erreichbar und zuständig. Ist dies nicht der Fall, ist er als unerreichbar anzusehen[18] und es liegt der Vertretungsfall vor, wonach der Richter im Eildienst zuständig wird. Die originäre Zuständigkeit bleibt auch bestehen, wenn der geschäftsplanmäßige Richter seine Dienstbereitschaft außerhalb der üblichen Bürozeiten für dringende Eilfälle erklärt und tatsächlich in der Lage ist, etwa durch moderne Bürotechnik den Anforderungen eines effektiven Rechtsschutzes nachzukommen. Allerdings bestimmt er dies aufgrund seines Selbstorganisationsrechtes während der Zeit des Bereitschaftsdienstes selbst. Sein Ver-

---

15 Zöller/Gummer § 22 c Rn. 2 a. E.
16 Kissel/Mayer GVG § 21 e Rn. 136.
17 Dazu Falk DRiZ 2007, 151, 153 ff.
18 Kissel/Mayer GVG § 21 e Rn. 144; Zöller/Gummer GVG § 21 e Rn. 41.

weis auf den Bereitschaftsdienst kann deshalb in aller Regel nicht als Dienstpflichtverletzung angesehen werden.[19]

IV. Der Richter auf Probe

Richter auf Probe sind nur begrenzt beim Eildienst heranziehbar. Zwar können sie jederzeit in Haftsachen tätig werden und auch Täter nach § 126a StPO in der Forensik unterbringen, nicht aber einen demenzkranken Patienten in einer beschützenden Abteilung eines Heimes, damit in einem geschlossenen Bereich, wenn die **Ernennung noch kein Jahr zurückliegt**. Ein Richter auf Probe darf im ersten Jahr seiner Ernennung im Bereitschaftsdienst **nicht als Betreuungsrichter (in Betreuungs-, Unterbringungs- und betreuungsgerichtlichen Zuweisungssachen) sowie in Familiensachen** tätig sein, §§ 23c Abs. 2 Satz 2, 23b Abs. 3 Satz 2 GVG. Dadurch soll sichergestellt werden, dass in dem sensiblen Bereich kranker Menschen Entscheidungen mit einem Mindestmaß an Erfahrung getroffen werden. Ein verunsicherter Richter kann nur schwerlich einen einfühlsamen Umgang mit Kranken pflegen und es besteht die Gefahr des vermeidbaren Hervorrufens von Ängsten bei den Betroffenen. Es kommt gelegentlich vor, dass der Geschäftsverteilungsplan des Gerichts der beschränkten Einsatzmöglichkeit eines Richters auf Probe im ersten Jahr seiner Ernennung nicht Rechnung trägt. Die vorschriftswidrige Tätigkeit durch einen Richter auf Probe stellt einen Verstoß gegen das Verbot der Entziehung des gesetzlichen Richters nach Art. 101 Abs. 1 Satz 2 GG dar. Die trotzdem getroffene Entscheidung dieses unzuständigen Richters ist zwar wirksam, wie dem Rechtsgrundsatz des § 22d GVG entnommen werden kann,[20] aber rechtswidrig zustande gekommen.

13

V. Die richterliche Entscheidung

1. Das Antragserfordernis

Nur bei Maßnahmen nach den Polizeigesetzen (Hauptanwendungsfall: Polizeiliche Ingewahrsamnahme) tritt die Polizei in direkten Kontakt mit dem Bereitschaftsdienstrichter. Ansonsten stellt die Staatsanwaltschaft im Ermittlungsverfahren im Eildienst die erforderlichen Anträge beim Bereitschaftsdienstrichter, soweit sie nicht Gefahr in Verzug bejaht und die Anordnungen selbst treffen kann. Nimmt der Staatsanwalt **Gefahr in Verzug**

14

---

19 Falk DRiZ 151, 156.
20 Vgl. zur Willkür BVerfG NJW 1993, 996; NJW 1996, 1049; KK-Hannich § 22d GVG Rn. 1.

an, dann haben die Ermittlungsbeamten, »möglichst der – vorrangig verantwortliche – Staatsanwalt, (haben) die Bezeichnung des Tatverdachts und der gesuchten Beweismittel und die tatsächlichen Umstände, auf die die Gefahr des Beweismittelverlusts gestützt wird, sowie die Bemühungen, einen Ermittlungsrichter... zu erreichen, in einem vor der Durchsuchung oder unverzüglich danach gefertigten Vermerk **vollständig zu dokumentieren**. So kann die vollständige gerichtliche Nachprüfung der Annahme von Gefahr im Verzuge gewährleistet werden«.[21] Eine Darlegung in der Dokumentation kann entbehrlich sein, wenn allein die Beschreibung der tatsächlichen Umstände den Tatverdacht, die Zielrichtung der Durchsuchung und deren Dringlichkeit als evident erscheinen lassen.[22] Der Richter ist im strafrechtlichen Bereich an den Antrag gebunden und darf grundsätzlich nicht über die beantragte Handlung hinausgehen. Er darf auch keine andere als die beantragte Maßnahme vornehmen, etwa die Beschlagnahme weiterer Sachen anordnen oder die Durchsuchung auf weitere Räume erstrecken. Entsprechend seiner Aufgabenstellung übt er **Rechtskontrolle** aus und trifft unter Richtervorbehalt stehende konkret beantragte Maßnahmen. Das Tätigwerden des Ermittlungsgerichts ohne Verfahrensantrag als **Notstaatsanwalt** bei Gefahr in Verzug und Nichterreichbarkeit des Staatsanwalts, bezogen auf jede Ermittlungshandlung, § 165 StPO, ist in der heutigen technisierten Welt praktisch nicht mehr denkbar. Die Entscheidung ist zu **dokumentieren** und zu **begründen**, um dem Betroffenen die sachgerechte Wahrnehmung seiner grundgesetzlich garantierten Rechte zu gewährleisten und dem Beschwerdegericht die effektive Kontrolle durch die Begründung der Entscheidung zu ermöglichen (s. Rz. 17).

Ansonsten hat die antragstellende Behörde, bei strafprozessualen Maßnahmen damit die Staatsanwaltschaft, dem Richter das bisherige Ermittlungsergebnis vorzulegen. Darauf hat er einen Anspruch. Dieser geht aber nicht so weit, dass ihm zur Nachtzeit die Akten zu Hause vorgelegt werden müssen, sondern allenfalls im üblichen Dienstgang, gegebenenfalls im dafür vorgesehenen Dienstzimmer im Justizgebäude. Dabei sind die Staatsanwaltschaft und andere antragsberechtigte Behörden berechtigt, Zeugenaussagen und die sonstigen erarbeiteten Ermittlungsergebnisse zu sichten und zu gewichten, auch Nebensächliches auszusondern. Insoweit kann die **Vorlage eines Aktenauszugs** genügen. Allerdings darf sich diese Zusammenstellung nicht auf bloße »Vertretbarkeit« beschränken, sondern das vorgelegte Aktenmaterial muss so beschaffen sein, dass der Richter im Bereitschaftsdienst sich ein vollständiges Bild über das Ermittlungsergebnis, zum Tatverdacht gegen den Beschuldigten und zum Vorliegen der gesetzlichen Voraussetzungen der Eingriffsmaßnahme machen kann, denn

---

21 BVerfG NJW 2005, 1637, 1638; BVerfG NJW 2001, 1121.
22 BVerfG NJW 2005, 1637, 1638; BVerfG NJW 2004, 1442.

die vorliegenden und in den Akten ausgewiesenen verwertbaren Ermittlungsergebnisse sind Beurteilungsgrundlage.[23] Dass dabei die Behörden bei Antragstellung Belastung und Entlastung des Betroffenen gleichermaßen zu berücksichtigen haben, ist eine Selbstverständlichkeit. Ansonsten führt dies zur Amtshaftung des Landes für die antragstellende Behörde nach § 839 Abs. 1 BGB i. V. m. Art. 34 GG.

2. Der Prüfungsumfang

Der Zeitdruck im Bereitschaftsdienst zwingt zu raschen Entscheidungen. Der zuständige Richter wird zunächst zu prüfen haben, ob überhaupt ein Eilfall gegeben ist, der eine Entscheidung zur Nachtzeit, außerhalb der Dienstzeiten oder an dienstfreien Tagen erforderlich macht. Denn *der Bereitschaftsdienst ist auf unaufschiebbare richterliche Dienstgeschäfte beschränkt.*[24]

Entscheidet er, darf die **Qualität der Entscheidung** nicht gemindert sein, weil in Grundrechte der Betroffenen eingegriffen wird, womit eine hohe Verantwortlichkeit einhergeht. Eine sachliche Beschränkung des Bereitschaftsdienstes – etwa nur auf freiheitsentziehende Maßnahmen und Wohnungsdurchsuchungen – erscheint nicht statthaft (s. Rz. 3).

Der entscheidende Richter hat trotz aller etwa gebotenen Eile die Akten sorgfältig und genau durchzuarbeiten, ehe er sich entschließen darf, eine Eingriffsmaßnahme zu erlassen.[25] Es kann nicht gebilligt werden, dass der Richter die Akten nur flüchtig durchsieht oder sich darauf beschränkt, die ihm von der Staatsanwaltschaft als wesentlich bezeichneten Teile der Akten anzusehen (**Grundsatz der eigenverantwortlichen Prüfung**). Es ist Aufgabe und Pflicht des Richters, »sich eigenverantwortlich ein Urteil zu bilden und nicht etwa nur die Anträge der Staatsanwaltschaft nach einer pauschalen Überprüfung gegenzuzeichnen. Zur richterlichen Einzelentscheidung gehören eine sorgfältige Prüfung der Eingriffsvoraussetzungen und eine umfassende Abwägung zur Feststellung der Angemessenheit des Eingriffs im konkreten Fall. Schematisch vorgenommene Anordnungen vertragen sich mit dieser Aufgabe nicht«.[26] *Ist er auf dem anzuwendenden Rechtsgebiet ungeübt, ist ihm eine angemessene Zeit der Einarbeitung in die jeweilige Materie zuzubilligen.* Kann er aus diesem Grund oder wegen des Aktenumfangs eine Entscheidung nicht in der Zeit seines Bereitschaftsdiensts treffen oder weigert er sich berechtigt, ohne Aktenkenntnis mündlich zu entscheiden, darf nach bestrittener Meinung[27] die Staats-

---

23 BGH NJW 2003, 3693, 3695 (zum Haftbefehlsverfahren).
24 Zöller/Gummer GVG § 22 c Rn. 4.
25 BGH NJW 1959, 35; BGH NJW 2003, 3693, 3695 jeweils zum Haftbefehl.
26 BVerfG NStZ-RR 2004, 143 f.
27 Jahn NStZ 2007, 255, 260.

anwaltschaft ihre **Eilkompetenz** in Anspruch nehmen, wenn der Verlust von Beweismitteln droht, solange sie die Ablehnung einer Entscheidung zu diesem Zwecke durch unvollständige Unterrichtung nicht provoziert.[28] Jedenfalls kann in der *sachlich begründeten Weigerung des Richters*, ohne ausreichende Prüfung nicht zu entscheiden, keine Pflichtwidrigkeit im Sinne des § 839 Abs. 2 Satz 2 BGB gesehen werden (s. dazu Rz. 18).

3. Die Form der Entscheidung

16 Im Rahmen der Vorbereitung der Entscheidung ist **rechtliches Gehör** zu gewähren, soweit dies irgend möglich ist und der Zweck der Maßnahme dadurch nicht gefährdet ist. Bei diesem »prozessualen Urrecht« des Betroffenen aus Art. 103 Abs. 2 GG, das auch ein objektiv-rechtliches Verfahrensprinzip eines rechtsstaatlichen Verfahrens ist, soll der Einzelne vor einer Entscheidung zu Wort kommen, um auf das Verfahren Einfluss nehmen zu können.[29] Dies trifft für nahezu alle Eilmaßnahmen nach dem FamFG zu. Dagegen werden die Eingriffsmaßnahmen der StPO, von der Haftvorführung abgesehen, in der Regel gem. § 33 Abs. 4 StPO ohne vorherige Anhörung des Betroffenen getroffen, weil die Sicherung gefährdeter Interessen eine Vorwarnung verbietet. Die Entscheidung ergeht in **Beschlussform**. Der Beschluss ist auch im Bereitschaftsdienst **grundsätzlich schriftlich** abzufassen und zu begründen (§ 34 StPO für strafprozessuale Maßnahmen) sowie zu den Akten zu bringen. Dies gilt für sämtliche anfechtbaren richterlichen Sachentscheidungen, unabhängig davon, ob sie sich auf verfahrensrechtliche oder sachlichrechtliche Fragen beziehen. Die Begründungspflicht trägt neben der **Rechtskontrolle** auch dem **Informationsinteresse** des Betroffenen Rechnung. Der Rechtsstaatsgedanke verlangt, dass dem Betroffenen die Entscheidungsgrundlagen zur Kenntnis gebracht werden, damit er sich sachgerecht verteidigen kann. Ferner ist sie Grundlage für die Entscheidung des Rechtsmittelgerichts und ermöglicht dadurch erst wirksamen gerichtlichen Rechtsschutz. Einige spezialgesetzliche Regelungen betreffen den Inhalt ermittlungsgerichtlicher Entscheidungen, zum Beispiel § 100 b Abs. 2 und 3 StPO oder § 114 Abs. 2 StPO sowie bei Entscheidungen nach dem FamFG, §§ 38 Abs. 2 und 3, 286, 323 FamFG. Fehlt eine solche Regelung, so fordert zumindest das Rechtsstaatsprinzip des Art. 20 Abs. 3 GG eine Begründung, bei der die rechtlichen und tatsächlichen Erwägungen erkennbar sein müssen, auf denen die Entscheidung beruht. Die bloße Wiedergabe des Gesetzeswortlauts oder auch nur allgemeine und formelhafte Wendungen sind nicht ausreichend.

---

28 BGH StV 2006, 515.
29 BVerfG NJW 1959, 427; NJW 2004, 2443; Wiesneth, Handbuch Rn. 38 ff.

§ 2 Der Richter im Bereitschaftsdienst

Bei den strafprozessualen Eingriffsmaßnahmen genügen **in Eilfällen** ein fernmündlicher Antrag des Staatsanwalts und eine **fernmündliche Gestattung** durch den Richter,[30] *soweit keine Schriftform vorgeschrieben ist.* Es ist anerkannt, »dass das Anhängigmachen der freiheitsentziehenden Maßnahme bei Gericht im Falle einer besonderen Eilbedürftigkeit eines formellen schriftlichen Antrages nicht bedarf, sofern das Begehren in den Akten in verlässlicher Weise dokumentiert ist und die Identität der in Gewahrsam Genommenen jedenfalls anhand der Akten festgestellt werden kann, zumal unter der Geltung des Amtsermittlungsgrundsatzes das Gericht die für seine Entscheidung erheblichen Tatsachen zu ermitteln hat.«[31] Dadurch wird aus den Gründen eines effektiven Rechtsschutzes der vorbeugenden richterlichen Kontrolle der Vorzug vor der nachträglichen richterlichen Bestätigung gegeben. Dies kann jedoch nur die Ausnahme vom Erfordernis der Schriftform bleiben und bedarf der gleichen eigenverantwortlichen Prüfung durch den Richter wie ein ausformulierter Beschluss. Die Anordnung ist nur in den Fällen zulässig, bei denen eine schriftliche Beschlussfassung wegen der Eilbedürftigkeit der Maßnahmen nicht abgewartet werden kann, insbesondere, wenn keine Möglichkeit der Übermittlung der Entscheidung durch Telefax oder E-Mail besteht oder bei Erlass eines schriftlichen Beschlusses auf der Grundlage schriftlicher Unterlagen ein Beweismittelverlust droht.[32] Dazu ist es ausreichend und »nahe liegend«, dass ein von der Polizei oder der Staatsanwaltschaft erstellter Vermerk zu den Akten gelangt. Eine unzureichende Dokumentation führt dabei nicht zur Rechtswidrigkeit der richterlichen Entscheidung.[33] Der Bereitschaftsdienstrichter wird jedoch kaum eine fernmündliche Anordnung ohne **eigene Dokumentation** treffen, da Grundlage seiner in ein Grundrecht eingreifenden Entscheidung der wesentliche Akteninhalt Prüfungsgrundlage sein muss, da *andernfalls die Staatsanwaltschaft an Stelle des Gerichts bei drohendem Beweismittelverlust durch Wahrnehmung ihrer Eilkompetenz handeln kann.*[34] Aber selbst in den wenigen Ausnahmefällen, in denen wegen Eilbedürftigkeit zunächst eine mündliche oder fernmündliche Anordnung getroffen wurde, etwa beim Erlass eines Durchsuchungs- und Beschlagnahmebeschlusses, sollte die Abfassung des begründeten Beschlusses zur Rechtskontrolle nachgeholt, zumindest jedoch ein schriftlicher Vermerk gefertigt werden, aus dem der Grund und der Umfang der Anordnung her-

17

---

30 BGH NJW 2005, 1060, 1061 zum Durchsuchungsbeschluss; Meyer-Goßner § 105 Rn. 3.
31 BVerfG NVwZ 2006, 579 zum Polizeigewahrsam; vgl. auch VGH Baden-Württemberg, Urteil vom 27. 9. 2004 – 1 S 2206/03 –, DÖV 2005, 165, 168.
32 LG Mühlhausen wistra 2007, 195: Ansonsten Rechtswidrigkeit; LG Tübingen NStZ 2008, 589 ff.
33 BGH NJW 2005, 1060, 1061.
34 Siehe dazu BGH NStZ 2006, 114.

vorgeht. Es besteht eine **Dokumentationspflicht.** Der Richter wird in der Regel, soweit ihm aus dem Unterstützungsbereich niemand zur Verfügung steht, die bei allen Amtsgerichten vorhandenen Formulare heranziehen und ausfüllen,[35] den Entscheidungsinhalt gegebenenfalls fernmündlich bekannt geben und die so gefasste Entscheidung mit einem Vermerk über den Inhalt des ihm Mitgeteilten unverzüglich zu den Akten bringen.

VI. Die Haftung des Richters im Bereitschaftsdienst

18   Die Eilbedürftigkeit im Bereitschaftsdienst zur Prüfung der Entscheidungsgrundlagen und das teilweise nur fernmündlich oder in Aktenauszügen übermittelte Beweisergebnis stellen eine nicht unerhebliche Fehlerquelle dar. Dabei gilt weder für den ungeübten noch für den nicht spezialisierten Richter ein milderer Sorgfaltsmaßstab (zum Umfang seiner Prüfungspflicht s. Rz. 15). Bei Verstößen dagegen ist die persönliche Haftung des Richters zu prüfen. Diese ist als sog. **Richterprivileg** in § 839 Abs. 2 Satz 1 BGB geregelt. Danach haftet ein Richter bei »Urteilen« nur dann, wenn mit dem Urteil eine Straftat begangen worden ist. Die Haftung des Richters für Urteile ist demgemäß weit stärker eingeschränkt als die sonstige Amtshaftung des § 839 BGB. Sie beschränkt sich auf Pflichtverletzungen, die in einer Straftat (Rechtsbeugung, Richterbestechung[36]) bestehen. Das Haftungsprivileg des § 839 Abs. 2 Satz 1 BGB betrifft jedoch nur die spruchrichterliche Tätigkeit. Entscheidungen, die keine Urteile sind und solchen auch nicht gleichstehen oder Pflichtverletzungen des Richters durch **Verweigerung oder Verzögerung der Amtsausübung** unterliegen nach § 839 Abs. 2 Satz 2 BGB der Amtshaftung nach § 839 Abs. 1 BGB. *Für den Bereitschaftsdienst kommt das Richterprivileg grundsätzlich nicht zum Tragen, da die in Beschlussform ergehenden Entscheidungen keine »urteilsvertretenden Erkenntnisse« darstellen.* Hierunter fallen Entscheidungen, denen ein »Erkenntnisverfahren« zugrunde liegt, damit ein Verfahren, das sich nach bestimmten prozessualen Regeln richtet und dessen Ziel im Wesentlichen die Anwendung materieller Rechtsnormen auf einen konkreten Fall ist. Dazu gehören insbesondere die Wahrung des rechtlichen Gehörs, die Ausschöpfung der in Betracht kommenden Beweismittel und die Begründung des Spruchs.[37] Eine solche Entscheidung ist anzunehmen, wenn nach Sinn und Zweck der Regelung eine jederzeitige erneute Befassung des Gerichts, sei es auf Antrag oder von Amts wegen, mit der formell rechtskräftig entschiedenen Sache ausgeschlossen ist, und eine erneute Befassung nur unter

---

35   Zöller/Gummer GVG § 22 c Rn. 6: »kann zugemutet werden«.
36   Bamberger/Roth/Reinert § 839 Rn. 88.
37   BGH NJW 1962, 1500.

§ 2 Der Richter im Bereitschaftsdienst

den entsprechenden Voraussetzungen wie bei einem rechtskräftigen Urteil in Betracht kommt.[38] Damit wird auf die formelle und materielle Rechtskraft abgestellt. Vorläufige und einstweilige fürsorgliche Anordnungen haben schon wegen der damit einhergehenden Gefahr in Verzug notwendig einen summarischen Charakter und zählen nicht dazu.[39] Ebenso wenig die Haft- und Unterbringungsbefehle sowie die in der Regel ohne Anhörung des Betroffenen angeordneten Zwangsmaßnahmen nach strafprozessualen Bestimmungen.[40]

Etwas anderes gilt für den **Arrest und die einstweilige Verfügung** wegen der über die Sicherungsmaßnahme hinausgehenden oftmaligen »interimistischen Befriedungsfunktion«. Sie machen häufig, gerade in Wettbewerbssachen, eine Hauptsacheentscheidung entbehrlich. Deshalb handelt es sich bei Arrest- und einstweiligem Verfügungsverfahren um selbstständige Verfahren, auf die grundsätzlich alle Vorschriften und allgemeinen Rechtsgrundsätze Anwendung finden, die für selbstständige Verfahren gelten.[41]

Außerhalb des Richterprivilegs *haftet der Richter wegen des Grundsatzes der richterlichen Unabhängigkeit nur bei groben Rechtsverstößen,* d. h. bei Vorsatz und grober Fahrlässigkeit. Eine Entscheidung stellt eine amtspflichtwidrige Rechtsanwendung dar, wenn sie ohne nachvollziehbare Begründung in Widerspruch zu der einschlägigen gefestigten höchstrichterlichen Rechtsprechung steht. Die Entscheidung muss also vertretbar sein.[42] »Allerdings kann einem Richter bei der Rechtsanwendung außerhalb des Richterprivilegs in der **Innenhaftung** ein *Schuldvorwurf bei objektiv unrichtiger Rechtsanwendung nur bei besonders groben Verstößen* gemacht werden. Diese Einschränkung erfordert der Verfassungsgrundsatz der richterlichen Unabhängigkeit«.[43] Zur Vermeidung der haftungsrechtlichen Problematik sollte deshalb nur in Ausnahmefällen auf fernmündliche Anträge mündlich entschieden werden (s. Rz. 17).

---

38 BGH NJW 2003, 3052.
39 BGH NJW 2003, 3052 zu vorläufigen Unterbringungsmaßnahmen nach § 70 h FGG.
40 BGH NJW 2003, 3694 zum Einsatz verdeckter technischer Mittel.
41 BGH NJW 2005, 436, 437 unter Aufgabe der bisherigen Rechtsprechung; Palandt/Sprau § 839 Rn. 65; a. A. Bamberger/Roth/Reinert § 839 Rn. 88.
42 BGH NJW 2003, 3052.
43 OLG Frankfurt NJW 2001, 3270, 3271 m. w. N.

Teil 1 – Der strafprozessuale Freiheitsentzug

§ 3 Das Verfahren auf Erlass eines Haftbefehls

I. Einführung

21 Das Verfahren auf Erlass eines Haftbefehls ist neben der Eröffnung eines bestehenden Haftbefehls einer der Hauptaufgaben im Bereitschaftsdienst.[44] **Unterschieden werden zwei Verfahrensarten**, die beide im Gesetz geregelt sind:
- Einmal das Verfahren auf Erlass des Haftbefehls mit Anhörung des Beschuldigten nach vorläufiger Festnahme, §§ 127, 128 Abs. 2 Satz 2 StPO,
- zum anderen die Möglichkeit des Erlasses eines Haftbefehls auf Antrag im Büroweg (im schriftlichen Verfahren). Diese Regelung des § 125 Abs. 1 StPO ist der Regelfall bei flüchtigen Tätern. Die Anhörung wird bei der Haftbefehlseröffnung (Erstvernehmung) nachgeholt.

Die Untersuchungshaft dient, vom Haftgrund der Wiederholungsgefahr abgesehen, *ausschließlich der Durchsetzung des Anspruchs der Gemeinschaft auf vollständige Aufklärung der Tat und rasche Bestrafung des Täters.*[45] Sie soll die Durchführung eines geordneten Strafverfahrens gewährleisten und die spätere Vollstreckung eines auf Freiheitsstrafe oder freiheitsentziehende Sicherungsmaßregeln lautenden Urteils sicherstellen.[46]

22 Schwierigkeiten bereitet im Bereitschaftsdienst bei einem vermindert schuldfähigen Täter die Abgrenzung, wann ein Haft- oder ein Unterbringungsbefehl zu erlassen ist. Handelt er im Zustand der Schuldunfähigkeit oder der verminderten Schuldfähigkeit, so kommt seine **einstweilige Unterbringung** nach § 126 a StPO in Betracht, wenn seine spätere Unterbringung in einem psychiatrischen Krankenhaus oder in einer Entziehungsanstalt zu erwarten ist und die öffentliche Sicherheit die einstweilige Unterbringung des Beschuldigten erfordert, damit eine Art »Wiederholungsgefahr« bei erheblichen Straftaten gegeben ist (s. Rz. 73). Abgren-

---

44 Dazu Wiesneth, Handbuch Rn. 123 ff.
45 BVerfG NJW 1966, 243 ff.
46 Meyer-Goßner Vor § 112 Rn. 5; BVerfGE 32, 87 ff.

§ 3 Das Verfahren auf Erlass eines Haftbefehls

zungskriterium bei **verminderter Schuldfähigkeit** zwischen Haftbefehls- und Unterbringungsverfahren ist eine **Prognoseentscheidung** über den Ausgang des späteren Verfahrens. Eine einstweilige Unterbringung wird nur bei Vorliegen zumindest eines psychiatrischen Kurzgutachtens gelingen. *Maßgebend ist, ob der Sicherungszweck durch den Freiheitsentzug entweder der späteren Bestrafung dient oder der zu erwartenden Unterbringung in einem psychiatrischen Krankenhaus oder in einer Entziehungsanstalt zum Schutz der Allgemeinheit vor einem gemeingefährlichen Täter.*[47] Der Erlass eines Haftbefehls ist dann zwar trotzdem möglich, die einstweilige Unterbringung nach § 126 a StPO aber vorzuziehen, weil sie die Möglichkeit der ärztlichen Behandlung bietet.[48]

II. Der Anwendungsbereich

1. Persönlicher Anwendungsbereich

Hauptanwendungsfall im Bereitschaftsdienst ist der Erlass eines Haftbefehls als Ermittlungsgericht gegen Erwachsene und Heranwachsende. Der Erlass eines Haftbefehls ist auch bei **Jugendlichen** möglich, wobei **zwei Besonderheiten** zu beachten sind. Einmal beim Haftgrund der Fluchtgefahr die Altersgrenze von sechzehn Jahren nach § 72 Abs. 2 JGG. Bei noch nicht sechzehnjährigen Beschuldigten ist der Haftgrund der Fluchtgefahr beschränkt auf die dort genannten qualifizierten Voraussetzungen (s. Rz. 30). Und bei allen Personen bis zur Vollendung des achtzehnten Lebensjahres ist die Vorschrift des § 72 Abs. 1 JGG zu beachten, wonach Untersuchungshaft gegen sie nicht statthaft ist, wenn der gleiche Zweck durch vorläufige erzieherische Anordnungen erreicht werden kann. Als mildere Maßnahme kann an Stelle der Anordnung der Untersuchungshaft die Anordnung der einstweiligen Unterbringung in einem Heim der Jugendhilfe (§ 71 Abs. 2 JGG) erfolgen. *Die Entscheidung gegen Jugendliche und Heranwachsende wird als Jugendrichter getroffen.*   23

2. Sachlicher Anwendungsbereich

Die Untersuchungshaft darf gegen einen Beschuldigten nur angeordnet werden, wenn dieser einer Straftat dringend verdächtig ist und ein Haftgrund besteht und der Freiheitsentzug zu der Bedeutung der Sache und der zu erwartenden Strafe oder Maßregel der Besserung und Sicherung nicht außer Verhältnis steht, § 112 Abs. 1 StPO. Ist die Tat nur mit Freiheitsstrafe bis zu 6 Monaten oder mit Geldstrafe bis zu 180 Tagessätzen bedroht,   24

---

47 Wiesneth, Handbuch Rn. 132.
48 Meyer-Goßner § 126 a Rn. 2.

§ 113 Abs. 1 StPO (**Bagatelldelikt**), darf die Untersuchungshaft wegen **Verdunkelungsgefahr nicht** angeordnet werden, § 113 Abs. 1 StPO, bei **Fluchtgefahr** nur unter den in § 113 Abs. 2 StPO genannten Voraussetzungen (besondere Fluchtgefahr, Wohnungslosigkeit, Ausweislosigkeit).
Bei **Antragsdelikten** kann ein Haftbefehl ergehen, auch wenn noch kein Strafantrag gestellt ist, § 130 Satz 1 StPO (vgl. zur vorläufigen Festnahme § 127 Abs. 3 StPO). Der Antragsberechtigte wird unter Fristsetzung, die eine Woche nicht überschreiten sollte, zur Antragstellung aufgefordert mit dem Hinweis, dass ansonsten der Haftbefehl wieder aufgehoben werden wird. Der Haftbefehl ist bei nicht fristgerechter Antragstellung aufzuheben, § 131 Satz 2 StPO. Bei **Privatklagedelikten** und bei zu erwartender Geldstrafe ist Untersuchungshaft nicht ausgeschlossen.[49]

3. Die Haftvoraussetzungen im Einzelnen

a) Das Vorliegen einer Straftat

25 Es muss sich um eine rechtswidrig und schuldhaft begangene Kriminalstraftat handeln. Nicht selten kommt es vor, dass Beschuldigte mit offensichtlichem Diebesgut angetroffen werden, ohne dass dieses bereits einer Straftat zugeordnet werden kann. Da die Beschreibung der Tat Voraussetzung des Erlasses eines Haftbefehls ist, um die prozessuale Tat zu umgrenzen (**Umgrenzungsfunktion**) und dem Beschuldigten die Möglichkeit zur Verteidigung zu geben (**Informationsfunktion**), muss eine bestimmte Tat nach Tatort und Tatzeit sowie Begehungsform beschreibbar sein. Zwar können in einem frühen Stadium der Ermittlungen keine zu hohen Anforderungen an die Konkretisierung der Tat gestellt werden.[50] Die Formulierung »an einem nicht näher bestimmbaren Ort im Inland zu einer nicht näher bestimmbaren Zeit, jedoch kurz vor seiner Festnahme am …« reicht zur Erfüllung dieser Funktionen nicht aus.

b) Der dringende Tatverdacht

26 Erforderlich ist ein dringender Tatverdacht. Er ist gegeben, *wenn eine hohe Wahrscheinlichkeit besteht, dass der Beschuldigte Täter oder Teilnehmer einer konkreten Straftat ist.* Dabei wird nicht verlangt, dass eine Verurteilung wahrscheinlich ist, weil auf den gegenwärtigen Ermittlungsstand, nicht auf den Stand eines ausermittelten Verfahrens abgestellt wird.[51] Der Grad des Tatverdachts ist jedoch stärker als beim hinreichenden Tatver-

---

49 Wiesneth, Handbuch Rn. 177, 167 m. w. N.
50 KMR-Wankel § 114 Rn. 3; LR-Hilger § 114 Rn. 9.
51 BGH NStZ 1981, 94.

dacht und er muss sich aus bestimmten Tatsachen herleiten.[52] Kriminalistische Erfahrungswerte oder Mutmaßungen reichen dazu nicht aus.

c) Die Haftgründe

Jeder Erlass eines Haftbefehls verlangt die Bejahung eines Haftgrundes aufgrund des konkreten Ermittlungsergebnisses. Die gesetzlichen Haftgründe sind **abschließend** geregelt. Sie können – vom Haftgrund der Wiederholungsgefahr abgesehen (s. Rz. 33) – auch **kombiniert** werden.

Der Haftgrund der Flucht oder des Sichverborgenhaltens

Dieser Haftgrund nach § 112 Abs. 2 Nr. 1 StPO besteht, wenn sich der Beschuldigte dem Zugriff der Ermittlungsbehörden (oder des Gerichts) gerade wegen des Ermittlungsverfahrens und späteren Strafverfahrens entzieht, indem er sich absetzt, versteckt, ins Ausland flüchtet oder unangemeldet, unter falscher Identität oder an einem unbekannten Ort lebt (Verborgenhalten). **Flucht** ist anzunehmen, wenn sich der Beschuldigte von seinem bisherigen Lebensmittelpunkt absetzt, um (zumindest auch) in einem gegen ihn anhängigen Strafverfahren unerreichbar zu sein und dem behördlichen Zugriff zu entgehen.[53] Das **Sichentziehen** ist bei einem Verhalten anzunehmen, das den Erfolg hat, dass der Fortgang des Strafverfahrens dauernd oder wenigstens vorübergehend durch Aufhebung der Bereitschaft des Beschuldigten verhindert wird, für Ladungen und Vollstreckungsmaßnahmen zur Verfügung zu stehen. Zumindest muss es dem Beschuldigten mit darauf ankommen, dass das Strafverfahren nicht betrieben werden kann (**subjektives Element**). Alleine der Umstand, dass der Aufenthalt eines Beschuldigten nicht bekannt ist, lässt noch keinen zwingenden Schluss zu, er entziehe sich diesem Verfahren durch Flucht. **Indizien** sind beispielhaft die Aufgabe der Wohnung ohne Ummeldung, ein ständiger Wohnungswechsel, das Nichterscheinen an der Arbeitsstelle, die Aufgabe von täglichen Gewohnheiten, das Leerräumen des Kontos oder ein Leben unter falschem Namen.

Der Haftgrund der Fluchtgefahr

Nach § 112 Abs. 2 Nr. 2 StPO muss sich bei Würdigung der Umstände des Einzelfalls die Gefahr ergeben, dass sich der Beschuldigte dem Strafverfahren entziehen wird. Das Gesetz verlangt somit eine **Prognoseentscheidung**, dass es *nach Würdigung aller konkreten Umstände wahrscheinlicher ist, der Beschuldigte werde sich der Strafverfolgung entziehen, als dass er sich*

---

52 Meyer-Goßner § 112 Rn. 6, 7.
53 SK-StPO-Paeffgen § 112 Rn. 22; KK-Graf § 112 Rn. 11; Meyer-Goßner § 112 Rn. 13; LR-Hilger § 112 Rn. 28.

dieser zur Verfügung hält.[54] Je größer die Straferwartung ist, desto weniger Gewicht ist zwar auf weitere Umstände zu legen,[55] *sie alleine reicht jedoch auch bei hoher Straferwartung zur Begründung eines Haftbefehls niemals aus, es sei denn, es liegt der Haftgrund der Tatschwere* (s. Rz. 32) *vor.* Abzustellen ist auf weitere Anhaltspunkte für einen hohen Fluchtanreiz wie fehlende oder aber bestehende familiäre oder sonstige persönliche Beziehungen, berufliche Bindungen, vorhandenes Vermögen (Haus, Eigentumswohnung), Alter und Gesundheitszustand des Beschuldigten, Selbststellung, Verbindungen zum kriminellen Milieu, bisherige straffreie Lebensführung, bisheriges Verhalten bei Freiheitsentzug (Haftbefehle ergangen?). Bei **Bagatelldelikten** kommt der Haftgrund nur unter den Voraussetzungen des § 113 Abs. 2 StPO in Betracht.

30 Solange ein Jugendlicher das sechzehnte Lebensjahr noch nicht vollendet hat, ist die Verhängung von Untersuchungshaft wegen Fluchtgefahr nur zulässig, wenn er sich dem Verfahren bereits entzogen hatte oder Anstalten zur Flucht getroffen hat, § 72 Abs. 2 Nr. 1 JGG oder im Geltungsbereich dieses Gesetzes keinen festen Wohnsitz oder Aufenthalt hat, § 72 Abs. 2 Nr. 2 JGG (**besondere Fluchtgefahr, Wohnungslosigkeit**). Die Anordnung der Untersuchungshaft verlangt außerdem aus Verhältnismäßigkeitsgründen die Prognose, dass später auf Jugendstrafe erkannt werden wird.

Der Haftgrund der Verdunkelungsgefahr

31 Der dringende Tatverdacht bei diesem Haftgrund nach § 112 Abs. 2 Nr. 3 StPO besagt, dass eine große Wahrscheinlichkeit für Verdunkelungshandlungen für den Fall besteht, dass der Beschuldigte nicht in Haft genommen wird.[56] Dazu bedarf es des **dringenden Verdachts** (hohe Wahrscheinlichkeit), der Beschuldigte werde darauf ausgehen, in unstatthafter Weise die Beweislage zu verändern, wenn er nicht verhaftet wird, was im Freibeweisverfahren geprüft werden kann. Unlauter ist die Einwirkung, wenn sie gegen das Gesetz verstößt oder die Ermittlung des Sachverhalts in einer vom Gesetz nicht gebilligten Weise stört. Unlauter kann das Ziel der Einwirkung sein (z. B. Herbeiführung einer Falschaussage), aber auch das Mittel (z. B. Drohung, Gewalt, Täuschung). Dagegen können Verhaltensweisen des Beschuldigten, die nach der StPO zulässig sind, nicht als unlauter eingestuft werden, etwa die Bitte an einen Zeugen, von seinem Zeugnisverweigerungsrecht Gebrauch zu machen. Erforderlich sind **konkrete Tatsachen**, die vom Beschuldigten selbst oder aus seinem Rechtskreis kommen, ihm zuzurechnen sind und die Grundlage des Verdachts bilden. Es müssen Tatsachen sein,

---

54 Meyer-Goßner § 112 Rn. 17.
55 Meyer-Goßner § 112 Rn. 25.
56 Meyer-Goßner § 112 Rn. 27.

§ 3 Das Verfahren auf Erlass eines Haftbefehls

die er selbst veranlasst hat oder die er wiederum beeinflussen kann, entweder eigenhändig oder durch Dritte, die er steuert.[57] Es muss **Verfahrenssabotage** zur Verhinderung der Ermittlung der Wahrheit betrieben werden. Alleine die Möglichkeit von Absprachen zwischen Tatbeteiligten reicht dazu keinesfalls aus. Erforderlich ist ein tatsachengestützter dringender Tatverdacht der unlauteren Einwirkung und die daraus resultierende Erschwerung der Wahrheitsermittlung. Ist die Tat aufgeklärt und das Ergebnis durch Beweise gesichert, ist eine Inhaftierung des Beschuldigten auch bei Verdunkelungshandlungen nicht mehr gerechtfertigt. **Indizien** für Verdunkelungshandlungen sind z. B. Drohungen, Nötigung, Überredungsversuche, aktive Beseitigung von Tatspuren, das Verstecken von Beweismitteln, Frühere Verschleierungs- und Einschüchterungshandlungen, frühere Verurteilung wegen Meineides, des Vortäuschen einer Straftat, der Strafvereitelung, Begünstigung, gewerbsmäßige Hehlerei, Urkundenfälschung, oder die bisherige Lebensführung, die auf Drohung, Täuschung, Gewalt abgestellt war (z. B. Zuhälter).[58] Bei **Bagatelldelikten** scheidet dieser Haftgrund zur Rechtfertigung des Freiheitsentzuges aus, § 113 Satz 1 StPO.

Der Haftgrund der Tatschwere

Nach § 112 Abs. 3 StPO kann ein Haftbefehl ergehen, auch wenn keiner der vorgenannten Haftgründe besteht. Das Gesetz verzichtet für einen **Katalog von Straftaten der Schwerkriminalität** darauf. Es muss nur dringender Tatverdacht bei diesen Taten gegeben sein. Die Bestimmung ist bei Täterschaft, Teilnahme, Versuch und Versuch der Beteiligung (§ 30 StGB) anwendbar, nicht dagegen beim minder schweren Fall des Totschlags und bei der Tötung auf Verlangen, §§ 213, 216 StGB, auch nicht beim Vollrausch gem. § 323 a StGB.[59] *Der Haftbefehl ist nur zulässig, wenn Umstände vorliegen, welche die Gefahr begründen, dass ohne Festnahme des Beschuldigten die alsbaldige Aufklärung und Ahndung der Tat gefährdet sein könnte.* Ausreichend ist schon »die nicht auszuschließende Flucht- oder Verdunkelungsgefahr«, auch wenn sie nicht belegt werden kann, oder die ernstliche Befürchtung, der Täter werde weitere ähnliche Taten begehen.

32

Der Haftgrund der Wiederholungsgefahr

Dieser Haftgrund dient dem **Schutz der Allgemeinheit** vor weiteren Straftaten (**Sicherungshaft**), ist damit *präventiver Natur*. Der Zweck des Haftgrunds des § 112 a StPO ist somit nicht die Sicherung eines ordnungsgemäß

33

---

57 KMR-Wankel § 112 Rn. 10.
58 KK-Graf § 112 Rn. 31 m. w. N.
59 KMR-Wankel § 112 Rn. 22.

durchzuführenden Verfahrens, sondern der *Schutz der Bevölkerung vor weiteren erheblichen Straftaten besonders gefährlicher Täter.*[60] Zu beachten ist, dass sich die Anlasstaten in **zwei Gruppen von Katalogstraftaten** teilen, wobei einmal keine weiteren Voraussetzungen (Nr. 1), das andere Mal besondere Voraussetzungen gegeben sein müssen (Nr. 2). Insbesondere müssen die Straftaten nach dem Katalog der Nr. 2, bei denen auch Verbrechen aufgeführt sind, *darüber hinaus* die Rechtsordnung schwerwiegend beeinträchtigen. Demnach müssen die Anlasstaten im Unrechtsgehalt und im **Schweregrad überdurchschnittlich** sein und »in weiten Kreisen das Gefühl der Geborgenheit im Recht beeinträchtigen«.[61] Die Wiederholungsgefahr muss durch Tatsachen begründet werden. Erfasst werden von diesem Haftgrund in erster Linie Sexual- und Serienstraftäter bei einer Straferwartung von mehr als einem Jahr.

Die Sicherungshaft ist subsidiär. Nach § 112 a Abs. 2 StPO kommt der Haftgrund nicht zur Anwendung, wenn ein Haftgrund nach § 112 Abs. 2 StPO besteht und der Beschuldigte in Haft bleibt. *Deshalb ist eine ansonsten zulässige Kombination mit anderen Haftgründen nicht möglich.*

4. Strafbestimmungen

34 Es sind die gesetzlichen Merkmale der Tat und die anzuwendenden Strafvorschriften in den Haftbefehl aufzunehmen. Hierzu werden Ausführungen zur Art der Teilnahme, zum Konkurrenzverhältnis und zur Begehungsform gemacht, falls die Strafvorschrift mehrere Begehungsarten kennt,[62] es folgt die Bezeichnung der Straftaten und die Paragraphenkette.

5. Die Beweislage

35 Dem Beschuldigten sind neben den übrigen sich aus § 114 StPO ergebenden Bekanntgabepflichten auch die Tatsachen bekannt zu machen, aus denen sich der dringende Tatverdacht und der Haftgrund ergeben. Eine allein formelhafte Wendung wie »Der dringende Tatverdacht ergibt sich aus den polizeilichen Ermittlungen« genügt verfassungsrechtlichen Anforderungen nicht.[63] Die Darstellung der Beweislage ist verpflichtend und dient der Information des Beschuldigten. *Sie umfasst das die Haft veranlassende Beweismaterial in tatsächlicher und rechtlicher Hinsicht.*[64]

---

60 KMR-Wankel § 112 a Rn. 12.
61 Meyer-Goßner § 112 a Rn. 9.
62 Meyer-Goßner § 114 Rn. 10.
63 BVerfG NJW 1994, 3219 ff.
64 BVerfG NStZ-RR 1998, 108 f.

6. Der Verhältnismäßigkeitsgrundsatz

Nach § 112 Abs. 1 S. 2 StPO muss der Verhältnismäßigkeitsgrundsatz beachtet werden. Die Untersuchungshaft darf zur Bedeutung der Sache und der zu erwartenden Rechtsfolge nicht außer Verhältnis stehen. Der Verhältnismäßigkeitsgrundsatz gilt bei jeder Anordnung der Untersuchungshaft und es ist stets zu prüfen, ob der Zweck der Untersuchungshaft nicht auch durch weniger einschneidende Freiheitsbeschränkungen erreicht werden kann.[65]

36

Der **Beschleunigungsgrundsatz** ist Ausfluss des Grundsatzes der Verhältnismäßigkeit und verlangt bestmögliche Beschleunigung des Verfahrens, in dem ein Freiheitsentzug stattfindet. Das Ermittlungsgericht kann bei weniger schwer wiegenden Delikten bereits durch eine **Befristung des Haftbefehls** diesem Grundsatz Rechnung tragen. Er ist nicht nur für die Anordnung, sondern auch für die Dauer der Untersuchungshaft von Bedeutung und gilt selbst dann, wenn ein Haftbefehl besteht und sich der Beschuldigte in anderer Sache in Straf- oder Untersuchungshaft befindet oder der Haftbefehl außer Vollzug gesetzt wurde.[66]

III. Das Verfahren auf Erlass eines Haftbefehls

1. Zuständigkeitsbestimmungen

Die **örtliche** Zuständigkeit in Haftsachen ist lex specialis zu der allgemeinen Regelung des § 162 Abs. 1 Satz 1 StPO.

37

Vor Anklageerhebung erlässt das Ermittlungsgericht den Haftbefehl, in dessen Bezirk ein **allgemeiner Gerichtsstand** nach der StPO begründet ist (§ 125 Abs. 1 1. Alt. i. V. m. §§ 7–13 a, 15 StPO), somit einer der Hauptgerichtsstände vorliegt (*Tatort, Wohnsitz, Ergreifungsort*), oder subsidiär die Gerichtsstände des gewöhnlichen Aufenthalts oder des letzten inländischen Wohnsitzes (§ 8 Abs. 2 2. Alt StPO). Zuständig ist auch das Gericht, in dessen Bezirk sich der Beschuldigte **aufhält**, § 125 Abs. 1 2. Alt StPO, oder in dessen Bezirk der Beschuldigte **festgenommen** wurde, § 128 Abs. 1 Satz 1 StPO. Die Vorführung an das nach § 125 Abs. 1 StPO zuständige Gericht wird dadurch aber nicht ausgeschlossen.[67] Nach § 162 Abs. 1 Satz 2 StPO kann seit 1. 1. 2008[68] nunmehr auch das Ermittlungsgericht einen Haftbefehl erlassen, in dessen Bezirk die **Staatsanwaltschaft** oder deren an-

---

65 BVerfGE 19, 342, 351.
66 BVerfG StV 2003, 30 f.
67 Meyer-Goßner § 128 Rn. 5.
68 Gesetz zur Neuregelung der Telekommunikationsüberwachung und anderer verdeckter Ermittlungsmaßnahmen sowie zur Umsetzung der Richtlinie 2006/24/EG vom 21. Dezember 2007, BGBl. I S. 3198.

tragstellende Zweigstelle **ihren Sitz hat**, wenn diese zugleich kumulativ eine weitere Untersuchungshandlung beantragt (**Zuständigkeitskonzentration**), z. B. einen Durchsuchungsbeschluss.

Häufig sind in den Bundesländern durch Verordnung Zuständigkeitskonzentrationen in Haftsachen geschaffen worden, welche jedoch im Bereitschaftsdienst durch die Konzentrationsbestimmungen im Eildienst (s. Rz. 6) verdrängt werden.

Hinsichtlich der **sachlichen** Zuständigkeit finden sich keine Besonderheiten zu der allgemeinen Zuständigkeit des Ermittlungsgerichts, §§ 162 Abs. 1 Satz 1, 169 StPO. Lediglich in Staatsschutzsachen ist als Ermittlungsgericht das Oberlandesgericht oder der Bundesgerichtshof zuständig, § 169 StPO.

2. Antragsverfahren

38   Auch beim Verfahren auf Erlass eines Haftbefehls ist ein *Antrag des Staatsanwalts erforderlich*.[69] Nur er ist antragsberechtigt, § 162 Abs. 1 StPO. Dabei ist die Staatsanwaltschaft nicht an ihren Bezirk gebunden. Eine bestimmte Form des Antrags ist nur insoweit vorgeschrieben, als der Antrag beim Ermittlungsgericht schriftlich oder mündlich erklärt werden kann, § 33 Abs. 2 StPO. Er kann auch in die Niederschrift aufgenommen oder von Ermittlungspersonen der Staatsanwaltschaft als Boten überbracht werden.

Ist ein Staatsanwalt bei einem vorgeführten Festgenommenen nicht erreichbar, was aufgrund des dortigen Eildienstes und der modernen Bürotechnik nahezu auszuschließen ist, kann **ausnahmsweise** ein Haft- oder Unterbringungsbefehl zunächst **ohne Antrag** ergehen, § 128 Abs. 2 Satz 2 StPO. Die Staatsanwaltschaft kann, wie bei jedem Haftbefehl, danach jederzeit dessen Aufhebung nach § 120 Abs. 3 StPO beantragen.

3. Vorführungsfrist

39   Der Festgenommene ist **nach vorläufiger Festnahme** unverzüglich, spätestens am Tag nach der Festnahme dem Ermittlungsgericht des Festnahmeorts vorzuführen, § 128 Abs. 1 Satz 1 StPO. Von der **Vorführungsfrist** ist die **Vernehmungsfrist** zu unterscheiden. Nach sehr umstrittener Meinung muss die Vernehmung spätestens am zweiten Tag nach der Festnahme zwar begonnen, jedoch noch nicht abgeschlossen werden, sondern kann auch am Folgetag (Drei-Tage-Frist) enden.[70] Die richterliche Vernehmung richtet

---

69 Dazu Wiesneth, Handbuch Rn. 128 f.
70 So KMR-Wankel § 128 Rn. 4; Wiesneth, Handbuch Rn. 185; Schlothauer/Weider Untersuchungshaft Rn. 94 b; vgl. dazu auch OLG Frankfurt a. M. NJW 2000, 2037: keine Rechtsbeugung selbst bei Vernehmungsbeginn am dritten Tag.

§ 3 Das Verfahren auf Erlass eines Haftbefehls

sich nach den §§ 128 Abs. 1 Satz 2, 115 Abs. 3 StPO. Danach wird über die Frage der Haft entschieden.

4. Der Vernehmungsablauf

Die Vernehmung des Beschuldigten richtet sich nach § 115 Abs. 3 StPO.

a) Die Anwesenheitsberechtigten

Die Berechtigung zur Anwesenheit folgt aus § 168 c StPO.[71] Anwesenheitsberechtigt sind der Staatsanwalt, § 168 c Abs. 1 StPO, der gewählte oder bestellte Verteidiger, § 168 c Abs. 1 StPO. Bei Jugendlichen steht nach § 67 Abs. 1 StPO das Recht des Beschuldigten, gehört zu werden, auch den Erziehungsberechtigten und dem gesetzlichen Vertreter zu. Diese haben das gleiche Recht wie der minderjährige Beschuldigte, können damit auch Anträge stellen.

Die Anwesenheitsberechtigten sind nach § 168 c Abs. 5 StPO vom Vorführungstermin zu verständigen. Andere Personen wie Nebenklageberechtigte, Mitbeschuldigte und deren Verteidiger haben kein Anwesenheitsrecht.[72]

b) Der Dolmetscher

Bei Beschuldigten, deren Muttersprache nicht deutsch ist, folgt die Feststellung, dass sie die deutsche Sprache soweit verstehen, dass ein Dolmetscher nicht hinzugezogen werden muss (RiStBV Nr. 181 Abs. 1).

Ein erforderlicher und eingesetzter Dolmetscher beruft sich zu Beginn auf seine allgemeine Vereidigung (**Voreid**), § 189 Abs. 2 GVG. Ansonsten wird er zu Beginn der Vernehmung dahingehend vereidigt, dass er »treu und gewissenhaft übertragen werde«.

c) Die Vernehmung zur Person

Die Vernehmung zur Person dient einmal der Feststellung der Identität und der Prüfung der Vernehmungsfähigkeit des Beschuldigten. Zum Umfang vgl. RiStBV Nr. 13 Abs. 1 und 2. Zum anderen ist nach § 136 Abs. 3 StPO bei der ersten richterlichen Vernehmung des Beschuldigten zugleich auf die Ermittlung seiner persönlichen Verhältnisse Bedacht zu nehmen. Damit sind Umstände gemeint, die namentlich für die Bestimmung der Rechtsfolgen der Tat später von Bedeutung sein werden.[73] Soweit dies bis-

---

71 BGH NStZ 1989, 282.
72 Burhoff Ermittlungsverfahren Rn. 2009.
73 Schäfer Strafverfahren S. 145.

her nicht geschehen ist gehören dazu insbesondere Fragen nach Vorleben, Werdegang, beruflicher Ausbildung und Tätigkeit, familiären und wirtschaftlichen Verhältnissen.[74] Vor allem können sich daraus Hinweise ergeben, welche für die Prüfung eines Haftgrundes, gerade beim Haftgrund der Fluchtgefahr, entscheidend sein können.

d) Die Eröffnung des Tatvorwurfs

43 Dem Beschuldigten muss der Tatvorwurf bei der ersten Vernehmung eröffnet werden, § 136 Abs. 1 Satz 1 StPO. Ihm muss bekannt gemacht werden, welche Tat ihm zur Last gelegt wird *und welche Strafvorschriften in Betracht kommen*. Damit der Beschuldigte sich auch sachgerecht verteidigen kann, ist ihm in dem Umfang, wie er seine Rechte wahrnehmen kann, auch mitzuteilen, welche belastenden Beweismittel und Tatsachen vorliegen[75] (s. Rz. 35).

e) Die Belehrungen

44 Dann folgt die Belehrung nach § 136 Abs. 1 Satz 1 StPO zur **Aussagefreiheit**, zum **Verteidigerkonsultationsrecht** und zum **Beweisantragsrecht**. Diese Belehrungspflicht ist eine zentrale Verfahrensvorschrift und gebietet unbedingte Beachtung. Der Verstoß gegen die Belehrung zur Aussagefreiheit und zur Verteidigerkonsultation führt zu einem Verfahrensmangel. Das Ergebnis ist unverwertbar.[76]

Verlangt ein Beschuldigter eine Verteidigerkonsultation, so ist ihm kein bestimmter Anwalt anzuraten und zu benennen, auch wenn effektive Hilfe gefordert ist. So kann er auf den anwaltlichen Notdienst verwiesen werden, falls ein solcher am Vernehmungsort besteht. Auch kann das Branchenbuch zur Verfügung gestellt werden, damit der Beschuldigte, *notfalls mit Dolmetscher*, ein Gespräch mit einem Rechtsanwalt führen kann. Jedenfalls muss dem Beschuldigten aktiv fördernde Hilfe geleistet werden, damit er von seinem Recht Gebrauch machen kann. Ist daraufhin ein Rechtsanwalt zur Verteidigung bereit, ist der Vorführtermin zu unterbrechen und das Eintreffen des Verteidigers und dessen Beratung mit dem Beschuldigten abzuwarten, ggf. bis zum Folgetag (s. zur umstrittenen Drei-Tage-Frist Rz. 39). Scheitert eine solche Kontaktaufnahme, kann die Vernehmung fortgesetzt werden, wenn der Beschuldigte nach erneutem Hinweis auf sein Konsultationsrecht zur Aussage bereit ist.[77]

---

74 Meyer-Goßner § 136 Rn. 16.
75 BVerfG NJW 1994, 3219.
76 Siehe zu den Beweisverwertungsverboten Wiesneth, Handbuch Rn. 92 ff., 486 ff.
77 BGH NStZ 1996, 291.

§ 3 Das Verfahren auf Erlass eines Haftbefehls

f) Die Vernehmung zur Sache

Der Beschuldigte wird zur Sache vernommen, falls er aussagebereit ist, ansonsten wird im Protokoll festgehalten, dass er keine Angaben zur Sache macht. Bei der Vernehmung zur Sache erhält der Beschuldigte uneingeschränkt Gelegenheit, die Verdachts- und Haftgründe zu entkräften und die Tatsachen geltend zu machen, die zu seinen Gunsten sprechen.[78] Der Verteidiger und der Staatsanwalt haben dabei neben dem bereits erwähnten Anwesenheitsrecht (s. Rz. 40) bei Aussagebereitschaft auch ein Fragerecht, §§ 163 a Abs. 3 Satz 2, 168 c Abs. 1, 240 Abs. 2 StPO.

45

g) Der Haftbefehlsantrag der Staatsanwaltschaft

Zwar ist die Teilnahme des Staatsanwalts am Vorführungstermin nicht zwingend, er hat jedoch ein Teilnahmerecht und wird zumindest bei der Vorführung nach vorläufiger Festnahme in der Regel am Termin teilnehmen, um seinen Verfahrensantrag zu stellen und über die ergehende Entscheidung sofort unterrichtet zu sein. Die weiteren Beteiligten erhalten zum Antrag rechtliches Gehör.

46

h) Die Entscheidung des Ermittlungsgerichts

Es folgt die Entscheidung des Ermittlungsgerichts, der nach Prüfung der Haftfrage entweder antragsgemäß einen Haftbefehl erlässt (zum Inhalt s. Rz. 53) und gegebenenfalls außer Vollzug setzt, oder den Erlass eines Haftbefehls ablehnt.

47

Wird ein Haftbefehl erlassen, ist dieser durch Verlesung bekannt zu machen. Dazu muss der Haftbefehl bei Verkündung schriftlich abgefasst sein. Bei nicht deutsch sprechenden Beschuldigten ist der Haftbefehl im Beisein des Beschuldigten bei der Verkündung durch den Dolmetscher zu übersetzen.

i) Die Benachrichtigungsbefragung

Der Beschuldigte ist darüber zu befragen, wer benachrichtigt werden soll, § 114 b Abs. 1 StPO. Eine Benachrichtigungspflicht besteht schon nach Art. 104 Abs. 4 GG. Nach dem Wortlaut des § 114 b Abs. 1 StPO muss dies ein Angehöriger oder eine Vertrauensperson des Beschuldigten sein. Für die Anordnung der Benachrichtigung ist das Ermittlungsgericht zuständig, § 114 b Abs. 1 Satz 2 StPO, das dies für die Geschäftsstelle zu verfügen hat. Es ist an Vorschläge des Beschuldigten nicht gebunden (strei-

48

---

78 Schäfer Strafverfahren Rn. 522.

tig⁷⁹). Eine Benachrichtigung von Angehörigen oder Vertrauenspersonen muss nicht erfolgen, wenn der Beschuldigte widerspricht oder darauf verzichtet (streitig⁸⁰), denn die Vorschrift sichert seinen Anspruch darauf, »nicht spurlos zu verschwinden«, sondern Dritte von seiner Inhaftierung und seinem Verbleib zu informieren. Außerdem ist dem Beschuldigten selbst Gelegenheit zu geben, eine dieser Personen von seiner Verhaftung zu benachrichtigen, sofern der Zweck der Untersuchung dadurch nicht gefährdet wird. Üblich ist dazu schriftliche Verständigung durch den Beschuldigten in Form des sog. Zugangsbriefs. Dazu ist dem mittellosen Beschuldigten Briefpapier und Porto in der Vollzugsanstalt zur Verfügung zu stellen, Nr. 29 Abs. 1 Satz 4, Abs. 3 Satz 2 UVollzO. Dies entbindet nicht von der Benachrichtigungspflicht⁸¹ des Richters nach § 114 b Abs. 1 Satz 2 StPO.

49 Nach Art. 36 Absatz 1 lit. b Satz 3 des **Wiener Übereinkommens** vom 24. 04. 1963 über konsularische Beziehungen⁸² (WÜK) hat jeder Vertragsstaat die Pflicht, **auf Verlangen des Beschuldigten** dessen Heimatvertretung über die Inhaftierung zu verständigen. Darüber ist er zu belehren.⁸³
Bei folgenden Staaten muss dies **von Amts wegen** geschehen, gleich, ob der Beschuldigte dies wünscht oder nicht:
Armenien, Aserbaidschan, Belarus (Weißrussland), Dominica, Fidschi, Georgien, Grenada, Griechenland, Guyana, Italien, Jamaika, Kasachstan, Kirgisistan, Lesotho, Malawi, Malta, Mauritius, Republik Moldau, Monaco, Russische Förderation, Spanien, St. Vincent und Grenadinen, Swasiland, Tadschikistan, Tunesien, Turkmenistan, Ukraine, Usbekistan, Vereinigtes Königreich Großbritannien und Nordirland (einschließlich Gibraltar, der Kanalinseln und der Isle of Man sowie der britischen Kronkolonien Anquilla und St. Helena (mit Ascebsion und Tristan da Cunha) und der britischen Überseegebiete (Bermuda, Britische Jungferninseln, Falklandinseln, Kaiman-Inseln, Pitcairn, Turks- und Caicos-Inseln), sowie British National (Overseas)), Zypern.
Daneben kann der Auslandsvertretung des Heimatlandes, sofern der Verhaftete damit einverstanden ist, auch der seiner Verhaftung zugrunde liegende Sachverhalt mitgeteilt werden.

50 Das Recht auf konsularischen Beistand muss rechtzeitig erfolgen und konkretisiert den Grundsatz des fairen Verfahrens.⁸⁴ Der **Wortlaut der Belehrung** ist nicht normiert. Er kann etwa wie folgt lauten:

---

79 Meyer-Goßner § 114 b Rn. 4; LR-Hilger, § 114 b Rn. 12; a. A. SK-StPO Paeffgen § 114 b Rn. 4; KMR-Wankel § 114 b Rn. 3.
80 A. A. Meyer-Goßner § 114 b Rn. 6.
81 LR-Hilger § 114 b Rn. 30.
82 BGBl. 1969 II S. 1585.
83 BVerfG NJW 2007, 499: unterlassene Belehrung ist revisibel.
84 BGH NJW 2007, 3587, 3588.

§ 3 Das Verfahren auf Erlass eines Haftbefehls

»Als fremder Staatsbürger haben Sie das Recht zu verlangen, dass wir die Konsulatsbeamten Ihres Landes von Ihrer Verhaftung benachrichtigen. Sie haben ebenfalls das Recht, sich mit den Konsulatsbeamten Ihres Landes in Verbindung zu setzen. Diese können Ihnen unter anderem bei der Auswahl eines Rechtsbeistands behilflich sein, sich mit Ihrer Familie in Verbindung setzen und Sie in der Haftanstalt besuchen. Wenn Sie dies wünschen, können Sie das jetzt oder zu einem beliebigen späteren Zeitpunkt äußern«.

j) Die Befragung zu Nr. 3 UVollzO

Der Richter kann für den einzelnen Gefangenen auf dessen Antrag dem Staatsanwalt bis zur Erhebung der öffentlichen Klage die Anordnungen einzelner Maßnahmen, die den Gefangenen nicht beschweren, insbesondere den Verkehr mit der Außenwelt (Briefkontrolle, Besuchserlaubnis) überlassen, wenn dadurch das Verfahren beschleunigt wird, Nr. 3 Abs. 1 UVollzO. Hierzu wird er den Gefangenen aufklären und ihn befragen, ob dieser einen entsprechenden Antrag stellt.

51

k) Die Rechtsbehelfsbelehrung

Es schließt sich die Belehrung des Beschuldigten bei Haftbefehlserlass über das Recht der Beschwerde und, soweit der Beschuldigte in Haft genommen wurde, zum Recht auf Haftprüfung an, § 115 Abs. 4 StPO. Beide Rechtsbehelfe stehen dem Inhaftierten wahlweise zur Verfügung, wobei das Recht auf Haftprüfung den Regelrechtsbehelf darstellt. Dazu ist ein Merkblatt (**schriftliche Belehrung**), gegebenenfalls in übersetzter Form, auszuhändigen. Die Belehrung erfolgt nach §§ 304, 117 Abs. 1 und 2, 118 Abs. 1 und 2 StPO.

52

IV. Der Haftbefehl

Der Haftbefehl bedarf der **Schriftform**, wobei er auch in ein richterliches Protokoll aufgenommen werden kann,[85] dann aber ebenso den Formerfordernissen des § 114 StPO entsprechen muss.[86] Er wird üblicherweise als Anlage der Niederschrift hinzugefügt. *Nach § 114 Abs. 2 StPO müssen der Beschuldigte, die Tat, die gesetzlichen Merkmale der Straftat und die anzuwendenden Strafvorschriften, die Beweislage sowie der Haftgrund in den Haftbefehl aufgenommen werden.* Der dringende Tatverdacht und der Haftgrund sind zu begründen, § 114 Abs. 2 Nr. 4 StPO, ohne dass

53

---

85 KMR-Wankel § 114 Rn. 1.
86 OLG Oldenburg StraFo 2006, 282 f.

dies einer Beweiswürdigung gleichkommen müsste.[87] Ausführungen zum Verhältnismäßigkeitsgrundsatz, § 114 Abs. 3 StPO, sind üblich, aber nicht zwingend. Die Untersuchungshaft darf zur Bedeutung der Sache und der zu erwartenden Rechtsfolge nicht außer Verhältnis stehen. Dabei bestimmt auch die Dauer der Untersuchungshaft die Schwere des Eingriffs.[88] Deshalb ist der Haftbefehl gegebenenfalls zu **befristen**.

Bei Jugendlichen kommt als mildere Maßnahme an Stelle der Anordnung der Untersuchungshaft die Anordnung der einstweiligen Unterbringung in einem Heim der Jugendhilfe in Betracht (§§ 72 Abs. 1 Satz 3, 71 Abs. 2 JGG). Dazu und zum Grundsatz der Verhältnismäßigkeit hat sich der Haftbefehl zu äußern.

V. Die Haftverschonung

54 *Eine Haftverschonung kommt erst in Betracht, wenn zunächst alle Voraussetzungen eines Haftbefehls gegeben sind.* Die Außervollzugsetzung richtet sich danach, welcher Haftgrund besteht. Die Haftverschonung erfolgt durch Beschluss, in dem die Auflagen eindeutig und unmissverständlich formuliert sind. Der Gefangene erhält davon eine beglaubigte Abschrift. Die Beschränkungen dürfen nicht länger dauern als nach den Umständen erforderlich.[89] Für den Haftgrund der **Fluchtgefahr** besteht eine eigene Regelung, § 116 Abs. 1 StPO. Bei **Verdunkelungsgefahr** kommt nach § 116 Abs. 2 StPO eine Außervollzugsetzung dann in Betracht, wenn die Erwartung hinreichend begründet ist, dass die Verdunkelungsgefahr erheblich vermindert wird. Haftverschonung bei Wiederholungsgefahr ist nur in besonders gelagerten Fällen denkbar, etwa wenn sich der Beschuldigte in eine anerkannte Suchtentziehungseinrichtung begibt.[90] Auch beim Haftgrund der besonderen Tatschwere, § 112 Abs. 3 StPO, ist eine Außervollzugsetzung zulässig,[91] etwa bei schwerer unheilbarer Krankheit.

VI. Der Vollzug der Untersuchungshaft

55 Die Aufnahme zum Vollzug der Untersuchungshaft in einer Justizvollzugsanstalt setzt ein **schriftliches Aufnahmeersuchen** des Richters voraus, Nr. 15 Abs. 1 UVollzO. Des Weiteren ist eine Haftbefehlsabschrift beizufügen, ansonsten unverzüglich nachzureichen, Nr. 15 Abs. 3 UVollzO. Die

---

87 L/R-Hilger § 114 Rn. 15.
88 KMR-Wankel § 112 Rn. 15.
89 BVerfG NJW 2006, 668.
90 KMR-Wankel § 116 Rn. 5.
91 BVerfGE 19, 342.

§ 3 Das Verfahren auf Erlass eines Haftbefehls

zuständige JVA bestimmt ein Vollstreckungsplan, Nr. 14 Abs. 1 UVollzO, von dem der Richter bei besonderen Gründen (Mittäter, Vermeidung von Absprachen) abweichen kann, Nr. 14 Abs. 3 UVollzO. Nicht geständige Mittäter werden in der Regel getrennt. Die Trennungsanordnung ist in das Aufnahmeersuchen aufzunehmen.

VII. Der praktische Fall

Dem bereits vierfach wegen Diebstahls, darunter in einem Fall mit Strafverbüßung von 10 Monaten vorbelasteten rumänischen Beschuldigten R. G. liegt zur Last, am 10.3. im bewussten und gewollten Zusammenwirken mit dem Mitbeschuldigten M. S. gegen 11.00 Uhr in der Esso-Tankstelle an der BAB A 8 im Gemeindebereich Leipheim, sowie zwischen 13.00 Uhr und 14.30 Uhr in einer Esso-Tankstelle in München, Allacherstr. 20, jeweils ein Kartenlesegerät (POS-Terminal) entwendet zu haben. Der Wert der Beute beträgt jeweils ca. 500,– €. Die Geräte sind an weitere Personen bereits weitergegeben und konnten nicht mehr sichergestellt werden. 56

Der Beschuldigte hat sich bei seiner polizeilichen Beschuldigtenvernehmung geständig gezeigt, er wurde von einer Überwachungskamera in einer der Tankstellen aufgenommen und es liegt ein Auszug aus dem Bundeszentralregister vor.

Die Niederschrift 57

Gs 303/07
Amtsgericht Musterstadt

Musterstadt, den 11.3.2007

Sitzungsbeginn: 11.39 Uhr
Sitzungsende: 12.13 Uhr

Niederschrift

aufgenommen in nichtöffentlicher Sitzung des Amtsgerichts Musterstadt am 11.03.

Gegenwärtig:
1. Richter am Amtsgericht Schmitt
2. JAng. Meier als Urkundsbeamtin der Geschäftsstelle
3. Staatsanwältin Groß als Vertreter der Staatsanwaltschaft
4. Rechtsanwalt Niemeyer als Verteidiger
5. Frau Rakay als Dolmetscherin

Die Dolmetscherin wurde belehrt und leistet den Eid gemäß § 189 GVG.

In dem Ermittlungsverfahren gegen
G. R.
wegen Diebstahls
erscheinen bei Aufruf der Sache:

Der Beschuldigte, vorgeführt von der Polizei.
Über die persönlichen Verhältnisse vernommen erklärte der Beschuldigte:

Zur Person:
G. R., geb. 6. 2. 80 in Craiova, Rumänien, ledig, Lehrer, wohnhaft Castanilor 3 a, 1100 Craiova, rumänischer Staatsangehöriger

Der Beschuldigte wurde am 10. 03. 2007 um 14.40 Uhr vorläufig festgenommen.

Dem Beschuldigten wurde eröffnet, welche Tat ihm zur Last gelegt wird und welche Strafvorschriften in Betracht kommen.

Sodann wurde der Beschuldigte belehrt, dass
– es ihm nach dem Gesetz freistehe, sich zu der Beschuldigung zu äußern, oder nicht zur Sache auszusagen,
– er jederzeit, auch schon vor seiner Vernehmung, einen von ihm zu wählenden Verteidiger zu befragen,
– er zur Entlastung einzelne Beweiserhebungen beantragen könne.

Der Beschuldigte erklärt zur Sache:
Es ist richtig, dass ich die Diebstähle begangen habe. Ich habe sie mit S. M. gemacht. Wir wurden auf einer Tankstelle in Deutschland angesprochen, ob wir schnelles Geld verdienen wollen. Dann kam das Angebot zum Diebstahl dieser Geräte. Wer die Person war und auf welcher Raststätte das war, kann ich nicht sagen. Die Geräte sollten bei der Ausfahrt dieser Tankstelle gleich nach der Tat übergeben werden. Dafür wurden uns 500 Euro versprochen und übergeben. Das Geld hat mein Freund mit nach Hause nach Rumänien genommen. Der Abnehmer war kein Rumäne. Wenn ich heute frei gelassen werde, komme ich bestimmt nicht mehr nach Deutschland.
Übersetzt, genehmigt und unterschrieben
....
G. R.

Die Staatsanwältin beantragt, gegen den Beschuldigten Haftbefehl zu erlassen. Sie begründet den Antrag wie folgt: ...

§ 3 Das Verfahren auf Erlass eines Haftbefehls

Beschuldigter und Verteidiger erhalten Gelegenheit sich zum Antrag der Staatsanwaltschaft zu äußern. Der Beschuldigte erklärt: Fluchtgefahr besteht keine. Ich werde bestimmt zur Verhandlung nach Deutschland kommen. Ich möchte nicht in Untersuchungshaft.

Um 12.00 Uhr ergeht folgender

Haftbefehl:

Gegen den Beschuldigten wird die Untersuchungshaft angeordnet.

Der nachstehende Haftbefehl wird durch Verlesen und Übersetzen verkündet.

Der Beschuldigte erklärte dazu:
Ich will, dass mein Prozess bald stattfindet.

Der Beschuldigte wurde darüber belehrt, dass er gegen den Haftbefehl Beschwerde einlegen oder während des Vollzugs der Untersuchungshaft Antrag auf schriftliche oder mündliche Haftprüfung stellen kann. Formblatt StP 34 wurde an den Beschuldigten ausgehändigt.

Dann wird er befragt, wer von seiner Verhaftung verständigt werden soll. Der Beschuldigte erklärt:
Von meiner Verhaftung soll Frau J. K., cart. Rovine BL D 10 Ap. 9, Craiova, Tel.: 004072412345, verständigt werden.

Dann wird er darauf hingewiesen, dass er die Unterrichtung seiner Auslandvertretung verlangen kann. Er erklärt:

Ich verlange, dass meine Auslandsvertretung von meiner Verhaftung benachrichtigt wird.
Ich bin damit einverstanden, dass auch der meiner Verhaftung zugrunde liegende Sachverhalt meiner Auslandsvertretung mitgeteilt wird.

Ich bestätige, dass mir die Belehrung in einer mir geläufigen Sprache erteilt worden ist.

Zur Beschleunigung des Verfahrens beantrage ich, bis zur Erhebung der öffentlichen Klage die Anordnung einzelner Maßnahmen, durch die ich nicht beschwert werde, insbesondere die Anordnung über den Verkehr mit der Außenwelt, der zuständigen Staatsanwaltschaft zu überlassen.

Übersetzt, genehmigt und unterschrieben

....
G. R.

....
Rakay

Aufnahmeersuchen wurde an die Polizeibeamten zur Weitergabe an die Justizvollzugsanstalt ausgehändigt.
Haftbefehlsabschrift liegt an.

Schmitt	Meier, JAng.
Richter am Amtsgericht	Urkundsbeamtin der Geschäftsstelle

58 Der Haftbefehl

Gs 303/07

– Ermittlungsgericht –

Haftbefehl

vom 11. 3. 2007

in dem Ermittlungsverfahren gegen
G. R., geb. 6. 2. 80 in Craiova, Rumänien, ledig,
Lehrer, wohnhaft Castanilor 3 a, 1100 Craiova,
rumänischer Staatsangehöriger
wegen Diebstahls

Gegen den Beschuldigten wird die Untersuchungshaft angeordnet.

Gründe:

Der Beschuldigte ist dringend verdächtig,
am 10. 3. 2007 im bewussten und gewollten Zusammenwirken mit dem Mitbeschuldigten M. S. gegen 11.00 Uhr in einer Esso-Tankstelle an der BAB A 8 im Gemeindebereich Leipheim, sowie zwischen 13.00 Uhr und 14.30 Uhr in einer Esso-Tankstelle in München, Allacherstr. 20, jeweils ein Kartenlesegerät im Wert von je 500,– € (POS-Terminal) entwendet zu haben, um dieses für sich zu behalten.

Dieser Sachverhalt ergibt sich aus dem Geständnis des Beschuldigten sowie dem Lichtbild der Überwachungskamera in der Esso-Tankstelle München, Allacherstr. 20.

Der Beschuldigte wird daher beschuldigt,
in 2 Fällen gemeinschaftlich mit einem anderen handelnd fremde bewegliche Sachen einem anderen in der Absicht weggenommen zu haben, dieselben sich rechtswidrig zuzueignen,
strafbar als gemeinschaftlich begangener Diebstahl in 2 Fällen gem. §§ 242 Abs.1, 25 Abs. 2, 53 StGB.

Es besteht der Haftgrund der Fluchtgefahr gem. § 112 Abs. 2 Nr. 2 StPO, da bei Würdigung der Umstände die begründete Gefahr besteht, dass der

§ 3 Das Verfahren auf Erlass eines Haftbefehls

Beschuldigte sich dem Strafverfahren entziehen werde. Der bereits viermal wegen Diebstahls im Inland vorbelastete Beschuldigte hat im Falle einer Verurteilung mit einer empfindlichen Freiheitsstrafe zu rechnen, die nicht mehr zur Bewährung ausgesetzt werden kann, da er bereits eine Freiheitsstrafe von 10 Monaten wegen gemeinschaftlichen Diebstahls bis 20.11.2006 verbüßte und schon binnen eines Jahres wiederum einschlägig in Erscheinung trat. Der Beschuldigte hat im Inland keinen Lebensmittelpunkt und verfügt hier weder über familiäre noch sonstige soziale Bindungen. Es besteht die erhebliche Gefahr, dass er vor Abschluss des Verfahrens in das Heimatland zurückkehrt, ohne sich dem Verfahren und einer Strafvollstreckung zu stellen. So hat er auch erklärt, bei seiner Freilassung nicht mehr ins Inland zurück zu kehren.

Auch bei Berücksichtigung des Grundsatzes der Verhältnismäßigkeit (§ 112 Abs. 1 Satz 2 StPO) ist die Anordnung der Untersuchungshaft geboten. Bei Berücksichtigung des Tatvorwurfs und der angedrohten Strafe ist sie verhältnismäßig. Eine andere, weniger einschneidende Maßnahme verspricht derzeit keinen Erfolg (§ 116 StPO).

Gegen den Haftbefehl ist Beschwerde zulässig. Über diese entscheidet das Landgericht. Während des Vollzugs der Untersuchungshaft kann auch Antrag auf schriftliche oder mündliche Haftprüfung gestellt werden. Die Haftprüfung wird durch den Haftrichter oder (nach Anklageerhebung) durch das dann zuständige Gericht durchgeführt.

Schmitt
Richter am Amtsgericht

Das Aufnahmeersuchen

Amtsgericht Musterstadt
Musterstadt, den 11.03.2007
An die Justizvollzugsanstalt Musterstadt

Ersuchen um Aufnahme zum Vollzug der Untersuchungshaft

I. Zum Vollzug der Untersuchungshaft ist aufzunehmen:

G. R., geb. 6.2.80 in Craiova, Rumänien, ledig,
 Lehrer, wohnhaft Castanilor 3a, 1100 Craiova,
 rumänischer Staatsangehöriger

Der Beschuldigte wurde heute aufgrund des Haftbefehls des Amtsgerichts Musterstadt vom 11.3.2007, Aktenzeichen: Gs 303/07, wegen Diebstahl um 12.00 Uhr in Untersuchungshaft genommen.

Haftgrund: Fluchtgefahr.

Vorläufige Festnahme: 10.03.2007, 14.40 Uhr.

II. Anordnungen für den Vollzug:

Für den Verhafteten soll die durch die Untersuchungshaftvollzugsordnung und die hierzu erlassenen Verwaltungsvorschriften allgemein getroffene Regelung gelten, soweit nicht in diesem Aufnahmeersuchen oder später besondere Verfügungen getroffen werden.

Anordnung bei Ausführung:
Sofern eine Ausführung des Beschuldigten zur ärztlichen Behandlung oder zur Wahrnehmung von Terminen bei Ermittlungsbehörden oder Gerichten erforderlich ist, wird diese genehmigt. Es wird jedoch die Fesselung angeordnet.

Nichtbeschwerende Anordnungen über den Verkehr mit der Außenwelt (Erteilung der Besuchserlaubnis und Anordnung der Beförderung von Briefen nach Durchsicht) werden bis auf weiteres dem zuständigen Staatsanwalt in Musterstadt übertragen.

Die Überwachung der Besuche wird dem vom Anstaltsleiter bestimmten Bediensteten übertragen.

III. Benachrichtigung:

Von der Verhaftung wird Frau J. K., cart. Rovine, BL D 10 Ap. 9 004072412345, benachrichtigt.

Belehrung nach Nr. 135 Abs. 1 S. 3 RiVASt ist erfolgt.
Das zuständige rumänische Konsulat wird von der Verhaftung verständigt.

Haftbefehl ist beigefügt.

Schmitt
Richter am Amtsgericht

60 Die Abschlussverfügung

Gs 303/07

Verfügung:

1. Haftbefehlsabschrift und Aufnahmeersuchen an JVA bereits übermittelt.
2. Haftbefehlsabschrift in Übersetzung an den Beschuldigten.
3. Haftbefehlsabschrift und Niederschrift an Verteidiger übersenden.

> 4. Nachricht an:
>   a. Vertrauensperson in rumänischer Sprache
>   b. Konsulat mit Abschrift des Haftbefehls
> 5. Haftkalender – Haftmerkzettel.
> 6. Zur Haftprüfung vormerken.
> 7. Gs abtragen.
> 8. U. m. A.
>   an die Staatsanwaltschaft Musterstadt
>   zur Kenntnisnahme und weiteren Veranlassung.
>
> Musterstadt, den 11. 03. 2007
>
> Schmitt
> Richter am Amtsgericht

§ 4 Die Eröffnung eines Haftbefehls

I. Einführung

Besteht bereits **ein Haft- oder Unterbringungsbefehl**, so wird der Beschuldigte, oft nach Fahndungsmaßnahmen, bei der Festnahme verhaftet. Der Haftbefehl ist ab diesem Zeitpunkt Vollstreckungstitel. Bei der Verhaftung hat die Polizeibehörde oder die Staatsanwaltschaft dem Beschuldigten den Haftbefehl bekannt zu geben. Ist dies nicht möglich, so ist ihm vorläufig mitzuteilen, welcher Tat er verdächtig ist, und die Bekanntgabe unverzüglich nachzuholen, § 114 a Abs. 1 StPO. Dazu wird eine Abschrift des Haftbefehls übergeben, § 114 a Abs. 2 StPO.

Maßgeblich für den Eildienst ist die sachgerechte zeitnahe Eröffnung des Haftbefehls mit den entsprechenden Belehrungen und das Veranlassen der Unterbringung des Verhafteten in einer Justizvollzugsanstalt (Aufnahmeersuchen).

61

II. Das Verfahren auf Eröffnung eines Haftbefehls

1. Zuständigkeitsbestimmungen

Ein Verhafteter wird von den Ermittlungsbehörden dem Ermittlungsgericht zur Prüfung der Haftfrage vorgeführt. Vorzuführen ist *beim »zuständigen« Richter. Das ist grundsätzlich derjenige, der den Haftbefehl erlassen hat*, § 115 Abs. 1 StPO, bei seiner Verhinderung der planmäßige

62

Vertreter. Beim Eildienst ist der Bereitschaftsdienstrichter als Vertreter zuständig für alle Richter seines Gerichts. Sollte zwischenzeitlich Anklage erhoben sein, erfolgt die Vorführung beim zuständigen Gericht, § 126 Abs. 2 StPO. Hilfsweise ist er dem nächsten Richter, in der Regel dem für den Ergreifungsort zuständigen Ermittlungsgericht, vorzuführen, § 115 a Abs. 1 StPO. Hierbei sind länderspezifische Zuständigkeitskonzentrationen zu beachten.

2. Vorführungsfrist

63 Der Beschuldigte ist »unverzüglich« dem Richter vorzuführen, der den Haftbefehl erlassen hat, § 115 Abs. 1 StPO. Das bedeutet, wenn möglich noch am gleichen Tag, ausnahmsweise nur am Folgetag.[92] Vgl. zur Vorführungs- und Anhörungsfrist Rz. 39.

3. Der Verfahrensablauf

64 Der Haftbefehl ist bekannt zu geben, aus dem der Tatvorwurf und die anzuwendenden Strafvorschriften sowie die Beweislage hervorgehen, soweit dies noch nicht durch die Strafverfolgungsbehörden erfolgt ist, was gegebenenfalls festzustellen ist. Bei der Vorführung aufgrund eines zu eröffnenden Haftbefehls ist ein Verfahrensantrag des Staatsanwalts zur Fortdauer der Haft nicht geboten.

65 Zunächst folgt die Vernehmung zur Person (s. Rz. 42) und die Feststellung, dass der Beschuldigte die im Haftbefehl bezeichnete Person ist. Es schließt sich die Belehrung zur Aussagefreiheit, dem Verteidigerkonsultationsrecht und zum Beweisantragsrecht an (s. Rz. 44), die Vernehmung zur Sache (s. Rz. 45), die Entscheidung zur Haftfrage (s. unten Rz. 66), die Frage zur Benachrichtigung, zur Konsulatsbenachrichtigung (s. Rz. 49) und die Rechtsbehelfsbelehrung (s. Rz. 52) an. *Die Belehrung ist um das Recht des Beschuldigten zu erweitern, dass er dem zuständigen Richter auf Antrag vorgeführt werden kann*, soweit es sich nicht um einen Haftbefehl des Gerichts handelt, das den Haftbefehl eröffnet, § 115 a Abs. 2 StPO.

III. Die Prüfung der Haftfrage

66 Ist der Beschuldigte die mittels Haftbefehls gesuchte Person, wird durch Beschluss die Untersuchungshaft angeordnet. Handelt es sich um einen *Haftbefehl des eigenen Gerichts*, damit um einen Haftbefehl des **zuständigen Richters**, kann in eigener Zuständigkeit über die Aufhebung des Haft-

---

92 Meyer-Goßner § 115 Rn. 5.

§ 4 Die Eröffnung eines Haftbefehls

befehls oder eine Haftverschonung entschieden werden, denn jedes Gericht hat eine Regelung im Geschäftsverteilungsplan, wonach der den Bereitschaftsdienst versehende Richter letztlich Vertreter des haftanordnenden Richters ist. Bei der Konzentration des Eildienstes an einem Gericht oder bei der sog. Poolbildung dürfte dies für Haftbefehle der anderen beteiligten Gerichte nur gelten, wenn durch Beschluss der Präsidien die sogenannte »Vertreterlösung« (s. Rz. 12) ausdrücklich gewählt wurde.

Wird ein Beschuldigter nach Festnahme aufgrund eines Haftbefehls nicht dem zuständigen Richter vorgeführt, sondern nach § 115a Abs. 1 StPO dem **Ermittlungsrichter des nächsten Amtsgerichts** (sog. »Zuführrichter«), so sind dessen Entscheidungsbefugnisse eingeschränkt. Eine Freilassung steht ihm nur zu bei Verwechslung des Vorgeführten mit dem Beschuldigten und bei zwischenzeitlich aufgehobenem Haftbefehl, § 115a Abs. 2 Satz 3 StPO. *Ansonsten ist es ihm nicht erlaubt, ohne Einverständnis des zuständigen Richters eine **Haftverschonung** anzuordnen oder gar den Haftbefehl aufzuheben*, vielmehr hat er **bei Bedenken** gegen die Aufrechterhaltung der Haft dies dem zuständigen Richter mitzuteilen, § 115a Abs. 2 Satz 4 StPO. Die Vorschrift ist nicht über den Wortlaut hinaus auszudehnen,[93] ein »mutmaßliches Einverständnis« des zuständigen Richters gibt es nicht. Allenfalls kann über die Polizeidienststellen am Ort des zuständigen Gerichts die Erreichbarkeit des dortigen Bereitschaftsdienstrichters erfragt und dieser – soweit er auch Vertreter des zuständigen Richters ist – um Entscheidung ersucht werden. Als weitere, wenn auch nur selten genutzte Möglichkeit steht es ihm offen, im Ermittlungsverfahren seine Bedenken dem Eildienst der ermittelnden Staatsanwaltschaft mitzuteilen, da der den Bereitschaftsdienst leistende Staatsanwalt nach § 120 Abs. 3 Satz 1 StPO jederzeit die Aufhebung des Haftbefehls beantragen kann. Gelingt im Bereitschaftsdienst eine Kontaktaufnahme nicht, ist der Haftbefehl zu vollziehen. 67

IV. Der Vollzug der Untersuchungshaft

Der Vollzug eines bestehenden Haftbefehls unterscheidet sich nicht vom Vollzug eines erlassenen Haftbefehls. Insoweit wird auf die Ausführungen bei Rz. 55 Bezug genommen. Bei »fremdem« Haftbefehl erfolgt die Unterrichtung des zuständigen Richters durch Übersendung des Eröffnungsprotokolls sowie bei Antragstellung auf Vorführung gem. § 115a StPO per Telefax voraus am folgenden Werktag mit dem Hinweis, dass eine Haftkontrolle hier nicht geführt wird. 68

---

93 BGH NJW 1997, 1452 (zur Frage der Rechtsbeugung); Meyer-Goßner § 115a Rn. 5; Huber JuS 2006, 322.

V. Der praktische Fall

69

Gs 303/07
Amtsgericht Musterstadt

Musterstadt, den 03.08.2007

Sitzungsbeginn: 8.10 Uhr
Sitzungsende: 8.30 Uhr

Niederschrift

aufgenommen in nichtöffentlicher Sitzung des Amtsgerichts Musterstadt am 03.08.2007.
Gegenwärtig:
1. Richter am Amtsgericht Meyer
2. JAng. Meier als Urkundsbeamtin der Geschäftsstelle

In dem Ermittlungsverfahren gegen
G. R.
wegen Diebstahl
erscheinen bei Aufruf der Sache:

Der Beschuldigte, vorgeführt von der Polizei.

Es wird festgestellt, dass der Beschuldigte die deutsche Sprache soweit beherrscht, dass ein Dolmetscher nicht hinzugezogen zu werden braucht.

Über die persönlichen Verhältnisse vernommen erklärte der Beschuldigte:

Zur Person:
G. R., geb. 6.2.80 in Craiova, Rumänien, ledig, Lehrer, wohnhaft Castanilor 3a, 1100 Craiova, rumänischer Staatsangehöriger

Dem Beschuldigten wird der Haftbefehl des Amtsgerichts Nürnberg vom 02.04.2007, Az.: Gs 789/07, durch Verlesen bekannt gegeben. Ihm wird eine Abschrift übergeben. Hinsichtlich der Tat, die ihm zur Last gelegt wird, und der in Betracht kommenden Strafvorschriften wird auf den Haftbefehl Bezug genommen.

Sodann wurde der Beschuldigte belehrt, dass
- es ihm nach dem Gesetz freistehe, sich zu der Beschuldigung zu äußern oder nicht zur Sache auszusagen,
- er jederzeit, auch schon vor seiner Vernehmung, einen von ihm zu wählenden Verteidiger befragen könne,

– er zur Entlastung einzelne Beweiserhebungen beantragen könne.
Der Beschuldigte erklärt zur Sache:
Der Vorwurf stimmt nicht. Ich habe mit der Sache nichts zu tun. Ich verlange meine sofortige Freilassung.
Der Beschuldigte wird darauf hingewiesen, dass er auf Verlangen dem zuständigen Richter zur Vernehmung zugeführt werde.
Er erklärt: **Ich möchte dem zuständigen Richter zur Vernehmung vorgeführt werden.**

Um 8.20 Uhr ergeht folgender

Beschluss:

Der Beschuldigte wird in Untersuchungshaft genommen.

Der Beschuldigte wurde darüber belehrt, dass er gegen den Haftbefehl des Amtsgerichts Nürnberg Beschwerde einlegen oder während des Vollzugs der Untersuchungshaft Antrag auf schriftliche oder mündliche Haftprüfung stellen kann.
Formblatt StP 34 wurde an den Beschuldigten ausgehändigt.

Dann wird er befragt, wer von seiner Verhaftung verständigt werden soll.
Der Beschuldigte erklärt:
Von meiner Verhaftung soll niemand verständigt werden.

Dann wird er darauf hingewiesen, dass er die Unterrichtung seiner Auslandsvertretung verlangen kann. Er erklärt:
Ich verlange **nicht**, dass meine Auslandsvertretung von meiner Verhaftung benachrichtigt wird.
Laut diktiert, genehmigt und unterschrieben.
Auf nochmaliges Verlesen wird allseits verzichtet.

....
G. R.

Aufnahmeersuchen wurde an die Polizeibeamten zur Weitergabe an die Justizvollzugsanstalt ausgehändigt.
Haftbefehlsabschrift wird nachgereicht.

Meyer	Meier, JAng.
Richter am Amtsgericht	Urkundsbeamtin der Geschäftsstelle

Zum Aufnahmeersuchen s. Rz. 59.

70
> Gs 303/07
>
> **Verfügung:**
> 1. Haftbefehlsabschrift an JVA.
> 2. Haftbefehlsabschrift an den Beschuldigten.
> 3. Die Verschubung in die JVA Nürnberg wird angeordnet.
> 4. Gs abtragen.
> 5. Urschriftlich mit Niederschrift und Kopie des Aufnahmeersuchens.
> **per Fax voraus**
> an das Amtsgericht Nürnberg zum Az. Gs 789/07
> zur Kenntnisnahme und weiteren Veranlassung und Zusatz:
>
> **Der Beschuldigte hat die Vorführung nach § 115 a StPO beantragt,
> die Verschubung wurde angeordnet.
> Eine Haftkontrolle wird hier nicht geführt.**
>
> Musterstadt, den 03. 08. 2007
>
> Meyer
> Richter am Amtsgericht

§ 5 Strafprozessuale einstweilige Unterbringung

I. Einführung

71 Das einstweilige Unterbringungsverfahren führt zur vorläufigen Unterbringung eines psychisch kranken Täters in einer geschlossenen Abteilung eines psychiatrischen Krankenhauses (Forensik) oder einer Entziehungsanstalt unter haftähnlichen Bedingungen, jedoch mit Behandlungsmöglichkeit. Es ist dem Haftbefehlsverfahren stark angenähert, wie insbesondere die geänderte Verweisungsvorschrift des § 126 a Abs. 2 StPO[94] zeigt. Dabei ist der Unterbringungsgrund dem Haftgrund der Wiederholungsgefahr ähnlich. Es bestehen jedoch Besonderheiten zum Haftbefehlsverfahren. Die einstweilige Unterbringung dient nicht der Durchführung einer geordneten Strafrechtspflege in Form der Sicherung des Strafverfahrens und der Vollstreckung einer zu erwartenden Freiheitsstrafe, sondern ist als **vorbeu-**

---

94 Gesetz zur Sicherung der Unterbringung in einem psychiatrischen Krankenhaus und in einer Entziehungsanstalt vom 16. Juli 2007, BGBl. I S. 1327, in Kraft seit 20. Juli 2007.

§ 5 Strafprozessuale einstweilige Unterbringung

gende Maßnahme eine *vorweggenommene zu erwartende Urteilsfolge*. Die Haftgründe der §§ 112 Abs. 2, Abs. 3, 112a StPO sind ersetzt durch das Bedürfnis der öffentlichen Sicherheit an der einstweiligen Unterbringung des Täters, wie sie voraussichtlich durch Urteil angeordnet werden wird. Verschonung von der einstweiligen Unterbringung ist möglich, ebenso hat nunmehr eine Angleichung an den Haftbefehl durch Einführung der Sechs-Monats-Unterbringungsprüfung nach §§ 121, 122 StPO stattgefunden.

II. Der Anwendungsbereich

1. Persönlicher und sachlicher Anwendungsbereich

Die einstweilige Unterbringung kann nicht nur gegen erwachsene Straftäter 72 angeordnet werden, sondern auch gegen Jugendliche. In sachlicher Hinsicht dient die strafprozessuale einstweilige Unterbringung dem Schutz der Allgemeinheit vor gemeingefährlichen Rechtsbrechern, die im Zustand der Schuldunfähigkeit oder im Zustand verminderter Schuldfähigkeit eine oder mehrere rechtswidrige Taten (§ 11 Abs. 1 Nr. 5 StGB) begangen haben, *bei denen weitere erhebliche Taten zu erwarten sind und im späteren Urteil deren Unterbringung in einem psychiatrischen Krankenhaus oder einer Entziehungsanstalt zu erwarten ist.*

2. Die Unterbringungsvoraussetzungen im Einzelnen

Die Anordnung ist an vier Voraussetzungen gebunden (§ 126a Abs. 1 73 StPO):
- Es müssen dringende Gründe für die Annahme vorhanden sein, dass der Beschuldigte eine **rechtswidrige Tat** (§ 11 Abs. 1 Nr. 5 StGB) begangen hat. **Dringende Gründe** bedeuten einen hohen Grad an Wahrscheinlichkeit (s. Rz. 26).
- Die Tat muss im Zustand der **Schuldunfähigkeit oder verminderten Schuldfähigkeit** im Sinne der §§ 20, 21 StGB begangen worden sein (entschuldigende anomale psychische Verfassung).
- Es müssen **dringende Gründe** vorhanden sein, dass beim späteren Verfahrensabschluss die Unterbringung des Täters in einem psychiatrischen Krankenhaus oder in einer Entziehungsanstalt angeordnet werden wird (**Prognoseentscheidung**). Für den Richter im Bereitschaftsdienst wird die Neuregelung des § 64 StGB[95] in eine »Soll-Vorschrift« von geringer

---

95 Gesetz zur Sicherung der Unterbringung in einem psychiatrischen Krankenhaus und in einer Entziehungsanstalt vom 16. Juli 2007 BGBl. I S. 1327, in Kraft seit 20. Juli 2007.

Bedeutung sein, da die »besonderen Ausnahmefälle«[96] vom erkennenden Gericht geprüft werden. Allerdings bestimmt die Neuregelung, dass die Anordnung der Unterbringung (durch Urteil) nur dann ergehen darf, wenn eine hinreichend konkrete Erfolgsaussicht besteht, die untergebrachte Person zu heilen oder über eine nicht unerhebliche Zeit vor dem Rückfall in den Hang zu bewahren und von der Begehung erheblicher rechtswidriger Taten abzuhalten, die auf den Hang zurückgehen.[97] *Mangelhafte oder fehlende Sprachkenntnisse des Beschuldigten, die zu einem faktisch nicht zu leistenden Therapieaufwand führen, können dies zweifelhaft erscheinen*[98] und die dringenden Gründe i. S. d. § 126 a StPO verneinen lassen.

– Die **öffentliche Sicherheit** muss im Zeitpunkt des Beschlusserlasses die einstweilige Unterbringung erfordern. Gefordert wird eine Wahrscheinlichkeit dafür, *dass der Unterzubringende weitere Straftaten von solcher Schwere begehen wird, dass der Schutz der Allgemeinheit die einstweilige Unterbringung gebietet.*[99] Eine Beschränkung der Straftaten auf den Katalog des Haftgrundes der Wiederholungsgefahr im Sinne des § 112 a StPO ist dabei nicht gegeben.

III. Der Verfahrensablauf

1. Sachliche und örtliche Zuständigkeit

74 **Sachlich zuständig** ist wie beim Erlass eines Haftbefehls das Ermittlungsgericht des Amtsgerichts, in Jugendsachen das Jugendgericht. Die **örtliche Zuständigkeit** richtet sich danach, ob im Gerichtsbezirk ein Gerichtsstand begründet ist, der Beschuldigte sich darin aufhält, §§ 126 a Abs. 2 Satz 1, 125 Abs. 1 StPO (s. Rz. 37), oder die Staatsanwaltschaft beim Ermittlungsgericht, in dessen Bezirk sie ihren Sitz hat, in Kombination mit einer sonstigen ermittlungsgerichtlichen Maßnahme einen Unterbringungsbefehl beantragt, § 162 Abs. 1 Satz 2 StPO (vgl. Rz. 37).

2. Das Verfahren

75 Erforderlich ist ein Antrag der Staatsanwaltschaft. Ohne ein **psychiatrisches Kurzgutachten** zu den nicht auszuschließenden Voraussetzungen der §§ 20, 21 StGB und der zu erwartenden Unterbringung nach §§ 63,

---

96 BT-Drs. 16/5137 S. 24.
97 BT-Drs. 16/1110 S. 10 und 13.
98 BGH StV 2008, 138 in Einschränkung der bisherigen Rspr., vgl. BGHSt 36, 199; BGH NStZ-RR 2002, 7.
99 Meyer-Goßner § 126 a Rn. 5.

§ 5 Strafprozessuale einstweilige Unterbringung   45

64 StGB wird die Anordnung der einstweiligen Unterbringung nicht in Betracht kommen, wobei zu Beginn eines Ermittlungsverfahrens und aufgrund einer Kurzexploration noch keine zu hohen Anforderungen gestellt werden können, zumal die Umwandlung eines Unterbringungsbefehls in einen Haftbefehl bei Vorliegen der Voraussetzungen jederzeit möglich ist (s. auch Rz. 22).

Zum Verfahrensablauf kann Bezug genommen werden auf die Ausführungen zum Haftbefehlsverfahren (s. Rz. 38 bis 52).

IV. Die Entscheidung

Der Unterbringungsbefehl ist Grundlage des Freiheitsentzugs. Er ist schriftlich abzufassen und dem Beschuldigten zu verkünden. Dabei ist anzugeben, ob die Unterbringung in einem psychiatrischen Krankenhaus oder in einer Entziehungsanstalt erfolgt. Ansonsten ist der Beschluss weitestgehend mit der Abfassung eines Haftbefehls identisch, wobei Ausführungen zur Schuldunfähigkeit oder verminderten Schuldfähigkeit veranlasst sind und ein Freiheitsentzug erforderlich ist, weil eine Wahrscheinlichkeit dafür besteht, dass der Unterzubringende weitere Straftaten von solcher Schwere begehen wird, dass der Schutz der Allgemeinheit die einstweilige Unterbringung gebietet. 76

V. Der Vollzug

Der Vollzug findet in einem psychiatrischen Krankenhaus oder einer Entziehungsanstalt im geschlossenen Bereich statt. Hierzu ist ein Aufnahmeersuchen zu fertigen und, soweit möglich, eine Ausfertigung des Unterbringungsbefehls den Polizeibeamten zur Zuführung und Übergabe am Verwahrungsort mitzugeben. Vgl. hierzu die Ausführungen zum Vollzug der Untersuchungshaft (Rz. 55). 77

VI. Der praktische Fall

KPI Musterstadt

Polizeibericht zur Klärung der Haftfrage
Am 09. 01. 2009 gegen 13.30 Uhr wurde der nachgenannte

N. R., geb. 10. 03. 1977 in Vyskov/Tschechische Republik, ledig, tschechischer Staatsangehöriger, Unternehmer, wh. 68201 Vyskov/Cz, Rychtarov 931, in Deutschland o. f. W.

78

von Beamten der VPI Musterstadt auf der Rastanlage Pegnitz/West vorläufig festgenommen, nachdem bei einer Kontrolle und körperlichen Durchsuchung der Beschuldigte eine Pistole mit gefülltem Magazin, Kal. 9 mm, und ein Revolver mit gefüllter Trommel, Kaliber .38 Special, sowie eine geringe Menge Marihuana von 7,5 g sowie 15 g Amphetamin gefunden und sichergestellt wurden. Ferner stand der Beschuldigte unter Drogeneinfluss. Näheres zum Aufgriff des Beschuldigten ist aus dem Aktenvermerk der VPI Musterstadt (Bl. 4 und 5 d. A.) ersichtlich. Nachdem der Beschuldigte N. unter Drogeneinfluss sein Fahrzeug führte und ein Urintest positiv verlief, wurde eine Blutprobe angeordnet und vom Amtsarzt, Herrn Dr. Berger, durchgeführt (Bl. 10–14 d. A.).

Laut LOOK-Datei ist der Beschuldigte am 09. 01. 2009, 08.54 Uhr, über den Grenzübergang Waidhaus/Autobahn aus der Tschechischen Republik nach Deutschland eingereist.

Das vom Beschuldigten benutzte Fahrzeug, Pkw Mazda 6, tschechisches Kennzeichen 4 A 12345, weist zahlreiche elektronische Einbauten (Computer, Minikameras, Blaulicht, Display hinter der Heckscheibe etc.) auf.

Der Beschuldigte wurde vom Unterzeichner mittels Dolmetscher vernommen. Er erklärte dabei, dass ihm vollkommen bewusst sei, dass er mit den beiden Schusswaffen und dem Rauschgift nicht nach Deutschland hätte einreisen dürfen. Die elektronischen Systeme habe er selbst entwickelt und eingebaut. Er sei Inhaber der Fa. »High 11 corp.« mit Sitz in Prag und Delaware/USA. Er werde vom tschechischen Geheimdienst verfolgt und werde jeden Verfolger sofort erschießen.

Der Beschuldigte wurde aufgrund einer ärztlichen Stellungnahme des Amtsarztes Dr. Berger (Bl. 23 ff. d. A.) am Abend des 09. 01. 2009 nach öffentlichem Recht zur Unterbringung in das Bezirkskrankenhaus Musterstadt verbracht. Eine Untersuchung des Beschuldigten durch die dortigen Ärzte wurde von der Staatsanwaltschaft Musterstadt veranlasst.

§ 5 Strafprozessuale einstweilige Unterbringung

Dr. med. M. Phillipp
Arzt für Psychiatrie und Psychotherapie   Bezirkskrankenhaus
                                           Musterstadt
Forensische Psychiatrie, Sexualmedizin   Nordring 2
Verkehrsmedizin   PLZ Musterstadt

Gemäß telefonischem Ersuchen durch Frau Staatsanwältin Knorr vom 10.01.2009 erstatte ich ein

Forensisch-Psychiatrisches Kurzgutachten

über Herrn
N. R. geb. 10.03.1977 in Vyskov/Tschechische Republik, ledig, tschechischer Staatsangehöriger, Unternehmer, wh. 68201 Vyskov/Cz, Rychtarov 931, derzeit auf der Station S 2 im Bezirkskrankenhaus Musterstadt

zur Frage der Voraussetzungen der vorläufigen Unterbringung gemäß § 126 a StPO.

Das Gutachten stützt sich auf:
– das Vernehmungsprotokoll der KPI Musterstadt
– die ärztliche Stellungnahme des Medizinaloberrats Dr. Berger vom 09.01.2009
– eine Exploration und Untersuchung des Probanden am 10.01.2009
...

Zusammenfassend kann festgestellt werden, dass eine **akute paranoidhalluzinatorische Psychose** bei dem Probanden bestätigt werden kann. Nach den gemachten Angaben ist davon auszugehen, dass der Proband nach dem festgestellten Verfolgungswahn handelt und sich bedroht fühlt. Folgerichtig wurden bereits die Voraussetzungen der landesrechtlichen Unterbringung positiv festgestellt, da von einer Gefahr für die öffentliche Sicherheit und Ordnung auszugehen ist. Darüber hinaus ist psychiatrischerseits festzustellen, dass für die dem Probanden zur Last gelegten Straftaten am 09.01. die Einsichts- und Steuerungsfähigkeit erheblich vermindert (§ 21 StGB), wenn nicht sogar gänzlich aufgehoben (§ 20 StGB) war aufgrund des akuten Krankheitsbildes. Unbehandelt ist ein Fortbestehen des psychischen Erkrankung zu erwarten und aufgrund des spezifischen Wahnerlebens mit daraus motivierten Handlungen, die bereits zur Beschaffung von Schusswaffen geführt haben, mit der Begehung weiterer gleichartiger Straftaten zu rechnen. Insofern liegen auch die Voraussetzungen der Unterbringung gem. § 126 a StPO zum Untersuchungszeitpunkt vor.

Amtsgericht Musterstadt

Gs 26/09   Sitzungsbeginn: 15.38 Uhr
               Sitzungsende: 16.17 Uhr

Niederschrift
aufgenommen in nichtöffentlicher Sitzung des Amtsgerichts
Musterstadt
am 10.01.2009

Gegenwärtig:
1. Richter am Amtsgericht Großkopf
2. JAng. Meier als Urkundsbeamtin der Geschäftsstelle
3. Staatsanwältin Knorr als Beamtin der Staatsanwaltschaft
4. Frau Sylvia Geier als Dolmetscherin für die tschechische Sprache

Die Dolmetscherin wurde belehrt, treu und gewissenhaft zu übertragen, und bezog sich auf den allgemein geleisteten Dolmetschereid.

Der Beschuldigte, vorgeführt von der Polizei, vernommen über seine persönlichen Verhältnisse, erklärt:

Zur Person:
N. R., geb. 10.03.1977 in Vyskov/Tschechische Republik, ledig, Unternehmer, wh. 68201 Vyskov/Cz, Rychtarov 931, tschechischer Staatsangehöriger.

Es wird festgestellt, dass der Beschuldigte am 09.01.2009 um 13.45 Uhr vorläufig festgenommen wurde.

Dem Beschuldigten wurde eröffnet, welche Taten ihm zur Last gelegt werden und welche Strafvorschriften in Betracht kommen. Sodann wurde er belehrt, dass
– es ihm nach dem Gesetz freistehe, sich zu der Beschuldigung zu äußern oder nicht zur Sache auszusagen,
– er jederzeit, auch schon vor der Vernehmung, einen von ihm zu wählenden Verteidiger befragen könne
– und er zur Entlastung einzelne Beweiserhebungen beantragen könne.

Der Beschuldigte erklärt zur Sache:
Ich habe die Waffen aufgrund internationalen Rechts geführt. Ich wollte damit nach Dänemark reisen. Ich bin Wissenschaftler und habe panische Angst, weil ich von tschechischen Behörden verfolgt werde. Ich nehme keine Drogen. Das bei mir gefundene Rauschgift dient wissenschaftlichen Zwecken.

Die Staatsanwältin beantragt, gegen den Beschuldigten Unterbringungsbefehl zu erlassen, weil er vorsätzlich unerlaubt zwei Schusswaffen und Munition geführt und besessen hat und vorsätzlich Betäubungsmittel un-

§ 5 Strafprozessuale einstweilige Unterbringung

erlaubt eingeführt hat. Es bestehen dringende Gründe für die Annahme, dass der Beschuldigte die Taten im Zustand der Schuldunfähigkeit oder zumindest im Zustand der verminderten Schuldfähigkeit begangen hat, dass wegen seines Zustandes erhebliche rechtswidrige Taten zu erwarten sind und dass aufgrund der von ihm ausgehenden Gefahr die Unterbringung in einem psychiatrischen Krankenhaus angeordnet werden wird.

Der Beschuldigte erklärt dazu, er sei unschuldig.

Um 15.53 Uhr ergeht folgender

Beschluss:

Die einstweilige Unterbringung des Beschuldigten in einem psychiatrischen Krankenhaus wird gemäß § 126 a StPO angeordnet.

Der anliegende Unterbringungsbefehl wurde dem Beschuldigten durch Verlesung und Übersetzung eröffnet.

Auf die Frage, wer von seiner Unterbringung verständigt werden soll, erklärt er:

Rufen Sie bei der UNO an, dass ich hier eingesperrt werde. Ich möchte auch mit der Bundeskanzlerin sprechen.

Auf die Frage, ob sein Konsulat von seiner Unterbringung unterrichtet werden soll, erklärt der Beschuldigte:
Auf keinen Fall. Sie würden mich sofort töten.

Aufnahmeersuchen und Abschrift des Unterbringungsbefehls wurden an die Polizeibeamten ausgehändigt.

| Großkopf | Meier |
| Richter am Amtsgericht | Urkundsbeamtin der Geschäftsstelle |

Amtsgericht Musterstadt
Aktenzeichen: Gs 26/09

Unterbringungsbefehl

Die einstweilige Unterbringung des Beschuldigten
N., R., geb. 10. 03. 1977 in Vyskov/Tschechische Republik, ledig, Unternehmer, wh. 68201 Vyskov/Cz, Rychtarov 931, tschechischer Staatsangehöriger;
in einem psychiatrischen Krankenhaus wird gemäß § 126 a StPO angeordnet.

Der Beschuldigte ist dringend verdächtig, im Zustand der Schuldunfähigkeit (§ 20 StGB), zumindest im Zustand der verminderten Schuldfähigkeit (§ 21 StGB), folgende Straftaten begangen zu haben:
Am 09. 01. 2009 gegen 13:30 Uhr wurde der Beschuldigte auf der Rastanlage Pegnitz/West der Bundesautobahn A9 bei km 332,500 einer polizeilichen Kontrolle unterzogen. Dabei hatte der Beschuldigte folgende Waffen und Munition in Besitz und führte diese außerhalb der eigenen Wohnung, Geschäftsräume oder des eigenen befriedeten Besitztums mit sich:
– einen mit fünf Schuss Munition im Kaliber .38 Special geladenen Revolver der Marke Taurus, Kaliber .38 Special, Waffennummer MI 85161,
– eine halbautomatische Pistole der Marke NORCONIA, Typ 1911A1 Bigpara, Kaliber 9 mm Luger, Waffennummer 600024, nebst zwei zugehörigen Magazinen, die mit 15 bzw. 13 Schuss Munition im Kaliber 9 mm Luger bestückt waren.

Beide Waffen waren schussbereit.
Der Beschuldigte war mit seinem Pkw, den Waffen und der Munition am 09. 01. 2009 gegen 09:00 Uhr über den Grenzübergang Schirnding in die Bundesrepublik Deutschland eingereist. Wie er wusste, war der Beschuldigte dabei nicht im Besitz der erforderlichen waffenrechtlichen Erlaubnis.

Im Rahmen der polizeilichen Kontrolle vom 09. 01. 2009 wurden in der rechten Brusttasche des Beschuldigten außerdem 7,5 Gramm Marihuana und 15 Gramm Amphetamin aufgefunden und sichergestellt. Diese Betäubungsmittel hatte der Beschuldigte zuvor in der Tschechischen Republik erworben. Bei seiner Einreise in die Bundesrepublik Deutschland am 09. 01. 09 verbrachte er die Betäubungsmittel in das deutsche Hoheitsgebiet. Wie er wusste, besaß er dabei nicht die für den Umgang mit Betäubungsmitteln erforderliche Erlaubnis.

Der Beschuldigte ist daher dringend verdächtig,
1. in zwei rechtlich zusammentreffenden Fällen ohne Erlaubnis nach § 2 Abs. 2 Waffengesetz jeweils die tatsächliche Gewalt über eine halbautomatische Kurzwaffe ausgeübt und durch dieselbe Handlung diese geführt und mitgenommen zu haben und ohne Erlaubnis nach § 2 Abs. 2 Waffengesetz Munition mitgenommen und besessen zu haben
2. und durch eine weitere selbständige Handlung unerlaubt Betäubungsmittel eingeführt zu haben,

strafbar als vorsätzliche unerlaubte Mitnahme von zwei Schusswaffen und Munition in Tateinheit mit vorsätzlichem unerlaubten Besitz einer

§ 5 Strafprozessuale einstweilige Unterbringung

halbautomatischen Kurzwaffe in zwei rechtlich zusammentreffenden Fällen in Tateinheit mit vorsätzlichem unerlaubten Führen einer halbautomatischen Kurzwaffe in zwei rechtlich zusammentreffenden Fällen in Tateinheit mit vorsätzlichem unerlaubten Besitz von Munition in Tatmehrheit mit vorsätzlicher unerlaubter Einfuhr von Betäubungsmitteln gemäß § 52 Abs. 1 Nr. 2 b WaffG i. V. m. Anlage 1 Abschnitt 2 Unterabschnitt 1 Satz 1 zum Waffengesetz, § 52 Abs. 1 Nr. 2 d WaffG i. V. m. Anlage 1 Abschnitt 2 Unterabschnitt 1 Satz 1 zum Waffengesetz, 52 Abs. 3 Nr. 2 a, b WaffG i. V. m. Anlage 1 Abschnitt 2 Unterabschnitt 1 Satz 1 zum Waffengesetz, §§ 1 Abs. 1, 3 Abs. 1 Nr. 1, 29 Abs. 1 Nr. 1 BtMG, §§ 52, 53 StGB.

Die dringenden Gründe für die rechtswidrige Tat ergeben sich aus dem Geständnis des Beschuldigten und der sichergestellten Waffen sowie den polizeilichen Ermittlungen zum Grenzübertritt.

Aufgrund des eingeholten forensisch-psychiatrischen Kurzgutachtens des Dr. Philipp vom 10. 01. 09 bestehen dringende Gründe für die Annahme, dass die Unterbringung des Beschuldigten in einem psychiatrischen Krankenhaus angeordnet werden wird, § 63 StGB. Danach liegt beim Beschuldigten eine akute paranoid-halluzinatorische Psychose vor. Die ihm zur Last gelegten Straftaten vom 09. 01. 09 beging der Beschuldigte in einem Zustand erheblich verminderter (§ 21 StGB), wenn nicht sogar gänzlich aufgehobener (§ 20 StGB) Einsichts- und Steuerungsfähigkeit. Unbehandelt ist ein Fortbestehen der psychischen Erkrankung zu erwarten und aufgrund des spezifischen Wahnerlebens (Verfolgungswahn) mit daraus motivierten strafbaren oder rechtswidrigen Handlungen, die bereits zur Beschaffung von Schusswaffen geführt haben, mit der Begehung weiterer erheblicher Straftaten zu rechnen.

Wegen der Krankheit des Beschuldigten erfordert die öffentliche Sicherheit seine einstweilige Unterbringung, weil die begründete Gefahr besteht, dass der Beschuldigte vor rechtskräftiger Aburteilung weitere erhebliche Straftaten begehen wird. Der Beschuldigte ist deshalb für die Allgemeinheit gefährlich. Aus diesen Gründen gebietet die öffentliche Sicherheit die einstweilige Unterbringung des Beschuldigten.

Auch bei Berücksichtigung des Grundsatzes der Verhältnismäßigkeit (§ 112 Abs. 1 Satz 2 StPO) ist die Anordnung der einstweiligen Anordnung geboten. Eine andere, weniger einschneidende Maßnahme verspricht derzeit keinen Erfolg.

Großkopf
Richter am Amtsgericht

Das erforderliche Aufnahmeersuchen ist an das jeweilige konkret zu bezeichnende Krankenhaus oder die Anstalt zu richten und unterscheidet sich ansonsten nicht vom Aufnahmeersuchen bei einem Haftbefehl (s. Rz. 59).

§ 6 Der Europäische Haftbefehl

I. Einführung

79 *Der Begriff des Europäischen Haftbefehls ist missverständlich*, da seine Bedeutung weniger in dem Wort »Haftbefehl« liegt, sondern als **Fahndungsinstrument** vielmehr in dessen Vollzug.[100] Er ist ein **nationaler Haftbefehl eines europäischen Landes, der mit einem Festnahme- und Auslieferungsersuchen** an die Mitgliedsstaaten der Europäischen Union **verbunden ist**. Seine Bedeutung liegt auf dem Gebiet der **internationalen Rechtshilfe** mit deutlich erleichterten Auslieferungsmöglichkeiten. Der Europäische Haftbefehl von Gerichten und Behörden anderer Staaten, und nur damit ist im Bereitschaftsdienst zu rechnen, führt zur Festnahme zum Zwecke der Auslieferung, rechtfertigt für sich alleine aber keinen Freiheitsentzug im Inland. Zwar handelt es sich bei dem Europäischen Haftbefehl um eine justizielle (gerichtliche) Entscheidung, die in einem Mitgliedsstaat der Europäischen Union ergangen ist und die Festnahme und Übergabe einer gesuchten Person durch einen anderen Mitgliedsstaat zur Strafverfolgung oder zur Vollstreckung einer Freiheitsstrafe oder eine freiheitsentziehenden Maßregel der Sicherung bezweckt (Art. 1 Abs. 1 des Rahmenbeschlusses des Rates der Europäischen Union). Der Europäische Haftbefehl schafft jedoch weder weitere materielle Vorschriften zum Freiheitsentzug, noch handelt es sich um einen neuen oder weiteren Haftbefehl. *Er ist vielmehr ein internationales Instrument für die Fahndung und Auslieferung.*[101] *Letztlich geht es um die erleichterte Auslieferung von Personen in einen Mitgliedsstaat der Europäischen Union.*

Zum Freiheitsentzug sind zusätzliche inländische freiheitsentziehende Anordnungen erforderlich. Insoweit verbleibt es für ausländischen Ersu-

---

100 Dazu und zum amtsgerichtlichen Verfahren Wiesneth, Der Europäische Haftbefehl in der amtsgerichtlichen Praxis, DRiZ 2005, 193 ff.; siehe auch Wiesneth, Handbuch Rn. 399 ff.
101 Seitz, Das Europäische Haftbefehlsgesetz, NStZ 2004, 546 ff.; Leipold, Europäischer Haftbefehl, NJW-Spezial 2004, 331; Böhm, Das neue Europäische Haftbefehlsgesetz, NJW 2006, 663.

§ 6 Der Europäische Haftbefehl 53

chen bei den Vorschriften des IRG[102] mit dem in diesem Gesetz vorgesehenen Verfahrensablauf. Für den Europäischen Haftbefehl wurden die Vorschriften des IRG zu den Aus- und Durchlieferungsersuchen nicht neu gefasst, sondern nur ergänzt.

II. Der Anwendungsbereich

1. Persönlicher Anwendungsbereich

Die durch einen Europäischen Haftbefehl Verfolgten können Volljährige und Minderjährige sein, EU-Bürger und Staatsangehörige von Drittländern, Ausländer mit gewöhnlichem Aufenthalt im Inland, § 83 b Abs. 2 IRG, und Deutsche. Deren Auslieferung alleine zur Strafvollstreckung ist jedoch nur möglich, wenn diese nach Belehrung ihrer Auslieferung zu richterlichem Protokoll zustimmen, § 80 Abs. 3 IRG, ansonsten haben sie die Strafe im Inland zu verbüßen. 80

2. Sachlicher Anwendungsbereich

Soweit das IRG dem **Richter am Amtsgericht** Kompetenzen zuweist, hat dieser **nicht zu prüfen**, ob die Voraussetzungen der Auslieferung vorliegen. Zuständig für das gesamte Verfahren und damit auch für Haftanordnungen ist das Oberlandesgericht, §§ 14, 16 IRG. Das **Amtsgericht** hat lediglich bis zur Entscheidung des Oberlandesgerichtes nach Belehrung und Vernehmung eine **Festhalteanordnung** zu treffen, § 22 Abs. 4 Satz 2 IRG. Dabei gilt: Der hörende Richter darf nicht entscheiden, der entscheidende Richter lässt hören.[103] 81

III. Das Verfahren auf Auslieferung

1. Zuständigkeitsbestimmungen

Örtlich zuständig ist das Gericht, in dessen Bezirk der Verfolgte ergriffen oder bei Nichtergreifen zuerst ermittelt wird, da er nach § 22 Abs. 1 IRG dem *Richter des nächsten Amtsgerichts* vorzuführen ist. Die örtliche Zuständigkeit des Amtsgerichts ist in einigen Bundesländern[104] in den Rechtshilfe- 82

---

102 Gesetz über die internationale Rechtshilfe in Strafsachen in der Fassung der Bekanntmachung vom 27. Juni 1994 (BGBl. I S. 1537), zuletzt geändert durch Artikel 2 des Gesetzes vom 17. Dezember 2006 (BGBl. I S. 3175).
103 S/L-Schomburg § 21 Rn. 2.
104 Vgl. eine beispielhafte Aufzählung bei Meyer-Goßner GVG § 58 Rn. 1.

54 Teil 1 – Der strafprozessuale Freiheitsentzug

angelegenheiten nach § 58 Abs. 1 Satz 1 GVG, § 33 Abs. 3 Satz 1 JGG konzentriert auf die Amtsgerichte, die auch Haftgerichte sind.[105] Das Verfahren wird beim Amtsgericht im AR-Register geführt.
Sachlich zuständig für die Durchführung des Auslieferungsverfahrens ist die Generalstaatsanwaltschaft, § 13 Abs. 1 und Abs. 2 IRG, welche die Entscheidung des Oberlandesgerichts vorbereitet und die von der Festnahme unverzüglich unterrichtet wird. Sie veranlasst das Verfahren nach § 22 IRG in der Regel beim Amtsgericht. Die freiheitsentziehenden Haftanordnungen trifft das Oberlandesgericht (§§ 15, 16 IRG). *Das Amtsgericht ist nur im Rahmen von Belehrungen und einer vorläufigen Festhalteanordnung in das Verfahren eingebunden.* Nach Festnahme erlässt der Amtsrichter eine **Festhalteanordnung** nach § 22 Abs. 4 Satz 2 IRG. Danach ist das Verfahren beim Amtsgericht beendet. Es wird weder eine Haftkontrolle geführt noch wird der Aktenvorgang dort weiter verwahrt.

2. Verfahrensvorschriften

83 Bei der Vorführung des Verfolgten beim zuständigen Amtsrichter sind folgende Förmlichkeiten einzuhalten:
Der Richter am Amtsgericht vernimmt den Verfolgten unverzüglich nach der Vorführung. Die Vernehmung regeln §§ 20 Abs. 1, 21 Abs. 2 IRG:
– **Bekanntmachung**
Ein Auslieferungshaftbefehl wird dem Verfolgten bekannt gemacht und er erhält eine Ausfertigung oder Abschrift, ansonsten wird dem vorläufig Festgenommenen der Grund der Festnahme und der Gründe, die einen Auslieferungshaftbefehl des OLG erwarten lassen, bekannt gegeben (§§ 22, 41 IRG). Häufig wird ein Dolmetscher zuzuziehen sein. Sind Fahndungs- und Festnahmeersuchen der ausländischen Behörden beigefügt, sind diese ebenfalls bekannt zu machen. Der weitere Verfahrensablauf ähnelt einer Haftvorführung.
– **Vernehmung zur Person**
Der Richter beim Amtsgericht vernimmt den Verfolgten über seine persönlichen Verhältnisse, insbesondere über seine Staatsangehörigkeit. Ist der Verfolgte nicht die gesuchte Person oder ist der Auslieferungshaftbefehl aufgehoben oder außer Vollzug gesetzt, wird seine sofortige Freilassung verfügt, § 21 Abs. 3 Nr. 1 bis 3 IRG.
– **Belehrung zum Verteidigerkonsultationsrecht**
Der Richter weist ihn darauf hin, dass er sich in jeder Lage des Verfahrens eines Beistands bedienen kann (§ 40 IRG). Über die Bestellung eines Beistands nach § 40 Abs. 2 IRG bei schwieriger Sach- oder Rechtslage oder

---

105 Nach § 30 Abs. 1 Satz 1 Ziff. 4, Abs. 2 BayGZVJu die Amtsgerichte am Sitz des übergeordneten Landgerichts mit den in § 30 Abs. 3 aufgeführten Abweichungen.

§ 6 Der Europäische Haftbefehl

unzureichender Fähigkeit eigener Rechtswahrung oder bei Jugendlichen entscheidet der Vorsitzende des Senats beim Oberlandesgericht, nicht der Bereitschaftsdienstrichter.
- **Belehrung zur Aussagefreiheit**
  Der Verfolgte wird belehrt, dass es ihm freistehe, sich zu der ihm zur Last gelegten Tat zu äußern oder dazu nicht auszusagen. *Die dem Verfolgten zur Last liegende Straftat ist grundsätzlich nicht Gegenstand der Vernehmung*, weil in Auslieferungssachen der Tatverdacht nicht zu prüfen ist. Angaben, die der Verfolgte von sich aus zum Tatvorwurf macht, sind in das Protokoll aufzunehmen.
- **Befragung zur Auslieferung**
  Sodann wir er befragt, ob und gegebenenfalls aus welchen Gründen er Einwendungen gegen die Auslieferung, gegen den Auslieferungshaftbefehl oder gegen dessen Vollzug erheben will.

Belehrungen nach dem IRG
- **Vereinfachte Auslieferung** 84
  Der Verfolgte ist zur Möglichkeit der *vereinfachten Auslieferung* und zur *Verzichtsmöglichkeit hinsichtlich des Spezialitätsgrundsatzes* zu belehren. Vereinfachte Auslieferung (§ 41 IRG) bedeutet, dass der Eingang der Auslieferungsunterlagen nicht abgewartet werden muss und eine Zulässigkeitsentscheidung des Oberlandesgerichts nicht erforderlich ist. Dies führt zu einer wesentlichen Verfahrensbeschleunigung, wenn der Verfolgte einwilligt. Bei der Belehrung zur vereinfachten Auslieferung ist zusätzlich der Hinweis zu erteilen, dass in diesem Fall eine gerichtliche Überprüfung nicht stattfindet, § 41 Abs. 4 IRG.
- **Spezialitätsgrundsatz**
  Aufgrund des völkerrechtlichen **Spezialitätsgrundsatzes** darf der Verfolgte, soweit er nicht darauf verzichtet, bei einer erfolgreichen Auslieferung speziell nur wegen der Taten im Ausland verfolgt oder einer Strafe unterworfen werden, die im Europäischen Haftbefehl vom ersuchenden Staat genannt und der Prüfung unterzogen worden waren. Er darf auch von dort aus nicht an dritte Staaten weitergeliefert werden. Wegen anderer im ersuchenden Staat begangener oder später bekannt gewordener Straftaten besteht ein Verfolgungshindernis. Die Beschränkungen binden den den ersuchenden Staat. Gegebenenfalls muss dieser ein weiteres Ersuchen an den ausliefernden Staat stellen. Die Erklärung des Verfolgten hierzu ist zu Protokoll zu nehmen.
- **Unwiderrufliche Protokollerklärungen**
  Vor Abgabe und Protokollierung seiner Erklärungen ist der Verfolgte zu belehren, dass sein Einverständnis mit der vereinfachten Auslieferung und sein Verzicht auf den Spezialitätsgrundsatz nicht widerrufen werden können, § 41 Abs. 3 IRG.

Die Entscheidung
85 – **Festhalteanordnung**
Es ergeht eine Entscheidung über eine **Festhalteanordnung**, soweit ein Auslieferungshaftbefehl des Oberlandesgerichts noch nicht besteht. Die Entscheidung ist dem Verfolgten bekannt zu geben und ihm eine Ausfertigung der Anordnung auszuhändigen (s. nachfolgend).
– **K e i n e** Rechtsbehelfsbelehrung
Eine Rechtsbehelfsbelehrung findet nicht statt, weil Entscheidungen des Amtsgerichts in dieser Sache nicht anfechtbar sind, §§ 22 Abs. 4 Satz 3, 21 Abs. 7 Satz 1 IRG.
– **Belehrung zum WÜK**
Ferner erfolgt die Belehrung zur möglichen Unterrichtung der konsularischen Vertretung, soweit keine Verpflichtung zur Mitteilung von Amts wegen besteht (vgl. die Ausführungen zum Haftbefehl mit Auflistung der Staaten, Rz. 49).
– **Verständigung eines Verwandten oder einer Vertrauensperson**
Der Verfolgte hat einen Anspruch darauf, dass eine von ihm zu benennende Person seines Vertrauens oder ein Angehöriger von der Festnahme benachrichtigt wird (vgl. Art. 104 Abs. 4 GG, § 77 IRG i. V. m. § 114 b StPO). Hierzu ist er zu befragen.

IV. Die Festhalteanordnung im Eildienst

86 Die **Entscheidungsmöglichkeiten** des Richters am Amtsgericht sind beschränkt[106] und ergehen schriftlich in Beschlussform.
– Ist der Festgenommene nicht die gesuchte Person, wird seine Freilassung durch den Richter am Amtsgericht angeordnet, § 22 Abs. 4 Satz 1 IRG.
– Ist ein Irrtum in der Person des Verfolgten ausgeschlossen, so erlässt der Amtsrichter eine **Festhalteanordnung** nach § 22 Abs. 4 Satz 2 IRG, mit dem Tenor, dass »der Verfolgte bis zur Entscheidung des Oberlandesgerichts über seine Auslieferung festzuhalten« ist. Diese Festhalteanordnung ist Grundlage des nachfolgenden Freiheitsentzugs bis zur Entscheidung des Oberlandesgerichts zum Erlass eines Auslieferungshaftbefehls.

---

106 Wiesneth, Handbuch Rn. 407 ff.

§ 6 Der Europäische Haftbefehl

V. Der Vollzug

Die Festhalteanordnung wird wie ein Haftbefehl vollzogen. Es ist ein **Auf-** 87
nahmeersuchen an die zuständige Justizvollzugsanstalt zu fertigen, das
sich von dem in einer Haftsache (s. Rz. 59) nur dadurch unterscheidet,
dass als Schlusssatz aufzunehmen ist: »*Es handelt sich um eine Festnahme
nach § 19 IRG. Weitere Verfügungen stehen ausschließlich der Generalstaatsanwaltschaft zu*«.
Dem Vorführdienst ist eine Ausfertigung der Festhalteanordnung und
das Aufnahmeersuchen für die Vollzugsanstalt zu übergeben.

VI. Der praktische Fall

Die Polizeidienststelle in Musterstadt teilt am 15.03.09 mit, dass der Verfolgte P. G., geboren am 30.6.1979 in Madrid/Spanien, zurzeit aufhältlich 88
bei Frau Leib in Musterstadt, aufgrund eines Europäischen Haftbefehls des
Ermittlungsgerichts in Madrid wegen versuchten schweren Raubes vorläufig festgenommen worden ist. Sie ersucht um einen Termin zur Vorführung.
Die Ausschreibungsunterlagen würden zum Termin mitgebracht werden.
Vorweg erfolge eine Übermittlung per Telefax. Man habe versucht, die Generalstaatsanwaltschaft zu unterrichten, aber die Behörde sei an diesem Wochenende nicht besetzt.
Der Verfolgte befinde sich derzeit in der Arrestzelle der Dienststelle.

Verfügung

1. Eintragen in 2 AR
2. Termin zur Anhörung der Verfolgten wird bestimmt auf
   15.03.09, 9.20 Uhr, Zimmer 162
3. Dolmetscher für spanische Sprache telefonisch zum Termin laden
4. Vorführung des Verfolgten veranlassen
5. Wiedervorlage sogleich

Ort, Datum

Dr. Dobmeier
Richter am Amtsgericht

Aktenzeichen: 2 AR 33/09
Amtsgericht Musterstadt
Musterstadt, den 15. März 2009

Sitzungsbeginn: 09.25 Uhr
Sitzungsende: 09.50 Uhr

Niederschrift

aufgenommen in nichtöffentlicher Sitzung des Amtsgerichts Musterstadt am 15.03.

Gegenwärtig:
1. Richter am Amtsgericht Dr. Dobmeier
2. JAng. Meier als Urkundsbeamtin der Geschäftsstelle
3. Frau Luise Vegas als Dolmetscherin

Die Dolmetscherin wurde belehrt und leistet den Eid gem. § 189 GVG.

In dem Auslieferungsverfahren gegen G. P.

erscheint bei Aufruf der Sache der Verfolgte, vorgeführt von der Polizei.

Dem Verfolgten wird bekannt gegeben, dass die spanischen Behörden seine Auslieferung zur Strafverfolgung wegen versuchten schweren Raubes betreiben, er deshalb festgenommen ist und zur Sicherung des Auslieferungsverfahrens eine Festhalteanordnung gegen ihn ergehen kann. Ferner wird ihm der Inhalt des Fahndungs- und Festnahmeersuchens der spanischen Behörden vom 20.02.09 bekannt gemacht.

Der Verfolgte wurde darauf hingewiesen, dass er sich in jeder Lage des Verfahrens eines Beistandes bedienen kann (§ 40 Abs. 1 IRG).

Zur Person vernommen erklärt der Verfolgte:

G. P., geb. 8.10.86 in Madrid/Spanien, spanischer Staatsangehöriger, ohne Beruf, ledig, wohnhaft Paseo de la Castel lana, 152, 28046 Madrid

Er wurde belehrt, dass es ihm freistehe, sich zu der vorgeworfenen Tat zu äußern.

Der Verfolgte erklärt dazu:

Ich möchte zu der Tat vorerst nichts sagen.

Zu seinen persönlichen Verhältnissen und seinen sozialen Bindungen im Inland vernommen erklärt der Verfolgte:

Ich habe keine sozialen Bindungen in der Bundesrepublik Deutschland. Meine Familie und meine gesamte Verwandtschaft befinden sich in Spanien.

Der Verfolgte wurde befragt, ob er Einwendungen gegen die Auslieferung oder seine Inhaftnahme erhebt.

Er erklärt:
Ich erhebe keine Einwendungen gegen meine Auslieferung.

Der Verfolgte wurde über die Möglichkeiten und die Rechtsfolgen der vereinfachten Auslieferung nach § 41 Abs.1 IRG belehrt. Insbesondere wurde er darauf hingewiesen, dass im Falle eines Einverständnisses
- der Eingang des förmlichen Auslieferungsersuchens nicht abgewartet werden muss,
- eine Entscheidung des Oberlandesgerichts über die Zulässigkeit der Auslieferung nicht erforderlich ist,
- eine gerichtliche Überprüfung der Entscheidung der Bewilligungsbehörde, keine Bewilligungshindernisse nach § 83 b IRG geltend zu machen, nicht stattfindet,
- und dadurch eine wesentliche Verfahrensbeschleunigung eintreten kann.[107]

Er wurde über die Möglichkeiten und die Rechtsfolgen des Verzichts auf die Beachtung des Spezialitätsgrundsatzes (§§ 11, 41 Abs. 2 IRG) belehrt. Er wurde darauf hingewiesen, dass im Verzichtsfalle
- eine Verfolgung oder Vollstreckung durch den ersuchenden Staat auch wegen solcher von dem Verfolgten begangener Taten zulässig ist, auf die sich das Auslieferungsersuchen oder das Ersuchen um Verhängung der vorläufigen Auslieferungshaft nicht erstreckt haben.
- Außerdem ist eine Weiterlieferung durch den ersuchenden Staat an einen anderen ausländischen Staat zulässig.

Der Verfolgte wurde darüber belehrt, dass das Einverständnis mit der vereinfachten Auslieferung und der Verzicht auf die Beachtung des Spezialitätsgrundsatzes nicht widerrufen werden kann (§ 41 Abs. 3 IRG).

Er erklärt:
Mit der vereinfachten Auslieferung bin ich einverstanden, weil ich die Sache geklärt haben möchte. Mir ist bewusst, dass ich dieses Einverständnis nicht mehr widerrufen kann.

---

107 Bei Haftbefehlen gegen **Deutsche** ist zu ergänzen, dass die Auslieferung deutscher Staatsangehöriger zur Strafvollstreckung in einen Mitgliedstaat der EU nur mit deren Zustimmung zulässig ist, sie bei einer Verweigerung der Zustimmung aber mit einer Vollstreckung der Strafe oder einer Strafverfolgung wegen der Tat im Inland zu rechnen haben.

Ich verzichte jedoch nicht auf die Einhaltung des Spezialitätsgrundsatzes.
Übersetzt, genehmigt und unterschrieben

....
G.

Um 09.46 Uhr ergeht folgender dem Verfolgten durch Verlesung und Übersetzung bekannt gemachter

Beschluss:
Der Verfolgte ist bis zur Entscheidung des Oberlandesgerichts Musterstadt festzuhalten.

Gründe:
Der Verfolgte ist dringend verdächtig, am 2.11.08 gegen 16.20 Uhr in Madrid/Spanien eine Straftat des versuchten schweren Raubes begangen zu haben, die zu einer Auslieferung Anlass geben kann. Gegen ihn war eine Festhalteanordnung zu treffen, weil ausländische Behörden seine Auslieferung betreiben und er die Person ist, auf die sich das Auslieferungsersuchen bezieht. Eine Entscheidung des OLG hierüber liegt noch nicht vor, § 22 Abs. 3 Satz 2 IRG.

Diese Entscheidung ist unanfechtbar. Anordnungen zur Freilassung des Verfolgten stehen ausschließlich der Generalstaatsanwaltschaft zu, §§ 22 Abs. 3 Satz 3, 21 Abs. 7 Satz 1 IRG.

Der Verfolgte wurde befragt, wer von der Festhaltung benachrichtigt werden soll:

Von meiner Festhaltung soll meine Mutter, M. G., Paseo de la Castellana, 152, 28046 Madrid, Tel.: (091) 721 1234 verständigt werden.

Ferner wurde er darauf hingewiesen, dass nach dem Wiener Übereinkommen über konsularische Beziehungen (WÜK) das Konsulat seines Landes von der Festhaltung benachrichtigt werden muss.

Aufnahmeersuchen und Beschlussabschrift wurden an die Polizeibeamten zur Weitergabe an die Justizvollzugsanstalt ausgehändigt.

....
Vegas

Dr. Dobmeier   Meier, JAng.
Richter am Amtsgericht   Urkundsbeamtin der Geschäftsstelle

§ 6 Der Europäische Haftbefehl

2 AR 33/09
Verfügung:
1. Festhalteanordnung und Aufnahmeersuchen an JVA.
2. Festhalteanordnung in Übersetzung an den Beschuldigten.
3. Nachricht an:
   a. Vertrauensperson (in Übersetzung)
   b. Konsulat (Pflichtmitteilung)
4. Im AR abtragen.
5. U. m. Anlagen
   an die Generalstaatsanwaltschaft Musterstadt
   zur Kenntnisnahme und weiteren Veranlassung.
   per Telefax voraus

Musterstadt, 15.03.09

Dr. Dobmeier
Richter am Amtsgericht

Zum **Aufnahmeersuchen** s. Rz. 59 mit Ergänzung, Rz. 87.

Teil 2 – Öffentlich-rechtlicher Freiheitsentzug

§ 7 Öffentlich-rechtliche Unterbringung

I. Einführung

89 Unterbringungsentscheidungen haben im Bereitschaftsdienst eine ähnliche Bedeutung wie Entscheidungen in Haftsachen, vor allem, wenn sich im Bezirk des Gerichts ein Psychiatrisches Krankenhaus befindet. Der Schwerpunkt liegt hier bei der öffentlich-rechtlichen Unterbringungsanordnung, während Unterbringungsentscheidungen nach bürgerlichem Recht (dazu Rz. 174 ff.) im Bereitschaftsdienst nicht so häufig sind. Da die Unterbringung Freiheitsentzug ist, besteht der **Richtervorbehalt** des Art. 104 Abs. 2 GG, der die **Freiheitsgarantie** des in Art. 2 Abs. 2 Satz 3 GG normierten Gesetzesvorbehaltes aufnimmt und verstärkt sowie die Verpflichtung begründet, die sich aus dem Gesetz ergebenden Formvorschriften zu beachten.[108] Die einzelnen Bundesländer haben Gesetze über Schutz und Hilfen für psychisch kranke Menschen erlassen, meist unter der Bezeichnung Psychischkrankengesetz (**PsychKG**). In Baden-Württemberg, Bayern und im Saarland heißen diese Gesetze **Unterbringungsgesetz**, in Hessen Hessisches Freiheitsentziehungsgesetz. Diese gesetzlichen Bestimmungen regeln unter anderem die *Voraussetzungen für freiheitsentziehende Unterbringungen, falls eine Gefährdung Dritter oder eine Selbstschädigung aufgrund psychischer Krankheiten zu befürchten ist*. Dabei handelt es sich um eine **Unterbringung durch Behörden.**

90 *Gegen oder ohne seinen Willen kann in einem psychiatrischen Krankenhaus untergebracht werden, wer psychisch krank oder infolge Geistesschwäche oder Sucht psychisch gestört ist und dadurch in erheblichem Maß die öffentliche Sicherheit oder Ordnung gefährdet* (z. B. Art. 1 Abs. 1 Satz 1 BayUnterbrG). Bestehen dringende Gründe für die Annahme, dass diese Voraussetzungen gegeben sind und mit dem Aufschub der Unter-

---

108 BVerfG NJW 1960, 811; NJW 1982, 691; NJW 2007, 3560, 3561.

§ 7 Öffentlich-rechtliche Unterbringung

bringung Gefahr verbunden wäre, kann das Gericht gem. §§ 331, 332 FamFG[109] die Unterbringung vorläufig anordnen.

II. Der Anwendungsbereich

1. Persönlicher Anwendungsbereich

Der persönliche Anwendungsbereich bezieht sich auf **Volljährige** und **Minderjährige**, Deutsche wie Ausländer, und weicht damit vom Anwendungsbereich der zivilrechtlichen Unterbringungsgenehmigung ab, wonach zwischen Volljährigen, § 1906 BGB, und Kindern sowie Minderjährigen, § 1631 b BGB, unterschieden wird. Die internationale Zuständigkeit beruht auf §§ 104 Abs. 1 Nr. 3, Abs. 3, 312 Nr. 3 FamFG.

91

2. Sachlicher Anwendungsbereich

Bei der **öffentlich-rechtlichen Unterbringung** muss *der Betroffene psychisch erkrankt oder durch Geistesschwäche oder Sucht psychisch gestört sein und dadurch gegenwärtig sich selbst oder bedeutende Rechtsgüter anderer* erheblich *gefährden*. Fremdgefährdung reicht hier als Unterbringungsgrund aus. Voraussetzung einer Anordnung ist immer, dass ein Freiheitsentzug stattfindet oder beabsichtigt ist. Unerheblich sind die von den Einrichtungen gewählten Bezeichnungen. Maßgeblich ist, ob sich der Betroffene ungehindert aus der Einrichtung wegbewegen kann, wenn er wollte, gleich, ob er sich selbst wegbewegen könnte oder sich herausholen lässt. Zu beachten ist, dass bei bereits bestehenden Unterbringungsanordnungen wie nach §§ 81, 126 a StPO oder §§ 63 ff. StGB die öffentlich-rechtliche Unterbringung nachrangig ist.[110] Soweit eine Betreuung besteht und der Betreuer eine Unterbringung nach § 1906 BGB verfügt hat, ist ebenfalls eine Unterbringung nach öffentlichem Recht entbehrlich (s. Rz. 94).

92

Eine Anordnung unterbleibt, wenn der Betroffene eine **Freiwilligkeitserklärung** abgegeben hat, sei es gegenüber der Einrichtung, die dies zu dokumentieren hat, sei es im Rahmen der Anhörung, was zumindest durch einen Vermerk aktenkundig zu machen ist. Voraussetzung ist, dass der Betroffene **einwilligungsfähig** ist. Diese Erklärung muss er mit **natürlicher**

93

---

109 Gesetz zur Reform des Verfahrens in Familiensachen und in den Angelegenheiten der freiwilligen Gerichtsbarkeit (FGG-Reformgesetz – FGG-RG) vom 17. Dezember 2008, BGBl. 2008, S. 2586. Die Unterbringung Minderjähriger ist zukünftig eine Kindschaftssache, §§ 151 Nr. 6, 167 FamFG, für Volljährige sind die Betreuungsgerichte zuständig.
110 Zimmermann Bayer. UnterbrG Teil A Rn. 13; LG Mönchengladbach FamRZ 2003, 115 zum PsychKG-NRW.

Einsicht (nicht unbedingt mit bedingter Geschäftsfähigkeit) und voraussichtlich **genügender Dauerhaftigkeit** abgeben. Diese Erklärung wird nicht selten durch den Betroffenen bei seiner Anhörung abgegeben, so dass es ratsam ist, im Rahmen der Anhörung danach zu fragen. Soweit er diese widerruft, kann danach immer noch eine gerichtliche Entscheidung herbeigeführt werden. Der zuständige Arzt sollte deshalb gebeten werden, das Amtsgericht unverzüglich zu verständigen, wenn der Patient Entlassungswünsche äußert und damit seine Freiwilligkeitserklärung widerruft. Für einen »Vorratsbeschluss« ist kein Raum. *Bewährt hat sich der Hinweis an den Betroffenen, dass bei zeitnahem Widerruf der Freiwilligkeitserklärung innerhalb bestimmter Frist, z. B. dreier Tage, wegen der zeitnahen Anhörung eine nochmalige persönliche Anhörung unterbleibt und durch Beschluss entschieden werden wird.* Wohl keine wirksame Einwilligung liegt vor, wenn der Betroffene nach Auskunft des Arztes ruhig und friedlich ist, nicht auf Entlassung drängt und an diesem Tag auch noch nicht den Wunsch äußerte, die Station verlassen zu wollen.

3. Unterbringung gesetzlich Vertretener

94   Im Gegensatz zur *öffentlich-rechtlichen Unterbringung, welche die Sicherungsinteressen der Allgemeinheit dient, stehen bei der zivilrechtlichen Unterbringung die Individualinteressen der betroffenen Person im Vordergrund*. Die strittige Frage, ob die öffentlich-rechtliche Unterbringung gegenüber der zivilrechtlichen Unterbringung generell subsidiär ist,[111] ist für den amtsgerichtlichen Bereitschaftsdienst von untergeordneter Bedeutung, denn in den häufig gegebenen Akutfällen muss eine gerichtliche Lösung gefunden werden, gleich nach welcher Eingriffsnorm. Anders dagegen bei der Unterbringung **gesetzlich Vertretener** bei **Selbstgefahr**, gleich ob minderjährig oder volljährig, bei denen die zivilrechtliche Unterbringung vorgeht.[112] Für den richterlichen Eildienst sind hierbei insbesondere die §§ 1631 b Satz 2, 1906 Abs. 2 Satz 2 BGB von Bedeutung, denn die gesetzlichen Vertreter (Eltern, Vormund, Pfleger, Betreuer) können bei **dringender Gefahr** außerhalb der üblichen Dienstzeiten die betroffene Person ohne vorherige gerichtliche Genehmigung auch in einer geschlossenen Abteilung eines Krankenhauses unterbringen. Dazu können sie sich der zuständigen Behörde nach § 326 g Abs. 1 FamFG bei der Zuführung bedienen, die ihrerseits um Unterstützung der polizeilichen Vollzugsorgane nachsuchen kann, § 326 Abs. 1 und 2 FamFG bei Erwachsenen, § 167 Abs. 4 FamFG i. V. m. §§ 167 Abs. 1, 326 Abs. 2 FamFG durch das Jugend-

---

111 Zimmermann Bayer. UnterbrG Teil A S. 26; Staudinger/Salgo § 1631 b Rn. 3; Marschner/Volckart Teil A Rn. 135 ff.
112 Marschner/Volckart Teil A Rn. 138 m. w. N.; Staudinger/Bienwald § 1906 Rn. 13.

amt bei Jugendlichen. Die *gerichtliche Genehmigung* zu dieser Maßnahme haben sie *unverzüglich (§ 121 Abs. 1 Satz 1 BGB) zu beantragen*. Für das Gericht besteht jedoch weder eine gesetzlich normierte Entscheidungsfrist noch tritt eine Entlassungspflicht für die Krankenhäuser und Anstalten ein. Die gerichtliche Entscheidung hat wegen der Schutzbedürftigkeit der Minderjährigen und Kranken, der Bedeutung des Grundrechtes und der verfassungsrechtlichen Vorgabe **unverzüglich** zu ergehen, Art. 104 Abs. 2 Satz 2 GG. Nach § 155 Abs. 1 und 2 FamFG besteht bei Kindern ein normiertes Vorrang- und Beschleunigungsgebot mit der Pflicht für das Familiengericht, binnen eines Monats einen Erörterungstermin durchzuführen und bei Gefährdung des Kindeswohls *unverzüglich* den Erlass einer einstweiligen Anordnung zu prüfen, § 157 Abs. 3 FamFG. Dabei bleibt den Gerichten jedoch Raum, sich zwischen mehreren möglichen Deutungen zu entscheiden. »Die Gerichte sind nicht gehalten, unter Zurückstellung anderer Gesichtspunkte jeweils der Lesart den Vorzug zu geben, die das Individualrecht über das von der Verfassung Gebotene hinaus mit dem denkbar größten Schutz umgibt«,[113] soweit keine Willkür vorliegt. Da der Aufgabenbereich des Bereitschaftsdienstes die Tätigkeit der Rechtsantragstelle nicht umfasst, muss es als ausreichend angesehen werden, wenn der Antrag, etwa zur Niederschrift, am folgenden Werktag gestellt wird. Eine Sofortentscheidung im gerichtlichen Eildienst ist erst nach Antragstellung (bei Minderjährigen) bzw. »Anregung« (bei Betreuten, s. Rz. 183) möglich. Mangels einer Entscheidungsfrist dürfte es sich auch um kein unaufschiebbares Geschäft handeln, das während des richterlichen Eildienstes an Sonn- und Feiertagen oder außerhalb der üblichen Dienstzeit zu erledigen ist. *Der Richter im Eildienst ist an der Entscheidung zwar nicht gehindert, kann jedoch die unverzügliche Entscheidung der Fachabteilung seines Gerichts überlassen.* Als **Maßstab** im Eildienst kann bei dringender **Eigengefahr**, z. B. Suizidgefahr, akuter Intoxikation oder schizophrenem Schub, die in den Landesrechten zur öffentlich-rechtlichen Unerbringung berechtigt, gelten:
– Haben die gesetzlichen Vertreter die geschlossene Unterbringung selbst herbeigeführt und willigen sie berechtigt in die erforderliche Heilbehandlung ein, ist die Gefahr für die öffentliche Sicherheit oder Ordnung gebannt. Eine öffentlich-rechtliche Unterbringung scheidet tatbestandsmäßig aus, ein entsprechender Verfahrensantrag ist unbegründet.
– Gleiches gilt, wenn die betroffene Person zunächst von anderen Stellen (Kreisverwaltungsbehörde, Polizeikräfte, Leiter der Einrichtung) geschlossen untergebracht wurde und vor einer Entscheidung zum PsychKG bzw. UnterbrG die gesetzlichen Vertreter einen entsprechenden Willen äußern und dem zustimmen.

---

113 BVerfG NJW 2007, 3560, 3561.

– Sind die *gesetzlichen Vertreter nicht erreichbar oder versagen sie* in ihrer Verantwortung (Gleichgültigkeit, Überforderung, Uneinsichtigkeit), dann wird eine öffentlich-rechtliche Unterbringung (»**Wächteramt des Staates**«) im Eildienst in Betracht kommen (soweit nicht die Jugendämter nach § 42 Abs. 5 Satz 2 SGB VIII bzw. das Betreuungsgericht bei Verhinderung des Betreuers nach § 1846 BGB tätig werden, s. Rz. 201 und Rz. 178, 188).

– Gleiches gilt, wenn sich die betroffene Person bereits freiwillig in einer geschlossenen Einrichtung befand, diese verlassen will und der behandelnde Facharzt eine erhebliche Gesundheits- oder gar eine Lebensgefahr ohne stationäre Behandlung in einer geschlossener Abteilung attestiert und berechtigt die sofortige vorläufige Unterbringung anordnet, ohne dass der gesetzliche Vertreter bereits eine Entscheidung dazu treffen konnte.

Bei Minderjährigen hat der Gesetzgeber durch die Neufassung des § 1631 b Satz 2 BGB nunmehr diese Unterbringungsmöglichkeit der Sorgeberechtigten auch bei Fremdgefährdung zugelassen.

4. Eingriffsvoraussetzungen im Einzelnen

95 In der Regel wird eine Entscheidung in Betracht kommen, wenn der Betroffene bereits durch die zuständige Behörde in einem psychiatrischen Krankenhaus oder einer geschlossenen Einrichtung für Suchtkranke untergebracht ist oder der Leiter der Unterbringungseinrichtung den Betroffenen gegen dessen Willen in der Einrichtung festhält, was jedoch nicht in allen Bundesländern statthaft ist.

Zum Antragsrecht siehe §§ 3 Satz 2, 6 Abs. 1 UBG BW (untere Verwaltungsbehörde), Art. 5 und 10 Abs. 1, 2, 5 BayUnterbrG (Kreisverwaltungsbehörde, Polizei, Leiter der Einrichtung), §§ 11, 26 PsychKG Bln (Bezirksamt, Polizeipräsident, Leiter der Einrichtung), §§ 11, 12 Abs. 1 BbgPsychKG (Personensorgeberechtigter, Landkreis, kreisfreie Stadt, örtliche Ordnungsbehörde), §§ 14, 16 Abs. 2 BremPsychKG (Ortspolizeibehörden), §§ 10 Abs. 1, 12 Abs. 3 HmbPsychKG (Zentraler Zuführdienst des Bezirksamtes Altona), §§ 2, 10 FrhEntzG HE (Gemeindevorstand, allgemeine Ordnungsbehörde oder Polizei), § 14 Satz 1 PsychKG M-V (Landrat oder Oberbürgermeister), §§ 3, 17 NPsychKG (Landkreis, der Leiter der Einrichtung bei unterbringungsähnlichen Maßnahmen), §§ 3, 12, 14 PsychKG NW (Landkreis bzw. kreisfreie Stadt, örtliche Ordnungsbehörden), §§ 13, 14, 15 PsychKG RP (Landkreis bzw. kreisfreie Stadt, Leiter der Einrichtung), §§ 5, 6 UBG (Landkreis bzw. kreisfreie Stadt, Polizei), §§ 12, 18 Abs. 3 SächsPsychKG (Landkreis bzw. kreisfreie Stadt, Polizei), § 14 PsychKG LSA (Landkreis bzw. kreisfreie Stadt), § 8 PsychKG SH

§ 7 Öffentlich-rechtliche Unterbringung 67

(Landkreis bzw. kreisfreie Stadt), § 7 ThürPsychKG (sozialpsychiatrischer Dienst).

Die Voraussetzungen für eine solche Unterbringung sind in den einzelnen Ländergesetzen nahezu gleich geregelt,[114] so dass hier die Eingriffsgrundlagen zwar dargelegt werden, wegen abweichender Einzelheiten aber auf die genannten Landesgesetze verwiesen wird.[115] Allgemeine Voraussetzungen sind 96

– eine **Freiheitsentziehung** ohne oder gegen den Willen des Betroffenen. Ein Freiheitsentzug liegt vor, wenn eine Person gegen ihren Willen oder im Zustand der Willenlosigkeit in einem räumlich begrenzten Bereich eines geschlossenen Krankenhauses, einer geschlossenen Einrichtung oder dem abgeschlossenen Teil einer solchen Einrichtung festgehalten, ihr Aufenthalt ständig überwacht und die Kontaktaufnahme mit Personen außerhalb des Bereiches durch Sicherheitsmaßnahmen eingeschränkt wird.[116]
– Beim Betroffenen muss eine **psychische Krankheit** (Geisteskrankheit, Schwachsinn, Psychose, Hirnschädigung, Störung des Willens-, Gefühls- oder Trieblebens) oder eine **psychische Störung** infolge Geistesschwäche oder Sucht bestehen, wobei die Sucht alleine kein Unterbringungsgrund ist, solange sie noch zu keiner psychischen Störung geführt hat (s. Rz. 98).
– Die **öffentliche Sicherheit oder Ordnung** muss **krankheitsbedingt** (**Kausalität**) in erheblichem Maße **gefährdet** sein und die Unterbringung dem Wohl des Betroffenen dienen. Das ist insbesondere gegeben, *wenn der Betroffene sein Leben oder seine Gesundheit in erheblichem Maß gefährdet oder eine erhebliche Gefährdung oder gar Schädigung Dritter zu besorgen ist* (**bedeutende Rechtsgüter anderer**). Das schadenstiftende Ereignis muss unmittelbar bevorstehen oder jederzeit zu erwarten sein (**gegenwärtige Gefahr**).
– Die Freiheitsentziehung in Form der Unterbringung muss **erforderlich** sein. Weniger einschneidende Mittel sind z. B. eine ambulante psychiatrische Behandlung oder die Beaufsichtigung durch zuverlässige Angehörige. Die vom Betroffenen ausgehende Gefahr, damit die Schutzwürdigkeit der gefährdeten Rechtsgüter, muss zur Schwere des Eingriffs in das

---

114 § 1 Abs. 1 und 4 UBG BW, Art. 1 Abs. 1 BayUnterbrG, § 8 Abs. 1 PsychKG Bln, § 8 Abs. 1 und 2 BbgPsychKG, § 9 Abs. 1 und 2 BremPsychKG, § 9 Abs. 1 und 2 HmbPsychKG, § 1 Abs. 1 und 2 FrhEntzG HE, § 11 Abs. 1 und 2 PsychKG M-V, § 16 NPsychKG, § 11 Abs. 1 und 2 PsychKG NW, § 11 Abs. 1 PsychKG RP, § 4 Abs. 1 UBG, § 10 Abs. 2 SächsPsychKG, § 13 Abs. 1 PsychKG LSA, § 7 Abs. 1 und 2 PsychKG SH, § 7 Abs. 1 und 2 ThürPsychKG.
115 Z. B. Art. 10 Abs. 1 und 4 BayUnterbrG.
116 Vgl. BGH NJW 2001, 888.

Freiheitsrecht in einem angemessenen Verhältnis stehen[117] (**Verhältnismäßigkeitsgrundsatz**).

97 Die Unterbringungsgründe müssen bei einer **einstweiligen Anordnung** nicht eindeutig erwiesen sein. Es bedarf aber der Feststellung konkreter Tatsachen,[118] dass mit **erheblicher Wahrscheinlichkeit** die *Voraussetzungen einer Unterbringung gegeben und bei einem Aufschub der Unterbringung Gefahren zu befürchten sind*.[119]

98 Typisch im Bereitschaftsdienst sind Personen, bei denen eine **Suchtkrankheit** attestiert wird. Sucht ist der (zumindest zeitweise) vom Betroffenen nicht durchbrechbare, also krankhafte innere Hang oder Zwang, das Suchtmittel zu nehmen,[120] und diesem Zwang nicht mehr widerstehen zu können.[121] Ein Alkoholiker wird immer untergebracht, wenn er vergiftet ist. Nur die stationäre Entgiftung ist lege artis, denn es können während der Entgiftung internistische Probleme auftreten. Befindet sich der Betroffene in einem Delir oder Prädelir, besteht akute Lebensgefahr. Wenn Ausfallerscheinungen nicht offensichtlich sind, sollte durch Befragen ermittelt werden, ob er Verwahrlosungserscheinungen zeigt oder etwa Schulden macht, um seine Sucht befriedigen zu können. Denn Sucht alleine reicht zum Freiheitsentzug nicht aus. Diese muss vielmehr bereits zu einer psychischen Störung geführt haben.[122]

99 Bei Betroffenen, die einen **Selbstmordversuch** hinter sich haben, ist eine sichere Gefahrenprognose schwierig. Hintergrund eines Suizids ist unerträgliches seelisches Leid, das Erleben völliger Hilflosigkeit, Hoffnungslosigkeit und Verzweiflung, so dass der Tod als einzige Lösung oder gar Erlösung erscheint. Die suizidale Situation ist weiter geprägt durch sozialen Rückzug, Isolierung, sich Abwenden, Kontaktabbruch, kein Erkennen sonstiger Lösungsmöglichkeiten und die Aufgabe jeder Zukunftsplanung. Es ist festzustellen, ob eine **Selbstmordgefahr** vorhanden ist, und zwar **konkret**[123] (unmittelbar drohend) und nicht nur abstrakt. Hierzu sollte der Sachkunde des behandelnden Arztes vertraut werden.

---

117 BVerfG NJW 1986, 767; BayObLG FamRZ 2004, 1064; BayObLG NJW 2002, 146.
118 OLG Saarbrücken BtPrax 1997, 202.
119 BayObLGZ 1989, 17; BayObLG NJW 2002, 146.
120 Zimmermann Teil B Art. 1 Bayer. UnterbrG Rn. 4 m. w. N.
121 BayObLG NJW-RR 2002, 795.
122 BayObLG FamRZ 1993, 998.
123 OLG Stuttgart NJW-RR 1995, 662; Marschner/Volckart B Rn. 131; Zimmermann Teil B Art. 1 BayUnterbrG Rn. 8.

§ 7 Öffentlich-rechtliche Unterbringung

III. Das Verfahren

1. Sachliche Zuständigkeit

Für öffentlich-rechtliche Unterbringungsmaßnahmen sind nach §§ 23 c Abs. 1 GVG n. F., 312 ff. FamFG die Betreuungsgerichte zuständig. Die öffentlich-rechtlichen Unterbringungsverfahren bei Minderjährigen sind Familiensachen und dem Zuständigkeitsbereich der Familiengerichte zugeordnet (§§ 111 Nr. 2, 151 Nr. 7 FamFG). 100

2. Örtliche Zuständigkeit

Es ist das Gericht ausschließlich zuständig, in dessen Bezirk 101
– die Einrichtung liegt, in der sich der Betroffene bereits zur freiheitsentziehenden Unterbringung befindet, § 313 Abs. 3 Satz 2 FamFG.
– Ist dies noch nicht der Fall, dann ist das Gericht zuständig, in dessen Bezirk das Bedürfnis für die Unterbringung hervortritt, § 313 Abs. 3 Satz 1 FamFG.

Die örtliche Zuständigkeit besteht für alle Betroffenen, ohne Ansehen ihrer Staatsangehörigkeit (§ 104 FamFG, **internationale Zuständigkeit**). Für die im Bereitschaftsdienst allein in Frage kommenden vorläufigen Anordnungen wird auch bei einem Ausländer deutsches Unterbringungs- bzw. Betreuungsrecht angewendet, Art. 24 Abs. 3 EGBGB.

3. Verfahrensgrundsätze

a) Das Verfahren als Antragsverfahren

In den Bundesländern ist meist das örtliche Gesundheitsamt oder das Ordnungsamt der Stadt oder Kreisverwaltungsbehörde für Hilfen nach den Unterbringungsgesetzen zuständig. Erforderlich ist ein Antrag der Behörde vor einer Unterbringung. Das Antragsprinzip wird dabei im Interesse der Sache sehr großzügig gehandhabt. Mitteilungen der Polizeibehörde oder des Anstaltsleiters über eine erfolgte Einlieferung werden der Kreisverwaltungsbehörde als Antrag zugerechnet.[124] Im Bereitschaftsdienst ist die Unterbringung nahezu immer schon vollzogen und das Gericht wird durch die Unterbringungsbehörde oder die Polizeibehörde, welche den Betroffenen in die Einrichtung eingeliefert hat, oder durch den Leiter der Einrichtung, in welcher der Freiheitsentzug stattfindet, unterrichtet.[125] Das gerichtliche Verfahren für eine freiheitsentziehende Unterbringung 102

---

124 BayObLG NJW 1992, 2709; BayObLG NJW 2002, 146, 148.
125 Vgl. z. B. Art. 10 Abs. 1, 2, 4 BayUnterbrG.

ist bei Volljährigen in den §§ 312 ff. FamFG geregelt, bei Minderjährigen in §§ 151 Nr. 7, 167 Abs. 1, 312 Nr. 3 FamFG. In Brandenburg kann auch ein rechtlicher Betreuer die Unterbringung nach dem dort geltenden § 11 Abs. 1 Satz 1 BbgPsychKG beantragen.

b) Verfahrensfähigkeit

103 Der Betroffene ist verfahrensfähig, wenn er das vierzehnte Lebensjahr vollendet hat, auch wenn er, z. B. als Volljähriger, geschäftsunfähig sein sollte, § 167 Abs. 3 FamFG. Er kann damit Anträge stellen, Zustellungen entgegen nehmen, Rechtsmittel einlegen und Verfahrensvollmacht erteilen.[126]

c) Der Amtsermittlungsgrundsatz

104 Das gesamte Unterbringungsverfahren unterliegt dem Amtsermittlungsgrundsatz. Das Gericht hat von Amts wegen die zur Feststellung der Tatsachen erforderlichen Ermittlungen zu führen und die geeignet erscheinenden Beweise aufzunehmen, § 26 FamFG (zum Amtsermittlungsgrundsatz s. auch Rz. 184).

d) Das ärztliche Zeugnis

105 Sowohl im Verfahren nach öffentlichem Recht als auch nach bürgerlich-rechtlichen Vorschriften ist im Verfahren ein **ärztliches Zeugnis** Voraussetzung jeglicher Entscheidung. Die Bestimmung des § 321 Abs. 1 Satz 4 FamFG mit dem Erfordernis einer besonderen ärztlichen Qualifikation gilt für einstweilige Anordnungen nicht. Dieses ärztliche Zeugnis über den Zustand des Betroffenen (**Unterbringungsbedürftigkeit**, § 321 Abs. 1 Satz 1 FamFG) muss nicht unbedingt in schriftlicher Form vorliegen. *Ausreichend ist, dass der Arzt dem Richter den Zustand des Betroffenen, aus dem sich die Voraussetzungen der Unterbringung ergeben, mündlich schildert.* Der Bereitschaftsdienstrichter wird das Ergebnis der ärztlichen Ausführungen in der Niederschrift oder in einem Aktenvermerk festhalten. Ein solches ärztliches Zeugnis ist zwingend und soll die **Personalien** des Betroffenen nach Name, ggf. Geburtsname, Vorname, das Geburtsdatum, Geburtsort, der Familienstand und die Anschrift enthalten und die (Verdachts-)**Diagnose**. Ein brauchbares Attest muss die **gegenwärtige Gefahr** beurteilen, die mit dem Krankheitszustand des Patienten verbunden ist. Außerdem sollte es sich zu der **sofortigen Unterbringung und deren Dauer** erklären (nach § 321 Abs. 1 Satz 3 FamFG). Darüber hinaus sollte das Zeugnis Ausführungen dazu enthalten, ob die **Bekanntmachung** einer Eingriffs-

---

[126] Zimmermann Bayer. Unterbringungsgesetz Teil A Rn. 32.

entscheidung an den Betroffenen zu **erheblichen Nachteilen für seine Gesundheit** führt, weil dann von der Bekanntmachung an ihn abgesehen werden kann, § 325 Abs. 1 FamFG. Zu beachten ist, dass bei vorweggenommener Unterbringung in einem psychischen Krankenhaus oder einer Klinik eine Eingangsuntersuchung stattfindet, dessen Ergebnis herangezogen werden kann, wenn das ärztliche Zeugnis von einem anderen Arzt stammt.

e) Die Anhörung des Betroffenen

Vor einer Unterbringungsmaßnahme hat das Gericht den Betroffenen **persönlich anzuhören** und sich einen persönlichen Eindruck von ihm zu verschaffen, § 319 Abs. 1 Satz 1 FamFG. Bei der Anhörung sollte auch geprüft werden, ob andere Hilfen oder Maßnahmen ausreichen. Die Anhörung soll nicht durch einen ersuchten Richter erfolgen. Dies wird nur in absoluten Eilfällen in Betracht kommen, in denen die persönliche Anhörung eine unvertretbare Verzögerung bewirken würde, denn die Anhörung erschöpft sich nicht in der bloßen Gewährung rechtlichen Gehörs.»*Vorrangiger Zweck der Anhörung im Unterbringungsverfahren ist es vielmehr, dem Richter einen persönlichen Eindruck von dem Betroffenen und der Art seiner Erkrankung zu verschaffen, damit er in den Stand versetzt wird, ein klares und umfassendes Bild von der Persönlichkeit des Unterzubringenden zu gewinnen und seiner Pflicht zu genügen, den ärztlichen Gutachten richterliche Kontrolle entgegenzusetzen*« (**Kernstück des Amtsermittlungsverfahrens**).[127] Bei der Anhörung hat das Gericht den Betroffenen über den möglichen Verlauf des Verfahrens zu unterrichten, § 319 Abs. 2 FamFG. Das ärztliche Zeugnis ist ihm zu eröffnen oder – soweit es mündlich erstattet wird – im Beisein des Betroffenen zu erörtern. Die Anhörung sollte mit standardisierten Eingangsfragen beginnen. Zunächst werden sämtliche Personalien zur Identitätsfeststellung erfragt. Zugleich kann geprüft werden, ob der Betroffene orientiert ist, zumal wenn er nach seinem gegenwärtigen Aufenthaltsort, der Zeitdauer des Aufenthalts, der Verbringungspersonen und seiner Selbsteinschätzung zum Geschehen, soweit ihm erinnerlich, befragt wird. Man sollte sich nicht scheuen, in geeigneten Fällen sich dem Wortschatz des Betroffenen anzupassen (Dialekt, kräftige Bezeichnungen). Tatsachen und Erlebnisse, welche der Betroffene berichtet, sind als solche hinzunehmen, Überzeugungsarbeit zu seiner Krankheitseinsicht ist nicht zielführend. *Abschließend gewährt der anhörende Richter rechtliches Gehör zur beabsichtigten Entscheidung.*

Wenn der **Betroffene nicht ansprechbar** ist, muss ein **Verfahrenspfleger** bestellt werden (§§ 34 Abs. 2, 317 Abs. 1 Satz 2 FamFG: Bestellung erfor-

106

---

127 BVerfG NJW 2007, 3560.

derlich). Das ärztliche Attest sollte sich deshalb in solchen Fällen auch dazu äußern, ob eine Verständigung mit dem Betroffenen möglich ist.

107 Von der persönlichen Anhörung vor Entscheidung kann abgesehen werden, wenn **Gefahr in Verzug** ist (§ 332 Satz 1 FamFG), oder durch die Anhörung erhebliche Gefahren für die Gesundheit des Betroffenen zu befürchten sind, oder er offensichtlich nicht in der Lage ist, seinen Willen kundzutun (§§ 34 Abs. 2, 319 Abs. 3 FamFG), so dass eine Entscheidung ohne Verzögerung sofort ergehen muss. Eine solche Gefahr kommt im Bereitschaftsdienst praktisch nicht zum Tragen. Denn wenn der Betroffene bereits untergebracht ist, was in nahezu allen Fällen im Eildienst gegeben sein dürfte, kann eine solche Gefahr durch verzögerte Entscheidung nicht mehr bestehen.

Ist der Betroffene nicht in der Lage, seinen Willen kundzutun (§ 34 Abs. 2 FamFG), *reicht aber eine Mitteilung der Klinik nicht aus. Vielmehr muss sich der Bereitschaftsdienstrichter davon einen unmittelbaren Eindruck verschaffen.* Die Anhörung ist dann unverzüglich nachzuholen, und sollte bei Tätigwerden im Eildienst am folgenden Werktag durch den nach dem Geschäftsverteilungsplan zuständigen Dezernenten erfolgen.

f) Weitere Beteiligte

108 Beteiligt sind von Amts wegen neben dem Betroffenen ein vorhandener Betreuer bzw. Bevollmächtigter i. S. d. § 1896 Abs. 2 BGB und ein bestellter Verfahrenspfleger (s. § 315 Abs. 1 und 2 FamFG, sog. »**Mussbeteiligte**«). Weiteren Beteiligten **kann** (§ 315 Abs. 4 FamFG[128]) **Gelegenheit zur Äußerung** gegeben werden:
- dem **Ehegatten** des Betroffenen, wenn die Ehegatten nicht dauernd getrennt leben (§ 315 Abs. 4 Nr. 1 FamFG: »kann«),
- dem **Lebenspartner** des Betroffenen, wenn die Lebenspartner nicht dauernd getrennt leben (§ 315 Abs. 4 Nr. 1 FamFG: »kann«),
- jedem **Elternteil** und **Kind**, bei dem der Betroffene lebt oder bei Einleitung des Verfahrens gelebt hat (§ 315 Abs. 4 Nr. 1 FamFG: »kann«, sowie Pflegeeltern),
- einer von dem Betroffenen benannten **Vertrauensperson** (§ 315 Abs. 4 Nr. 2 FamFG: »kann«),
- dem **Leiter der Einrichtung**, in der der Betroffene lebt (§ 315 Abs. 4 Nr. 3 FamFG: »kann«), und
- der zuständigen Behörde (§ 315 Abs. 3 FamFG: »ist auf ihren Antrag«).
- Das FamFG enthält hierzu noch eine Öffnungsklausel. Danach kann das Landesrecht vorsehen, dass weiteren Personen und Stellen Gelegenheit zur Äußerung zu geben ist.

---

128 Nach Inkrafttreten des FamFG sind dies nur mehr »Kann«-Beteiligte, wenn die Beteiligung dem Interesse des Betroffenen entspricht.

§ 7 Öffentlich-rechtliche Unterbringung

Dieser umfänglichen Anhörungspflicht kann bei **Eilentscheidungen** nicht, auch nicht telefonisch, nachgekommen werden, weil eine Entscheidung wegen des in der Regel erfolgten Freiheitsentzugs dringend geboten ist und ansonsten Gefahr in Verzug besteht (§ 332 Satz 1 FamFG). Etwas anderes gilt, wenn diese Personen in der Einrichtung anwesend sind. Dann sind sie zu hören. Ansonsten erfolgt die Anhörung durch Zustellung der Entscheidung.

g) Die Anwesenheitsberechtigten

Die **Anhörung ist nichtöffentlich**. Deshalb dürfen sich Pflegepersonal, andere Ärzte, Verwandte usw. nicht im Anhörungsraum aufhalten. Schutzpersonal kann nach sitzungspolizeilichen Grundsätzen beigezogen werden. Auf Verlangen des Betroffenen ist einer **Person seines Vertrauens** die Anwesenheit zu gestatten. Anderen Personen kann das Gericht die Anwesenheit gestatten, jedoch nicht gegen den Willen des Betroffenen. Anwesenheitsberechtigt ist neben einem **anwaltlichen Vertreter** oder sonstigen Verfahrensbevollmächtigten auch der **Verfahrenspfleger**, der als Beteiligter (§ 315 Abs. 2 FamFG) ebenfalls persönlich anzuhören ist. Im Bereitschaftsdienst erfolgt die Bestellung jedoch meist mit dem die Freiheitsentziehung anordnenden Beschluss, so dass diese Anhörung bei Eilentscheidungen regelmäßig unterbleibt (§ 332 Satz 1 FamFG), aber unverzüglich nachzuholen ist (§ 332 Satz 2 FamFG).

109

h) Der Verfahrenspfleger

Der Verfahrenspfleger ist ein gesetzlicher Vertreter eigener Art mit selbständiger verfahrensrechtlicher Stellung. Zwar ist die Bestellung eines **Verfahrenspflegers** nach § 317 Abs. 1 FamFG bei Betroffenen im regulären Unterbringungsverfahren geboten, wenn dies zur Wahrnehmung der Interessen des Betroffenen erforderlich ist oder die geistigen Fähigkeiten des Betroffenen derart gemindert sind, dass er seine Interessen nicht wahrnehmen oder geltend machen kann. Sie kann unterbleiben, wenn der Betroffene bereits durch einen Rechtsanwalt oder einen anderen Verfahrensbevollmächtigten, der auch aus dem Verwandtschaftskreis kommen kann, vertreten wird. Die Bestellung ist in der Regel erforderlich, wenn nach § 317 Abs. 1 Satz 2 FamFG von der persönlichen Anhörung des Betroffenen abgesehen werden soll. Im Bereitschaftsdienst wird dies nicht veranlasst sein, denn nach § 332 Satz 1 FamFG kann bei *Gefahr in Verzug* die einstweilige Anordnung bereits vor Bestellung und Anhörung des Pflegers ergehen.

110

i) Niederschrift oder Aktenvermerk

111 Die richterlichen Ermittlungshandlungen müssen nicht in einer im Beisein des Betroffenen gefertigten **Niederschrift** förmlich protokolliert werden. Es ist ausreichend, wenn der Richter die wesentlichen Erkenntnisse der Anhörung in einem **Aktenvermerk** festhält, § 28 Abs. 4 Sätze 1 und 2 FamFG. Er kann sich darauf beschränken, zunächst Notizen zu machen oder standardisierte Formblattfragen abzuarbeiten und danach im Büroweg einen Aktenvermerk zu den Akten zu bringen. Außerdem vermeidet er dadurch Protokollberichtigungsanträge querulatorischer Betroffener. Es sind die wesentlichen Angaben des Betroffenen aufzunehmen. Die Verwendung eines Tonaufzeichnungsgeräts (**Diktiergeräts**) ist statthaft und davon wird häufig Gebrauch gemacht.

IV. Die Entscheidung

112 Grundsätzlich kommen im amtsgerichtlichen Eildienst wegen der Eilbedürftigkeit zwei Arten der Entscheidung in Betracht, nämlich der Erlass der Eilanordnung (**einstweilige Anordnung**) oder die Ablehnung der (beantragten) Entscheidung. Die Entscheidung ergeht durch Beschluss, wobei die materiell-rechtlichen Voraussetzungen für eine vorläufige Unterbringung stark angeglichen sind.

1. Voraussetzungen der einstweiligen Anordnung

113 Für eine **einstweilige Anordnung** muss neben den materiell-rechtlichen Voraussetzungen für den Freiheitsentzug (s. Rz. 92 und 95) ein dringendes Bedürfnis für ein sofortiges Tätigwerden gegeben sein, § 331 Satz 1 FamFG. Das Gesetz gebraucht den Begriff Gefahr in Verzug bei einer einstweiligen Anordnung mit gesteigerter Dringlichkeit ohne Anhörung, § 332 FamFG. *Dringlichkeit meint dabei eine so große Eilbedürftigkeit, dass die im Regelverfahren vorgesehenen Schritte nicht durchgeführt werden können.*[129] Eine Anordnung unterbleibt, wenn der Betroffene eine **Freiwilligkeitserklärung** abgegeben hat (s. Rz. 93).

2. Form und Inhalt der einstweiligen Anordnung

114 Die einstweilige Unterbringung ergeht in **Beschlussform**. Der Beschluss muss die nähere Bezeichnung des Betroffenen und der gewählten **Unterbringungsart** (z. B. psychiatrisches Krankenhaus) enthalten, wobei die Einrichtung nicht namentlich bestimmt werden muss.

---

129 Zimmermann Teil B Art. 9 Bayer. UnterbrG Rn. 1 zum Begriff der Gefahr.

§ 7 Öffentlich-rechtliche Unterbringung 75

Die einstweilige Anordnung ist zu **befristen**. *Sie darf die Dauer von sechs* 115
Wochen nicht überschreiten, § 333 Satz 1 FamFG, kann jedoch im Nachhinein nach Anhörung eines Sachverständigen auf bis zu drei Monate verlängert werden, § 333 Satz 4 FamFG. Entsprechend ist auch zu tenorieren, wobei nicht die Frist als solche, sondern der Zeitpunkt des Endes der Unterbringung als unmissverständliches Datum (**Datumsangabe**) zu bezeichnen ist, § 323 Nr. 2 FamFG.

Die Entscheidung ist rechtsmittelfähig und bedarf deshalb der **Begründung**, wie in §§ 38 Abs. 3, 317 Abs. 2 FamFG vorgegeben. Diese erfolgt üblicherweise durch das Ausfüllen von Formblättern, wie sie nahezu jedes Amtsgericht vorhält. Dabei darf jedoch nicht außer Acht geraten, dass eine individuelle, einzelfallbezogene Entscheidung zu ergehen hat und Formblätter nur eine Formulierungshilfe und ein »Entscheidungsgerüst« geben. 116

Ebenso ist zu begründen, aus welchen Gründen ein **Verfahrenspfleger nicht bestellt** wurde, § 317 Abs. 2 FamFG. Nach § 39 FamFG ist jede Entscheidung mit einer Rechtsmittelbelehrung zu versehen. Außerdem ist die **sofortige Wirksamkeit** der Entscheidung anzuordnen (s. Rz. 345).

Eine **Kostenentscheidung** erfolgt grundsätzlich nicht. Das Gericht hat in Unterbringungssachen jedoch die Auslagen des Betroffenen, soweit sie zur zweckentsprechenden Rechtsverfolgung notwendig waren, ganz oder teilweise der Staatskasse aufzuerlegen, wenn die Unterbringungsmaßnahme abgelehnt oder der Antrag zurückgenommen wird und ein begründeter Anlass für die Antragstellung nicht vorlag, § 337 Abs. 2 FamFG.

V. Die Bekanntmachung

Für die Bekanntmachung gelten die gleichen Bestimmungen wie für die endgütige Unterbringung, § 51 Abs. 2 FamFG. Die Entscheidung, durch die eine Unterbringungsmaßnahme getroffen oder abgelehnt wird, wird erst mit Rechtskraft wirksam, § 324 Abs. 1 FamFG. Deshalb ist auch die ablehnende Entscheidung zu begründen. Das Gericht kann jedoch nach § 324 Abs. 2 Satz 1 FamFG die **sofortige Wirksamkeit** anordnen. Einstweilige Unterbringungen, die wegen der Dringlichkeit des sofortigen Vollzugs bedürfen, müssen deshalb für sofort wirksam erklärt werden. In diesem Falle wird die Entscheidung (auch wenn sie in handschriftlicher Form abgefasst ist) in dem Zeitpunkt *wirksam, in dem sie und die Anordnung der sofortigen Wirksamkeit alternativ dem Betroffenen, dem Pfleger für das Verfahren, dem Betreuer oder dem Bevollmächtigten i. S. d. § 1896 Abs. 2 Satz 2 BGB bekannt gemacht, der Geschäftsstelle des Gerichts zur Bekanntmachung übergeben oder einem Dritten zum Zweck des Vollzugs der Entscheidung mitgeteilt wird*, § 324 Abs. 2 FamFG. Die Übergabe an die Ge- 117 schäftsstelle erfolgt durch Aushändigung an die Servicekraft. Es genügt jedoch auch die Niederlegung an einem für die Geschäftsstelle bestimmten Ort (Mappe, Fach, Ablage) zur Herbeiführung dieser Rechtsfolge. Der **Zeitpunkt ist auf der Entscheidung zu vermerken.**

118 Entscheidungen sind nach § 325 Abs. 1 FamFG dem **Betroffenen** stets selbst bekanntzumachen. Von der Bekanntmachung der **Entscheidungsgründe** an den Betroffenen kann abgesehen werden, wenn dies nach ärztlichem Zeugnis wegen erheblicher Nachteile für seine Gesundheit erforderlich ist (§ 325 Abs. 1 FamFG). Die Entscheidung, durch die eine Unterbringungsmaßnahme getroffen wird, ist auch den Beteiligten (s. Rz. 108) sowie dem **Leiter der Einrichtung**, in der der Betroffene untergebracht ist, bekanntzumachen, §§ 41 Abs. 1 Satz 1, 315 FamFG. Ergeht ein Unterbringungsbeschluss bei einem bereits Untergebrachten, ist die Tatsache seines Erlasses der Klinik (dem anwesenden Arzt oder dem Pflegepersonal) mündlich oder telefonisch vorweg mitzuteilen. Ohne diese Mitteilung können die Ärzte nicht davon ausgehen, dass ein Unterbringungsbeschluss erlassen worden ist und müssen den Betroffenen entlassen.

VI. Der Vollzug

119 Die Unterbringung kann gem. § 328 Abs. 1 FamFG gegen Auflagen **außer Vollzug** gesetzt werden. Im Bereitschaftsdienst wird diese Maßnahme kaum in Betracht kommen. Unterschiedlich in den einzelnen Bundesländern geregelt ist, ob der Betroffene eine Heilbehandlung dulden muss. Im Wesentlichen gibt es zwei Methoden, den Interessen des Betroffenen Geltung zu verschaffen. In der überwiegenden Zahl der Bundesländer ist die Zwangsbehandlung zur Therapie der Anlasskrankheit unmittelbar im Gesetz erlaubt (z. B. Baden-Württemberg, Bayern, Hessen). In anderen Bundesländern knüpft das Gesetz dagegen an den Willen des Betroffenen an, der durch denjenigen eines gesetzlichen Vertreters (Betreuers) ersetzt werden kann (Nordrhein-Westfalen, Berlin[130]). Eine Behandlung gegen den Willen des Betroffenen ist in Nordrhein-Westfalen auch bei nicht vorhandener Einwilligungsfähigkeit des Betroffenen nur in den Fällen von Lebensgefahr, von erheblicher Gefahr für die eigene und für die Gesundheit anderer Personen zulässig, soweit kein Betreuer oder Bevollmächtigter in die Behandlung einwilligt.

In Mecklenburg-Vorpommern z. B. ist es dagegen nach dem PsychKG schon bei nicht einwilligungsfähigen Patienten erlaubt, diese gegen ihren Willen zu behandeln. In Bayern hat der Untergebrachte eine unaufschiebbare Heilbehandlung, soweit sie durch die psychische Erkrankung oder Stö-

---

130 Dazu KG NStZ-RR 2008, 92, 94.

§ 7 Öffentlich-rechtliche Unterbringung

rung geboten ist, zu dulden. In diesem Rahmen kann auch unmittelbarer Zwang angewendet werden. Der gerichtlichen Genehmigung von z. B. Fixierungsmaßnahmen bedarf es dazu nicht.

Besondere ärztliche Eingriffe, die mit einer erheblichen Gefahr verbunden sind oder die Persönlichkeit des Betroffenen in ihrem Kernbereich verändern können, dürfen nur mit rechtsgültiger Einwilligung des Patienten erfolgen. Bei fehlender Einwilligungsfähigkeit ist ein Betreuungsverfahren einzuleiten mit Eilanordnung nach § 300 Abs. 1 Satz 1 FamFG, s. dazu Rz. 191. Die Entscheidung des (vorläufigen) Betreuers bedarf gegebenenfalls der gerichtlichen Kontrolle nach § 1904 BGB mit § 298 Abs. 1 FamFG. 120

VII. Der praktische Fall

Polizeiinspektion Musterstadt   TgbNr.: 4205-007354-07/3   121

An das
Bezirkskrankenhaus Musterstadt
Amtsgericht Musterstadt
Kreisverwaltungsbehörde LRA Musterstadt
                                  Musterstadt, den 09. 01. 09

Unterbringung
Familienname: Brotmann
Geburtsname: Brotmann
Vorname: Bettina, Rosemarie
Geburtsdatum: 2. 12. 1969
Geburtsort: Bayreuth
Familienstand: ledig
Wohnort: Musterstadt, Löwstr. 21

Frau B., Gabriele, rief heute gegen 16.50 Uhr bei hiesiger Dienststelle an und teilte mit, dass ihre Schwester Bettina betrunken ist und randaliert. Sie sei zurzeit in der von ihr geführten Gaststätte »Zum grünen Baum« in der Rosenstraße 11. Beim Eintreffen vor Ort befand sich die Gabriele B. vor dem Lokal. Sie hatte vor ihrer Schwester, die sich evtl. mit einem Messer bewaffnet habe und noch im Lokal sei, Angst. Gäste waren keine mehr im Gasthaus. Die Absuche des Lokals nach Bettina verlief zunächst negativ. Sie wurde im Außenbereich angetroffen und war zunächst zugänglich. Bei der Befragung ihrer anwesenden Mutter und ihrer Schwester gaben diese an, dass Bettina geäußert habe, sich und ihre beiden Pferde umbringen zu wollen. Hierzu hatte sie sich in der Gaststube auch ein ca. 30 cm langes Küchenmesser bereit gelegt. Auch gegenüber uns äußerte

sie diese Suizidabsichten mehrfach. Des Weiteren gab sie an, seit ca. 5 Wochen im nüchternen Zustand über Suizid nachzudenken.
Im Vorfeld kam es zwischen den beiden Schwestern zu einem verbalen Streit. Bettina sei nach eigenem Bekunden »ausgetickt« und habe eine Tür im Gasthaus und eine weitere Tür eingeschlagen.

Bettina wurde in Gewahrsam genommen und zu hiesiger Dienststelle verbracht. Hier führte sie gegen 1.50 Uhr einen freiwilligen Test am Alkomat durch, welcher eine AAK von 1,00 mg/l ergab.

Aufgrund der vorgenannten Suizidabsichten wurde ihre vorläufige Unterbringung im Bezirkskrankenhaus veranlasst. Sie wurde heute um 18.10 Uhr durch das BRK ins BKH Musterstadt verbracht.
Huber, PK/C

Bezirkskrankenhaus Musterstadt
Klinik für Psychiatrie, Psychotherapie und Psychosomatik
Abteilung Klinische Suchtmedizin Station S 2

Musterstadt, den 09.01.09

Amtsgericht Musterstadt
Friedrichstr. 18
Musterstadt

Mitteilung bzw. sofortige vorläufige Unterbringung

Frau Brotmann, Bettina, geb. 2.12.1969, wohnhaft Musterstadt, Löwstr. 21

Einlieferung durch Landespolizei vom 09.01.2009,
Az.: BY4205–007354-07/3

Psychischer Befund
Diagnose: 1. Alkoholmissbrauch
            2. seit 5 Wochen Suizidalität

Es besteht
– Gefährdung anderer
– Gefährdung des eigenen Lebens

Die Anhörung durch einen Richter ist nur im Krankenhaus möglich. Voraussichtliche Vernehmungsfähigkeit ab morgen.
Die Untergebrachte ist geschäftsfähig. Mit der Untergebrachten ist eine sinnvolle Verständigung möglich.

Dr. Greif
Stationsarzt

§ 7 Öffentlich-rechtliche Unterbringung

Amtsgericht Musterstadt
– Vormundschaftsgericht –
Aktenzeichen: 2 XIV L 201/09

Anhörungsvermerk

vom 10.01.09

In der Unterbringungssache betreffend
Brotmann, Bettina, geb. 02.12.1969

Die Betroffene wurde im Bezirkskrankenhaus Musterstadt auf Station S 2 aufgesucht und in Anwesenheit der Ärztin, Frau Dr. Abenka, im Arztzimmer nichtöffentlich angehört.

Ihr wurde der Zweck der Anhörung, nämlich ihre mögliche Unterbringung in der Klinik zum Zwecke der Behandlung ihrer Alkoholerkrankung bekannt gemacht und mitgeteilt, dass die Polizeibehörden ihre Unterbringung zum Schutz der öffentlichen Sicherheit oder Ordnung veranlasst haben.

Die Betroffene erklärt zur Person:
Brotmann, Bettina, Rosemarie, geb. 2.12.1969 in Bayreuth, ledig, wohnhaft Musterstadt, Löwstr. 21

Zur Sache gibt sie an, nicht alkoholkrank zu sein. Sie habe gestern mit einem Freund eine Flasche Schnaps getrunken, weil man von alten Zeiten geträumt hat. Sie trinke sonst nur zu den Mahlzeiten Alkohol. Sie sehe nicht ein, zur Entgiftung hier zu bleiben, weil sie das schon zweimal gemacht habe – jeweils gegen ihren Willen – obwohl sie nur wenig trinke. Dass sie sich und ihre beiden Pferde umbringen wollte, stimme nicht. Das habe sie nur so dahergesagt. Ein Messer habe sie sich nicht bereit gelegt.

Die Ärztin Dr. Abenka erklärt:
Die Patientin ist alkoholkrank. Diese war bereits zweimal stationär hier im Krankenhaus zur Entgiftung und letztmals am 24.12. des Vorjahres entlassen worden. Es besteht eine schwere depressive Episode bei rezidierender depressiver Störung. Bei ihrer Aufnahme war sie erheblich alkoholisiert (1,78 ‰). Sie ist mit der notwendigen Entgiftung nicht einverstanden. Bei der depressiv-gereizten Stimmung und mangelnden Kritikfähigkeit sowie der derzeit vorhandenen eingeschränkten Steuerungsfähigkeit ist die Patientin als selbstgefährdet einzustufen. Sie gefährdet unbehandelt in erheblichem Maße ihr eigenes Leben. Eine Unterbringung zur Behandlung sei für mindestens einen Monat erforderlich.

Die Betroffene erklärt dazu:
Ich bin momentan depressiv, weil ich mich eingesperrt fühle. Freiwillig bleibe ich keinesfalls.
Der Betroffenen wurde die beabsichtigte Entscheidung bekannt gegeben, ihre Unterbringung zumindest für vier Wochen anzuordnen. Ihr wurde Gelegenheit zur Äußerung gegeben. Sie erklärt, sie sehe das überhaupt nicht ein.

Sie wurde befragt, ob eine Vertrauensperson von ihrer Unterbringung verständigt werden soll, was sie verneinte.

Abendroth
Richterin am Amtsgericht

Der Geschäftsstelle zum Zwecke der
Bekanntmachung übergeben am 10.01.09 um 13.15 Uhr

JAng. Meier, Urkundsbeamtin der Geschäftsstelle

Amtsgericht Musterstadt
Aktenzeichen: 2 XIV L 201/09

Beschluss

vom 10.01.2009

in dem Verfahren auf vorläufige Unterbringung

Brotmann, Bettina, Rosemarie, geb. 2.12.1969 in Bayreuth, ledig, wohnhaft Musterstadt, Löwstr. 21, zurzeit Bezirkskrankenhaus Musterstadt, Station S 2,

hat das **Amtsgericht Musterstadt – Vormundschaftsgericht –** durch Richterin am Amtsgericht Abendroth im Wege der **einstweiligen Anordnung** beschlossen:
I. Die vorläufige Unterbringung der Betroffenen in einer geschlossenen Abteilung eines psychiatrischen Krankenhauses wird angeordnet.
II. Diese Anordnung endet spätestens am 06.02.09, sofern sie nicht vorher verlängert wird. Die vorläufige Unterbringung ist sofort zu beenden, wenn sie nicht mehr erforderlich ist.
III. Zum Verfahrenspfleger wird Herr Markus Geier, Ringstr. 2, Musterstadt, bestellt.
Der Verfahrenspfleger führt die Verfahrenspflegschaft berufsmäßig.
IV. Es wird die sofortige Wirksamkeit der Entscheidung angeordnet.

Gründe:

I.

Die Betroffene wurde gegen ihren Willen am 09.01.09 durch die Polizeiinspektion Musterstadt im Bezirkskrankenhaus in Musterstadt vorläufig untergebracht.

Hierzu wurde die Betroffene am heutigen Tag gehört. Sie hat angegeben, nicht alkoholkrank zu sein und auch keine Suizidabsichten zu haben. Sie habe gestern mit einem Freund eine Flasche Schnaps getrunken, weil man von alten Zeiten geträumt hat. Sie trinke sonst nur zu den Mahlzeiten Alkohol.

Das Gericht hat die Ärztin Dr. Abenka angehört. Hinsichtlich ihrer gutachtlichen Stellungnahme wird auf den Anhörungsvermerk Bezug genommen.

II.

Das Gericht ordnet nach § 331 Satz 1 FamFG die vorläufige Unterbringung der Betroffenen an, da dringende Gründe für die Annahme bestehen, dass die Unterbringungsvoraussetzungen nach dem UnterbrG/PsychKG vorliegen und ein dringendes Bedürfnis für ein sofortiges Tätigwerden besteht. Nach dem vorliegenden ärztlichen Gutachten der Ärztin Dr. Abenka vom heutigen Tag leidet die Betroffene an einer psychischen Krankheit, nämlich an chronischem Alkoholismus mit schwerem depressiven Affekt.

Aufgrund ihrer Erkrankung gefährdet die Betroffene in erheblichem Maße ihre eigene Gesundheit. Insoweit wird Bezug genommen auf den Bericht der Polizei Musterstadt vom 09.01.09.

Um die Gefährdung zu beseitigen, ist die vorläufige Unterbringung der Betroffenen in einer geschlossenen Abteilung eines psychiatrischen Krankenhauses erforderlich. Denn nur durch die dort sichergestellte ständige Beaufsichtigung und Betreuung kann die Gefahr für die öffentliche Sicherheit oder Ordnung beseitigt werden. Zugleich kann die Betroffene in der geschlossenen Abteilung diejenige Heilbehandlung erhalten, die sie aufgrund ihres Gesundheitszustands derzeit benötigt. Infolge ihrer Erkrankung ist sie zurzeit nicht in der Lage, die Notwendigkeit einer ärztlichen Behandlung zu erkennen und ihren Aufenthalt und ihre Behandlung selbstverantwortlich zu bestimmen.

Weniger einschneidende Maßnahmen, insbesondere Hilfen nach dem UnterbrG/PsychKG sind zurzeit nicht ausreichend, um die Gefährdung zu beseitigen, zumal die Betroffene bereits wiederholt entgiftet werden musste.

Die Beiordnung eines Verfahrenspflegers ergibt sich aus § 317 Abs. 1 FamFG.
Die Entscheidung über die sofortige Wirksamkeit beruht auf § 324 Abs. 2 Satz 1 FamFG.

Rechtsmittelbelehrung:

Gegen diesen Beschluss ist die sofortige Beschwerde statthaft. Sie ist binnen zwei Wochen beim Amtsgericht Musterstadt[131] schriftlich oder zu Protokoll der Geschäftsstelle einzulegen. Findet die Unterbringung nicht im Bezirk dieser Gerichte statt, kann eine bereits untergebrachte Person die Beschwerde auch bei dem für den Unterbringungsort zuständigen Amtsgericht einlegen.
Die Frist beginnt mit der Zustellung oder der gerichtlich protokollierten Bekanntmachung der Entscheidung. Fällt das Ende der Frist auf einen Sonntag, einen allgemeinen Feiertag oder Samstag, so endet die Frist mit dem Ablauf des nächsten Werktages. Dabei ist allerdings zu beachten, dass die Erklärung über die Beschwerde innerhalb der Beschwerdefrist bei einem der genannten Gerichte eingegangen sein muss.

Die Einlegung erfolgt durch Einreichung einer Beschwerdeschrift oder durch Erklärung zu Protokoll der Geschäftsstelle eines der genannten Gerichte. Darüber hinaus ist jedes Amtsgericht verpflichtet, die Erklärung über die Beschwerde aufzunehmen.
Bei schriftlichen Erklärungen genügt es zur Fristwahrung nicht, dass die Erklärung innerhalb der Frist zur Post gegeben wird. Die Frist ist vielmehr nur dann gewahrt, wenn die Erklärung vor dem Ablauf der Frist bei dem Gericht eingeht. Die schriftliche Rechtsmitteleinlegung muss in deutscher Sprache erfolgen.

Abendroth
Richterin am Amtsgericht

---

[131] Nach Inkrafttreten des FamFG nicht mehr beim Beschwerdegericht, § 64 Abs. 1 FamFG.

> Az.: 2 XIV L 201/09
> **Verfügung**
> I. Übergabevermerk ausfüllen
> II. Beglaubigte Abschrift des Beschlusses zustellen mit Zustellungsurkunde an
>   a. Betroffene
> III. Beglaubigte Abschrift zustellen gem. § 174 ZPO an
>   a. Verfahrenspfleger
>   b. Kreisverwaltungsbehörde
>   c. Leiter der Einrichtung, in der die Unterbringung stattfindet (telefonisch voraus)
> IV. Beschluss formlos an Gesundheitsamt zur Kenntnis
> V. An Vormundschaftsabteilung im Hause
>   m. d. B. um Prüfung in eigener Zuständigkeit, ob ein Betreuungsverfahren einzuleiten ist.
>
> Musterstadt, den 10.01.09
>
> Abendroth
> Richterin am Amtsgericht

§ 8 Die Abschiebungshaft

I. Einführung

Fälle von Abschiebungshaft sind im richterlichen Eildienst je nach Lage und Ort selten in Regionen, die nicht an der Staatsgrenze liegen, dagegen häufig in grenznahen Städten oder in Orten mit Häfen, Flughäfen oder an Hauptverkehrsadern. Zur Anwendung kommt das AufenthG, das erst im Jahr 2007 zwei Änderungen erfahren hat.[132] Das Gesetz betrifft Personen, die keine Bleibelegitimation (mehr) haben. Ist ein Ausländer noch nicht eingereist, wird er an der Grenze oder im Flughafenbereich **zurückgewiesen**. Hierzu besteht die spezielle Haftform nach § 15 Abs. 5 und Abs. 6 AufenthG. Ist er ohne Aufenthaltstitel (vgl. § 4

122

---

[132] Aufenthaltsgesetz vom 30. Juli 2004, BGBl. I S. 1950, zuletzt geändert durch die Bekanntmachung vom 20. Juli 2007, BGBl. I S. 1566, und Gesetz zur Umsetzung aufenthalts- und asylrechtlicher Richtlinien der Europäischen Union (Zuwanderungsgesetz) vom 19. August 2007, BGBl. I S. 1970.

AufenthG[133]) illegal eingereist oder ist ihm durch Verwaltungsbehörden die Pflicht auferlegt worden, das Gebiet der Bundesrepublik Deutschland zu verlassen, so ist er zur Ausreise verpflichtet (**Ausreisepflicht**), weil ihm kein Aufenthaltsrecht im Inland (mehr) zusteht, §§ 50 Abs. 1, 51 Abs. 1 Ziff. 5 AufenthG. Die **Ausweisung** ist die Anordnung der zuständigen Verwaltungsbehörde an den Ausländer, Deutschland zu verlassen, und hat den Zweck, eine vom Ausländer ausgehende Beeinträchtigung der öffentlichen Sicherheit und Ordnung oder sonstiger erheblicher Interessen der Bundesrepublik Deutschland abzuwehren, § 55 Abs. 1 AufenthG. **Abschiebung** findet statt, wenn die freiwillige Erfüllung der Ausreiseverpflichtung nicht gesichert ist oder der Überwachung bedarf. Die Rückführung erfolgt in das Heimatland. Ist der Ausländer aus einem sicheren Drittstaat (damit aus einem der Angrenzerstaaten) unerlaubt eingereist, wird die Abschiebung als **Zurückschiebung** bezeichnet (§ 57 Abs. 1 Satz 2 AufenthG). Die **Abschiebungshaft** dient dazu, den Zugriff auf einen Ausländer sicherzustellen, dessen Abschiebung ohne seine Inhaftnahme erschwert oder vereitelt würde.[134] *Sie ist jedoch keine Beugehaft zur Erzwingung der Ausreisewilligkeit. Mit ihr kann die Abschiebung zwangsweise erfolgen, um die Ausreisepflicht durchzusetzen.* Hierzu stehen mehrere Möglichkeiten des Freiheitsentzugs zur Verfügung, wobei sich die Haftanordnung danach richtet, welcher Zweck mit der Maßnahme verfolgt wird.

– Die **Sicherungshaft zur Abschiebung** (**Abschiebungshaft**) nach § 62 Abs. 2 Satz 1 AufenthG dient der Sicherung der von der Ausländerbehörde bei *Ausreisepflicht* betriebenen Abschiebung, die noch der organisatorischen Vorbereitung bedarf, und bei der die *Gefahr der Vereitelung* besteht. Ihre Anordnung ist als Pflicht ausgestaltet (»ist«) und zwingend.[135] Diese Haftform ist der **Regelfall im richterlichen Bereitschaftsdienst** und wird deshalb nachfolgend dargestellt.

– Die **Vorbereitungshaft** nach § 62 Abs. 1 Satz 1 AufenthG soll die Abschiebung schon zu einem Zeitpunkt sichern, zu dem über die Ausweisung noch nicht entschieden werden kann. Die Vorbereitungshaft setzt dabei voraus, dass konkrete Umstände den Erlass einer *beabsichtigten Ausweisungsverfügung* mit Wahrscheinlichkeit erwarten lassen, und dass die Ausländerbehörde nach Erlass der Ausweisungsverfügung die Ausreisepflicht des Ausländers mittels Abschiebung durchsetzen will[136] (siehe dazu Rz. 145).

---

133 Aufenthaltstitel sind das Visum, die Aufenthaltserlaubnis und die Niederlassungserlaubnis. Die Duldung ist keine Erlaubnis zum Aufenthalt, sondern lediglich eine vorübergehende Aussetzung der Abschiebung.
134 BGHZ 75, 375, 379.
135 BayObLGZ 1992, 256, 257.
136 BayObLGZ 1998, 124.

- Und die **Sicherungshaft zur alsbaldigen Abschiebung** nach § 62 Abs. 2 Satz 2 AufenthG gewährleistet nur noch den endgültigen Vollzug der ansonsten problemlosen Abschiebung (zum Beispiel Sammeltransporte). Ihre Anordnung steht im Ermessen des Gerichts (»kann«, s. auch Rz. 146).

Anwendbar für dieses Freiheitsentziehungsverfahren sind das FreihEntzG,[137] das AufenthG,[138] das AsylVfG und das FamFG. Es kommt der Amtsermittlungsgrundsatz zur Anwendung.

II. Der Anwendungsbereich

Die Sicherungshaft zur Abschiebung (**Abschiebungshaft**) nach § 62 Abs. 2 Satz 1 AufenthG ist der *Regelfall im richterlichen Bereitschaftsdienst*.

1. Persönlicher Anwendungsbereich

Das Verfahren ist auf Ausländer i. S. d. § 2 Abs. 1 AufenthG i. V. m. Art. 116 GG anwendbar. Der Ausländer kann **volljährig oder minderjährig** sein. Gegen ihn kann grundsätzlich die Haft angeordnet werden, wobei dem Verhältnismäßigkeitsgrundsatz erhöhte Bedeutung zukommt. Haft bei Jugendlichen unter 16 Jahren wird die Ausnahme bleiben müssen, wobei stets mildere Maßnahmen zu prüfen sind.[139] Nicht erfasst werden Ausländer, die Unionsbürger sind, soweit das Gesetz nichts anderes regelt (§ 1 Abs. 2 Nr. 1 AufenthG), und Personen, welche nicht der deutschen Gerichtsbarkeit unterliegen (§§ 18 bis 20 GVG), sowie Personen im diplomatischen oder konsularischen Verkehr und sonstige in § 1 Abs. 2 Nr. 3 AufenthG Genannte.

123

2. Sachlicher Anwendungsbereich

Die Sicherungshaft kann angeordnet werden, wenn
- eine *vollziehbare Ausreiseverpflichtung* besteht,
- der Ausländer seiner *Ausreiseverpflichtung nicht nachkommen will*, so dass sie *zwangsweise* sichergestellt werden muss,
- ein *Haftgrund* nach den § 62 Abs. 2 Satz 1 Nr. 1 bis 5 AufenthG gegeben ist,

124

---

137 §§ 415 bis 432 FamFG.
138 Gesetz über den Aufenthalt, die Erwerbstätigkeit und die Integration von Ausländern im Bundesgebiet (Aufenthaltsgesetz – AufenthG), BGBl. I 2004, S. 1950 ff.
139 KG Beschl. v. 14. 10. 2005 – 25 W 66/05, bei Melchior.

- die Abschiebung *voraussichtlich binnen dreier Monate* durchgeführt wird, § 62 Abs. 2 Satz 4 AufenthG
- und der *Grundsatz der Verhältnismäßigkeit* nicht entgegensteht.

Die Ausreisepflicht muss nach § 58 Abs. 1 und 2 AufenthG vollziehbar sein oder formell rechtskräftig feststehen. Dann ist der Ausländer abzuschieben, wenn die freiwillige Erfüllung der Ausreisepflicht nicht gesichert ist oder aus Gründen der öffentlichen Sicherheit und Ordnung eine Überwachung der Ausreise erforderlich erscheint, § 58 Abs. 1 AufenthG. Hauptanwendungsfall ist dabei die *unerlaubte Einreise* (s. nachfolgend), *denn bei ihr tritt kraft Gesetzes eine vollziehbare Ausreisepflicht ohne vorausgehendes Verwaltungsverfahren ein.*

3. Die Haftvoraussetzungen im Einzelnen

a) Die Voraussetzungen der Sicherungshaft

125 Nach § 62 Abs. 2 Satz 1 AufenthG ist ein Ausländer zur Sicherung der Abschiebung auf richterliche Anordnung in Haft zu nehmen (**Sicherungshaft**), wenn weitere, in sechs Ziffern näher bestimmte Voraussetzungen zur Rechtfertigung der Haft erfüllt sind. Ein **Haftgrund für die Abschiebungshaft** liegt vor, wenn
- der Betroffene **unerlaubt eingereist** ist und er aufgrund der unerlaubten Einreise vollziehbar ausreisepflichtig ist, § 62 Abs. 2 Satz 1 Nr. 1 AufenthG. *Nach § 58 Abs. 2 Satz 1 Nr. 1 AufenthG ist die Ausreisepflicht bereits kraft Gesetzes vollziehbar, d. h. wenn er* ohne gültigen Pass oder Visum[140] oder nach vorangegangener Ausweisung ohne Betretungserlaubnis ins Inland gekommen ist (§§ 50 Abs. 1 und 2, 3 Abs. 1 Satz 1, Abs. 3, 4 Abs. 1, 11 Abs. 1 Satz 1 AufenthG). Zur Einreise zwecks Stellung eines Asylantrags s. Rz. 129. Ein Antrag auf Erteilung eines Aufenthaltstitels berührt die Ausreisepflicht nicht, § 81 Abs. 3 Satz 1 AufenthG. Von diesem Haftgrund ist **ausnahmsweise** kein Gebrauch zu machen, wenn der Betroffene **glaubhaft macht**, dass er freiwillig ausreisen wird, § 62 Abs. 2 Satz 3 AufenthG.
- Ein weiterer Haftgrund ist gegeben, wenn eine tatsachengestützte **Gefahrenprognose** im Sinne des § 58a AufenthG besteht und deshalb eine sicherheitsrechtliche Abschiebungsanordnung erlassen wurde, die nicht unmittelbar vollzogen werden kann, § 62 Abs. 2 Satz 1 Nr. 1a AufenthG (**Abschiebung Terrorverdächtiger**), weil Abschiebungsverbote nach § 60 Abs. 1 bis 8 AufenthG bestehen oder aufgrund eingeleg-

---

140 Das Visum (Einreiseerlaubnis) wird auch als Sichtvermerk bezeichnet und wird entweder als nationales Visum oder als Schengen-Visum erteilt.

ter Rechtsbehelfe, § 58a Abs. 4 AufenthG, nicht sofort vollzogen werden kann,
- oder die Frist zur Ausreise abgelaufen ist und der Betroffene seinen Aufenthaltsort ohne Mitteilung an die Behörde wechselt (**Anzeigepflicht**, § 50 Abs. 5 UnterbrG), § 62 Abs. 2 Satz 1 Nr. 2 AufenthG, und dadurch den **Aufenthalt verschleiert**, untertaucht, um sein Auffinden und die Abschiebung zu vereiteln oder zu erschweren,[141] oder seine **Unterkunft für mehr als drei Tage verlässt**.[142] *Ein Unterlassen der Verständigung der Ausländerbehörde von einem Aufenthaltswechsel* setzt als Haftgrund voraus, dass der Betroffene mit einer möglichen Abschiebung rechnen muss.[143] Die Haftanordnung kann nur ergehen, wenn der Betroffene über die Folgen eines Aufenthaltswechsels ohne Mitteilung aufgeklärt worden ist.[144]
- Oder wenn der Betroffene aus von ihm zu vertretenden Gründen **am Abschiebetag nicht** an dem von der Ausländerbehörde angegebenen Ort **angetroffen** wurde, § 62 Abs. 2 Satz 1 Nr. 3 AufenthG (**Abschiebevereitelung**),
- oder sich durch sein Verhalten in sonstiger Weise der **Abschiebung entzogen** hat, § 62 Abs. 2 Satz 1 Nr. 4 AufenthG (**Auffangtatbestand**). Hierher gehören die Fälle der Weigerung von Fluggesellschaften, randalierende Ausländer mitzunehmen,[145] oder der Widerstand gegen Vollstreckungsbeamte bei vorangegangener Abschiebung.[146]
- Oder wenn der *begründete* Verdacht besteht, dass der Betroffene sich der **Abschiebung entziehen will**, § 62 Abs. 2 Satz 1 Nr. 5 AufenthG. Dieses Tatbestandsmerkmal ist ausfüllungsbedürftig und muss tatsachengestützt sein. Allgemeine Vermutungen und Erfahrungswerte reichen dazu nicht. Hierfür sind überprüfbare Tatsachen erforderlich, etwa Äußerungen und bestimmte Verhaltensweisen des Ausländers. Bei dieser **Prognoseentscheidung** rechtfertigen das Fehlen eines festen Wohnsitzes, das Fehlen sozialer Bindungen und die bloße Weigerung, freiwillig auszureisen, für sich alleine noch keine dahingehende Schlussfolgerung,[147] wohl aber **Täuschungshandlungen** wie die Einreise mit Hilfe gefälschter Papiere oder eines Schleusers, eine Identitätstäuschung oder das Verheimlichen von zur Ausreise notwendiger Papiere.

---

141 OLG Düsseldorf NVwZ-Beilage 1998, 136.
142 BayObLG 1993, 294, 295.
143 BayObLGZ 1997, 260.
144 OLG München Beschl. v. 25.10.2006 – 34 Wx 120/06, bei Melchior.
145 BayObLG NVwZ-Beilage 1998, 54.
146 Renner Ausländerrecht § 62 Rn. 18 m. w. N.
147 BayObLG NVwZ-Beilage 1998, 124.

Obwohl die **Haftgründe** des § 62 Abs. 2 Satz 2 AufenthG **zwingend** sind, ist die ihnen zugrunde liegende gesetzliche Vermutung, die Abschiebung werde ohne Inhaftnahme erschwert oder vereitelt, **widerlegbar**. Die Haftgründe sind untereinander kumulativ anwendbar. Insbesondere kommt bei identischer Tatsachengrundlage die Kombination der Haftgründe nach § 62 Abs. 2 Satz 1 Nr. 1 und nach § 62 Abs. 2 Satz 1 Nr. 5 AufenthG in Betracht.[148] *Die Haft dient ausschließlich der Sicherung der Abschiebung*, nicht etwa der Verhinderung (weiterer) illegaler Einreise und der damit verbundenen Verwaltungsvorgänge.[149]

126 Die Abschiebung muss innerhalb der nächsten **drei Monate** möglich sein, § 62 Abs. 2 Satz 4 AufenthG. Wenn feststeht, dass die Abschiebung nicht fristgerecht durchgeführt werden kann, ohne dass dies der Betroffene zu vertreten hat, ist sie unzulässig (s. Rz. 132).

127 Weiterhin gebietet der **Grundsatz der Verhältnismäßigkeit** (Art. 20 Abs. 3 GG) das Absehen von Freiheitsentzug, wenn er nicht erforderlich ist, etwa, weil die Behörde unter Missachtung des Beschleunigungsgrundsatzes die Abschiebung nicht ordentlich vorbereitet hat oder der Ausländer glaubhaft machen kann, dass er sich der Abschiebung nicht entziehen will. Ein Verstoß kann vorliegen, wenn etwa die Zeit der Untersuchungs- oder Strafhaft nicht genutzt worden ist, die Abschiebung vorzubereiten, § 456 a StPO.[150]

b) Prüfungsumfang

128 Der Haftrichter hat nicht zu prüfen, ob die tatsächlichen Voraussetzungen der Abschiebungsvoraussetzungen vorliegen und die Abschiebung zu Recht erfolgt, sondern er prüft nur, ob die tatsächlichen Voraussetzungen schlüssig dargelegt sind (**formelle Prüfung**). Eine inhaltliche Überprüfung der Rechtmäßigkeit der verwaltungsrechtlichen Anordnung der Behörde unterbleibt.[151] Der sachlichen Prüfungspflicht des Richters unterliegt demnach nicht
- das Vorliegen der Abschiebungsvoraussetzungen,
- das Bestehen asylrechtlicher Hindernisse,
- die Behauptung, der Betroffene beabsichtige demnächst die Heirat mit einer deutschen Staatsangehörigen,
- das Vorliegen einer *Abschiebeandrohung* und deren *Vollziehbarkeit*
- oder der Ablauf der gesetzten Ausreisepflicht.

---

148 OLG Köln Beschl. v. 29. 6. 2005 – 16 Wx 76/05, bei Melchior.
149 BVerfG NVwZ 2007, 1296; BGH NJW 1986, 3024.
150 BayObLGZ 1991, 258, 260.
151 OLG Karlsruhe NVwZ 1998, 214.

Diese Voraussetzungen müssen sich schlüssig aus der Begründung der Behörde in ihrer Antragsschrift gegenüber dem Gericht ergeben.[152] Die Rechtmäßigkeit der ausländerbehördlichen Maßnahmen kann der Betroffene nur in einem verwaltungsgerichtlichen Verfahren gegen die Ausländerbehörde geltend machen.[153]

Dagegen ist es ureigenste Pflicht des Haftrichters, das Vorliegen eines **Haftgrundes** nach § 62 Abs. 2 Satz 1 AufenthG zur Rechtfertigung des Freiheitsentzugs selbst zu prüfen.

c) Hafthindernisse

Ein Ausländer kann trotz der genannten Haftgründe nicht in Abschiebungshaft genommen werden, wenn ein Hafthindernis besteht. Solche sind
– die kraft Gesetzes eintretende Aufenthaltsgestattung bei einem **ersten Asylantrag**, der noch im Rahmen der Anhörung des Betroffenen gestellt werden kann,
– oder die **Undurchführbarkeit** der Abschiebung.

129

Stellt der Ausländer einen (ersten) **Asylantrag**, kann er nicht in Abschiebungshaft genommen werden, weil ihm nach §§ 55 Abs. 1 Satz 1, 67 AsylVfG der Aufenthalt im Inland gestattet ist, auch wenn er illegal eingereist war (**Bleibelegitimation**). Das Nachsuchen um Asyl ist eine Bitte, die an jede mit ausländerrechtlichen Angelegenheiten befasste amtliche Stelle gerichtet werden kann, auch an den Haftrichter, der im Rahmen eines Abschiebungshaftverfahrens mit der Sache befasst ist. Das Asylgesuch setzt mehr als die Verwendung des Wortes »Asyl« voraus. Hinzutreten müssen Erklärungen des Ausländers oder sonstige Umstände, dass er *Schutz vor politischer Verfolgung* sucht.[154] Die Ausreisepflicht bei Asylbewerbern entsteht erst mit dem Erlöschen ihrer Bleibelegitimation, damit in der Regel mit formeller Rechtskraft der ablehnenden Entscheidung, mit welcher das Bundesamt für Migration und Flüchtlinge den Asylantrag abgelehnt hat, oder mit Vollziehbarkeit einer von diesem Bundesamt oder der Ausländerbehörde erlassenen Abschiebungsandrohung, § 67 Abs. 1 Ziff. 1 bis 6 AsylVfG.

Ausnahmen:
– Beim Haftgrund der (bloßen) unerlaubten Einreise (Haftgrund nach § 62 Abs. 2 Satz 1 Nr. 1 AufenthG) verliert er diesen Schutz, wenn er sich nach der unerlaubten Einreise *länger als einen Monat* im Bundesgebiet ohne Aufenthaltstitel aufgehalten hatte, § 14 Abs. 3 Satz 1 Nr. 4 AsylVfG. Zur Einreise aus einem sicheren Drittstaat s. Rz. 130.

---

152 BayObLG NVwZ-Beilage 2002, 15.
153 Renner Ausländerrecht § 62 Rn. 6.
154 BGHZ 153, 18 ff.

90   Teil 2 – Öffentlich-rechtlicher Freiheitsentzug

- Bei den Haftgründen nach § 62 Abs. 2 Satz 1 Nr. 1 a bis 5 AufenthG steht die Asylantragstellung der Anordnung von Abschiebungshaft nicht entgegen, § 14 Abs. 2 Satz 1 Nr. 5 AsylVfG.
- Das Gleiche gilt, wenn er den Asylantrag aus anderer richterlich angeordneter Haft heraus gestellt hat, § 14 Abs. 3 Satz 1 Nr. 1 bis 3 AsylVfG.

In diesen Fällen steht die Asylantragstellung der Anordnung (oder Aufrechterhaltung) von Abschiebungshaft nicht entgegen, § 14 Abs. 3 Satz 1 AsylVfG. Denn die Bleibelegitimation tritt erst ein, wenn binnen vier Wochen kein positiver Bescheid ergangen ist (es sei denn, auf Grund von Rechtsvorschriften der europäischen Gemeinschaft oder eines völkerrechtlichen Vertrags wird ein Auf- oder Wiederaufnahmeersuchen an einen anderen Staat gerichtet, § 14 Abs. 3 Satz 3 AsylVerfG).

130 Ist der Ausländer aus einem **sicheren Drittstaat**[155], § 26 a AsylVfG mit Anlage I, damit in der Regel aus den Nachbarländern unerlaubt eingereist, kann er sich nicht auf Art. 16 a Abs. 2 Satz 1 GG berufen und wird nicht als Asylberechtigter anerkannt. Er erwirbt jedoch eine Aufenthaltsgestattung mit einem förmlichen und schriftlich *beim Bundesamt gestellten Asylantrag*, §§ 26 a Abs. 1, 55 Abs. 1 Satz 3 AsylVfG, nicht durch Bitte um Asyl bei der Ausländerbehörde oder bei Gericht. Der Haftrichter ist nicht verpflichtet, einen solchen mündlich gestellten Antrag zur Niederschrift aufzunehmen und weiterzuleiten.[156] Hat der Ausländer einen solchen bereits im sicheren Drittstaat gestellt, wird er dorthin zurückgeführt (zurückgeschoben).

131 Stellt der Ausländer nach erfolglosem Abschluss eines Asylverfahrens erneut einen Asylantrag (**Folgeantrag**), *kann gegen ihn Abschiebungshaft angeordnet und vollzogen werden*, bis das Bundesamt positiv entscheidet, dass ein weiteres Asylverfahren durchgeführt wird, § 71 Abs. 8 AsylVfG. Gleiches gilt, wenn der Ausländer in einem sicheren Drittstaat erfolglos ein Asylverfahren durchlaufen hat und im Inland einen weiteren Asylantrag stellt (**Zweitantrag**), §§ 71 a Abs. 2 Satz 3, 71 Abs. 8 AsylVfG.

132 *Undurchführbar kann die Abschiebung sein, wenn feststeht, dass die Abschiebung aus Gründen, die der Ausländer nicht zu vertreten hat, nicht innerhalb der nächsten drei Monate durchgeführt werden kann*, § 62 Abs. 2 Satz 4 AufenthG, etwa weil eine gerichtliche oder behördliche Entscheidung nicht ergehen kann oder ein strafrechtliches Ermittlungsverfahren geführt wird. Eine Ausweisung und Abschiebung von Ausländern, gegen die öffentliche Klage erhoben oder ein **strafrechtliches Ermittlungsverfah-**

---

155 Das sind die Mitgliedsstaaten der Europäischen Union sowie Norwegen und die Schweiz.
156 BGHZ 153, 18, 20.

§ 8 Die Abschiebungshaft

ren eingeleitet ist, kann nach § 72 Abs. 4 AufenthG nur im Einvernehmen mit der zuständigen Staatsanwaltschaft erfolgen. Dieses Einvernehmen ist von der Behörde darzutun.

III. Das Verfahren

Das Verfahren richtet sich nach dem FamFG.[157] Nach der Neuregelung ist in § 62 Abs. 4 AufenthG eine ausdrückliche gesetzliche Grundlage für die *vorläufige Festnahme* von Ausländern geschaffen worden, um die richterliche Vorführung zur Anordnung der Sicherungshaft sicherzustellen. Nunmehr kann er auch bis zum nächsten Tag durch die Verwaltungsbehörde in Gewahrsam genommen werden. Die Festhaltung ist zulässig, wenn eine vorherige richterliche Anordnung nicht erlangbar war, weil diese nicht rechtzeitig eingeholt werden konnte, und die Gefahr des Untertauchens des Ausländers zu befürchten ist oder die Gefahr besteht, dass er die Haft vereiteln würde. Ziel muss stets die Sicherung der Abschiebung sein.

133

1. Sachliche Zuständigkeit

Für die Haftanordnung ist **sachlich** die ausschließliche Zuständigkeit des Amtsgerichts gegeben, § 106 Abs. 2 AufenthG, § 23a Abs. 2 Nr. 6 GVG, während verwaltungsrechtliche Einwände und die dazu vorgesehenen Rechtsbehelfe und Klagemöglichkeiten im Verwaltungsrechtsweg geltend zu machen sind.

134

2. Örtliche Zuständigkeit

Örtlich zuständig ist nach § 416 FamFG das Gericht, in dessen Bezirk die Person, der die Freiheit entzogen werden soll, ihren gewöhnlichen Aufenthalt hat, § 416 Satz 1 1. Halbs. FamFG, soweit ein solcher besteht und feststellbar ist. Ansonsten ist das Gericht zuständig, in dessen Bezirk das Bedürfnis für die Freiheitsentziehung (**Ort der Festnahme**) entsteht, § 416 Satz 1 2. Halbs. FamFG. Für die Anordnung der Abschiebungshaft als Überhaft ist das Gericht zuständig, in dessen Bezirk die Haftanstalt liegt, § 416 Satz 2 FamFG. Länderrechtliche Zuständigkeitskonzentrationen sind zulässig und zu beachten.

135

---

157 Vgl. §§ 415 ff. FamFG. Hauptanwendungsfälle sind die Abschiebungshaft, Inhaftnahme nach §§ 59 Abs. 2, 89 Abs. 2 AsylVfG, die Freiheitsentziehung nach § 30 IfSG, Freiheitsentziehung und Ingewahrsamnahme nach den Polizeigesetzen (BPolG, BKAG, ZFdG) und die Polizeigesetze der Länder durch entsprechende Verweisungsnormen.

Eine **Eilzuständigkeit** besteht für unaufschiebbare Anordnungen einstweilen auch bei dem Gericht, in dessen Bezirk das Bedürfnis für die Anordnung besteht (§ 416 Satz 1 2. Halbs. FamFG), mit Mitteilungspflicht an das für den Regelfall zuständige Gericht. Damit geht ein gesetzlicher Zuständigkeitsübergang einher, § 4 Abs. 2 FreihEntzG (nach § 50 Abs. 2 Satz 2 FamFG besteht eine unverzügliche Abgabepflicht).

3. Verfahrensgrundsätze

a) Antragsverfahren

136 Das Verfahren ist als Antragsverfahren ausgestaltet, § 417 Abs. 1 FamFG. Antragsberechtigt ist die **Ausländerbehörde**, § 71 Abs. 1 AufenthG. Daneben besteht eine Zuständigkeit der Bundespolizei bei Zurückweisung oder Zurückschiebung, § 71 Abs. 3 AufenthG, oder bei Abschiebeanordnung des Bundes nach § 58 a Abs. 2 Satz 3 AufenthG. Antragsberechtigt ist für die Zurückschiebung und die Durchführung der Abschiebung auch die Polizeibehörde, § 71 Abs. 5 AufenthG. Der Antrag ist nach § 417 Abs. 2 FamFG zu begründen (**Begründungszwang**). Der Antrag hat neben der Identität des Betroffenen, seines gewöhnlichen Aufenthaltsortes, Tatsachen zur Erforderlichkeit der Freiheitsentziehung und deren voraussichtlicher Dauer auch die Verlassenspflicht des Betroffenen, die Abschiebungsvoraussetzungen und die Durchführbarkeit der Abschiebung zu enthalten. Das Verfahren wird im Register XIV B geführt. Für die Antragstellung ist keine Förmlichkeit vorgeschrieben, er kann somit auch mündlich oder fernmündlich gestellt werden, wobei das Gericht auf schriftliche Antragstellung dringen sollte. Die Behörde soll in dem Verfahren der Abschiebungshaft mit der Antragstellung die Akte des Betroffenen vorlegen, § 417 Abs. 2 Satz 3 FamFG.

b) Amtsermittlungsgrundsatz

137 Die Aufklärung des Sachverhalts obliegt zwar dem Amtsgericht (§ 26 FamFG), ist jedoch eingeschränkt durch das eingeengte Prüfungsrecht des Gerichts (s. Rz. 128), das bei materiell-rechtlicher Überprüfung verwaltungsrechtlicher Vorfragen auf eine Schlüssigkeitsprüfung reduziert ist. Dem Gericht bleibt aber die Prüfung des Haftgrundes als Voraussetzung der Anordnung von Freiheitsentzug, wozu gegebenenfalls Nachforschungen im **Freibeweisverfahren** stattfinden können.

c) Ladung des Betroffenen

Ladungsfristen bestehen nicht, so dass jederzeit kurzfristig, auch fernmündlich, geladen werden kann. Verlegungsgesuchen anwaltlicher Vertre-

§ 8 Die Abschiebungshaft

ter sollte zur Wahrung des Rechts des Betroffenen auf Beistand nachgekommen werden, soweit dies in dem engen zeitlichen Rahmen möglich ist. Ein Anspruch auf Terminsverlegung besteht allerdings nicht.

Die Verwaltungsbehörden haben ein Recht auf vorläufige Festnahme »bis zum nächsten Morgen«,[158] um die richterliche Vorführung zur Anordnung der Sicherungshaft sicherzustellen, § 62 Abs. 4 AufenthG. *Eine Vorführung zur Nachtzeit wird demnach vom Gesetzgeber offensichtlich nicht für erforderlich gehalten.* Nach § 62 Abs. 4 Satz 2 AufenthG hat die Vorführung unverzüglich zu erfolgen. Soll der Betroffene dazu bei anhängigem Hauptsacheverfahren vorher festgenommen werden, um dem Haftrichter zur Anhörung vorgeführt zu werden (keine **Spontanfestnahme**), ist eine richterliche Entscheidung in Form der einstweiligen Anordnung nach § 427 Abs. 1 FamFG zu treffen unter der Voraussetzung und mit der Begründung, es »stehe zu befürchten, dass der Betroffene einer Ladung zur Anhörung zum Anlass nehmen werde, unterzutauchen«.[159]

d) Anhörung des Betroffenen

Der Betroffene ist vor der Haftanordnung zwingend[160] mündlich zu hören, § 420 Abs. 1 Satz 1 FamFG, und darüber eine Niederschrift oder ein Anhörungsvermerk zu fertigen. Dies gilt nach § 427 Abs. 2 FamFG grundsätzlich auch für die Anordnung einer einstweiligen Abschiebungshaft.[161] Nur bei Gefahr in Verzug kann die vorherige Anhörung ausnahmsweise unterbleiben, ist dann aber gem. § 427 Abs. 2 FamFG unverzüglich nachzuholen. Dies gehört zu den Verfahrensgarantien, die Art. 104 Abs. 1 GG fordert und mit grundrechtlichem Schutz versieht.[162] Das Unterlassen der Anhörung drückt der Haft »den Makel einer rechtswidrigen Freiheitsentziehung« auf.[163]

Soweit der Ausländer einen Verfahrensbevollmächtigten hat, ist dieser am Verfahren zu beteiligen, indem ihm Gelegenheit gegeben wird, an der Anhörung teilzunehmen. Ansonsten ist der Anspruch auf rechtliches Gehör verletzt. Von der Anhörung kann nur in ganz engen Grenzen abgesehen werden, wenn dadurch **Nachteile für die Gesundheit** des Betroffenen entstehen oder eine **übertragbare Krankheit** bei ihm diagnostiziert ist, § 420 Abs. 2 FamFG. In diesen Fällen ist ihm ein Verfahrenspfleger zu bestellen, § 419 Abs. 1 Satz 2 FamFG. Wird eine einstweilige Anordnung erlassen,

138

---

158 BT-Drs. 16/5065 S. 349.
159 BVerfG Beschl. vom 1.4.2008 – 2 BvR 1925/04.
160 BVerfG Beschl. vom 7.9.2006 – 2 BvR 129/04; BayObLGZ 1999, 12; Renner Ausländerrecht § 62 Rn. 26.
161 BayObLGZ 1996, 180.
162 BVerfGE 58, 208, 220; BVerfG Beschl. vom 7.9.2006 – 2 BvR 129/04.
163 BVerfG Beschl. vom 12.3.2008 – 2 BvR 2042/05.

kann bei **Gefahr in Verzug** durch eine ansonsten verspätete Entscheidung in Ausnahmefällen ebenfalls von der Anhörung abgesehen werden, § 427 Abs. 2 FamFG (mit Nachholverpflichtung).
Der Betroffene ist, obwohl nicht ausdrücklich gesetzlich genannt, zu **belehren**, dass er ein Recht auf Aussagefreiheit und auf Verteidigerkonsultation hat. Es besteht ein Anspruch auf Gewährung von Prozesskostenhilfe unter den in § 114 ZPO genannten Voraussetzungen.

e) Verfahrenspfleger

139 Dem Betroffenen ist ein Verfahrenspfleger zu bestellen, wenn dies zur Wahrnehmung seiner Interessen erforderlich ist, insbesondere, wenn von seiner persönlichen Anhörung abgesehen werden soll, § 419 Abs. 1 Satz 2 FamFG. Bei Jugendlichen sollte immer ein Verfahrenspfleger bestellt werden, wenn die Sorgeberechtigten nicht erreichbar sind.

f) Beteiligte

140 Beteiligte sind Kraft Gesetzes der Betroffene sowie die antragstellende Verwaltungsbehörde (§ 418 Abs. 1 FamFG) sowie der Verfahrenspfleger durch seine Bestellung (§ 418 Abs. 2 FamFG).
Weitere *Anhörungsmöglichkeiten* bestehen im Interesse des Betroffenen bei Bezugspersonen nach § 418 Abs. 3 FamFG, wenn der Betroffene
– einen gesetzlichen Vertreter in den persönlichen Angelegenheiten hat,
– noch unter elterlicher Gewalt steht, wobei jeder Elternteil zu hören ist,
– verheiratet ist oder eine Lebenspartnerschaft besteht. Hier ist der Ehepartner oder Lebenspartner zu hören, wenn keine dauernde Trennung gegeben ist.
Nach dem FamFG *können* diese Personen sowie die vom Betroffenen benannte Vertrauensperson sowie Eltern und Kinder, wenn der Betroffene bei diesen lebt oder bei Einleitung des Verfahrens bei diesen gelebt hat, sowie seine Pflegeeltern *in seinem Interesse beteiligt* werden, § 418 Abs. 3 FamFG. Das Gericht *hat* nach dem FamFG einen Angehörigen des Betroffenen oder einer Person seines Vertrauens von der Anordnung des Freiheitsentzugs und deren Verlängerung unverzüglich zu benachrichtigen, § 432 FamFG.

g) Der Sitzungsverlauf

141 Die Sitzung des Amtsgerichts ist **nichtöffentlich**. Der Ablauf der Sitzung gestaltet sich wie folgt:
– Zunächst wird die Präsenz festgestellt.
– Ein in der Regel erforderlicher Dolmetscher beruft sich auf seinen allgemein geleisteten Eid oder wird gesetzlich vereidigt.

§ 8 Die Abschiebungshaft

- Dann erfolgt die Vernehmung zur Person.
- Anschließend wird dem Betroffenen der Antrag der antragstellenden Behörde bekannt gegeben und er dazu gehört.
- Danach wird die Entscheidung verkündet.
- Bei Inhaftierung folgt die Befragung zur Benachrichtigung einer Vertrauensperson oder von Angehörigen, Art. 104 Abs. 4 GG.
- Nicht vergessen werden darf die Belehrung zum WÜK (s. Rz 49).

Es ist eine Niederschrift oder ein Vermerk über diese Förmlichkeiten und der Erklärungen zu fertigen, wobei die Genehmigung der Erklärung des Betroffenen durch ihn erfolgen kann, aber nicht muss.

Findet die Verkündung der vollständigen Entscheidung im Beisein des Betroffenen statt, so ist er auf sein Recht der sofortigen Beschwerde hinzuweisen. Ansonsten wird die Entscheidung formuliert und dem Betroffenen mit einer Rechtsmittelbelehrung zugestellt.

IV. Die Entscheidung

Das Gericht wird im Bereitschaftsdienst häufig eine **abschließende Entscheidung** treffen, ohne auf die Möglichkeit einer einstweiligen Anordnung zurückzugreifen, weil in der Regel bei unerlaubt Eingereisten weitere Anzuhörende nicht zur Verfügung stehen und der Betroffene (mit Dolmetscher) nahezu immer gehört werden kann. Deshalb ist der Formularbeschluss (s. Rz. 347) auf diese Fallkonstellation bezogen. Ansonsten wird eine **einstweilige Anordnung** erlassen, wenn die Behörde die Anordnung der Abschiebungshaft beantragt hat und die erforderlichen Ermittlungen und Anhörungen zu einer Verzögerung führen würden, die das Erreichen des mit dem Antrag verfolgten Zwecks im regulären Dienstgang gefährden würde.[164] Bei Festnahme ist die Entscheidung spätestens am Folgetag zu erlassen, ansonsten ist der Ausländer freizulassen, § 428 Abs. 1 Satz 2 FamFG. Der **Tenor** lautet auf *Anordnung der Haft zur Sicherung der Abschiebung*. Die Abschiebungshaft ist außerhalb des Verfahrens auf einstweilige Anordnung auf die Dauer von längstens sechs Monaten zu befristen, § 62 Abs. 3 AufenthG, mit Verlängerungsmöglichkeit auf höchstens achtzehn Monate. *In der Regel wird die Haft für längstens drei Monate angeordnet.* Sie ist auf den Zeitraum zu beschränken, der erforderlich ist, um die Abschiebung unter Beachtung des Beschleunigungsgrundsatzes zu ermöglichen. Anders dagegen bei einstweiliger Anordnung. Nach § 427 Abs. 1 Satz 2 FamFG kann die **vorläufige Abschiebungshaft** nur für längs-

142

---

164 Der sich nach Inkrafttreten des FamFG aus § 51 Abs. 3 Satz 1 ergebende Grundsatz der Selbständigkeit des einstweiligen Anordnungsverfahrens hat auch bei § 427 FamFG Gültigkeit.

tens sechs Wochen angeordnet werden, wenn dringende Gründe für die Annahme bestehen, dass die Voraussetzungen für die beantragte Haftanordnung vorliegen. Das Ende der Haft muss kalendermäßig durch Benennung des Datums erfolgen. Es ist der Zeitpunkt anzugeben, zu dem die Freiheitsentziehung endet, § 421 Nr. 2 FamFG. Ferner wird die sofortige Wirksamkeit der Entscheidung angeordnet, da der Beschluss ansonsten erst mit Eintritt der Rechtskraft vollstreckungsfähig wird, § 422 Abs. 1 und 2 FamFG.

Die Entscheidung muss schriftlich ergehen und ist dem Ausländer, welcher der deutschen Sprache nicht (hinreichend) mächtig ist, zu übersetzen.

143 Bei Anordnung der Haft sind dem Betroffenen die Kosten des Verfahrens aufzuerlegen, § 128 c Abs. 3 KostO n. F.
Bei Zurückweisung des Antrags werden die dem Betroffenen zur zweckentsprechenden Rechtsverfolgung notwendigen Auslagen der Gebietskörperschaft auferlegt, aber nur, wenn kein begründeter Anlass zur Stellung des Antrags vorlag, § 430 FamFG, der die antragstellende Behörde angehört. Eine Entscheidung über die Gerichtskosten ergeht dabei nicht.

V. Die Bekanntmachung

144 Die schriftliche Haftentscheidung ist nach § 41 Abs. 1 und 2 FamFG bekannt zu machen, wenn durch sie Freiheitsentziehung angeordnet wird,
– der Person, der die Freiheit entzogen werden soll,
– den nach §§ 418 Abs. 2 und 3, 41 Abs. 1 FamFG beteiligten Personen
– und der Verwaltungsbehörde, die den Antrag auf Freiheitsentziehung gestellt hat,
– den Gerichten, Behörden und öffentlichen Stellen, soweit dies für eine Gefahrenabwehr erforderlich ist, § 431 i. V. m. §§ 308, 311 FamFG.
Bei der Anordnung von Freiheitsentzug und dessen Verlängerung wird ein Angehöriger des Betroffenen oder eine Person seines Vertrauens benachrichtigt, § 432 FamFG.

Die Entscheidung, durch welche der Antrag der Verwaltungsbehörde abgelehnt wird, ist der Verwaltungsbehörde und der Person, für die Freiheitsentzug beantragt war, bekannt zu machen.

Bei Aufhebung der Entscheidung oder bei Aussetzung ihrer Vollziehung erfolgt die Mitteilung auch an den Leiter der abgeschlossenen Einrichtung, in der sich der Betroffene befindet.

Ist die Bekanntmachung an die Person, der die Freiheit entzogen werden soll, nach ärztlichem Zeugnis nicht ohne Nachteile für ihren Gesundheitszustand ausführbar, so kann die **Bekanntgabe der Gründe** unterbleiben. Das Gericht entscheidet hierüber durch unanfechtbaren Beschluss, § 423 FamFG.

§ 8 Die Abschiebungshaft

VI. Der Vollzug

Der Vollzug ist ab Rechtskraft der freiheitsentziehenden Maßnahme möglich, § 422 Abs. 1 FamFG, soweit das Gericht nicht die **sofortige Wirksamkeit der Entscheidung angeordnet** hat, § 422 Abs. 2 Satz 1 FamFG. Der Zeitpunkt der sofortigen Wirksamkeit ist auf dem Beschluss zu vermerken (§ 422 Abs. 2 Satz 3 FamFG). Der Vollzug obliegt der Ausländerbehörde, § 422 Abs. 3 FamFG, so dass **durch das Gericht kein Aufnahmeersuchen** an die zuständige Justizvollzugsanstalt zu erstellen ist. Wird die Abschiebungshaft im Wege der Amtshilfe in der Justizvollzugsanstalt vollzogen, gelten die §§ 171, 173 bis 175 sowie § 178 Abs. 3 StrVollzG entsprechend, § 422 Abs. 4 FamFG.

145

VII. Besondere Haftformen

1. Die Vorbereitungshaft

Diese subsidiäre Haftform nach § 62 Abs. 1 AufenthG sichert die Vorbereitung einer Ausweisung. Damit ist der Betroffene bei Haftanordnung noch nicht ausreisepflichtig, die Ausweisung aber mit hoher Wahrscheinlichkeit zu erwarten.

146

Die Voraussetzungen dieser Haftanordnung sind die folgenden:
- Der Erlass einer Ausweisungsverfügung ist rechtlich möglich,
- über eine Ausweisung kann nicht sofort entschieden werden, weil etwa die Ermittlungen der Verwaltungsbehörde noch andauern,
- die Abschiebung ist rechtlich und tatsächlich möglich,
- die Abschiebung ohne die Inhaftnahme wäre vereitelt oder wesentlich erschwert
- und der Grundsatz der Verhältnismäßigkeit ist gewahrt.

Die Dauer der Vorbereitungshaft soll **sechs Wochen** nicht überschreiten, § 62 Abs. 1 Satz 2 AufenthG. Tritt innerhalb der angeordneten Haftdauer die sofortige Vollziehbarkeit der Ausweisung ein, kann die Haft bis zum im Beschluss genannten Zeitpunkt ohne weitere richterliche Entscheidung fortgesetzt werden.

2. Die Sicherungshaft zur alsbaldigen Abschiebung

Nach § 62 Abs. 2 Satz 2 AufenthG kann Sicherungshaft angeordnet werden, wenn
- die Ausreisepflicht abgelaufen ist
- und feststeht, dass die **Abschiebung innerhalb von zwei Wochen** durchgeführt werden kann.

147

Entsprechend ist diese Frist als längstens möglicher Freiheitsentzug in die Haftentscheidung aufzunehmen. Ein weiterer Haftgrund wird nicht gefordert. Zweck dieser Sicherungshaft ist es, die unmittelbar anstehende und mögliche Abschiebung durch eine Präsenz des Betroffenen zu sichern. Sie dient einer zügigen Durchführung der Abschiebung und vermeidet vergebens aufgewendete kostenintensive Vorbereitungshandlungen. Allerdings kommt bei ihr dem Grundsatz der Verhältnismäßigkeit besondere Bedeutung zu.

3. Die Zurückweisungshaft

148 Diese Haftform will die Einreise und damit Aufenthaltsnahme verhindern. Sie kommt in Betracht bei Gerichten, in deren Bezirk ein Flughafen liegt oder der an eine Außengrenze stößt. Nach § 15 AufenthG kann ein Ausländer an der Grenze zurückgewiesen werden,
– der unerlaubt in das Inland einreisen will, § 15 Abs. 1 AufenthG,
– oder der nur über ein Schengen-Visum verfügt oder für einen kurzfristigen Aufenthalt von der Visumpflicht befreit ist und beabsichtigt, entgegen § 4 Abs. 3 Satz 1 AufenthG eine Erwerbstätigkeit auszuüben, § 15 Abs. 2 Nr. 2 a AufenthG,
– bei dem ein Ausweisungsgrund vorliegt,
– der begründete Verdacht besteht, dass der Aufenthalt nicht dem angegebenen Zweck dient oder
– die Voraussetzungen für die Einreise in das Hoheitsgebiet der Schengenstaaten nicht erfüllt sind, § 15 Abs. 2 AufenthG,
– die Voraussetzungen der Befreiung von einem Aufenthaltstitel für einen vorübergehenden Aufenthalt vorliegen, er aber die Voraussetzungen der §§ 3 Abs. 1 und 5 Abs. 1 AufenthG nicht erfüllt.

Durch die Neuregelung des AufenthG[165] ist diese Haftform nunmehr abweichend von § 62 AufenthG in § 15 Abs. 5 AufenthG geregelt. Nach polizeilicher Ingewahrsamnahme durch die Grenzpolizei wird der Betroffene dem Bereitschaftsdienstrichter zur Prüfung der Haftfrage vorgeführt. Dieser wird gegebenenfalls eine einstweilige Freiheitsentziehung nach § 427 FamFG anordnen.

4. Die Zurückschiebungshaft

149 Diese Haftform dient der Aufenthaltsbeendigung. Bei der Zurückschiebungshaft besteht die Besonderheit, dass der Betroffene in den Staat abge-

---

165 Gesetz zur Umsetzung aufenthalts- und asylrechtlicher Richtlinien der Europäischen Union (Zuwanderungsgesetz) vom 19. August 2007, BGBl. I S. 1970.

§ 8 Die Abschiebungshaft

schoben wird, aus dem er eingereist ist. Auch hier findet über § 57 AufenthG eine Rechtsgrundverweisung zu § 62 AufenthG statt.

VIII. Der praktische Fall

Der Betroffene ist georgischer Staatsangehöriger und reiste am 11.12. aus Österreich nach Deutschland ein. Er wurde von der Verkehrspolizei auf der BAB A 9 bei Bayreuth aufgegriffen. Er war ohne Pass und Visum und hatte sich bereits 1995 in Deutschland aufgehalten, hatte damals vergeblich um Asyl nachgesucht und danach Deutschland freiwillig verlassen. 150

Landratsamt Musterstadt

Amtsgericht Musterstadt
– Haftrichter –
Friedrichstr. 18
95444 Bayreuth

Musterstadt, den 12.10.09

Vollzug des Aufenthaltsgesetzes;
Antrag auf Abschiebungshaft gem. § 62 AufenthG

gegen
G. Ermalo alias O. David,
geb. 11.12.1949 in Lanschchuti/Georgien, derzeitiger Aufenthaltsort: Verkehrspolizeiinspektion Musterstadt

Das Landratsamt Musterstadt – Ausländerwesen – als zuständige Ausländerbehörde beantragt,
1. den obengenannten Ausländer bis zum Abschluss des Abschiebungsverfahrens gem. § 62 Abs. 2 AufenthG vorerst für drei Monate in Haft zu nehmen,
2. die sofortige Wirksamkeit dieser Entscheidung anzuordnen.

Der georgische Staatsangehörige ist ohne gültigen Reisepass und ohne gültiges Visum am 11.10.09 nach Deutschland eingereist. Er erfüllt den Tatbestand der unerlaubten Einreise gem. § 14 Abs. 1 Nr. 1 und Nr. 2 AufenthG. Er ist gem. § 58 Abs. 2 Nr. 1 AufenthG vollziehbar zur Ausreise verpflichtet.
Da mit einer freiwilligen Ausreise nicht zu rechnen ist bzw. diese ohne Reisepass nicht möglich ist, ist der Ausländer gem. § 58 Abs. 1, Abs. 3 Nr. 5 AufenthG abzuschieben.
Es ist der Haftgrund gem. § 62 Abs. 2 Nr. 1 AufenthG erfüllt.
Herr G. ist unerlaubt eingereist und vollziehbar zur Ausreise verpflichtet. Von der Anordnung von Abschiebungshaft kann auch nicht gem.

§ 62 Abs. 2 Satz 3 AufenthG abgesehen werden, da bereits aufgrund des fehlenden Reisepasses eine freiwillige Ausreise nicht möglich ist. Weiterhin ist Herr G. mittellos und kann sich ein Flugticket nach Georgien gar nicht kaufen. Eine billigere Ausreise auf dem Landweg scheitert an den dazu erforderlichen Transitvisa für die dazwischenliegenden Staaten. Die Dauer der beantragten Haft richtet sich nach den erforderlichen Vorbereitungen: Es muss bei der georgischen Botschaft ein Passersatzdokument beantragt werden. Erst wenn dieses ausgestellt worden ist, kann der Flug gebucht werden. Es ist daher eine Haftdauer von zunächst drei Monaten Dauer unumgänglich.

I. A.
Schmitt, VOI

Amtsgericht Musterstadt
Geschäftsnummer XIV B 2/09

Vermerk
über die Anhörung des Betroffenen
vom 12. 10. 2009

in dem Freiheitsentziehungsverfahren für
Ermalo G., geb. am 11. 12. 1949, zurzeit Markgrafenallee 49, Musterstadt
wegen Verstoß gegen das AufenthG

Gegenwärtig:
Richter am Amtsgericht Ecker
Von der Zuziehung eines Urkundsbeamten wurde abgesehen.

Der Betroffene G. wurde durch die VPI Musterstadt vorgeführt und in Anwesenheit des Vertreters des Landratsamtes, VOI W., und der Dolmetscherin, Frau B., angehört.

Die Dolmetscherin gab an, allgemein vereidigt zu sein. Sie wurde auf ihre Pflichten hingewiesen und bezog sich auf ihren allgemein geleisteten Dolmetschereid.

Der Betroffene erklärt zu seinen Personalien:
Ermalo G., geb. 11. 12. 1949 in Lanschchuti, georgischer Staatsangehöriger, ohne festen Wohnsitz im Inland.

Dem Betroffenen wurde der Antrag des Ausländeramtes bekannt gegeben und erläutert. Er wurde belehrt, dass
– es ihm nach dem Gesetz freistehe, sich dazu zu äußern, oder nicht zur Sache auszusagen,

§ 8 Die Abschiebungshaft

– er jederzeit, auch schon vor seiner Vernehmung, einen von ihm zu wählenden anwaltlichen Vertreter befragen kann.

Er gab an, aus Angst vor Verfolgung nach Deutschland gekommen zu sein. Hier wolle er Asyl beantragen. Er habe dies bereits in Österreich getan, sei aber von Leuten aus Georgien verfolgt und bedroht worden. Er fürchte um sein Leben. Er sei bereits einmal in Deutschland gewesen, allerdings unter einem falschen Namen. Er habe aus politischen Gründen den Namen David O. geführt und den Pass gefälscht. Seine jetzigen Personalien seien richtig. Er sei hierher gekommen, um Asyl zu beantragen. Sollte er nach Georgien verbracht werden, werde man ihn umbringen.

Bezüglich des Betroffenen legt der Vertreter des Landratsamtes in Kopie einen früheren russischen Pass vor und erklärt, durch Vergleich von Fingerabdrücken sei festgestellt, dass der Betroffene bereits 1995 einen Asylantrag gestellt hatte, aber kein Asyl erhalten hat. Der Betroffene erklärt dazu: Das stimmt, ich habe damals Deutschland danach selbst verlassen. Ich bin aber der Meinung, dass wegen meines neuen Asylantrags die Abschiebung zu Unrecht erfolgt. Die Behörden müssen berücksichtigen, dass ich in meinem Heimatland verfolgt werde, wie schon in Österreich.

Dem Betroffenen wird mitgeteilt, dass sein nicht erster Asylantrag schriftlich beim Bundesamt zu stellen ist und kein erneutes Aufenthaltsrecht bei Antragseingang entsteht, da es sich um einen Folgeantrag handelt.

Die Anhörung wurde für 20 Minuten unterbrochen und dann in gleicher Anwesenheit fortgesetzt.

Dem Betroffenen wurde der anliegende Beschluss über die Anordnung der Abschiebungshaft bekannt gegeben. Die Gründe wurden mitgeteilt.

Dem Betroffenen wurde durch die Geschäftsstelle ein Abdruck der Entscheidung ausgehändigt und erklärt, dass gegen den Beschluss das Rechtsmittel der sofortigen Beschwerde möglich ist. Diese muss innerhalb von zwei Wochen schriftlich und in deutscher Sprache eingereicht werden.

Auf Frage benennt der Betroffene keine zu verständigende Vertrauensperson.
Ihm wurde mitgeteilt, dass aufgrund des WÜK eine Benachrichtigung seines Heimatlandes erfolgen muss. Eine Mitteilung des Beschlussinhalts an das Konsulat seines Heimatlandes wünscht er nicht.

| Ecker | Dickenherr, Justizsekretärin |
| Richter am Amtsgericht | Für die Richtigkeit der Übertragung vom Tonträger |

Amtsgericht Musterstadt
Aktenzeichen: XIV B 2/09

Beschluss

vom 12. 10. 2009

in dem Verfahren gegen
David G.
alias Ermalo O.
geb. am 24. 04. 1948 in Lanschchuti/Georgien, georgischer Staatsangehöriger,
ohne festen Wohnsitz
wegen Verstoß gegen das AufenthG
I. Der Betroffene wird bis zu seiner Abschiebung aus der Bundesrepublik Deutschland, längstens jedoch für bis 11. 01. 2010 in Sicherungshaft genommen.
II. Diese Entscheidung ist sofort wirksam.
III. Der Betroffene hat die Kosten des Verfahrens zu tragen

Gründe:

I.

Die zuständige Ausländerbehörde beabsichtigt, den Betroffenen, der die georgische Staatsangehörigkeit besitzt, aus dem Gebiet der Bundesrepublik Deutschland abzuschieben und hat beantragt, gegen ihn die Sicherungshaft anzuordnen. Auf die Begründung des Antrags der Ausländerbehörde wird Bezug genommen.
Der Betroffene wurde am heutigen Tag richterlich gehört. Auf seine Angaben im Anhörungsvermerk wird Bezug genommen.

II.

Die Sicherungshaft ist anzuordnen, weil der Betroffene unerlaubt eingereist ist und er darüber hinaus aufgrund der unerlaubten Einreise vollziehbar ausreisepflichtig ist, § 62 Abs. 2 S. 1 Nr. 1 AufenthG, und die freiwillige Erfüllung dieser Pflicht nicht gesichert ist.
Es besteht ferner der begründete Verdacht, dass der Betroffene sich der Abschiebung entziehen will, § 62 Abs. 2 S. 1 Nr. 5 AufenthG. Er ist am 11. 10. 09 von Österreich kommend ohne Pass und Visum eingereist. Er hatte unter Vorlage eines gefälschten Reisepasses bereits 1995 unter dem falschen Namen »David O.« in Deutschland Asyl beantragt und nicht bewilligt erhalten. Es besteht deshalb der Verdacht, dass der Betroffene, der im Inland weder einen Wohnsitz noch soziale Bindungen aufweist

§ 8 Die Abschiebungshaft

und bereits in einem behördlichen Verfahren über seine Identität getäuscht hatte, sich der Abschiebung entziehen wird.

Die Dauer der beantragten Haft verletzt nicht den Grundsatz der Verhältnismäßigkeit, da die Behörde ihre Bemühungen um eine beschleunigte Abschiebung ausreichend dargetan hat. Auch sind keine, vom Betroffenen nicht zu vertretende Umstände bekannt, welche einer Abschiebung innerhalb der nächsten drei Monate entgegenstehen.

Der von dem Ausländer beabsichtigte erneute Asylantrag nach abgeschlossenem und für ihn erfolglosen Asylverfahren im Jahre 1995 steht der Haftanordnung nicht entgegen, § 71 Abs. 8 AsylVfG. Ob die Abschiebung ansonsten zu Recht betrieben wird, haben nicht die Haftgerichte zu prüfen. Insoweit obliegt die Gewährung von Rechtsschutz ausschließlich den Verwaltungsgerichten.

Nach § 422 Abs. 2 Satz 1 FamFG war die sofortige Wirksamkeit der Entscheidung anzuordnen.

Die Kostenentscheidung beruht auf § 128 c Abs. 3 KostO.

Gegen diesen Beschluss ist die sofortige Beschwerde statthaft.
Sie ist binnen **zwei Wochen** beim Amtsgericht Musterstadt schriftlich oder zu Protokoll der Geschäftsstelle einzulegen. Die Frist beginnt mit der Zustellung oder der gerichtlich protokollierten Bekanntmachung der Entscheidung. Eine untergebrachte Person kann die Beschwerde auch bei dem für den Unterbringungsort zuständigen Amtsgericht einlegen.
Bei schriftlichen Erklärungen genügt es zur Fristwahrung nicht, dass die Erklärung innerhalb der Frist zur Post gegeben wird. Die Frist ist vielmehr nur dann gewahrt, wenn die Erklärung vor dem Ablauf der Frist bei dem Gericht eingeht. Die schriftliche Rechtsmitteleinlegung muss in deutscher Sprache erfolgen.

Ecker
Richer am Amtsgericht

> **Verfügung**
> I. Beschlussausfertigung an Betroffenen bereits ausgehändigt
> II. Beschlussausfertigung an beteiligte Ausländerbehörde gegen EB (2-fach) mit Ablichtung der Niederschrift/des Anhörungsvermerks
> III. Wiedervorlage Frau/Herrn Referatsinhaber
> IV. Kostenbehandlung
>
> Musterstadt, den 12. 10. 2009
>
> Ecker
> Richter am Amtsgericht

§ 9 Freiheitsentzug nach Polizeirecht

I. Einführung

151 Maßnahmen nach den Polizeiaufgabengesetzen, die einer gerichtlichen Entscheidung zugeführt werden, sind im Bereitschaftsdienst zwar selten, bereiten deshalb umso mehr Schwierigkeiten. Sie betreffen als präventive Anordnungen den **Sicherheitsbereich**. Entscheidungen im Bereitschaftsdienst beziehen sich nicht selten auf den sog. »Trunkenheitsgewahrsam«, damit auf Personen, bei denen aufgrund ihrer Trunkenheit zum Selbstschutz Freiheitsentzug erforderlich ist, und auf Maßnahmen im Bereich des Demonstrationsrechts sowie bei häuslicher Gewalt.

Dabei ist die **Freiheitsbeschränkung** vom Freiheitsentzug zu unterscheiden. Abgegrenzt wird nach der Intensität des Eingriffs. Eine Freiheitsbeschränkung liegt vor, wenn jemand durch die öffentliche Gewalt gegen seinen Willen gehindert wird, einen Ort aufzusuchen oder sich dort aufzuhalten, der ihm an sich (tatsächlich und rechtlich) zugänglich ist. Der Tatbestand der **Freiheitsentziehung** ist erfüllt, wenn die – tatsächlich und rechtlich an sich gegebene – körperliche Bewegungsfreiheit nach jeder Richtung hin aufgehoben wird.[166] Jede Fremdbestimmung ist ein Eingriff in Art. 2 Abs. 2 Satz 2 GG. Die Freiheit der Person wird durch diese Garantie der Unverletzlichkeit und durch den Richtervorbehalt des Art. 104 Abs. 2 Satz 1 GG besonders geschützt. Deshalb ist es erforderlich, dieses Sicherheitsrecht zumindest in den Grundzügen darzustellen.

---

166 BVerfGE 94, 166, 198; BVerfG NJW 2002, 3161.

II. Der Anwendungsbereich

1. Persönlicher Anwendungsbereich

Der persönliche Anwendungsbereich bezieht sich auf Volljährige und Minderjährige, Deutsche wie Ausländer.   152

2. Sachlicher Anwendungsbereich

Eine der Aufgaben der Polizei ist die Abwehr von Gefahren gegen die **öffentliche Sicherheit**. Sie dient dem Individualschutz wie auch dem Kollektivschutz und soll die Verletzung der Rechtsordnung verhindern. *Die Polizei hat die Aufgabe, die allgemein oder im Einzelfall bestehenden Gefahren für die öffentliche Sicherheit oder Ordnung abzuwehren.* Sie hat den Schutz der zentralen Rechtsgüter wie Leben, Gesundheit, Freiheit, Ehre, Eigentum und Vermögen des Einzelnen sowie die Unversehrtheit der Rechtsordnung und der staatlichen Einrichtungen[167] zu gewährleisten. Verletzt werden kann die öffentliche Sicherheit vornehmlich durch Straftaten sowie durch Eigengefährdung. Bei privatrechtlichen Beziehungen gilt in allen Polizeigesetzen eine wesentliche Einschränkung: *Zum Schutz privater Rechte ist die Polizei nur berufen, wenn gerichtlicher Schutz nicht rechtzeitig zu erlangen ist und wenn ohne polizeiliche Hilfe die Verwirklichung des Rechts vereitelt oder wesentlich erschwert werden würde*[168] (**Subsidiaritätsprinzip**). Soweit einige Polizeigesetze auch auf die **öffentliche Ordnung** abstellen, umfasst dieser Begriff »die Gesamtheit jener ungeschriebenen Regeln für das Verhalten des Einzelnen in der Öffentlichkeit, deren Beobachtung nach den jeweils herrschenden Anschauungen als unerlässliche Voraussetzung eines staatsbürgerlichen Gemeinschaftswesens«[169] geboten ist.   153

3. Polizeiliche Befugnisse (Ingewahrsamnahme)

Polizeilicher Gewahrsam ist Freiheitsentzug. Die Ingewahrsamnahme erfolgt in der Regel in dafür vorgesehenen Arrest- oder Haftäumen bei den Dienststellen. Als weiterer Ort des Gewahrsams kommen Polizeifahrzeuge und Krankenzimmer ebenso in Betracht wie die Einschließung von Demonstranten in Form eines »Polizeikessels« im Freien,[170] aber auch »Sammelstellen« bei Großeinsätzen.   154

---

167 BVerfGE 69, 315.
168 Denninger, in: Lisken/Denninger, Kapitel E. Rn. 7.
169 PrOVGE 91, 140.
170 Rachor, in: Lisken/Denninger, Kapitel F. Rn. 7 a m. w. N.

Häufigste Anwendungsfälle dürften wie bisher sein
- der Gewahrsam zum Schutz einer Person gegen Gefahren für Leib oder Leben, weil sich die Person in einem die freie Willensbildung ausschließenden Zustand oder sonst in einer hilflosen Lage befindet, etwa stark betrunken ist (**Schutzgewahrsam**),
- sowie die Verhinderung einer von einer Person ausgehenden und unmittelbar bevorstehenden (**Unmittelkeitsprinzip**) Gefahr der Begehung einer Straftat oder einer Ordnungswidrigkeit von erheblicher Bedeutung (**Sicherungsgewahrsam**) bzw. deren Fortsetzung (**Unterbindungsgewahrsam**).

*Beim Sicherungsgewahrsam wird gegen Personen vorgegangen, von denen eine Gefahr ausgeht (**Störenfriede**), beim Schutzgewahrsam sind Personen einer Gefahr ausgesetzt.* Eine Grenzziehung zwischen beiden Begriffen ist nicht immer leicht. *Soll die Verhütung bevorstehender Straftaten oder Ordnungswidrigkeiten für einigen Zeitraum (in einigen Bundesländern bis zu 14 Tage) erreicht werden, spricht man ebenfalls vom Unterbindungsgewahrsam.*

Beispiel:
Der stark angetrunkene Betroffene droht seiner Ehefrau lautstark in der gemeinsamen Wohnung mit einem Messer, sie »abzustechen«. Er werde nicht eher ruhen, bis sie tot sei, weil sie ihn mit einem anderen Mann betrogen habe. Die herbeigerufenen Polizeibeamten nehmen den Betroffenen in Gewahrsam und verbringen ihn in die Arrestzelle der Polizeidienststelle. Zwar ist bereits eine Straftat der Bedrohung nach § 241 Abs. 1 StPO begangen worden. Der Freiheitsentzug erfolgt jedoch nicht im Rahmen der Strafverfolgung zur Verfahrenssicherung, sondern als Präventivmaßnahme. Es liegt keine Festnahme nach § 127 StPO vor, sondern ein Sicherungsgewahrsam, weil der Betroffene zu einer erheblichen Straftat bereit ist und die Tatbestandsverwirklichung unmittelbar bevorsteht. Die Maßnahme dient der vorbeugenden Verhinderung einer weiteren Straftat.

155 Von geringerer praktischer Bedeutung für eine richterliche Entscheidung im Bereitschaftsdienst ist eine unerlässliche Ingewahrsamnahme zur **Durchsetzung eines Platzverweises**, da diese Maßnahme nahezu immer beendet werden kann, bevor das gerichtliche Verfahren eingeleitet wird; dies kann jedoch bei Demonstrationen durchaus aktuell werden.

III. Das Verfahren

1. Ermessensentscheidung der Polizeibehörde

Die Polizei trifft ihre *Maßnahme des Freiheitsentzugs* auf der Grundlage der jeweils gegebenen Verhältnisse und Erkenntnismöglichkeiten[171] *nach pflichtgemäßem Ermessen*. Die polizeiliche Maßnahme muss **geeignet** sein, den angestrebten Zweck zu erreichen, nämlich die Gefahr für die öffentliche Sicherheit oder Ordnung zu verhindern. Dabei muss die Maßnahme daran gemessen werden, ob ein geringfügigerer Eingriff in die Rechte des Betroffenen möglich ist, um den Zweck zu erreichen. Der **Grundsatz der Verhältnismäßigkeit** ist bei der Prüfung der »Unerlässlichkeit« der Ingewahrsamnahme zur Durchsetzung einer Platzverweisung in erhöhtem Maße zu beachten, da die Freiheit der Person ein so hohes Rechtsgut darstellt, dass sie nur aus besonders gewichtigem Grund angetastet werden darf.[172] Geboten ist eine besonders sorgfältige *Abwägung zwischen dem verfassungsrechtlich geschützten Freiheitsanspruch des Betroffenen und dem öffentlichen Interesse an der Wahrung von Recht und Ordnung*.[173] Zu berücksichtigen ist hierbei maßgeblich die Bedeutung der Rechtsgüter, der Grad der Wahrscheinlichkeit ihrer Verletzung sowie deren Schwere. Dabei ist bei mehreren möglichen und geeigneten Maßnahmen diejenige zu treffen, die den Einzelnen und die Allgemeinheit voraussichtlich am wenigsten beeinträchtigt. Auch darf die Maßnahme nicht zu einem Nachteil führen, der zu dem erstrebten Erfolg erkennbar außer Verhältnis steht. Sie ist zu beenden, wenn der Zweck erreicht ist oder erkennbar wird, dass er nicht mehr erreichbar ist (**Übermaßverbot**). Bedeutung gewinnt dies im Bereich der **Kleinkriminalität** wie bei einem Vergehen des Fahrens ohne Fahrerlaubnis oder ohne Haftpflichtversicherungsvertrag, bei der Leistungserschleichung oder bei der Beteiligung am unerlaubten Glücksspiel. Bei Ordnungswidrigkeiten von besonderer Bedeutung werden Verkehrsordnungswidrigkeiten nicht in Betracht kommen, wohl aber erhebliche Ordnungswidrigkeiten beim Umweltschutz.

156

2. Verfahrensgrundsätze

a) Antragsverfahren

Wird eine Person in polizeilichen Gewahrsam genommen, ist unverzüglich eine gerichtliche Entscheidung über die Zulässigkeit und die Fortdauer der

157

---

171 BVerfGE 45, 51/60.
172 BVerfG NJW 1998, 1774, 1775.
173 BayObLGZ 1998, 133, 136.

Maßnahme *herbeizuführen*. In nahezu allen Bundesländern verweisen die Polizeigesetze auf das Verfahren nach dem FreihEntzG[174] (zukünftig nach dem FamFG). Nur in den Bundesländern Baden-Württemberg und Niedersachsen bestehen abweichende Regelungen.[175] In dem Verfahren hat die Polizeibehörde ein eigenes Antragsrecht und die gebotenen Ermittlungen werden vom Amtsermittlungsgrundsatz beherrscht.

Das Verfahren ist als Antragsverfahren ausgestaltet. Die Polizeibehörde beantragt nach § 417 Abs. 1 FamFG eine richterliche Entscheidung über die Zulässigkeit und Dauer der Maßnahme. Der Antrag ist **nicht formgebunden** und kann deshalb auch mündlich oder fernmündlich gestellt werden, sofern das Begehren in den Akten in verlässlicher Weise dokumentiert ist und die Identität der in Gewahrsam Genommenen jedenfalls anhand der Akten festgestellt werden kann.[176] Das FamFG fordert dazu in § 417 Abs. 2 Satz 2 eine Begründung, die folgende Tatsachen zu enthalten hat:
- die Identität des Betroffenen,
- dessen gewöhnlichen Aufenthaltsort,
- die Erforderlichkeit der Freiheitsentziehung
- und deren voraussichtliche Dauer.

Die Polizeibehörde ist dabei nicht an ihren Bezirk gebunden. Als Vertreter der Polizeibehörde kann dabei jeder Polizeibeamte auftreten.[177] Es besteht das **Gebot der Herbeiführung einer unverzüglichen gerichtlichen Entscheidung.** »Unverzüglich« ist dahin auszulegen, dass die richterliche Entscheidung ohne jede Verzögerung, die sich nicht aus sachlichen Gründen rechtfertigen lässt, nachgeholt werden muss.[178] Nicht vermeidbar sind zum Beispiel Verzögerungen, die durch die Länge des Weges, Schwierigkeiten beim Transport, die notwendige Registrierung und Protokollierung, ein renitentes Verhalten des Festgenommenen oder vergleichbare Umstände bedingt sind.[179] *Die Vorführung der betroffenen Person vor dem Richter hat spätestens mit Ablauf des Folgetags nach seiner Ingewahrsamnahme zu erfolgen*, Art. 104 Abs. 2 Satz 3 GG, soweit die Polizeigesetze keine frühere Freilassungspflicht normieren. Nach § 17 Nr. 3 POG RP und § 16 Abs. 1 Nr. 3 SPolG ist der Betroffene schon 24 Stunden nach dem Ergreifen

---

174 Art. 18 Abs. 3 Satz 3 BayPAG, § 31 Abs. 3 Satz 2 ASOG Bln, § 18 Abs. 2: PolG Bdg, § 16 Abs. 3 Satz 2 BremPolG, § 13 a Abs. 2 Satz 2 HmbSOG, § 33 Abs. 2 Satz 2 HSOG, § 56 Abs. 5 Satz 5 SOG M-Abs. 5, § 36 Abs. 2 Satz 2 PolG NW, § 15 Abs. 2 Satz 2 POG RP, § 14 Abs. 2 Satz 2 SPolG, § 22 Abs. 8 Satz 2 SächsPolG, § 38 Abs. 2 Satz 2 SOG LSA, §§ 204 Abs. 6, 181 Abs. 4 Satz 4 LVwG SH, § 20 Abs. 2 Satz 2 ThürPAG.
175 § 28 Abs. 4 Satz 2 PolGBW: FGG, § 19 Abs. 4 Nds. SOG: NdsFGG.
176 BVerfG NVwZ 2006, 579/583.
177 Rachor, in: Lisken/Denninger, Kapitel F. Rn. 322.
178 BVerfG NVwZ 2006, 579, 580.
179 BVerfGE 103, 142, 156; BVerfG NVwZ 2006, 579, 580.

zu entlassen, wenn bis dahin keine auf Freiheitsentziehung lautende gerichtliche Entscheidung ergangen ist bzw. er bis dahin dem Richter nicht zugeführt worden ist, § 35 Abs. 1 Nr. 2 HSOG.
Nach Entlassung aus dem Gewahrsam ist die richterliche Entscheidung nicht mehr nachzuholen. Vielmehr kann der Betroffene Antrag auf Feststellung der Rechtswidrigkeit stellen.

b) Der Amtsermittlungsgrundsatz

Das Verfahren unterliegt dem **Amtsermittlungsgrundsatz** (§ 26 FamFG). Die freiheitssichernde Funktion des Art. 2 Abs. 2 Satz 2 GG setzt Maßstäbe für die Aufklärung des Sachverhalts und damit für Anforderungen in Bezug auf die tatsächliche Grundlage der richterlichen Entscheidungen. Es ist unverzichtbare Voraussetzung rechtsstaatlichen Verfahrens, dass Entscheidungen, die den Entzug der persönlichen Freiheit betreffen, auf zureichender richterlicher **Sachaufklärung** beruhen und eine in tatsächlicher Hinsicht genügende Grundlage haben, die der Bedeutung der Freiheitsgarantie entspricht.[180] Da die richterliche Entscheidung konstitutiv ist und nicht nur eine Genehmigung oder Bestätigung einer vorangegangenen polizeilichen Anordnung,[181] muss der erkennende Richter den Sachverhalt selbst aufklären. Angesichts des hohen Ranges des Freiheitsrechts gilt dies in gleichem Maße, wenn die nachträgliche Feststellung der Rechtswidrigkeit einer freiheitsentziehenden Maßnahme in Rede steht.[182] *Die Entscheidung ist grundsätzlich vor der Freiheitsentziehung herbeizuführen (richterliche Anordnung), ansonsten unverzüglich nachzuholen, wenn sie nicht bereits zum Zeitpunkt der Ingewahrsamnahme (polizeiliche Anordnung) vorliegt.* Nach der gebotenen Sachverhaltsaufklärung sind die rechtlichen Voraussetzungen des Freiheitsentzugs zu prüfen und ob dem Gebot der Unverzüglichkeit des Art. 104 Abs. 2 Satz 2 GG genügt wurde. Als Mittel eigener richterlicher Aufklärung stehen bei eilbedürftigen Entscheidungen neben der persönlichen Anhörung des Betroffenen insbesondere die Akten, sichergestellte Sachen und Aussagen der beteiligten Beamten zur Verfügung.[183] Würde die Herbeiführung einer vorherigen richterlichen Entscheidung den Zweck der Maßnahme gefährden, ist die Entscheidung ohne jede Verzögerung, die nicht aus sachlichen Gründen geboten ist, nachzuholen, wenn nicht anzunehmen ist, dass die Entscheidung des Richters erst nach Wegfall des Grundes der polizeilichen Maßnahme ergehen würde.

158

---

180 BVerfGE NJW 1986, 767; BVerfG NJW 1998, 1774, 1775.
181 BVerfG NJW 1991, 1283, 1284.
182 BVerfG NVwZ 2006, 579, 580.
183 Berner/Köhler Art. 18 Rn. 11.

Vor dem Vollzug der Maßnahme wird eine Anhörung im Eildienst in den seltensten Fällen möglich sein. Nahezu immer ist im Bereitschaftsdienst mit einer nachträglichen Entscheidung zu rechnen.

c) Anhörung des Betroffenen

159 Nach § 420 Abs. 1 Satz 1 FamFG ist der Betroffene **mündlich** durch den erkennenden Richter zu hören. Alleine auf das Vorbringen der Polizei darf die Entscheidung nicht gestützt werden. Denn der Richter hat aufgrund des Verfassungsauftrags über die Zulässigkeit der Freiheitsentziehung selbst zu entscheiden und die Verantwortung dafür zu übernehmen, dass die Ingewahrsamnahme zum Erreichen des Gesetzeszwecks unerlässlich ist. Dazu wird der Betroffene ins Gerichtsgebäude gebracht. Oder der Richter im Eildienst, dem es in Anbetracht anderer Dienstgeschäfte möglich ist, begibt sich zur Polizeidienststelle, zu dem Betroffenen. Das gilt auch im Fall einer einstweiligen Anordnung. Allerdings kann das Gericht bei Gefahr in Verzug bei Erlass einer einstweiligen Anordnung vor der persönlichen Anhörung des Betroffenen und eines zu bestellenden Verfahrenspflegers entscheiden, hat die Verfahrenshandlungen jedoch unverzüglich nachzuholen, § 427 Abs. 2 FamFG. Dem Betroffenen ist Gelegenheit zur umfassenden Stellungnahme zu geben. Er kann sich der Hilfe eines Rechtsanwalts oder eines anderen Beistands bedienen. Der Betroffene hat einen Anspruch darauf, dass sein Vortrag zur Kenntnis genommen wird und bei der Entscheidung berücksichtigt wird. Im Eilverfahren entspricht eine Aussage bei der Polizei nur dann den Anforderungen des Art. 103 Abs. 1 GG auf rechtliches Gehör, wenn der Betroffene weiß, dass seine Äußerung für das Gericht bestimmt ist.

d) Verfahrenspfleger

160 Die Anhörung kann unterbleiben, wenn sie nach ärztlichem Gutachten nicht ohne Nachteile für den Gesundheitszustand des Anzuhörenden ausführbar ist oder wenn der Anzuhörende an einer übertragbaren Krankheit im Sinne des Infektionsschutzgesetzes vom 20.07.2000[184] leidet, § 420 Abs. 2 FamFG. In diesen Fällen ist dem Anzuhörenden, wenn er keinen gesetzlichen Vertreter in den persönlichen Angelegenheiten hat und auch nicht durch einen Rechtsanwalt vertreten wird, durch das für die Entscheidung zuständige Gericht ein Pfleger für das Verfahren zu bestellen, § 419 Abs. 1 Satz 2 FamFG. Eine einstweilige Anordnung, § 427 Abs. 2 FamFG, kann bereits ergehen, bevor dem Unterzubringenden ein Pfleger bestellt ist.

---

184 BGBl. I S. 1045.

§ 9 Freiheitsentzug nach Polizeirecht 111

e) Anhörung sonstiger Personen

Das FamFG unterscheidet zwischen Muss- und Kann-Beteiligten. Zu beteiligen sind wie bisher der Betroffene und die antragstellende Verwaltungsbehörde, der Verfahrenspfleger wird durch seine Bestellung als Beteiligter zum Verfahren hinzugezogen. Die übrigen in § 418 Abs. 3 FamFG genannten Personen **können im Interesse des Betroffenen** beigezogen werden.   161

f) Benachrichtigungspflicht

Dem Betroffenen ist bereits durch die Polizeibehörde, spätestens aber mit der freiheitsentziehenden Entscheidung die Möglichkeit einzuräumen, eine Person seines Vertrauens zu benachrichtigen. Hierauf ist er hinzuweisen. Diese Person kann im Interesse des Betroffenen am Verfahren beteiligt werden. Bei Anordnung der Freiheitsentziehung hat das Gericht von Amts wegen einen seiner Angehörigen oder eine Person seines Vertrauens unverzüglich zu benachrichtigen, § 432 FamFG. Wird eine dieser Personen am Verfahren beteiligt, wird dieser Benachrichtigungspflicht i. d. R. bereits dadurch Genüge getan.   162

3. Zuständigkeitsbestimmungen

a) Sachliche Zuständigkeit

Sachlich zuständig sind nicht etwa die Verwaltungsgerichte, sondern die Amtsgerichte.[185] Der Grund liegt einmal in der im Allgemeinen bestehenden größeren Ortsnähe, zum anderen in der größeren Sachnähe, weil sie auch nach anderen Vorschriften über Freiheitsentziehungen zu befinden haben.[186]   163

b) Örtliche Zuständigkeit

Örtlich zuständig ist das Amtsgericht, in dessen Bezirk die betroffene Person ihren gewöhnlichen Aufenthalt hat, mangels eines solchen das Gericht am Ort des Bedürfnisses für die Freiheitsentziehung. Bei Untergebrachten ist das Gericht örtlich zuständig, in dessen Bezirk die Anstalt liegt, § 416   164

---

185 § 28 Abs. 4 Satz 1 PolGBW, Art. 18 Abs. 3 Satz 1 BayPAG, § 31 Abs. 3 Satz 1 ASOG Bln, § 18 Abs. 1 Satz 1 PolG Bdg, § 16 Abs. 3 BremPolG, § 13 a Abs. 2 Satz 1 HmbSOG, § 33 Abs. 2 Satz 1 HSOG, § 56 Abs. 5 Satz 4 SOG M-V, § 19 Abs. 3 Satz 1 Nds. SOG, § 36 Abs. 2 Satz 1 PolG NW, § 15 Abs. 2 Satz 1 POG RP, § 14 Abs. 2 Satz 1 SPolG, § 22 Abs. 8 Satz 1 SächsPolG, § 38 Abs. 2 Satz 1 SOG LSA, §§ 204 Abs. 6, 181 Abs. 4 Satz 3 LVwG SH, § 20 Abs. 1 ThürPAG.
186 Rachor, in: Lisken/Denninger, Kapitel F. Rn. 319.

112   *Teil 2 – Öffentlich-rechtlicher Freiheitsentzug*

Satz 2 FamFG. Abzustellen ist dabei bei den Maßnahmen nach den Polizeigesetzen auf den Festhalteort (**Vollzugsort**), nicht auf den Ort, in dem die Maßnahme erstmalig erforderlich wurde oder die Person zuerst in Gewahrsam genommen wurde. Die Zuständigkeit kann deshalb auch dort begründet sein, wo die Polizei nach erfolgter Ingewahrsamnahme eine Sammelstelle im Bezirk eines anderen Gerichts errichtet hat und den Betroffenen dorthin verbringt.[187]

IV. Die Entscheidung

1. Die materiell-rechtlichen Voraussetzungen

165   Voraussetzung ist eine *Gefahr als Wahrscheinlichkeit eines Schadenseintritts*. Als Schaden im polizeirechtlichen Sinn wird die »objektive«, nicht unerhebliche Minderung bzw. Beeinträchtigung des vorhandenen Bestands an geschützten Individual- oder Gemeinschaftsgütern angesehen.[188] Der Begriff der Gefahr bei der Ingewahrsamnahme beinhaltet *eine auf Tatsachen gegründete subjektive Einschätzung*[189] (*Gefahrenprognose), dass der erwartete Schaden oder die Straftat unmittelbar bevorsteht*. Es muss eine akute Bedrohung der öffentlichen Sicherheit vorliegen,[190] etwa indem der Störer die Begehung einer Straftat ankündigt oder dazu auffordert, oder Waffen und Werkzeuge mit sich führt, welche zur Tatbegehung bestimmt sind. Die Polizei trifft ihre Maßnahme des Freiheitsentzugs auf der Grundlage der jeweils gegebenen Verhältnisse und Erkenntnismöglichkeiten[191] nach **pflichtgemäßem Ermessen**. Die polizeiliche Maßnahme muss **geeignet** sein, den angestrebten Zweck zu erreichen, nämlich die Gefahr für die öffentliche Sicherheit oder Ordnung zu verhindern. Da mit der Maßnahme ein **Freiheitsentzug** verbunden ist, muss dieser **unerlässlich**[192] sein. Dabei muss die Maßnahme daran gemessen werden, ob ein geringfügigerer Eingriff in die Rechte des Betroffenen möglich ist, um den Zweck zu erreichen. Geboten ist eine besonders sorgfältige Abwägung zwischen dem verfassungsrechtlich geschützten Freiheitsanspruch des Betroffenen und dem öffentlichen Interesse an der Wahrung von Recht und Ordnung.[193] Zu berücksichtigen ist hierbei maßgeblich die Bedeutung der Rechtsgüter, der Grad der Wahrscheinlichkeit ihrer Verletzung sowie deren Schwere. Bei mehre-

---

187 OLG Hamm NJW 2006, 2707.
188 Denninger, in: Lisken/Denninger, Kapitel E. Rn. 30.
189 Streitig, vgl. Nachweise bei Denninger, in: Lisken/Denninger, Kapitel E. Rn. 36–41.
190 Rachor, in: Lisken/Denninger, Kapitel F. Rn. 293.
191 BVerfGE 45, 51/60.
192 Siehe z. B. § 46 Abs. 1 Nr. 2 HSOG und dazu BVerfG NJW 1991, 1283.
193 BayObLGZ 1998, 133/136.

§ 9 *Freiheitsentzug nach Polizeirecht*

ren möglichen und geeigneten Maßnahmen ist diejenige zu treffen, die den Einzelnen und die Allgemeinheit voraussichtlich am wenigsten beeinträchtigt. Auch darf die Maßnahme nicht zu einem Nachteil führen, der zu dem erstrebten Erfolg erkennbar außer Verhältnis steht. Sie ist zu beenden, wenn der Zweck erreicht ist oder erkennbar wird, dass er nicht mehr erreichbar ist (**Übermaßverbot**, s. Rz. 156).

2. Die gerichtliche Entscheidung

Wird eine Person in polizeilichen Gewahrsam genommen, ist unverzüglich eine gerichtliche Entscheidung über die Zulässigkeit und die Fortdauer der Maßnahme herbeizuführen. Obwohl Art. 104 Abs. 2 Satz 1 GG eine richterliche Anordnung vor dem Vollzug der Maßnahme verlangt, wird dies in den seltensten Fällen möglich sein. Nahezu immer im Bereitschaftsdienst ist mit einer nachträglichen Entscheidung zu rechnen. Einer solchen Entscheidung bedarf es dann nicht, wenn die Beschlussfassung des Richters erst nach dem Wegfall der Maßnahme erfolgen wird, was gerade bei Betrunkenen, die sich im Ausnüchterungsgewahrsam befinden und aufgrund ihres Zustands nicht angehört werden können, häufig der Fall sein wird. Denn eine richterliche Entscheidung ist entbehrlich, wenn anzunehmen ist, dass die richterliche Entscheidung erst nach Wegfall des Grundes der polizeilichen Maßnahme ergeht.[194] Der Polizei obliegt insoweit eine Prognose, ob ein Richterspruch noch vor der Entlassung des Betroffenen voraussichtlich erlangt werden kann.[195] Ist dies in der Kürze der Zeit bis zum Ende der beabsichtigten Freiheitsentziehung nicht möglich, kann die Polizei von der Herbeiführung einer richterlichen Entscheidung absehen mit der Folge, dass sie die angeordnete Ingewahrsamnahme selbst zu verantworten hat.[196] 166

Das Gericht entscheidet über die Freiheitsentziehung durch einen mit Gründen versehenen Beschluss, §§ 38, 421 FamFG. Dabei ist die Entscheidung über die Freiheitsentziehung konstitutiv, weshalb der *weitere Freiheitsentzug angeordnet, nicht genehmigt* wird. In dem Beschluss ist eine **Frist** für die **Dauer des Freiheitsentzugs** zu bestimmen. Die Höchstdauer bestimmt sich abweichend von § 425 Abs. 1 FamFG (1 Jahr) i. d. R. nach den Polizeigesetzen[197] und es sollte zweckmäßigerweise der sich aus dem 167

---

194 Vgl. z. B. Art. 18 Abs. 1 Satz 2 BayPAG.
195 Schmidbauer, in: Schmidbauer/Steiner/Roese, Art. 18 Rn. 11.
196 OLG München Beschl. v. 28. 10. 2005 – 34 Wx 124/05 zu Art. 18 Abs. 1 BayPAG bei Melchior – Abschiebungshaft – Kommentar Anhang.
197 § 28 Abs. 3 Satz 3 PolGBW: 2 Wochen, Art. 20 S. 2 BayPAG: 2 Wochen, § 20 PolG Bdg: 4 Tage, § 13 c Abs. 1 Nr. 3 HmbSOG: 2 Wochen, § 35 Abs. 1 Nr. 4 Satz 2 HSOG: bei § 32 Abs. 1 Nr. 2: 6 Tage, sonst 2 Tage, § 56 Abs. 5 Satz 3 SOG M-Abs. 5: bei § 55 Abs. 1 Nr. 2: 10 Tage, sonst 3 Tage, § 21 Satz 2 Nds. SOG: bei 18 Abs. 1 Nr. 2: 10 Tage, sonst 4 Tage, § 17 Abs. 2 POG RP: nur bei § 14 Abs. 1

Gesetz ergebende Hinweis erfolgen, dass der Freiheitsentzug zu beenden ist, wenn der Grund für die Freiheitsentziehung weggefallen ist (vgl. z. B. § 426 Abs. 1 Satz 1 FamFG). Die Frist ist verlängerbar, wenn sie unter der Höchstdauer liegt. Die Entscheidung muss aber innerhalb der zunächst gesetzten Frist ergehen, § 425 Abs. 2 Satz 1 FamFG, ansonsten ist der Untergebrachte freizulassen.

Nach § 422 Abs. 1 FamFG wird die eine Freiheitsentziehung anordnende Entscheidung erst mit der Rechtskraft wirksam. Das Gericht kann und wird wegen der Eilbedürftigkeit der Entscheidung im Bereitschaftsdienst jedoch die **sofortige Wirksamkeit** der Entscheidung anordnen, § 422 Abs. 2 Satz 1 FamFG.

V. Bekanntmachung und Vollzug

168 Die Entscheidung, durch welche die Freiheitsentziehung durch den Richter angeordnet wird, ist nach §§ 40 Abs. 1, 41 Abs. 1 Satz 1, 418 FamFG
– **dem Betroffenen** bekanntzumachen, dem die Freiheit entzogen werden soll. Ist die Bekanntmachung an den Betroffenen nach ärztlichem Zeugnis nicht ohne Nachteile für seinen Gesundheitszustand ausführbar, so kann sie unterbleiben, § 423 FamFG. Das Gericht entscheidet hierüber durch unanfechtbaren Beschluss. Hat der Betroffene keinen gesetzlichen Vertreter oder Rechtsanwalt, ist ihm ein Verfahrenspfleger durch das Gericht zu bestellen, falls bei unterlassener Anhörung noch nicht erfolgt.
– Die Entscheidung ist bei Freiheitsentzug auch den gegebenenfalls Beteiligten bekannt zu geben
– sowie der **Polizeibehörde**, die den Antrag auf Freiheitsentziehung gestellt hat.

Die Entscheidung, durch welche der Antrag der Verwaltungsbehörde abgelehnt wird, ist
– der Polizeibehörde
– und dem Betroffenen bekanntzumachen.

Die Entscheidung wird von der zuständigen Polizeibehörde vollzogen, nicht durch die Justiz, § 422 Abs. 3 FamFG. Ein Aufnahmeersuchen ist deshalb durch das Gericht nicht zu fertigen. Der Vollzug erfolgt in den dafür vorgesehenen Arrestzellen, allerdings kann die Polizeibehörde gegebenenfalls im Wege der Rechtshilfe um Vollzug in der Justizvollzugsanstalt ersuchen.

Nr. 2 zulässig: 7 Tage, § 16 Abs. 1 Satz 2 SPolG: 8 Tage, § 22 Abs. 7 Satz 2 SächsPolG: nur bei § 22 Abs. 1 Nr. 1: 2 Wochen, sonst 3 Tage, § 40 Abs. 1 Satz 2 SOG LSA: 4 Tage, § 22 Satz 2 ThürPAG: 10 Tage.

VI. Rechtsbehelfe

Nach nahezu allen Polizeigesetzen ist die Entscheidung des Richters anfechtbar. Nach § 47 Satz 2 HSOG allerdings ist ein Rechtsmittel gegen die richterliche Entscheidung ausgeschlossen und verfassungsrechtlich unbeanstandet.[198] 169

1. Sofortige Beschwerde

Nach § 63 Abs. 2 Nr. 1 FamFG findet gegen die Entscheidung des Amtsgerichts bei einstweiliger Anordnung die sofortige Beschwerde statt. Wegen weiterer Beschwerdeberechtigter s. § 429 Abs. 2 FamFG; gegen eine Entscheidung, durch welche der Antrag der Verwaltungsbehörde abgelehnt wird, steht nur dieser die Beschwerde zu, § 59 Abs. 2 FamFG. Abzustellen ist auf den Zeitpunkt der Entscheidung, wobei die Beschwer fortbestehen muss. Die Beschwerde ist fristgebunden und ist **binnen zweier Wochen** ab Zustellung oder Bekanntmachung der Entscheidung einzulegen (§ 63 Abs. 2 Nr. 1 FamFG). Die Einlegung erfolgt durch Einreichung einer **Beschwerdeschrift** oder durch **Erklärung zu Protokoll** der Geschäftsstelle des zuständigen Gerichts, § 64 Abs. 1 und 2 FamFG, wobei die Beschwerde beim Amtsgericht, § 64 Abs. 1 FamFG, oder beim Gericht des Unterbringungsorts fristwahrend eingelegt werden kann (§ 429 Abs. 4 FamFG). 170

2. Rechtsbeschwerde

Gegen die Beschwerdeentscheidung des Landgerichts als Beschwerdegericht ist nach § 71 FamFG die Rechtsbeschwerde in der entsprechenden Form und Frist statthaft. 171

3. Antrag auf Feststellung der Rechtswidrigkeit

Bei schwerwiegenden Grundrechtseingriffen wie dem Freiheitsentzug hat das Bundesverfassungsgericht ein durch Art. 19 Abs. 4 GG geschütztes *Rechtsschutzinteresse* unter anderem *in Fällen angenommen, in denen die direkte Belastung durch den angegriffenen Hoheitsakt sich nach dem typischen Verfahrensablauf auf eine Zeitspanne beschränkt, in der der Betroffene die gerichtliche Entscheidung in der von der Prozessordnung eröffneten Instanz kaum erlangen kann.*[199] 172
Streitig ist aufgrund unterschiedlicher länderspezifischer Regelungen, ob der Rechtsschutz bei den Amtsgerichten oder den Verwaltungsgerichten zu

---

198 BVerfG NJW 1991, 1284, 1284.
199 BVerfG NVwZ 2006, 579, 582.

erreichen ist, wenn eine richterliche Entscheidung nicht vorliegt.[200] Der Antrag geht auf »*Feststellung, dass die Ingewahrsamnahme des Betroffenen in dem Zeitraum vom ... bis zum ... rechtswidrig war*«.

VII. Anhang: Ingewahrsamnahme bei Gewaltschutz

173 Das GewSchG[201] bezweckt den zivilrechtlichen Schutz bei Gewalttaten und Nachstellungen, § 1 GewSchG, sowie die Überlassung einer gemeinsam genutzten Wohnung, § 2 GewSchG. Dazu sind polizeiliche Maßnahmen bis hin zum Freiheitsentzug möglich. Im Bereitschaftsdienst kaum zu lösen sein dürfte die Streitfrage, ob zur Umsetzung des **Gewaltschutzgesetzes** Generalklauseln ausreichend sind oder ob eine Wohnungsverweisung mit Rückkehrverbot einer spezialgesetzlichen Regelung bedarf.[202] Nach der hier vertretenen Auffassung ist die allgemeine Möglichkeit des Platzverweises (**Wegweisung**) ausreichend, weil der Polizei dadurch immer die Möglichkeit offen steht, eine gewalttätige Person aus einer Wohnung zu entfernen[203] und zur Durchsetzung der Maßnahme die Person in Gewahrsam zu nehmen. Allerdings ist ein solcher Platzverweis zum Opferschutz mit Rückkehrverbot in der Regel eine Maßnahme von längerer Dauer. Deshalb haben eine Anzahl von Bundesländern ihre Polizeigesetze geändert und spezialgesetzliche Regelungen eingeführt, während die Länder **Bayern, Brandenburg, Niedersachsen, Saarland, Sachsen** und **Schleswig-Holstein** (§ 176 SchlHVwG) sowie **Thüringen** (§§ 18, 19 ThürPAG) ihre Generalklauseln für ausreichend ansehen. Die Dauer der Rückkehrverbote bzw. eines Betretungsverbots ist unterschiedlich geregelt. Zum Gewaltschutzgesetz s. Rz. 204 ff.

---

200 OVG Weimar LKV 1999, 511 m. w. N.; a.A.: OVG Lüneburg Beschl. v. 21. 11. 2003 – 11 PA 345/03.
201 Art. 1 des Gesetzes zur Verbesserung des zivilgerichtlichen Schutzes bei Gewalttaten und Nachstellungen sowie zur Erleichterung der Überlassung der Ehewohnung bei Trennung, BGBl. 2001 I S. 3513.
202 So z. B. § 29 a BerlASOG; § 14 a BremPolG; § 12 a HbgSOG; § 31 Abs. 2 HessSOG; § 52 Abs. 2 MVSOG; § 34 a NWPolG.
203 So auch BT-Drs. 14/5429 S. 23.

Teil 3: Die zivilrechtliche Unterbringung

§ 10 Zivilrechtliche Unterbringung Volljähriger

I. Einführung

Neben der öffentlich-rechtlichen Unterbringung ist bei **volljährigen Personen**, die unter rechtlicher Betreuung stehen, eine **Unterbringung durch einen Betreuer** im Rahmen des § 1906 BGB möglich, *soweit Selbstgefährdung besteht, nicht jedoch bei Fremdgefährdung*. Zweck der Maßnahme ist es, durch staatlichen Eingriff »einen psychisch Kranken vor sich selbst in Schutz zu nehmen und ihn zu seinem eigenen Wohl in einer geschlossenen Einrichtung unterzubringen«. Die Fürsorge der staatlichen Gemeinschaft schließt auch die Befugnis ein, einen psychisch Kranken, der infolge seines Krankheitszustands und der damit verbundenen fehlenden Einsichtsfähigkeit die Schwere seiner Erkrankung und die Notwendigkeit von Behandlungsmaßnahmen nicht zu beurteilen vermag oder trotz einer solchen Erkenntnis sich infolge der Krankheit nicht zu einer Behandlung entschließen kann, zwangsweise in einer geschlossenen Einrichtung unterzubringen, wenn sich dies als unumgänglich erweist, um eine drohende gewichtige gesundheitliche Schädigung von dem Kranken abzuwenden.[204] Dabei stellen sich dem Richter im Eildienst, der mit dem Rechtsgebiet nicht täglich vertraut ist, eine Anzahl von Abgrenzungs- und Rechtsfragen. *Öffentlich-rechtliche Unterbringung und die Unterbringung nach dem Zivilrecht unterscheiden sich materiell-rechtlich danach, ob sie im Rahmen der öffentlichen Sicherheit oder Ordnung der Gefahrenabwehr dient, oder ob alleiniger Maßstab das Wohl des Betroffenen ist.*[205] Der Schutz Dritter spielt bei der zivilrechtlichen Unterbringung keine Rolle. Voraussetzung ist, dass dem **Betreuer** der entsprechende Aufgabenkreis übertragen wurde und er das **Aufenthaltsbestimmungsrecht** (bzw. »Klinikunterbringung«, »Unterbringung«) hat. Der Wirkungskreis der **Gesundheitssorge**, auch Gesundheitsfürsorge genannt, alleine enthält dieses Recht nicht.[206] Das Gleiche gilt für eine Unterbringung durch einen Bevollmächtigten, wenn

174

---

204 BVerfG NJW 2007, 3560, 3561.
205 Staudinger/Bienwald § 1906 Rn. 13 f. zur Abgrenzung.
206 OLG Hamm FamRZ 2001, 861 m. w. N.

diesem in einer schriftlichen Vorsorgevollmacht diese Befugnis zur freiheitsentziehenden Unterbringung ausdrücklich und wirksam eingeräumt wurde, § 1906 Abs. 5 BGB. In Betreuungssachen ist die Einweisung in eine geschlossene psychiatrische Klinik gegen den Willen des Betroffenen auf Antrag des Betreuers im Rahmen des Aufgabenkreises Aufenthaltsbestimmung nur mit **vormundschaftsgerichtlicher Genehmigung** gestattet. Entsprechend ist zu tenorieren. Bei Zusammentreffen eines Antrags auf öffentlich-rechtliche Unterbringung mit einer zivilrechtlichen Unterbringung siehe Rz. 94. Die BGB-Vorschriften regeln dabei die materiellen Voraussetzungen für den Freiheitsentzug. Das Verfahren dazu ist in §§ 312 ff. FamFG geregelt, so dass zu den Verfahrensregeln weitgehend auf die Ausführungen zur Unterbringung nach öffentlichem Recht verwiesen werden kann (s. Rz. 102 ff.).

175 Bei **Gefahr in Verzug** kann der Betreuer oder der Bevollmächtigte die Unterbringung sofort durchführen und muss die gerichtliche Genehmigung umgehend einholen, § 1906 Abs. 2 Satz 2 BGB. Das Gericht kann darüber hinaus selbst **ohne Betreuer oder Bevollmächtigten** fürsorglich tätig werden und von sich aus eine Unterbringung anordnen, wenn *an Stelle eines noch zu bestellenden Betreuers* oder bei dessen Verhinderung eine Unterbringung veranlasst ist, §§ 1846, 1908 i Abs. 1 Satz 1, 1906 Abs. 1 BGB.

II. Der Anwendungsbereich

1. Persönlicher Anwendungsbereich

176 Soweit betreuungsrechtliche Entscheidungen zu treffen sind, muss die betroffene Person **volljährig** sein, während bei der öffentlich-rechtlichen Unterbringung auch Minderjährige betroffen sein können. Kinder und Jugendliche können nach dem Zivilrecht mit Genehmigung des Familiengerichts nach § 1631 b BGB untergebracht werden (zur Unterbringung Minderjähriger s. Rz. 194). Die Maßnahme kann sich sowohl auf Deutsche wie auch auf Ausländer beziehen. Für diese findet sich bei der zivilrechtlichen Unterbringung eine Spezialregelung in § 104 Nr. 2 und 3 FamFG (**internationale Zuständigkeit**).

2. Sachlicher Anwendungsbereich

177 **In Betreuungssachen** ist die Einweisung in eine geschlossene psychiatrische Klinik und die Heilbehandlung gegen den Willen des Betroffenen auf Antrag des Betreuers im Rahmen der Aufgabenkreise Aufenthaltsbestimmung und Gesundheitsfürsorge nur mit Genehmigung des **Vormundschaftsgerichts** gestattet. Dies setzt aber eine *erhebliche Gefährdung*

der Gesundheit des Betroffenen voraus. Vermögensgefährdungen oder die Gefährdung anderer sind keine Begründung für eine Einweisung nach dem Betreuungsrecht.

Bei der bürgerlich-rechtlichen Unterbringung sind zwei Fallkonstellationen denkbar. Die vorläufige Unterbringung kommt einmal in Betracht, wenn

– der Betroffene einen **Betreuer** hat und dieser ihn mit Freiheitsentzug unterbringen will oder bereits untergebracht hat, § 1906 BGB. Bei der Unterbringung durch den Betreuer spricht das Gericht eine **Genehmigung** für die Handlungsweise des Betreuers aus.

– Fehlt eine solche Entscheidung eines Betreuers, weil der *Betreuer an solch einer Entscheidung aus tatsächlichen oder rechtlichen Gründen gehindert bzw. ein Betreuer noch nicht bestellt* ist, kann das Gericht auf zweierlei Art und Weise reagieren:
Es trifft eine **eigenständige Unterbringungsentscheidung, § 1846 BGB, oder** es bestellt im Wege der einstweiligen Anordnung einen **vorläufigen Betreuer,** der seinerseits das Unterbringungsverfahren einleitet. Im Prinzip wird bei § 1846 BGB das Gericht als Ersatz für einen gesetzlichen Vertreter im konkreten Einzelfall tätig. Diese Vorschrift kommt nur bei eng auszulegenden Eilfällen zur Anwendung. Zu denken ist an eilige Operationen oder die sofortige Unterbringung in einer Klinik. *In der Regel kann sich das Gericht mit der Bestellung eines vorläufigen Betreuers begnügen*[207] (s. dazu Rz. 191).

178

Die Genehmigung beruht auf dem *Grundsatz im Betreuungsrecht, wonach das Gericht die Tätigkeit des Betreuers überwacht*, während bei der eigenständigen Anordnung das Gericht Anordnungen zum Wohle des Betroffenen trifft, um Nachteile für ihn zu vermeiden, die er dadurch erleidet, weil er noch keinen Betreuer hat oder dieser vorübergehend verhindert ist.

3. Genehmigungsvoraussetzungen im Einzelnen

Grundvoraussetzung ist, dass der Betroffene an einer **psychischen Krankheit** oder einer **geistigen oder seelischen Behinderung** leidet. Bei der Unterbringungsgenehmigung ist weiter Voraussetzung, dass
– der Betroffene volljährig ist.
– Es muss eine **Freiheitsentziehung** ohne oder gegen den Willen des Betroffenen stattfinden. Eine freiheitsentziehende Unterbringung in diesem Sinn ist gegeben, wenn der Betroffene gegen seinen Willen oder im Zustand der Willenlosigkeit in einem räumlich begrenzten Bereich eines geschlossenen Krankenhauses, einer anderen geschlossenen Ein-

179

---

207 Palandt/Diederichsen § 1846 Rn. 4.

richtung oder dem abgeschlossenen Teil einer solchen Einrichtung festgehalten, sein Aufenthalt ständig überwacht und die Kontaktaufnahme mit Personen außerhalb des Bereichs eingeschränkt wird.[208] Die Maßnahme muss auf eine gewisse Dauer angelegt sein, um als Freiheitsentziehung angesehen werden zu können. Entscheidendes Kriterium für eine zivilrechtliche freiheitsentziehende Unterbringung ist daher wie auch im öffentlichen Recht die nicht nur kurzfristige Beschränkung der persönlichen Bewegungsfreiheit auf einen bestimmten Lebensraum.[209] Eine Entscheidung entfällt, wenn der Betroffene mit natürlicher Einsichts- und Urteilsfähigkeit bei Kenntnis der Umstände und der Bedeutung des Freiheitsentzugs freiwillig hierin **einwilligt**. Erst wenn diese Freiwilligkeitserklärung widerrufen wird, ist ggf. eine richterliche Unterbringungsentscheidung veranlasst. Bei halboffener Unterbringung liegt Freiheitsentzug vor, wenn keine Möglichkeit des freien Zutritts und keine Möglichkeit des Ausgangs ohne Aufsicht besteht.[210]

– Die Freiheitsentziehung muss zum **Wohl des Betroffenen** erforderlich sein, weil ansonsten krankheitsbedingt konkret die Gefahr besteht, dass er sich selbst tötet (Gefahr der **Selbsttötung**) oder sich *erheblichen* gesundheitlichen Schaden zufügt (Gefahr der **Gesundheitsschädigung**), § 1906 Abs. 1 Nr. 1 BGB,

– oder beim Betroffenen eine medizinische Maßnahme in Form der Heilbehandlung oder eines ärztlichen Eingriffs notwendig ist, die ohne Unterbringung nicht durchgeführt werden kann (»**medizinische Unterbringung**«), § 1906 Abs. 1 Nr. 2 BGB, weil andernfalls ein gewichtiger gesundheitlicher Schaden droht[211] und der Betreute krankheitsbedingt die Notwendigkeit der Freiheitsentziehung verkennt. *Bei fehlender Krankheits- und Behandlungseinsicht ist von einer partiellen Aufhebung der freien Willensbestimmung auszugehen.*[212] Zwischen der Erkrankung und der Gefahr der Gesundheitsschädigung muss **Kausalität** bestehen, *wobei die zu behandelnde Krankheit nicht die Anlasserkrankung sein muss.*

– Die Unterbringung muss auch **notwendig** sein. Die Maßnahme ist nicht erforderlich, wenn weniger einschneidende Maßnahmen wie eine ambulante Heilbehandlung ausreichend sind. Der **Verhältnismäßigkeitsgrundsatz** verlangt weiter, dass der Freiheitsentzug nicht außer Verhältnis zu den drohenden Nachteilen ohne Unterbringung steht. Insbesondere müssen bei einer Heilbehandlung die Schwere des mit der Unterbringung verbundenen Eingriffs gegen die gesundheitlichen Schäden

---

208 Damrau/Zimmermann § 1906 BGB Rn. 1.
209 BGH NJW 2001, 888–891; OLG Düsseldorf NJW 1963, 397 f.
210 Damrau/Zimmermann § 1906 Rn. 4.
211 Staudinger/Bienwald § 1906 Rn. 29 m. w. N.; MünchKomm-Schwab § 1906 Rn. 21.
212 Dodegge/Roth Kap. G Rn. 9 ff.

§ 10 Zivilrechtliche Unterbringung Volljähriger   121

abgewogen werden, die ohne die nur bei Unterbringung mögliche Heilbehandlung drohen.[213]
Gefährliche ärztliche Maßnahmen müssen bei Vorliegen der Voraussetzungen des § 1904 BGB zusätzlich genehmigt werden.

Bei der eigenständigen Maßnahme des Gerichts nach § 1846 BGB ist neben der Krankheit bzw. Behinderung Voraussetzung, dass 180
- darauf beruhend der **Betroffene entscheidungsunfähig** ist
- und ein **Bedürfnis für das Tätigwerden** des Richters in dem konkreten Einzelfall besteht, ohne dass eine (vorläufige) Betreuerbestellung oder die Entscheidung eines verhinderten Betreuers abgewartet werden kann. Ein solches Bedürfnis besteht nicht, wenn die für den Betroffenen benötigte Hilfe auf andere Weise genauso gut gewährt werden kann. Das Bedürfnis bemisst sich ausschließlich am Interesse des Betroffenen. Die vorläufige Unterbringung ist danach ausgeschlossen, wenn bereits ein Betreuer mit dem Aufgabenkreis Aufenthaltsbestimmung und Gesundheitssorge bestellt ist und dieser auch nicht verhindert ist.[214]
- Die Maßnahme muss darüber hinaus erforderlich und verhältnismäßig sein.

III. Das Genehmigungsverfahren

1. Sachliche Zuständigkeit

Sachlich zuständig ist das Betreuungsgericht, § 23 c Abs. 1 GVG, § 312 FamFG, § 1906 Abs. 2 Satz 1 BGB. 181

2. Örtliche Zuständigkeit

Die örtliche Zuständigkeit für das Gericht bei Maßnahmen nach § 1846 BGB regelt sich nach § 334 FamFG, bei Unterbringungsgenehmigungen nach § 1906 BGB nach § 313 Abs. 1 FamFG. 182
Danach ist das Gericht ausschließlich und in dieser Reihenfolge örtlich zuständig,
- bei dem eine Betreuung, deren Aufgabenbereich die Unterbringung umfasst, anhängig ist, § 313 Abs. 1 Nr. 1 FamFG,
- in dessen Bezirk der Betroffene zum Zeitpunkt der Befassung seinen gewöhnlichen Aufenthalt hat, § 313 Abs. 1 Nr. 2 FamFG, oder

---

213 BT-Drs. 11/4528 S. 146; Palandt/Diederichsen § 1906 Rn. 21; Staudinger/Bienwald § 1906 Rn. 13; BayObLG FamRZ 1998, 1329; BayObLG NJW 2000, 881.
214 BayObLG FamRZ 2000, 566.

– das Gericht, in dessen Bezirk das Bedürfnis der Fürsorge hervortritt, § 313 Abs. 1 Nr. 3 FamFG.
– Ist der Betroffene Deutscher und keine andere Zuständigkeit gegeben, dann ist das Amtsgericht Schöneberg in Berlin zuständig, § 313 Abs. 1 Nr. 4 FamFG.

Für einstweilige Anordnungen ist auch das Gericht zuständig, in dessen Bezirk das Bedürfnis für die Unterbringungsmaßnahme bekannt wird, § 313 Abs. 2 Satz 1 FamFG. Dies dürfte die **Regelzuständigkeit in Eilsachen** sein.

Die internationale Zuständigkeit beruht auf § 104 Abs. 1 FamFG.

3. Verfahrensgrundsätze

a) Das Verfahren als »Anregungsverfahren«

183 Das Verfahren auf richterliche Genehmigung ist nicht als Antragsverfahren ausgestaltet, verlangt aber zumindest eine **Anregung des Betreuers** oder des Bevollmächtigten an das Gericht auf Erteilung der Genehmigung.[215] Sie muss von ihm als Verantwortlichem kommen, kann allerdings durch das Krankenhaus oder eine sonstige Einrichtung oder vom Betreuer selbst telefonisch übermittelt werden. Die in der Regel als Antrag gestellte Anregung kann auch zu Protokoll der Geschäftsstelle des zuständigen Gerichts oder der Geschäftsstelle eines jeden Amtsgerichts erfolgen, § 25 FamFG. Die Genehmigungsanregung setzt jedoch immer voraus, dass dem Betreuer der Wirkungskreis der **Aufenthaltsbestimmung**, und zur weiteren Behandlung der Wirkungskreis der **Gesundheitsfürsorge** übertragen wurde. Dies ergibt sich im Bereitschaftsdienst ohne Aktenbeiziehung schon aus dem Betreuerausweis.

Bei der Maßnahme nach § 1846 BGB ist kein Verfahrensantrag erforderlich. Ausreichend sind Anregungen oder Erkenntnisse, die das Gericht auf andere Weise erlangt.

b) Der Amtsermittlungsgrundsatz

184 Das Gericht hat von Amts wegen den Sachverhalt aufzuklären, § 26 FamFG. Es ist eine unverzichtbare Voraussetzung rechtsstaatlichen Verfahrens, dass richterliche Entscheidungen, die den Entzug der persönlichen Freiheit betreffen, auf zureichender richterlicher Sachaufklärung beruhen und eine in tatsächlicher Hinsicht genügende Grundlage haben, die der Bedeutung der Freiheitsgarantie entspricht. Dazu gehört die Anhörung des Betroffenen. Deren vorrangiger Zweck ist es, dem Richter einen persön-

---

215 Dazu BayObLG FamRZ 1994, 1416.

lichen Eindruck von dem Betroffenen und der Art seiner Erkrankung zu verschaffen, damit er in den Stand gesetzt wird, ein klares und umfassendes Bild von der Persönlichkeit des Unterzubringenden zu gewinnen und seiner Pflicht zu genügen, dem ärztlichen Gutachten richterliche Kontrolle entgegenzusetzen. Der persönliche Eindruck des entscheidenden Richters ist das Kernstück des Amtsermittlungsverfahrens.[216] Außerdem kann geprüft werden, ob der Betroffene in die Maßnahme **einwilligt**. Damit wird eine Entscheidung entbehrlich. Hierzu ist seine natürliche Einsichts- und Steuerungsfähigkeit ausreichend. Als einwilligungsfähig ist er anzusehen, wenn er Art, Bedeutung und Tragweite der Maßnahme erfasst und seinen Willen hiernach zu bestimmen vermag.

c) Das ärztliche Zeugnis

Zum Erlass einer einstweiligen Anordnung muss ein ärztliches Zeugnis über den Zustand des Betroffenen vorliegen, § 331 Satz 1 Nr. 2 FamFG. Dem Antrag ist deshalb ein ärztliches Attest beizufügen, aus dem sich die Kausalität zwischen Erkrankung und der drohenden Selbstgefährdung ohne Unterbringung oder Behandlung ergibt. Das Vorliegen einer psychischen Erkrankung oder geistigen oder seelischen Behinderung ist dagegen bereits im Betreuungsverfahren zur Betreuerbestellung durch Attest oder Gutachten nachgewiesen und geprüft worden.

185

Im Übrigen kann hinsichtlich der Verfahrensgrundsätze auf die Ausführungen zur öffentlich-rechtlichen Unterbringung verwiesen werden (s. Rz. 102 ff.), so auf die Bestellung eines Verfahrenspflegers, § 317 FamFG, die persönliche Anhörung des Betroffenen, §§ 319, 332 FamFG, und der sonstigen Beteiligten, § 320 FamFG.

IV. Die Entscheidung

Der Betreuer kann den Betroffenen zwar *ohne richterliche Genehmigung zunächst unterbringen, wenn mit einem Aufschub Gefahr verbunden* wäre. Er muss dann jedoch nach § 1906 Abs. 2 Satz 2 BGB die Genehmigung unverzüglich nachholen. Diese Fallkonstellation ist der Regelfall im Bereitschaftsdienst. Die Entscheidung ergeht in Form einer einstweiligen Anordnung. Für eine **einstweilige Anordnung** müssen neben den materiell-rechtlichen Voraussetzungen des § 1906 BGB für eine Unterbringung (s. Rz. 181) *dringende Gründe für die Annahme bestehen, dass die Voraussetzungen für die freiheitsentziehende Maßnahme gegeben sind und ein*

186

---

[216] BVerfG NJW 2007, 3560, 3561 m. w. N.

dringendes Bedürfnis für ein sofortiges Tätigwerden besteht, § 331 Satz 1 Nr. 1 FamFG.[217]

187 Die einstweilige Unterbringung ergeht in Beschlussform und lautet bei § 1906 BGB nicht auf Anordnung, sondern auf **Genehmigung der Unterbringung**. Der Beschluss wird mit Gründen versehen. Ansonsten unterscheidet er sich kaum von der Beschlussfassung bei Unterbringung nach öffentlichem Recht (vgl. die Ausführungen bei Rz. 114 f.), enthält die **Unterbringungsart**, eine **Befristung** bis zu sechs Wochen, § 333 Satz 1 FamFG, und grundsätzlich die Anordnung der **sofortigen Wirksamkeit**. Ebenso ist zu begründen, aus welchen Gründen ein **Verfahrenspfleger** nicht bestellt wurde, § 317 Abs. 2 FamFG. § 39 FamFG verlangt eine Beschwerdebelehrung zur Entscheidung. Eine **Kostenentscheidung** erfolgt grundsätzlich nicht. Das Gericht *kann* jedoch die Auslagen des Betroffenen, die zur zweckentsprechenden Rechtsverfolgung notwendig waren, der Staatskasse ganz oder teilweise auferlegen, wenn die Unterbringungsmaßnahme abgelehnt oder das Verfahren ohne Entscheidung beendet wird, § 337 Abs. 1 FamFG.

188 Bei der Unterbringung als eigenständige Maßnahme des Gerichts nach § 1846 BGB wird eine einstweilige Anordnung vorausgesetzt. Allerdings ist das Gericht dabei verpflichtet sicherzustellen, dass dem Betroffenen unverzüglich ein Betreuer oder jedenfalls ein vorläufiger Betreuer (s. Rz. 191) zur Seite gestellt wird.[218] In der Praxis ist es deshalb üblich, zugleich mit dem anordnenden Beschluss zur Unterbringung den vorläufigen Betreuer zu bestellen.

V. Die Bekanntmachung

189 Zur Bekanntmachung wird auf die Ausführungen zur öffentlich-rechtlichen Unterbringung Bezug genommen. Der Zeitpunkt der Übergabe an die Geschäftsstelle ist bei Anordnung der sofortigen Wirksamkeit auf der Entscheidung zu vermerken.

Eine sofortige Beschwerde gegen die einstweilige Anordnung hat keine aufschiebende Wirkung, da die Entscheidung bereits mit Eingang in der Geschäftsstelle wirksam geworden ist. Allerdings kann auf die Beschwerde hin sowohl das Ausgangs- als auch das Beschwerdegericht anordnen, dass die Vollziehung auszusetzen ist.

---

217 Das FamFG gebraucht den Begriff Gefahr in Verzug nur bei einer einstweiligen Anordnung mit gesteigerter Dringlichkeit ohne Anhörung, § 332 FamFG.
218 BGH NJW 2002, 1801.

VI. Der Vollzug

Der Vollzug des Beschlusses obliegt dem Betreuer, soweit der Betroffene noch nicht untergebracht ist, wobei er sich zur Erfüllung der Aufgabe der Hilfe der Betreuungsbehörde bedienen kann, § 326 Abs. 1 FamFG. Dabei darf die zuständige Behörde Gewalt nur auf Grund besonderer gerichtlicher Entscheidung anwenden, wobei sie befugt ist, erforderlichenfalls die Unterstützung der polizeilichen Vollzugsorgane nachzusuchen, § 326 Abs. 2 Satz 2 FamFG, wobei nach § 326 Abs. 3 FamFG eine gerichtliche Anordnung erforderlich ist. Das Gericht kann auch anordnen, dass die Erlaubnis zum Betreten der Wohnung erteilt wird, § 326 Abs. 3 Satz 1 FamFG.

Der Betreuer kann jederzeit ohne Einschaltung des Gerichts die Unterbringung beenden und hat dies dann dem Gericht anzuzeigen, § 1906 Abs. 3 Satz 1 und 2 BGB, das den Anordnungsbeschluss daraufhin aufhebt.[219]

VII. Anhang: Vorläufige Betreuerbestellung

Das Vormundschaftsgericht kann nach § 1846 BGB an Stelle der Unterbringung des Betroffenen auch einen vorläufigen Betreuer mit dem Wirkungskreis der Gesundheitssorge und des Aufenthaltsbestimmungsrechts bestellen (s. Rz. 178), um dessen Entscheidung abzuwarten, um bei beabsichtigter Unterbringung durch ihn die Maßnahme zu genehmigen. Bei der Bestellung eines vorläufigen Betreuers (bzw. Erweiterung einer bestehenden Betreuung auf einen der dazu erforderlichen Aufgabenkreise) im einstweiligen Anordnungsverfahren sind folgende materiell-rechtliche Voraussetzungen zu beachten:

Es muss
- ein Bedürfnis für die Bestellung eines Betreuers in einem (bzw. Erweiterung einer bestehenden Betreuung um einen) konkreten Aufgabenkreis (§ 1896 Abs. 2 Satz 1 BGB) bestehen
- und die benötigte Hilfe nicht auf andere Weise genauso gut gewährt werden können.
- Auch darf der Betroffene aufgrund seiner Erkrankung nicht in der Lage sein, die Entscheidung für das konkrete Geschäft selbst eigenverantwortlich zu treffen.
- Und es müssen dringende Gründe für die Annahme bestehen, dass die Voraussetzungen für die Bestellung eines Betreuers gegeben sind und mit dem Aufschub Gefahr verbunden wäre, §§ 300 Abs. 1, 301 FamFG.

---

219 Palandt/Diederichsen § 1906 Rn. 29.

Hier ist zu prüfen, ob wirklich eine Notwendigkeit besteht, dass der Betreuer umgehend eine wesentliche Entscheidung für den Betroffenen zu treffen hat, mit der nicht bis zur Betreuerbestellung durch den zuständigen Vormundschaftsrichter zugewartet werden kann. Denkbar ist, dass eilige Entscheidungen in den Aufgabenkreisen Gesundheit (z. B. Einwilligung in Operationen), Aufenthaltsbestimmung (Unterbringung in einer Klinik oder anderen speziellen Einrichtung) anstehen.

Ansonsten ist das Verfahren einzuhalten, wie bei der zivilrechtlichen Unterbringung beschrieben.

192 Hinsichtlich der Person des vom Gericht zu bestellenden Betreuers enthält § 1897 BGB Regelungen. Bei Gefahr in Verzug lässt § 301 Abs. 2 FamFG Vereinfachungen bei der Auswahl der Betreuerperson zu. In aller Regel wird man während des Bereitschaftsdienstes bei der Auswahl des vorläufigen Betreuers auf eine dem Betroffenen nahestehende Person zurückgreifen, die entweder den Antrag gestellt hat oder die bereits bei Antragstellung vorgeschlagen wurde. Wird ein Berufsbetreuer bestellt, ist im Beschluss auszuführen, dass dieser die Betreuung berufsmäßig führt, weil dem Betreuer sonst der Vergütungsanspruch nicht gesichert ist, § 1836 Abs. 1 Satz 1 i. V. m. § 1908 i Abs. 1 Satz 1 BGB.

VIII. Der praktische Fall

193 Der Betreuer von Frau Susanne S. teilt am Freitag, 16.09.09, gegen 14.00 Uhr, dem Vormundschaftsgericht Musterstadt telefonisch mit, dass er die Betroffene in einer geschlossenen Abteilung der Fachklinik für Psychiatrie unterbringen müsse. Ihm sei im Rahmen der seit zwei Jahren bestehenden Betreuung der Wirkungskreis des Aufenthaltsbestimmungsrechts und der Gesundheitssorge übertragen worden. Die Betreute sei drogenabhängig, habe einen Rückfall erlitten und sei dringend stationär behandlungsbedürftig. Er bittet um Erscheinen des Bereitschaftsdienstrichters. Er werde auch dafür sorgen, dass der Hausarzt zum Anhörungstermin erscheint. Der regulär zuständige Richter ist nicht mehr erreichbar, das Telefongespräch wird dem Richter im Eildienst durchgestellt.

§ 10 Zivilrechtliche Unterbringung Volljähriger

a) Anhörungsvermerk

Aktenzeichen: 2 XVII 123/09

Anhörungsvermerk

vom 16. 09. 2009

in der Unterbringungssache betreffend
Frau Susanne S., geb. 1.12.1985, ledige Verkäuferin, wohnhaft Rosenweg 3, Musterstadt;

Die Betroffene wurde heute um 16.00 Uhr in ihrer Wohnung aufgesucht. Es öffnete auf Klingeln der Betreuer. Anwesend sind:
– die Betroffene
– der Betreuer, Herr Udo K.
– Dr. Hubert M., Hausarzt der Betroffenen

Der Betroffenen wurde ausführlich der Zweck der Anhörung, nämlich die Prüfung ihrer Unterbringung in einem psychiatrischen Krankenhaus, bekannt gegeben. Sie reagiert sehr aggressiv und schreit ständig »Ihr Schweine. Lasst mich in Ruhe. Ich gehe nirgendwo hin«.

Der Betreuer erklärt: Die Betroffene hat schon mehrere Klinikaufenthalte hinter sich. Zuletzt war sie vor einer Woche aus der Fachklinik in Musterstadt entlassen worden. Als ich sie am gleichen Abend besuchte, stand sie bereits wieder erheblich unter Drogen- und Alkoholeinfluss. Werde sie nicht untergebracht, wird sie weiterhin massiv Drogen einnehmen. Auch ist mit einem Suizidversuch zu rechnen, denn sie hat schon mehrfach in diesem Zustand versucht, durch Aufschneiden der Pulsadern ihrem Leben ein Ende zu setzen.

Nunmehr wird der Arzt gehört. Zu seinen Personalien gibt er an: Dr. Hubert M., Arzt für Allgemeinmedizin, Praxisanschrift ist der Hasenweg 12, Musterstadt.

Ich kenne die Patientin seit ihrer Kindheit. Mir liegen auch fachärztliche Stellungnahmen über sie aus früherer Zeit vor. Diagnostisch handelt es sich bei ihrer Erkrankung um eine langjährig bestehende Politoxikomanie. Zugrunde liegt eine selbstunsichere Persönlichkeit mit einer gering ausgeprägten Frustrationstoleranz. Sie hat das Vertrauen in ihre Fähigkeiten wieder vollständig verloren und ist in hohem Maße suizidgefährdet. Ohne Hilfe und Überwachung von außen besteht zurzeit akute Selbstgefahr. Eine Unterbringung wird für mindestens einen Monat für erforderlich gehalten.

Der Betroffenen wird Gelegenheit gegeben, sich dazu zu äußern. Sie erklärt: Das ist alles Unsinn. Ich bin nicht selbstmordgefährdet.

> Der Betroffenen und dem Betreuer wird bekannt gegeben, dass die Genehmigung der Unterbringung für die Zeit von einem Monat aus den Gründen, die der Arzt genannt hat, erteilt werden wird.
>
> Die Betroffene schreit nur: »Ihr könnt mich. Ich gehe nicht!«
>
> Weimar
> Richterin   Für die Richtigkeit der Übertragung vom Tonträger
> Dickenherr, Justizangestellte

b) Entscheidung und Verfügung

> Amtsgericht Musterstadt
> Aktenzeichen: 2 XVII 123/09
>   Zum Zwecke der Bekanntmachung der Geschäftsstelle
>   übergeben am 16. 09. 09 um 17.15 Uhr
>
>   Dickenherr
>   Urkundsbeamter der Geschäftsstelle
>
>   **Beschluss**
>
>   vom 16. 09. 2009
>
> in dem Verfahren auf vorläufige Unterbringung für
> Frau Susanne S., geb. 1. 12. 1985, ledige Verkäuferin, wohnhaft Rosenweg 3, Musterstadt;
>
> hat das Amtsgericht Musterstadt – Betreuungsgericht – durch Richterin am Amtsgericht Weimar im Wege der einstweiligen Anordnung beschlossen:
> I. Die vorläufige Unterbringung der Betroffenen durch den Betreuer in einer geschlossenen Abteilung eines psychiatrischen Krankenhauses wird vormundschaftsgerichtlich genehmigt.
> II. Diese Anordnung endet spätestens am 15. 10. 2009 um 24.00 Uhr, sofern sie nicht vorher verlängert wird.[220]
>   Ist die Freiheitsentziehung nicht mehr erforderlich, hat sie der Betreuer sofort zu beenden.
> III. Zum Verfahrenspfleger für das Unterbringungsverfahren wird Frau Rita Deyerling, Römerstr.12, Musterstadt, bestellt.
>   Die Verfahrenspflegerin führt die Verfahrenspflegschaft berufsmäßig.

---

220 Längstens sechs Wochen.

§ 10 Zivilrechtliche Unterbringung Volljähriger

IV. Wirkt die zuständige Behörde bei der Zuführung zur Unterbringung mit, darf sie – soweit erforderlich – mit Hilfe der polizeilichen Vollzugsorgane Gewalt anwenden und erforderlichenfalls auch gegen den Willen des Betroffenen dessen Wohnung betreten.
V. Es wird die sofortige Wirksamkeit der Entscheidung angeordnet.

Gründe:

I.

Die Betroffene soll durch ihren Betreuer im psychiatrischen Krankenhaus untergebracht werden. Diese Unterbringung ist mit Freiheitsentzug verbunden, für die der Betreuer die einstweilige gerichtliche Genehmigung nachgesucht hat.
Hierzu wurde die Betroffene gehört. Sie hat angegeben, sie gehe nicht freiwillig in die Klinik.

II.

Das Gericht ordnet nach § 1906 BGB, § 331 Satz 1 FamFG die vorläufige Unterbringung der Betroffenen an, da dringende Gründe für die Annahme bestehen, dass die Unterbringungsvoraussetzungen nach § 1906 BGB vorliegen und ein dringendes Bedürfnis für ein sofortiges Tätigwerden besteht. Aufgrund ihrer Erkrankung hat die Betroffene zurzeit keine ausreichende Krankheitseinsicht und ist bezüglich ihrer Erkrankung zu keiner freien Willensbildung in der Lage. Auch vermag sie die Notwendigkeit der freiheitsentziehenden Maßnahme nicht zu erkennen. Der gesundheitliche Zustand der Betroffenen erfordert eine sofortige Behandlung, da nach den ärztlichen Feststellungen sonst erhebliche gesundheitliche Nachteile zu erwarten sind. Die Betroffene gefährdet unbehandelt in erheblichem Maße ihr eigenes Leben und ihre eigene Gesundheit.

Insoweit wird Bezug genommen auf das ärztliche Zeugnis des Dr. Hubert M. und den Ausführungen des Betreuers jeweils vom heutigen Tag. Dies wird bestätigt durch den unmittelbaren Eindruck, den sich das Gericht anlässlich der persönlichen Anhörung von der Betroffenen verschafft hat.

Nach dem vorliegenden ärztlichen Zeugnis des Arztes Dr. M. leidet die Betroffene an einer psychischen Krankheit – nämlich einer Persönlichkeitsstörung mit langjähriger bestehenden Politoxikomanie. Mit dem Aufschub des Freiheitsentzuges wären erhebliche, anderweitig nicht abwendbare Gefahren verbunden. Die Betroffene ist suizidgefährdet und würde ohne die erforderliche Unterbringung weiter Drogen und Alkohol in erheblichem Umfang zu sich nehmen.

Um die Gefährdung zu beseitigen, ist die vorläufige Unterbringung der Betroffenen in einer geschlossenen Abteilung eines psychiatrischen Krankenhauses im Wege der einstweiligen Anordnung nach § 331 FamFG anzuordnen. Denn nur durch die dort sichergestellte ständige Beaufsichtigung und Betreuung kann die Gefahr für sie beseitigt werden. Zugleich kann die Betroffene in der geschlossenen Abteilung diejenige Heilbehandlung erhalten, die sie aufgrund ihres Gesundheitszustands derzeit benötigt.

Weniger einschneidende Maßnahmen sind zurzeit nicht ausreichend, um die Gefährdung zu beseitigen.

Die Beiordnung eines Verfahrenspflegers ergibt sich aus §§ 317 Abs. 1, 331 Satz 1 Nr. 3, 332 Satz 2 FamFG.

Die Entscheidung zur möglichen Gewaltanwendung und der Erlaubnis zum Betreten der Wohnung beruht auf § 326 Abs. 2 Satz 1, Abs. 3 FamFG.

Nach § 324 Abs. 2 Satz 1 FamFG war die sofortige Wirksamkeit der Entscheidung anzuordnen.

Rechtsmittelbelehrung:
Gegen diesen Beschluss ist die sofortige Beschwerde statthaft. Sie ist binnen zwei Wochen beim Amtsgericht Musterstadt schriftlich oder zu Protokoll der Geschäftsstelle einzulegen. Die Frist beginnt mit der Zustellung oder der gerichtlich protokollierten Bekanntmachung der Entscheidung. Eine untergebrachte Person kann die Beschwerde auch bei dem für den Unterbringungsort zuständigen Amtsgericht einlegen.
Bei schriftlichen Erklärungen genügt es zur Fristwahrung nicht, dass die Erklärung innerhalb der Frist zur Post gegeben wird. Die Frist ist vielmehr nur dann gewahrt, wenn die Erklärung vor dem Ablauf der Frist bei dem Gericht eingeht. Die schriftliche Rechtsmitteleinlegung muss in deutscher Sprache erfolgen.

Weimar
Richterin am Amtsgericht

> **Verfügung**
> I. Übergabevermerk ausfüllen
> II. Beschlussausfertigung und Anhörungsvermerk zustellen an
>   a. Betroffene über Klinik
>   b. Betreuer
>   c. Betreuungsstelle des Landkreises
>   d. Verfahrenspfleger
> III. formlos an Leiter der Einrichtung, in der die Unterbringung stattfindet.
> **Ich habe die Entscheidung bereits telefonisch voraus mitgeteilt.**
> IV. An Vormundschaftsabteilung
>
> Frau Kollegin/Herrn Kollegen z. w. V. (Überprüfungsfrist)
>
> Musterstadt, den 16. 09. 09
>
> Weimar
> Richterin am Amtsgericht

§ 11 Zivilrechtliche Unterbringung Minderjähriger

I. Einführung

Minderjährige werden nach § 1631 b BGB untergebracht, wenn dies dem »Wohl des Kindes« entspricht (**Erziehungsunterbringung**). Der Gesetzgeber hat mit Gesetz zur Erleichterung familiengerichtlicher Maßnahmen[221] bei Gefährdung des Kindeswohls vom 25. April 2008 diese Bestimmung konkretisiert.[222] Die mit Freiheitsentziehung verbundene geschlossene Unterbringung eines Minderjährigen durch den Personensorgeberechtigten bedarf der familiengerichtlichen **Genehmigung**. Die Besonderheit liegt darin, dass nicht der Staat, sondern die Personensorgeberechtigten den Minderjährigen mit Erlaubnis des Familiengerichts unterbringen. Diese können somit die Entscheidung nicht im Rahmen ihres Aufenthaltsbestimmungsrechts alleine treffen, sondern bedürfen einer familiengerichtlichen Genehmigung nach § 1631 b BGB. Dabei ist es unerheblich, ob die Eltern verheiratet sind, oder nicht und wie das Sorgerecht geregelt ist. Maßgeblich ist nur, dass der Antragsteller das Aufenthaltsbestimmungsrecht hat. Der Richter im Bereitschaftsdienst wird bei verant-

194

---
221 BT-Drs. 16/6815.
222 Fellenberg FPR 2008, 125, 128.

wortungsbewusstem Elternverhalten nur in seltenen Fällen mit einer solchen Entscheidung befasst werden (vgl. dazu Rz. 94). Auch lässt für Eilfälle § 42 Abs. 5 Satz 2 SGB VIII die Inobhutnahme durch das Jugendamt zu, wenn und soweit sie erforderlich ist, um eine Gefahr für Leib oder Leben des Kindes oder eine Gefahr für Leib oder Leben Dritter abzuwenden, was nur in seltenen Fällen angezeigt sein wird. Es handelt sich um eine vorläufige Maßnahme im Rahmen einer öffentlich-rechtlichen Notkompetenz. Das Jugendamt hat die Freiheitsentziehung ohne gerichtliche Entscheidung spätestens mit Ablauf des Tages nach ihrem Beginn zu beenden, soweit das Familiengericht keine Genehmigung zur Fortsetzung der Maßnahme erteilt. Diese hat kein Antragsrecht auf Genehmigung zur geschlossenen Anstaltsunterbringung. Widerspricht der Personensorgeberechtigte der mit Freiheitsentzug verbundenen Inobhutnahme durch das Jugendamt nach § 42 Abs. 5 SGB VIII, muss der Entscheidung des Familiengerichts nach § 1631 b BGB eine solche nach §§ 1666, 1666 a BGB auf einstweilige Entziehung des Aufenthaltsbestimmungsrechts und Anordnung einer Ergänzungspflegschaft nach §§ 1697, 1909 Abs. 1 Satz 1 BGB hinzutreten.[223] Soweit die Sorgeberechtigten nur tatsächlich verhindert sind, ist nach § 1693 BGB zu verfahren.

Liegt im Zuständigkeitsbereich ein psychiatrisches Krankenhaus, wird gelegentlich eine einstweilige Anordnung bei Kindern und Jugendlichen zu treffen sein. *Dient die Unterbringung dagegen der Gefahrenabwehr (Fremd- oder Eigengefährdung), kommt die Unterbringung nach öffentlichem Landesrecht (dazu Rz. 91) durch das Familiengericht in Betracht.* Im Unterschied zu § 1631 b BGB stellen die öffentlich-rechtlichen Regelungen (PsychKG, UnterbrG) nicht auf das Kindeswohl, sondern auf die allgemeine ordnungsrechtliche Gefahrenabwehr ab. Als Richtschnur kann gelten:
– Liegt ein Antrag an das Gericht auf Genehmigung der Unterbringung eines Kindes vor, dann ist nach § 1361 b BGB zu verfahren, denn durch die erfolgte Änderung des Anwendungsbereichs des § 1631 b BGB wird davon nunmehr auch die Fremdgefährdung erfasst.
– Ist dagegen eine Unterbringung ohne Antrag der Berechtigten veranlasst, ist die öffentlich-rechtliche Unterbringung zu prüfen (vgl. auch Rz. 94).

In Ausnahmefällen ist die Unterbringung durch die Berechtigten ohne gerichtliche Genehmigung zulässig, wenn *mit dem Aufschub Gefahr verbunden* ist. Der Antrag auf gerichtliche Genehmigung ist dann unverzüglich nachzuholen, § 1631 b Satz 2 BGB. Der Beschluss, der eine vom Aufenthaltsbestimmungsberechtigten beabsichtigte geschlossene Unterbringung genehmigt, muss klarstellen, ob die Unterbringung in einer psychiatrischen

---

[223] BVerfG NJW 2007, 3560, 3562.

Klinik oder in einer geschlossenen Einrichtung der Jugendhilfe genehmigt wird, §§ 151 Nr. 6, 167 Abs. 1, 312 Nr. 1, 323 Nr. 1 FamFG, was auch bei der einstweiligen Anordnung gilt.[224]

II. Der Anwendungsbereich

1. Persönlicher Anwendungsbereich

Die Bestimmung des § 1631 b BGB betrifft **Kinder und Jugendliche** und findet über § 1800 BGB für Minderjährige Anwendung, für welche eine Vormundschaft besteht, sowie über § 1915 BGB für Minderjährige, für welche ein Pfleger mit dem Aufgabenkreis des Aufenthaltsbestimmungsrechts bestellt wurde. Die Vorschrift gilt auch für Ausländer.   195

2. Sachlicher Anwendungsbereich

Die mit Freiheitsentzug verbundene Unterbringung eines Minderjährigen ist möglich, wenn   196
– sie zu dessen Wohl erforderlich ist, insbesondere eine *erhebliche Gefährdung der Gesundheit des Minderjährigen abzuwenden ist, etwa bei Selbstmordgefahr, oder wenn erhebliche Fremdgefährdung besteht.* Die Gefahr einer schwerwiegenden sozialen Fehlentwicklung wie unerklärliche Fremd- oder Eigenaggression oder ständige Weglauftendenz können als Unterbringungsgrund ausreichen.
– Der Gefahr darf nicht auf andere Weise, auch nicht durch andere öffentliche Hilfen, begegnet werden können (Vorrang anderer öffentlicher Hilfen).
– Und die Maßnahme muss verhältnismäßig sein.

III. Das Genehmigungsverfahren

Das Verfahren ist, wie bei der zivilrechtlichen Unterbringung Volljähriger, als Genehmigungsverfahren ausgestaltet. Das Verfahren ist eine **Kindschaftssache**. Es kommen die Vorschriften der §§ 312 ff. FamFG zur Anwendung, §§ 167 Abs. 1 Satz 1, 151 Nr. 6, 312 Nr. 1 FamFG. Grundsätzlich darf nach § 1631 b BGB nur der Aufenthaltsbestimmungsberechtigte einen Minderjährigen in eine geschlossene Einrichtung verbringen oder ihn dort belassen.[225] Da die Unterbringung nach § 1631 b BGB eine Einschränkung   197

---

224 BVerfG NJW 2007, 3560, 3562.
225 BVerfG NJW 2007, 3560; NJW 1960, 811.

des Aufenthaltsbestimmungsrechts ist, muss der Berechtigte (Sorgeberechtigte, Vormund, Pfleger) den Antrag stellen oder die auf gerichtliche Entscheidung gerichtete Anregung geben.

1. Sachliche Zuständigkeit

198 Sachlich zuständig ist das Familiengericht, § 1631 b Satz 1 BGB, §§ 111 Nr. 2, 151 Nr. 6 FamFG, § 23 b Abs. 1 GVG. Der Richter im Eildienst wird bei Befassen mit solch einer Sache als **Familienrichter** tätig.

2. Örtliche Zuständigkeit

199 Die örtliche Zuständigkeit bestimmt sich nach §§ 151 Nr. 6, 167 Abs. 1 Satz 1, 312 Nr. 1, 313 Abs. 1 FamFG. Vgl. dazu Rz. 182. Nach dem FamFG wird auf den »gewöhnlichen Aufenthalt« des Kindes als zentrales Anknüpfungskriterium in Kindschaftssachen abgestellt. Bei Minderjährigen, die unter Vormundschaft oder Pflegschaft stehen, ist das Gericht zuständig, bei dem die Vormundschaft oder Pflegschaft, deren Aufgabenbereich die Unterbringung umfasst, anhängig ist (**Konzentrationsmaxime**).

Bei **einstweiliger Anordnung**, die gegebenenfalls im Eildienst in Betracht zu ziehen wäre, ist auch das Gericht zuständig, in dessen Bezirk das Bedürfnis für die Fürsorge auftritt, §§ 167 Abs. 1, 313 Abs. 2 FamFG. Damit in der Regel das Gericht, in dessen Bezirk sich die geschlossene Abteilung einer Klinik oder eines Heimes befindet.

3. Verfahrensgrundsätze

200 Hierzu kann auf die Ausführungen zur zivilrechtlichen Unterbringung Erwachsener (Rz. 183 ff.) Bezug genommen werden. Die dortigen Verfahrensgrundsätze treffen auch bei Minderjährigen uneingeschränkt zu. Es gilt ein Beschleunigungsgebot, § 155 Abs. 1 FamFG.

Zu beachten ist ferner, dass der betroffene Minderjährige ab Vollendung des vierzehnten Lebensjahres verfahrensfähig ist, § 167 Abs. 3 FamFG, und das Jugendamt zu beteiligen ist, § 162 Abs. 1 FamFG. Ferner sind, soweit dies bei der Eilmaßnahme überhaupt möglich ist, die Elternteile, denen die Personensorge zusteht, ein gesetzlicher Vertreter in persönlichen Angelegenheiten sowie die Pflegeeltern persönlich anzuhören, § 167 Abs. 4 FamFG. Der Verfahrenspfleger heißt bei Minderjährigen Verfahrensbeistand, § 167 Abs. 1 Satz 2 FamFG.

IV. Abgrenzung zur anderweitigen Unterbringung

Die geschlossene Unterbringung eines Minderjährigen im Bereitschaftsdienst bringt deshalb Schwierigkeiten mit sich, weil dazu mehrere Möglichkeiten zur Verfügung stehen. Bei der öffentlich-rechtlichen Unterbringung zum Schutz der Allgemeinheit sehen die Landesgesetze neben den Voraussetzungen für den Freiheitsentzug auch Entscheidungsfristen vor. Zur Abgrenzung zwischen landesrechtlicher Unterbringung und zivilrechtlicher Unterbringung gesetzlich Vertreter s. Rz. 94.   201

Die vorläufige Unterbringung nach § 42 SGB VIII durch das Jugendamt in einer Einrichtung der Jugendhilfe setzt voraus, dass das Kind schutzbedürftig ist, Gefahr für Leib oder Leben des Kindes selbst oder Dritter besteht und die Personensorgeberechtigten nicht vorhanden oder an der Entscheidung gehindert sind und die Maßnahme verhältnismäßig ist. Gefahren für andere Rechtsgüter sind nicht ausreichend. Diese Unterbringung bezieht sich auf die ausstehende Entscheidung des Personensorgeberechtigten bezüglich der Unterbringung und ist so lange gerechtfertigt, bis eine Entscheidung des ursprünglichen oder bestellten Personensorgeberechtigten über den weiteren Verbleib des Kindes getroffen worden ist.[226] Die Maßnahme unterliegt der Genehmigung durch das Familiengericht, wobei ein Freiheitsentzug tatbestandsmäßig nicht vorliegt, wenn ein einsichtsfähiges Kind und der Personensorgeberechtigte in die Unterbringung einwilligt.

V. Entscheidung und Vollzug

Hinsichtlich der Entscheidung kann zunächst auf die Ausführungen zur bürgerlich-rechtlichen Unterbringung Bezug genommen werden (Rz. 186 ff.). Die Unterbringung wird genehmigt, nicht angeordnet. Zu beachten ist, dass die Entscheidung dem Minderjährigen selbst bekannt zu machen ist, soweit nicht die Ausnahme nach § 325 Abs. 1 FamFG bei erheblichen Nachteilen für die Gesundheit zutrifft.   202

Der Vollzug obliegt den Sorgeberechtigten, die sich auf Wunsch bei der Zuführung der Unterbringung der Unterstützung des Jugendamtes bedienen können, § 167 Abs. 5 FamFG. Für den Vollzug kann das Gericht anordnen, dass das Jugendamt Gewalt anwenden darf, §§ 167 Abs. 1 Satz 1, 326 Abs. 2 FamFG.

---

226 Kunkel FPR 2003, 277.

VI. Der praktische Fall

203 | Amtsgericht Musterstadt
– Rechtsantragstelle –

Musterstadt, 9. 2. 2010
Gegenwärtig: Pietsch, Rechtspfleger

wegen
Unterbringung mit Freiheitsentzug gem. § 1631 b BGB
Beteiligte:
1. Kind: Otto Alena, geb. 07.05. (14 Jahre alt), Obere Marktstr. 4, Musterstadt
2. Mutter des Kindes: Otto Diana, Obere Marktstr. 4, Musterstadt
3. Vater des Kindes: Otto Bernd, Obere Marktstr. 4, Musterstadt

Es erscheint unvorgeladen Frau Diana Otto und erklärt:
Ich beantrage im Wege der **einstweiligen Anordnung** die Unterbringung meiner Tochter Alena Otto in der geschlossenen Abteilung der Kinder- und Jugendpsychiatrie des Bezirkskrankenhauses Musterstadt zu genehmigen und ggf. dies im Wege der einstweiligen Anordnung zu beschließen.

Gründe:

Ich bin die Mutter des Kindes und habe mit meinem Mann gemeinsam die elterliche Sorge für Alena. Eine Vollmacht meines Mannes zur Antragstellung habe ich dabei und lege sie dem Familiengericht vor. Meine Tochter ist depressiv und äußerte bereits mehrfach Suizidgedanken. Außerdem war sie im Dezember des letzten Jahres nur sehr sporadisch in der Schule und seit ca. 10.01. gar nicht mehr. Meine Tochter befindet sich seit 02.02. bei der Kinder- und Jugendpsychiatrie in psychologischer Behandlung. Vorher war sie auch bereits bei Dr. Hofmann in Musterstadt in psychologischer Behandlung.
Seit Montag befindet sie sich auf Anraten von Frau Dr. Hipp von der Kinder- und Jugendpsychiatrie im Bezirkskrankenhaus Musterstadt auf der Station Jugend 1. Die behandelnde Ärztin dort ist Frau Dr. Lüdenscheidt. Alena ist freiwillig dorthin gegangen. Mittlerweile will sie aber keinesfalls mehr dort bleiben. Sie äußerte in Gesprächen, dass sie bei der ersten sich bietenden Gelegenheit verschwinden werde.
Ein weiterer Aufenthalt im Bezirkskrankenhaus ist aber dringend erforderlich, da großer Handlungsbedarf vor allem wegen ihrer Suizidgedanken besteht. Von Frau Dr. Lüdenscheidt wurde mir mitgeteilt, dass ein entsprechendes Gutachten/Attest nach Anforderung des Gerichts er-

stellt wird. Eine Unterbringung ist nach Ansicht der Ärzte auch dringend erforderlich.	
s. g. u. u.	
Diana Otto	Pietsch, Rechtspfleger

Der Bereitschaftsdienstrichter, dem der Antrag am Freitag in den Nachmittagsstunden vorgelegt wird, überprüft telefonisch die Angaben der Antragstellerin beim behandelnden Arzt in der Klinik und fordert ein ärztliches Attest per Telefax an, das kurze Zeit danach eintrifft.

BEZIRKSKRANKENHAUS Musterstadt
Klinik für Psychiatrie, Psychotherapie und Psychosomatik,
Klinik für Kinder- und Jugendpsychiatrie und -psychotherapie,
Klinik für Forensische Psychiatrie, Klinik für Neurologie
Anstalt des öffentlichen Rechts
                                    Musterstadt, den 09. 02. 2010
Streng vertraulich! Weitergabe an Dritte nur mit Zustimmung des Verfassers.

Fachärztliche Stellungnahme zur Vorlage beim Familiengericht

Für Alena Otto, 14 Jahre alt, gesetzliche Vertreter Diana und Fritz Otto
Die vorgenannte Patientin befindet sich seit dem 5.2. in unserer vollstationären jugendpsychiatrischen Behandlung, Am 2.2. fand eine ambulante Erstvorstellung statt.
Familiäre Situation:
...
Entwicklung:
...
Aktuelle Situation:
...

Psychischer Befund:
Bewusstseinsklar, voll orientiert. Die Stimmung war depressiv ausgelenkt, nicht aufheiterbar. Psychomotorisch war sie ruhig bei deutlich reduziertem Antrieb. Nur ab und zu Blickkontakt. Im Kontakt sehr zurückhaltend, zum Teil verzögerte leise Antworten. Keine Hinweise auf psychotische Denk- oder Wahrnehmungsstörungen. Aktuell Suizidgedanken ohne Handlungsplanung oder Handlungsdruck (sei lieber tot als lebend). Keine Fremdgefährdung.

Stationärer Verlauf:
Die stationäre Aufnahme erfolgte am 5. 2. 2010. Bereits bei Aufnahme entwich die Patientin aus der Klinik wurde dann aber von der Mutter

wieder zurückgebracht. Im Verlauf zeigte sich eine ausgeprägte Verweigerungshaltung, sie war nicht bereit, sich in die stationäre Gruppe zu integrieren, verweigerte die Nahrung. Sie berichtete von Heimweh, will entlassen werden, inhaltlich ist sie auf diese Thematik eingeengt. Sie zeigt sich weiterhin depressiv ausgelenkt, die effektive Schwingungsfähigkeit ist deutlich eingeschränkt. Alena kann sich von Weglauftendenzen nicht sicher distanzieren. Im Rahmen eines Gesprächs am 7. 2. 2010 mit Alena und ihrer Mutter wurde vereinbart, dass eine stationäre Behandlung bei weiter anhaltender Verweigerungshaltung unter offenen Bedingungen derzeit nicht möglich ist. In Absprache mit der Mutter erfolgte noch am selben Tag die Verlegung in den geschlossenen Bereich. Frau Otto wollte sich noch am selben Tag an das zuständige Familiengericht wenden, um die geschlossene Unterbringung zu beantragen.

Zusammenfassung:
Diagnostisch ist von einer Anpassungsstörung mit depressiver Reaktion (ICD10: F43.21) auszugehen. Die Patientin ist aktuell nicht zu einer freiwilligen Behandlung bereit. Eine weitere stationäre jugendpsychiatrische Behandlung zur Diagnostik, Therapie und weiteren Perspektivklärung ist dringend erforderlich. Weniger einschneidende Maßnahmen entfallen. Es wird deshalb empfohlen, die von den Eltern beantragte geschlossene Unterbringung gemäß § 1631 b BGB familiengerichtlich zu genehmigen. Es ist von einer Behandlungsdauer von mindestens sechs Wochen auszugehen.

Dr. med. K. Schleswig
Oberarzt

Die Anhörung der Jugendlichen erfolgte am 10. 02. 2010 in der Jugendpsychiatrie im Beisein der Mutter der Betroffenen und des behandelnden Arztes. Der Jugendlichen und deren Mutter wurden der Zweck der Anhörung und der wesentliche Inhalt der ärztlichen Stellungnahme bekannt gegeben und beide dazu und zu der beabsichtigten Entscheidung gehört. Zu dem Inhalt einer solchen Anhörung vergleiche Rz. 193. Eine vorherige Anhörung des Jugendamts war nicht möglich.

AMTSGERICHT MUSTERSTADT
– Familiengericht –
Az.: 2 F 00145/10

Musterstadt, 10. Februar 2010
> Zum Zwecke der Bekanntmachung der Geschäftsstelle
> übergeben am 10.02.2010 um 13.17 Uhr
> Wilhelm, JAng.
> Urkundsbeamter der Geschäftsstelle

In Sachen
Alena Otto, geb. am 25.07.1995, Obere Marktstr. 4, Musterstadt,
– Betroffene –

weitere Beteiligte:
1. Mutter: Diana Lindner, Obere Marktstr. 4, Musterstadt
2. Vater: Bernd Otto, Obere Marktstr. 4, Musterstadt
3. Landratsamt Bayreuth – Kreisjugendamt – in Musterstadt
wegen Unterbringung

erlässt das Amtsgericht Musterstadt durch den Richter am Amtsgericht Varenkamp im Wege der einstweiligen Anordnung folgenden

Beschluss

I. Für die Betroffene Alena Otto wird die vorläufige Unterbringung durch ihre Sorgeberechtigten in einer geschlossenen Abteilung des Bezirkskrankenhauses Musterstadt, Klinik für Kinder- und Jugendpsychiatrie und Psychotherapie, bis längstens 23.3.2010, 24.00 Uhr, familiengerichtlich genehmigt.
II. Zum Verfahrenspfleger für das Unterbringungsverfahren wird Herr Daniel Götz, Osterndorff 21, Musterstadt, bestellt.
Der Verfahrenspfleger führt die Verfahrenspflegschaft berufsmäßig.
III. Die Entscheidung ist sofort wirksam.

Gründe

Die Genehmigung der vorläufigen Unterbringungsmaßnahme beruht auf §§ 167 Abs. 1 Satz 1, 151 Nr. 6, 312 Nr. 1, 331 FamFG. Im wohlverstandenen Interesse der Betroffenen war im Hinblick auf die dringende stationäre Untersuchungs- bzw. Behandlungsbedürftigkeit die sofortige Unterbringung zu beschließen, da ein dringendes Bedürfnis für ein sofortiges Tätigwerden besteht, § 331 Satz 1 Nr. 1 FamFG.
Nach dem ärztlichen Zeugnis von Dr. Schleswig vom 9.2.2010 leidet die Betroffene an einer Anpassungsstörung mit depressiver Reaktion. Es besteht die Gefahr, dass sie sich erheblichen gesundheitlichen Schaden zufügt.

Die notwendige Untersuchung mit Heilbehandlung kann ohne Unterbringung nicht durchgeführt werden. Für die notwendigen ärztlichen Maßnahmen ist laut ärztlichem Zeugnis, dem sich das Gericht anschließt, voraussichtlich die festgesetzte Unterbringungsdauer erforderlich, wobei die vorzeitige Entlassung aus der geschlossenen Einrichtung möglich ist.

Die Betroffene wurde am heutigen Tag dazu gehört. Sie war mit der Unterbringung nicht einverstanden, ohne dies näher zu begründen.

Die Beiordnung eines Verfahrensbeistands ergibt sich aus §§ 167 Abs. 1 Satz 1, 312 Nr. 1, 317 FamFG.

Die Entscheidung über die sofortige Wirksamkeit beruht auf §§ 167 Abs. 1 Satz 1, 151 Nr. 6, 312 Nr. 1, 324 Abs. 2 Satz 1 FamFG.

Rechtsmittelbelehrung

Gegen diese Entscheidung ist das Rechtsmittel der sofortigen Beschwerde zulässig. Sie ist binnen einer Frist von zwei Wochen bei dem Amtsgericht Musterstadt einzulegen. Die bereits untergebrachte Betroffene kann sie auch bei dem für den Unterbringungsort zuständigen Amtsgericht einlegen.
Die Frist beginnt mit der Zustellung oder der gerichtlich protokollierten Bekanntmachung der Entscheidung. Fällt das Ende der Frist auf einen Sonntag, einen allgemeinen Feiertag oder Sonnabend, so endet die Frist mit Ablauf des nächsten Werktages.
Die Einlegung erfolgt durch Einreichung einer Beschwerdeschrift oder durch Erklärung zu Protokoll der Geschäftsstelle einer der genannten Gerichte.
Darüber hinaus ist jedes Amtsgericht verpflichtet, die Erklärung über die Beschwerde aufzunehmen. Dabei muss allerdings beachtet werden, dass diese Erklärung innerhalb der Beschwerdefrist bei einem der oben genannten Gerichte eingegangen sein muss.

Vahrenkamp
Richter am Amtsgericht

Az.: 2 F 00145/10
Verfügung
1. Beschluss zustellen an Eltern
2. Beschluss zustellen an Betroffene[227]
3. Beschluss zustellen an Verfahrenspfleger
4. Beschluss per Fax an BKH und Jugendamt
5. WV nach Erledigung Frau/Herrn Referatsinhaber z. w. V.

Musterstadt, den 10. 02. 2010
Amtsgericht Musterstadt

Vahrenkamp
Richter am Amtsgericht

---

227 Ab vierzehn Jahre. Von der Bekanntgabe der Gründe kann unter der Voraussetzung des § 325 Abs. 1 FamFG ggf. abgesehen werden.

Teil 4 – Gewaltschutzgesetz

§ 12 Allgemeines

I. Einführung

204 Anträge nach dem GewSchG sind zumindest an den Wochenenden im Bereitschaftsdienst nicht ausgeschlossen und bedürfen der ordnungsgemäßen Behandlung. Nach dem Willen des Gesetzgebers sollen die betroffenen Opfer schnell und einfach zu ihrem Recht kommen können.[228] Mit dem seit 1.1.2002 in Kraft getretenen Gewaltschutzgesetz[229] wurde eine Rechtsgrundlage für *Schutzanordnungen des Zivilgerichts bei* **vorsätzlichen und widerrechtlichen Verletzungen** *von Körper, Gesundheit oder Freiheit einer Person einschließlich der* **Drohung** *mit solchen Verletzungen* geschaffen. Gewalt, die sich innerhalb von Beziehungen im häuslichen Umfeld ereignet, ist die am häufigsten auftretende Form. Besonders betroffen sind Frauen und Kinder, wobei jährlich etwa 45 000 Frauen vor dieser Gewalt Zuflucht in Frauenhäusern suchen.[230] Bei fast der Hälfte der Opfer handelt es sich um die Expartner, während fremde Personen in weniger als zehn Prozent der Fälle betroffen sind. Schutzanordnungen sind auch bei bestimmten unzumutbaren **Belästigungen** möglich. Zum Tätigwerden der Polizeibehörden s. Rz. 173. Das Tätigwerden des Gerichts setzt einen materiell-rechtlichen Anspruch auf Unterlassung der Beeinträchtigung der genannten Rechtsgüter voraus. *Der Anspruch einer jeden Person gegen eine andere auf Unterlassung von Verletzungen des Körpers, der Gesundheit, der Freiheit oder des allgemeinen Persönlichkeitsrechts ergibt sich nach ständiger Rechtsprechung aus der analogen Anwendung des § 1004 BGB mit den anderen in § 823 Abs. 1 BGB geschützten absoluten Rechten.*[231] In § 1 des GewSchG sind lediglich die Voraussetzungen für die gerichtlichen Maßnahmen als **verfahrensrechtliche Grundlage** zum Schutz des Opfers vor Beeinträchtigungen durch den Täter geregelt. Das Gesetz normiert die

---

228 BT-Drs. 14/5429 S. 2.
229 Gesetz zum zivilrechtlichen Schutz vor Gewalttaten und Nachstellungen sowie zur Erleichterung der Überlassung der Ehewohnung bei Trennung – GewSchG – vom 11. Dezember 2001, BGBl. I 2001, 3513.
230 BT-Drs. 14/5429 S. 1.
231 Palandt/Bassenge § 1004 Rn. 4.

Befugnis des Familiengerichts,[232] s. Rz. 209, entsprechende **Schutzanordnungen** zu treffen. Das GewSchG beschränkt die gerichtlichen Maßnahmen nicht auf Gewalttaten im häuslichen Bereich. Denn es besteht ein Bedürfnis auch für gerichtliche Schutzanordnungen in den Fällen, in denen zwischen dem Verletzten und dem Täter keine persönliche Beziehung besteht. Das Gesetz bietet nicht nur eine Hilfestellung für Frauen, die in Partnerschaften misshandelt werden, sondern für nahezu jede Person, die Opfer von gewalttätigen Übergriffen bzw. unzumutbaren Belästigungen wie ständigem Nachstellen und Verfolgung durch einen Dritten ausgesetzt ist.

Das GewSchG schafft nur in § 2 GewSchG (bei Ehepartnern durch die Vorschrift des § 1361 b BGB, s. Rz. 235) eine einzige **materiell-rechtliche Anspruchsgrundlage für die** – zumindest zeitweise – Überlassung einer gemeinsam genutzten **Wohnung**, *wenn die verletzte Person mit dem Täter einen auf Dauer angelegten gemeinsamen Haushalt führt* (dazu Rz. 208). Ein nicht seltener **Fehler in der Praxis** ist dabei, dass Anordnungen zum Unterlassen der Annäherung an die Wohnung (sog. Bannmeile, s. Rz. 228) getroffen werden, obwohl der Antragsgegner ein Recht an der Wohnung hat, weil sie die gemeinsame Wohnung oder gar Ehewohnung ist. Hierzu ist eine Kombination zwischen Wohnungszuweisung und Unterlassungsgeboten erforderlich. Wegen der unterschiedlichen Vollstreckungsarten bieten sich dazu zwei getrennte Beschlüsse an.

Das Gesetz normiert auch einen **vorläufigen Rechtsschutz,** der im **Bereitschaftsdienst** zwar nicht häufig zu gewähren sein wird, weil in der Regel eine Anhörung des Gegners in Form einer mündlichen Verhandlung geboten ist, die Polizeibehörden kurzzeitig einen Platzverweis aussprechen können und die Zustellung einer Anordnung zur Wohnungsüberlassung meist daran scheitert, dass der Antragsgegner sich nicht mehr in der gemeinsamen Wohnung aufhält, somit die Entscheidung nicht mehr zur Kenntnis nehmen kann. 205

Voraussetzung ist, dass ein **dringendes Bedürfnis** für ein sofortiges Tätigwerden besteht. *Ein solches liegt in der Regel vor, wenn eine Tat nach § 1 gewSchG begangen wurde oder aufgrund konkreter Umstände mit einer Begehung zu rechnen ist* (s. auch § 214 Abs. 1 Satz 2 FamFG).

Trifft das Gericht eine Schutzanordnung, ist der Verstoß dagegen mit Strafe bewehrt. Belästigungen sind darüber hinaus nach § 238 Abs. 1 StGB unter Strafe gestellt. Dies ermöglicht den Polizeibehörden, repressiv eingreifen zu können, wenn der nach § 238 Abs. 4 StGB erforderliche Strafantrag gestellt oder das besondere öffentliche Interesse an der Strafverfolgung bejaht wurde. Außerdem kann nach § 112 a Abs. 1 Nr. 1 StPO i. V. m. § 238 Abs. 2 und 3 StGB bei schwerer Belästigung (**qualifiziertes Stalkingdelikt**) Untersuchungshaft (sog. **Deeskalationshaft**) angeordnet werden.

---

[232] §§ 210, 111 Nr. 6 FamFG, § 23 a Abs. 1 GVG.

II. Der Anwendungsbereich

1. Persönlicher Anwendungsbereich

206 Der persönliche Anwendungsbereich umfasst im Grundsatz jede Person. Er bezieht sich auf die **verletzte Person** und den **Täter**. Geschützt werden nicht nur Personen in einer Ehe, nichtehelichen Partnerschaft oder sonstigen Wohngemeinschaft, sondern auch jede Person, die mit dem Täter noch nie in einer Lebensgemeinschaft gelebt hat. Eine Ausnahme hiervon wird allerdings in § 3 Abs. 1 GewSchG für **minderjährige Kinder** und Personen gemacht, die unter **Vormund- oder Pflegschaft** stehen, sofern sie Opfer einer Handlung im Sinne von §§ 1, 2 GewSchG sind. In diesen Fällen sind vom Familiengericht Maßnahmen nach § 1666 BGB gegen die Eltern (Eingriff in die elterliche Sorge) bzw. vom Vormundschaftsgericht gegen den Vormund bzw. Pfleger als Sonderregelungen (leges speciales) vorrangig. Denkbar ist die Anwendung des GewSchG jedoch im umgekehrten Fall, wenn Kinder gegen ihre Eltern oder Dritte gewalttätig werden.[233]

2. Sachlicher Anwendungsbereich

207 Das Gesetz erfasst nur **vorsätzlich** begangene widerrechtliche **Verletzungshandlungen**, die sich gegen den Körper, die Gesundheit oder die Freiheit einer Person richten, § 1 Abs. 1 GewSchG. **Fahrlässiges Verhalten**, z. B. Unfälle im Straßenverkehr, werden nach den allgemeinen Regeln behandelt. Weitere Anwendungsbereiche sind § 1 Abs. 2 Nr. 1 GewSchG (**widerrechtliche Drohung** einer anderen Person mit einer Verletzung des Lebens, des Körpers, der Gesundheit oder der Freiheit), § 1 Abs. 2 Nr. 2 a GewSchG (**widerrechtliches Eindringen** in die Wohnung oder das befriedete Besitztum eines anderen) oder nach § 1 Abs. 2 Nr. 2 b GewSchG (**unzumutbare Belästigung** einer Person gegen ihren Willen durch wiederholtes Nachstellen oder Verfolgen unter Verwendung von Fernkommunikationsmitteln).

Durch § 1 Abs. 3 GewSchG wird sichergestellt, dass das Gericht auch dann Schutzanordnungen treffen kann, wenn der Täter eine Tat zwar vorsätzlich begangen hat, aber wegen **Unzurechnungsfähigkeit** (z. B. wegen Volltrunkenheit) deliktsrechtlich nur eingeschränkt verantwortlich ist. Voraussetzung ist allerdings, dass dieser Zustand auf **geistige Getränke** oder ähnliche Mittel, wenn auch nur vorübergehend, zurückzuführen ist.

Zu beachten ist, dass eine unzumutbare Belästigung nicht vorliegt, wenn der Täter in Wahrnehmung berechtigter Interessen handelt, § 1 Abs. 2 Satz 2 GewSchG, weil etwa die Kontaktaufnahme notwendig ist, um die

---

[233] BT-Drs. 14/5429 S. 17.

§ 12 Allgemeines

Durchführung des Umgangsrechtes mit gemeinsamen Kindern zu regeln und abzusprechen, oder wenn die Beteiligten geschäftlich verbunden sind.

III. Verfahrensfragen

Das GewSchG unterscheidet bei den gerichtlichen Maßnahmen sowie beim Verfahrensablauf, ob die Beteiligten einen **auf Dauer angelegten gemeinsamen Haushalt** geführt haben oder nicht. Der Begriff des auf Dauer angelegten Haushaltes bezeichnet dabei *eine **Lebensgemeinschaft**, die auf Dauer angelegt ist, keine weiteren Bindungen gleicher Art zulässt und sich durch innere Bindungen auszeichnet, die ein **gegenseitiges Füreinandereinstehen** begründet und die über eine reine Wohnungs- und Wirtschaftsgemeinschaft hinausgeht.* Diese Definition, die dem Mietrechtsreformgesetz entnommen wurde,[234] erfasst nicht nur hetero- oder homosexuelle Beziehungen im Sinne von Ehe und Lebenspartnerschaften nach dem LPartG, sondern auch z. B. dauerhafte Wohngemeinschaften alter Menschen als Alternative zum Alters- oder Pflegeheim. Sie ist danach nicht von einer familiären Bindung abhängig, aber von einer »**inneren Bindung**« der Parteien, wobei Leitbild des Gesetzes eine Zweier-Beziehung ist.

208

1. Das familiengerichtliche Verfahren

a) Sachliche Zuständigkeit

Führen die verletzte Person und der Täter einen auf Dauer angelegten **gemeinsamen Haushalt** oder haben sie innerhalb von sechs Monaten vor Antragstellung einen solchen Haushalt geführt, sind die Amtsgerichte für die Verfahren nach dem Gewaltschutzgesetz zuständig, § 23 a Nr. 7 GVG und dort die **Familiengerichte** nach § 23 b Abs. 1 S. 2 Nr. 8 a GVG (§ 111 Nr. 6 FamFG, § 23 a Abs. 1 GVG).

209

b) Örtliche Zuständigkeit

Soweit die Verfahren in die Zuständigkeit der Familiengerichte fallen, ergibt sich die örtliche Zuständigkeit aus § 211 FamFG. Danach hat das Opfer unter den folgenden **drei** Gerichtsständen die freie **Wahlmöglichkeit**:
– Gericht am Ort der Verletzungshandlung, § 211 Nr. 1 FamFG. Tatort ist dabei jeder Ort, bei dem auch nur eines der wesentlichen Tatbestandsmerkmale verwirklicht wurde, damit sowohl der Handlungs- als auch der Erfolgsort.

210

---

234 BT-Drs. 14/5429 S. 30.

– der gewöhnliche Aufenthaltsort des Antragsgegners, § 211 Nr. 3 FamFG,
– und das Gericht, in dessen Bezirk die gemeinsame Wohnung von Antragsteller und Antragsgegner liegt, § 211 Nr. 2 FamFG.

2. Verfahrensgrundsätze

211 Das Verfahren ist seit dem Inkrafttreten des FamFG eine Familiensache, gleich, ob ein gemeinsamer Haushalt geführt wurde oder nicht, § 111 Nr. 6 FamFG. Das gerichtliche Verfahren für eine **einstweilige Anordnung** richtet sich entsprechend §§ 111 Nr. 6, 214 Abs. 1 Satz 1 FamFG nach dem FamFG. Dies bedeutet u. a., dass das Verfahren nach Antragseingang von Amts wegen zu betreiben ist und
– kein Hauptsacheverfahren mehr anhängig sein oder ein Prozesskostenhilfeantrag für ein solches Hauptsacheverfahren gestellt sein muss,
– und keine Bindung an Parteianträge besteht.
– Es gilt der **Amtsermittlungsgrundsatz**, § 26 FamFG. Sehr nützlich ist dabei die Beiziehung des Polizeiberichts der häufig zu Hilfe gerufenen Polizeibeamten.
– Das Verfahren kann sowohl im Strengbeweis- als auch im **Freibeweisverfahren** geführt werden (§ 29 Abs. 1 FamFG),
– entschieden wird im Eilverfahren durch **einstweilige Anordnung**
– und ein Versäumnisurteil ist nicht möglich (§ 51 Abs. 2 Satz 3 FamFG).

3. Das zivilgerichtliche Verfahren

Mit Inkrafttreten des FamFG werden alle Verfahren nach dem GewSchG Familiensachen sein, § 111 Nr. 6 FamFG i. V. m. § 23 b Abs. 1 GVG. Die Unterscheidung nach Familien- und Zivilsache wird damit aufgehoben. **Die nachfolgenden Ausführungen (Rz. 212 bis 214) betreffen deshalb nur Verfahren, die bis 31. 8. 2009 anhängig wurden, Art. 111 FGG-RG.**

a) Sachliche Zuständigkeit

212 Haben die Beteiligten niemals einen gemeinsamen Haushalt geführt bzw. leben sie bei ehelichen, nichtehelichen oder gleichgeschlechtlichen Partnerschaften seit mehr als 6 Monaten getrennt, ist der **Zivilrichter** des Amts- bzw. Landgerichts zur Entscheidung berufen, §§ 23 Nr. 1, 71 GVG, je nachdem, ob der Streitwert 5 000,– € erreicht oder darüber liegt. Der **Streitwert** beläuft sich beim einstweiligen Rechtsschutz bei einem Antrag nach § 1 GewSchG auf 500,– €, bei Überlassung der Wohnung auf 2 000,– € (§ 24 RVG, § 53 Abs. 2 Satz 2 GKG).[235]

---

235 Palandt/Brudermüller Einl. GewSchG Rn. 6 a. E.

b) Örtliche Zuständigkeit

Besteht eine Zuständigkeit der **allgemeinen Zivilgerichte,** kommen **zwei** 213
Gerichtsstände wahlweise in Betracht:
- Der allgemeine Gerichtsstand des Wohnsitzes, §§ 12, 13 ZPO,
- und der besondere Gerichtsstand des Ortes der unerlaubten Handlung, § 32 ZPO.

c) Verfahrensgrundsätze

In allen anderen Verfahren nach dem Gewaltschutzgesetz hat die verletzte 214
Person im Wege der Klageerhebung oder bei Gefahr im Verzuge im Wege
eines Antrags auf Erlass einer **einstweiligen Verfügung** bei dem allgemeinen Zivilgericht vorzugehen, um die gerichtlichen Anordnungen zu erhalten. Für das Verfahren vor der Prozessabteilung der Amtsgerichte und für
das Verfahren vor den Landgerichten gelten die allgemeinen **Grundsätze
des ZPO-Verfahrens** einschließlich der von der Rechtsprechung entwickelten Maßgaben und Anforderungen im Bereich der Unterlassungsklagen. Insbesondere ist Bedacht zu nehmen auf
- eine ordnungsgemäße Antragstellung, § 253 Abs. 2 Satz 2 ZPO
- und die Bindung des Gerichtes an die Parteianträge, § 308 ZPO.
- Es gilt der Beibringungsgrundsatz,
- das **Strengbeweisverfahren** (Mittel der Glaubhaftmachung) der ZPO,
- die Eilentscheidung ergeht als **einstweilige Verfügung,** §§ 935, 940 ZPO,
- und ein Versäumnisurteil ist statthaft.

Ein wesentlicher Unterschied zwischen beiden Verfahrensarten liegt darin,
dass *bei einer einstweiligen Anordnung durch das Familiengericht zugleich
ein Hauptsacheverfahren anhängig zu machen ist* (oder ein Antrag auf Bewilligung von Prozesskostenhilfe anzubringen ist), während eine einstweilige Verfügung ohne einen anhängig zu machenden Zivilrechtsstreit erlassen
werden kann.

§ 13 Entscheidungsmöglichkeiten

I. Familiengerichtliche Anordnung auf Unterlassung

Ab Inkrafttreten des FamFG sind alle Entscheidungen familiengerichtliche 215
Anordnungen, gleichgültig, ob die Parteien zumindest in den letzten sechs
Monaten einen auf Dauer angelegten gemeinsamen Haushalt geführt haben.

1. Kein erforderliches Hauptsacheverfahren

216 Vor allem in Gewaltschutzsachen bedarf es der Schutzanordnungen. Mit Inkrafttreten des FamFG ist der vorläufige Rechtsschutz ein selbständiges Verfahren und bedarf keines Hauptsacheverfahrens mehr, § 51 Abs. 3 FamFG. Ein gestellter Scheidungsantrag und die damit verbundenen Schutzanordnungen (vgl. auch § 15 HausratsVO) werden in der Praxis keine Bedeutung mehr haben, denn nach §§ 111 Nr. 6, 210 FamFG sind ab 1. 9. 2009 alle Gewaltschutzsachen nach den §§ 1 und 2 GewSchG der Zuständigkeit der Familiengerichte zugewiesen, so dass schützende Zusatzanordnungen auch in diesem Fall auf § 1 GewSchG gestützt werden können. Dies hat den Vorteil, dass Verstöße gegen die gerichtliche Anordnung strafbewehrt sind, § 4 GewSchG.

217 Für eine einstweilige Anordnung gelten die Verfahrensregeln der §§ 214 ff., 49 ff. FamFG. Ein Antrag auf eintweilige Anordnung kann mit der Stellung eines **Prozesskostenhilfeantrags** verbunden werden. Nach § 51 Abs. 1 Satz 2 FamFG sind die Voraussetzungen nach § 31 FamFG glaubhaft zu machen. Dabei kann im Bereitschaftsdienst ohne mündliche Verhandlung entschieden werden.

2. Die einstweilige Anordnung

a) Anspruchsgrundlage

218 Zu den materiell-rechtlichen Voraussetzungen für den Erlass von Unterlassungsanordnungen wird auf die Ausführungen bei der einstweiligen Verfügung Bezug genommen (s. Rz. 207). Bei gemeinsamer Wohnung ist ein Unterlassungsanspruch auf Näherung ohne gleichzeitige Zuweisung der Wohnung an den anderen Partner nicht möglich, wenn der Antragsgegner ein Recht an der gemeinsamen Wohnung hat.

b) Einstweiliger Rechtsschutz

219 Nach § 214 Abs. 1 Satz 1 FamFG ist auf Antrag eine **einstweilige Anordnung** möglich, bei der die sofortige Wirksamkeit nach § 216 Abs. 1 Satz 2 FamFG angeordnet werden soll. Darüber hinaus sieht die Privilegierung vor, dass im Falle des Erlasses der einstweiligen Anordnung diese mit der Anordnung der Vollstreckung vor Zustellung an den Antragsgegner mit dem Erlass wirksam wird, § 53 Abs. 2 Satz 2 FamFG. In diesen Fällen ist der Zeitpunkt der Übergabe auf der Entscheidung zu vermerken, § 216 Abs. 2 Satz 2 FamFG.

220 Die Anordnung einer vorläufigen Vollstreckbarkeit ist nicht erforderlich, § 95 Abs. 1 FamFG. Das Gericht kann die **Vollziehung** der einstweiligen

Anordnung **vor Zustellung** an den Antragsgegner anordnen, §§ 53 Abs. 2 Satz 1, 216 Abs. 2 Satz 2 FamFG. Hierdurch wird die Vollstreckung bei Abwesenheit des Täters bzw. dann möglich, wenn mit weiteren Übergriffen des Täters zu rechnen ist, falls er verfrüht von der Entscheidung Kenntnis bekommt.

c) Kosten

Nach Inkrafttreten des **FamFG** ist in Familiensachen stets über die Kosten zu entscheiden, § 81 Abs. 1 Satz 3 FamFG. Das sind die Gerichtskosten (Gebühren und Auslagen) und die zur Durchführung des Verfahrens notwendigen Aufwendungen der Beteiligten. § 91 Abs. 1 Satz 2 ZPO gilt entsprechend, § 80 FamFG. Damit wird den Änderungen des Kostenrechts in Familiensachen Rechnung getragen. Nach § 111 Nr. 6 FamFG sind Gewaltschutzsachen Familiensachen. Dabei kann das Gericht die Kosten des Verfahrens nach billigem Ermessen den Beteiligten ganz oder zum Teil auferlegen oder anordnen, dass von der Erhebung der Kosten abzusehen ist, § 81 Abs. 1 FamFG. Dabei wird nach § 81 Abs. 2 Nr. 1 FamFG in der Regel eine Kostentragungspflicht des Antragsgegners ausgesprochen werden.

221

3. Die Bekanntmachung

Der **Eintritt der Wirksamkeit** bleibt regelmäßig an die Bekanntmachung der Entscheidung geknüpft. Die Endentscheidungen werden grundsätzlich erst mit Rechtskraft der Entscheidung, § 216 Abs. 1 Satz 1 FamFG, wirksam, soweit nicht die sofortige Wirksamkeit angeordnet wird. Wurde bei einer nicht verkündeten Entscheidung eine Anordnung nach § 53 Abs. 2 Satz 1 FamFG getroffen, wird bei einer Vollstreckung vor Zustellung ein Wirksamsein fingiert.[236] Dabei wird ein **Vermerk der Übergabezeit** auf der Entscheidung angebracht, § 216 Abs. 2 Satz 2 FamFG.

222

Hat eine mündliche Verhandlung nicht stattgefunden, wird die **einstweilige Anordnung** durch Bekanntgabe nach § 40 Abs. 1 FamFG wirksam. Nach § 41 Abs. 1 Satz 1 FamFG erfolgt eine Bekanntgabe des Beschlusses nach den allgemeinen Vorschriften über die Bekanntgabe von Dokumenten gemäß § 15 Abs. 2 FamFG. Das Gericht kann also grundsätzlich weiterhin *nach freiem Ermessen zwischen förmlicher Zustellung nach der ZPO und der Aufgabe zur Post wählen.*

Die Vorschrift des § 41 Abs. 1 Satz 2 FamFG bestimmt, dass ein anfechtbarer Beschluss demjenigen nach den Vorschriften der ZPO *zuzustellen ist, dessen erklärtem Willen der Beschluss nicht entspricht,* weil erst mit der schriftlichen Bekanntgabe des Beschlusses der Lauf der Rechtsmittelfrist beginnt (§ 63 Abs. 3 FamFG).

---

[236] Palandt/Brudermüller § 2 GewSchG Rn. 19 m. w. N.

4. Die Vollstreckung

223 Entscheidungen des Familiengerichts im Bereich des GewSchG werden nach ZPO-Vorschriften vollstreckt, § 95 Abs. 1 und 2 FamFG. Die Anordnungen sind Vollstreckungstitel nach § 794 Abs. 1 Nr. 3 a ZPO (§ 95 Abs. 1 Nr. 3 und 4 FamFG). Unterlassungsanordnungen können grundsätzlich nach den §§ 890, 891 ZPO vollstreckt werden, d. h. bei jedem Verstoß ist die Verhängung von Ordnungsgeld oder Ordnungshaft bis zu 6 Monaten nach vorheriger Androhung, die bereits in der Unterlassungsanordnung erfolgen kann, möglich, wobei die Gesamthöhe des Ordnungsgeldes 250 000 € bzw. der Ordnungshaft 2 Jahre nicht überschreiten darf. Daneben wurde in dem neu geschaffenen § 892 a ZPO die Möglichkeit geschaffen, den **Gerichtsvollzieher** zur Beseitigung einer andauernden Zuwiderhandlung einzuschalten, der berechtigt ist, die Polizei zur Beseitigung von Widerstand sowie Zeugen hinzuzuziehen, § 892 a Satz 2 i. V. m. §§ 758 Abs. 3, 759 ZPO. *Der Antrag auf Erlass einer einstweiligen Anordnung gilt in den Fällen, in denen der Beschluss ohne mündliche Verhandlung ergeht, als **Auftrag an den Gerichtsvollzieher** unter Vermittlung der Geschäftsstelle zur Vollziehung,* § 214 Abs. 2 FamFG. In diesen Fällen darf auf Verlangen des Opfers die Zustellung nicht vor der Vollziehung erfolgen.

5. Der praktische Fall

224
Rechtsanwalt
Volker Streibel

Musterstadt, den 25. 09. 2009

Amtsgericht Musterstadt
– Familiengericht –
Friedrichstr. 19
Musterstadt

Antrag nach dem Gewaltschutzgesetz

in Sachen

Jana Weizenhammer, Ludwig-Thoma-Str. 18, Musterstadt,
– Antragstellerin –
Prozessbevollmächtigter: RA Volker Streibl, Bahnhofstr. 128, Musterstadt
gegen
Heiko Weizenhammer, Parkstr. 56, Musterstadt,
– Antragsgegner –
wegen Unterlassung nach dem Gewaltschutzgesetz
vorläufiger Streitwert: 3 000,00 €

§ 13 Entscheidungsmöglichkeiten 151

Namens und in Vollmacht der Antragstellerin beantrage ich
– der äußersten Dringlichkeit des Falles wegen ohne mündliche Verhandlung – im Wege der einstweiligen Anordnung
Folgendes anzuordnen:
I. Dem Antragsgegner wird gemäß § 1 Abs. 2 Nr. 2 in Verbindung mit § 1 Abs. 1 Satz 1 Gewaltschutzgesetz auf Dauer verboten:
   a. die Wohnung der Antragstellerin in der Ludwig-Thoma-Str. 18 in 95460 Bad Berneck, zu betreten,
   b. sich in einem Umkreis von unter 50 Metern der Wohnung der Antragstellerin aufzuhalten oder zu nähern,
   c. jegliche Verbindung zur Antragstellerin auch unter Verwendung von Fernkommunikationsmitteln aufzunehmen,
   d. jegliche Verbindung zu den Kindern der Antragstellerin auch unter Verwendung von Fernkommunikationsmitteln aufzunehmen,
   e. sonstige Zusammentreffen mit der Antragstellerin herbeizuführen, soweit dies nicht zur Wahrung berechtigter Interessen, insbesondere zur Wahrung berechtigter Interessen der ehelichen Kinder der Parteien erforderlich ist,
   f. und sich der Antragstellerin bis auf 50 Meter zu nähern.
II. Dem Antragsgegner wird für den Fall, dass er der einstweiligen Verfügung zuwider handelt, ein Ordnungsgeld von bis zu 250 000,00 € oder Ordnungshaft bis zu zwei Jahren angedroht.
III. Der Antragsgegner trägt die Kosten des Verfahrens.

Begründung:

Die Antragstellerin ist die getrenntlebende Ehefrau des Antragsgegners. Die Parteien haben am 09. 06. 1995 die Ehe miteinander geschlossen. Aus der Ehe sind die drei Kinder Kevin, geb. 11. 06. 1996, Marvin, geb. 11. 09. 1998 und Allen, geb. 20. 11. 2001 hervorgegangen.
Die Ehewohnung der Parteien befand sich in der Rotherstr. 90 in Musterstadt. Zur Trennung der Parteien kam es Anfang September dieses Jahres. Am 09. 09. 09 ist die Antragstellerin aus der Ehewohnung in der Rotherstraße unter die im Rubrum angegebene Adresse in der Ludwig-Thoma-Str. 18 in Musterstadt gezogen.
Seitdem kam es zu insbesondere auf den massiven Alkoholkonsum des Antragsgegners zurückzuführenden gravierenden Vorfällen. Der Alkoholkonsum des Antragsgegners bewegt sich bei mindestens einem Kasten Bier pro Tag. Hinzu kommen noch diverse Schnäpse. Der Antragsgegner ist Alkoholiker und schlichtweg den ganzen Tag besoffen.
Neben zahlreichen SMS-Nachrichten und Anrufen auf dem Mobilfunktelefon der Antragstellerin, in welchem dieser Schläge angekündigt werden, drohte der Antragsgegner der Antragstellerin auch schon an, sie zu verprügeln »bis sie nicht mehr aufsteht«. Gleichlautende Drohungen

wurden auch gegenüber dem Bekannten/guten Freund der Antragstellerin, Herrn Ricky Schmidt, Gerhart-Hauptmann-Weg 3, Musterstadt, ausgesprochen. Die Drohungen des Antragsgegners gegenüber der Antragstellerin gipfelten in einem bereits aktenkundigen und insoweit auch in ein Ermittlungsverfahren übergegangenen Vorfall vom letzten Samstag. Der Antragsgegner erschien vollkommen betrunken vor der Wohnung der Antragstellerin und drohte, diese umzubringen. Die Antragstellerin hatte Angst um ihr Leben und das Leben ihrer Kinder und rief deshalb den Lebensgefährten Ricky Schmidt zu Hilfe. Es kam dann zu einer Schlägerei zwischen Herrn Schmidt und dem Antragsgegner, bei dem gleichlautende Drohungen, wie die vorstehend zitierten, auch gegenüber der Antragstellerin wieder ausgesprochen wurden. Das Aktenzeichen der PI Musterstadt, die mit den Ermittlungen betraut ist, lautet: 4203-008595-06/2, Sachbearbeiter ist Herr Gubitz.

Auf die Versuche der Antragstellerin, ein vernünftiges Gespräch über die Trennungssituation mit dem Antragsgegner zu führen, reagierte dieser – wiederum wohl alkoholbedingt – überhaupt nicht und neigt zu weiteren Verbalattacken gegen die Antragstellerin. Diese gipfeln dann in weiteren Drohanrufen und drohenden SMS-Nachrichten, in welchen der Antragsgegner wieder androht, die Antragstellerin zu verprügeln.

Sofern die Antragstellerin die Telefonanrufe des Antragsgegners nicht mehr annimmt, weicht dieser sodann auf das Mobilfunktelefon des Sohnes Kevin aus und versucht dort in langen Telefonaten, die Antragstellerin bei ihren Kindern schlecht zu machen und die Kinder zu seinen Gunsten zu beeinflussen. Es werden leere Versprechungen, die allesamt nicht eingehalten werden, gegenüber den Kindern ausgesprochen. Die Kinder und insbesondere Kevin sind durch diese Telefonanrufe massiv verstört. Der Vorfall vom 23. 09. 09 tat ein Übriges.

Nach alledem befürchtet die Antragstellerin wiederholte massive und gewaltsame Übergriffe des Antragsgegners, weshalb es der vorgenannten Androhung dringend bedarf. Die Antragstellerin hat massive Angst vor dem Antragsgegner, weil er sie bereits am 23. September diesen Jahres am »Kragen packte« und ihr die geballte Faust vor die Nase hielt. Sodann holte er zu einem Schlag aus, den er dann jedoch nicht mehr ausführte. Dies war eine tätliche Bedrohung, die Wiederholungen befürchten lässt. Die Wiederholungsgefahr ist demzufolge evident, zumal der Antragsgegner heute, am 25. 09. 09, drei Säcke mit Hausrat (und Unrat) vor der Haustür der Antragsgegnerin abstellte. Er betritt also auch das Anwesen, wenn die Antragstellerin nicht in der Wohnung anwesend ist. Demzufolge ist die Wiederholungsgefahr erkennbar gegeben, die außerordentliche Dringlichkeit für den Erlass der einstweiligen Verfügung

§ 13 Entscheidungsmöglichkeiten

ohne mündliche Verhandlung ergibt sich aus der Natur der Sache, da eine gewaltsame Eskalation zu jedem Zeitpunkt zu befürchten ist. Für den Fall, dass über den Antrag nicht ohne mündliche Verhandlung entschieden werden sollte, bitte ich unter Abkürzung der Einlassungs- und Ladungsfristen möglichst nahen Termin zur mündlichen Verhandlung zu bestimmen.
Weiterhin beantrage ich, eine Ausfertigung des Anordnungsbeschlusses über die Gerichtsvollzieherverteilungsstelle an den Antragsgegner zustellen zu lassen sowie die Polizeiinspektion Musterstadt von der einstweiligen Anordnung zu unterrichten. Dort ist die Geschichte der Eheleute Weizenhammer bereits aktenkundig. Weitere Ausführungen bleiben rein vorsorglich vorbehalten.

Streibel
Rechtsanwalt

AMTSGERICHT MUSTERSTADT
– Familiengericht –
Aktenzeichen 1 F 01157/09

In Sachen
Jana Weizenhammer, Ludwig-Thoma-Str. 18, Musterstadt
– Antragstellerin –
Prozessbevollmächtigter: Rechtsanwalt Volker Streibel, Bahnhofstraße 128, Musterstadt
Gz: 00136/06 Str

gegen

Heiko Weizenhammer, Parkstr. 56, Musterstadt,
– Antragsgegner –
wegen Verfahren nach § 1 GewSchG
ergeht durch den unterzeichnenden Richter am 26. 09. 2009 folgender

Beschluss

I. Dem Antragsgegner wird längstens bis zum Ablauf von 6 Monaten verboten,
 a) die Wohnung der Antragstellerin in der Ludwig-Richter-Str. 18 in 95460 Bad Berneck ohne deren Zustimmung zu betreten,
 b) sich in einem Umkreis von unter 50 m der vorbezeichneten Wohnung der Antragstellerin aufzuhalten oder zu nähern,
 c) jegliche Verbindung zur Antragstellerin auch unter Verwendung von Fernkommunikationsmitteln aufzunehmen,
 d) sich der Antragstellerin bis auf weniger als 50 m zu nähern,

e) Zusammentreffen mit der Antragstellerin herbeizuführen. Ausgenommen hiervon sind Handlungen, die zur Wahrnehmung berechtigter Interessen erforderlich sind.
II. Dem Antragsgegner wird für jeden Fall der Zuwiderhandlung gegen das unter Ziffer I ausgesprochene Verbot ein Ordnungsgeld bis zu 250 000,– EUR und für den Fall, dass dieses nicht beigetrieben werden kann, Ordnungshaft, oder Ordnungshaft bis zu 6 Monaten angedroht.
III. Die Entscheidung erlangt mit Übergabe an die Geschäftsstelle Wirksamkeit. Es wird die Zulässigkeit der Vollstreckung ohne vorherige Zustellung an den Antragsgegner angeordnet.
IV. Der Antragsgegner trägt die Kosten des Verfahrens.

Gründe

I.

Die Antragstellerin hat im Wege der Hauptsache beantragt, Verbots- und Unterlassungsansprüche nach § 1 GewSchG zu erlassen und ferner um eine gleichlautende einstweilige Anordnung ersucht.
Die Parteien sind verheiratete Eheleute und haben sich Anfang September diesen Jahres getrennt. Seit der Trennung ist die Antragstellerin erheblichen Übergriffen seitens des Antragsgegners ausgesetzt. Der Antragsgegner, der zu massivem Alkoholkonsum neigt, hat der Antragstellerin wiederholt über SMS-Nachrichten und Telefonanrufe Schläge angedroht. Am 23.09.09 erschien der alkoholisierte Antragsgegner vor der Wohnung der Antragstellerin und drohte, diese umzubringen. Im weiteren Verlauf kam es zu einer tätlichen Auseinandersetzung mit dem Lebensgefährten der Antragstellerin.

II.

Der zulässige Antrag ist begründet.
Die Zuständigkeit des angerufenen Gerichts beruht auf § 23 a Abs. 1 Nr. 1 GVG i. V. m. §§ 111 Nr. 6, 211 Abs. 1 FamFG. Der Anspruch rechtfertigt sich aus §§ 1004, 823 Abs. 1 BGB, § 1 Abs. 1 Satz 3 GewSchG.

Die Antragstellerin hat schlüssig vorgetragen und glaubhaft gemacht, dass sie so dringend auf die sofortige Erfüllung des Unterlassungsanspruchs angewiesen ist, da sie ansonsten unzumutbare Nachteile erleiden würde. Aufgrund der glaubhaft gemachten widerrechtlichen Übergriffe, die aufgrund der Gesamtsituation weitere gleichartige Verletzungshandlungen des Antragsgegners gegenüber der Antragstellerin befürchten lassen, war das oben ausgesprochene Verbot erforderlich, um weitere Verletzungshandlungen abzuwenden, § 1 Abs. 1 Gewaltschutzgesetz, § 214 Abs. 1 FamFG. Berechtigte Interessen des Antragsgegners, die sein Verhalten rechtfertigen könnten, sind nicht ersichtlich.

Das bisherige Verhalten des Antragsgegners begründet die Gefahr der Wiederholung. Die Schutzanordnungen sind erforderlich, um einen ausreichenden Schutz der Antragstellerin vor zu befürchtenden Nachstellungen und Gewalttätigkeiten des Antragsgegners zu gewährleisten.

Das Gericht hat die einstweilige Anordnung wegen Dringlichkeit ohne mündliche Verhandlung erlassen, weil die Antragstellerin nur durch eine sofortige Entscheidung den gebotenen Schutz erlangen kann.

Nach dem Grundsatz der Verhältnismäßigkeit war die Anordnung nach § 1 Abs. 1 Satz 2 GewSchG zu befristen.

Der Zeitpunkt der Wirksamkeit der Entscheidung ergibt sich aus § 53 Abs. 2 Satz 2 FamFG. Die Entscheidung zur Möglichkeit der Vollstreckung vor Zustellung an den Antragsgegner beruht auf § 216 Abs. 2 Satz 1 FamFG.

Die Androhung von Ordnungsgeld und Ordnungshaft ergibt sich aus § 890 Abs. 1 und 2 ZPO.

Die Kostenentscheidung beruht auf § 81 Abs. 1 Satz 3 FamFG.

Ein Verstoß gegen das ausgesprochene Verbot kann gemäß § 4 Gewaltschutzgesetz mit Freiheitsstrafe bis zu 1 Jahr oder mit Geldstrafe geahndet werden. Die Strafbarkeit nach anderen Vorschriften bleibt unberührt.

Götz
Richter am Amtsgericht

Rechtsmittelbelehrung[237]
Gegen diese Entscheidung ist das Rechtsmittel der sofortigen Beschwerde zulässig. Sie ist binnen einer Frist von zwei Wochen (§ 63 Abs. 2 Nr. 1 FamFG) bei dem Amtsgericht Musterstadt einzulegen.
Die Frist beginnt jeweils mit der schriftlichen Bekanntgabe des Beschlusses an die Beteiligten. Kann die schriftliche Bekanntgabe an einen Beteiligten nicht bewirkt werden, beginnt die Frist spätestens mit Ablauf von fünf Monaten nach Erlass des Beschlusses. Fällt das Ende der Frist auf einen Sonntag, einen allgemeinen Feiertag oder Sonnabend, so endet die Frist mit Ablauf des nächsten Werktages.
Die Einlegung erfolgt durch Einreichung einer Beschwerdeschrift oder durch Erklärung zu Protokoll der Geschäftsstelle bei dem Gericht, dessen Beschluss angefochten wird. Die Beschwerde muss die Bezeichnung des angefochtenen Beschlusses sowie die Erklärung enthalten, dass Be-

---

237 Nach § 39 FamFG muss jeder Beschluss eine Rechtsmittelbelehrung enthalten.

schwerde gegen diesen Beschluss eingelegt wird. Sie ist von dem Beschwerdeführer oder seinem Bevollmächtigten zu unterzeichnen (§ 64 Abs. 2 FamFG).
Die Beschwerde soll begründet werden, § 65 Abs. 1 FamFG, und kann nicht darauf gestützt werden, dass das Gericht des ersten Rechtszugs seine Zuständigkeit zu Unrecht angenommen hat, § 65 Abs. 4 FamFG.

Az.: 1 F 01157/09

Verfügung:
1. Ausfertigung des Beschlusses an Antragstellervertreter mit ZU
2. Beschlussausfertigung an zuständigen Gerichtsvollzieher unter Hinweis an Antragsteller:
Sie werden darauf hingewiesen, dass der Auftrag an den Gerichtsvollzieher zur Zustellung an den Antragsgegner und zur Vollziehung durch Vermittlung der Geschäftsstelle des Amtsgerichts veranlasst wird, § 64 b Abs. 3 Satz 6 FGG.
3. Beschlussmitteilung und Antrag an Jugendamt m. d. B. um Stellungnahme
4. Beschlussmitteilung formlos an Polizeiinspektion Musterstadt[238]
5. WV sodann

Musterstadt, 26. 09. 2009
Amtsgericht Musterstadt

Götz
Richter am Amtsgericht

II. Einstweilige Verfügung auf Unterlassung

1. Verfahrensfragen

225 Der Erlass einer einstweiligen Verfügung richtet sich nach den Verfahrensvorschriften der ZPO, § 936 ZPO. Hinsichtlich des Antragserfordernisses, Verfügungsanspruch und Verfügungsgrund sowie der Beweismittel wird Bezug genommen auf die Ausführungen zum Verfahren auf Erlass einer einstweiligen Verfügung (s. Rz. 308 ff.).
Nach Inkrafttreten des **FamFG** ist das Verfahren eine Familiensache, § 111 Nr. 6 FamFG mit den dafür geltenden Verfahrensvorschriften

---

238 § 216 a Satz 1 FamFG.

(s. Rz. 215 ff.). **Die nachfolgenden Ausführungen (Rz. 226 bis 232) sind für ab 1. 9. 2009 eingehende Anträge obsolet, Art. 111 FGG-RG.**

2. Die Entscheidung

a) Anspruchsgrundlage

Die Voraussetzungen für ein Einschreiten des Gerichts nach dem GewSchG entsprechen denen nach § 823 Abs. 1 BGB.[239] *Anspruchsgrundlage für den materiell-rechtlichen Unterlassungsanspruch ist § 1004 BGB analog*, der die Gefahr zukünftiger Beeinträchtigung voraussetzt. *Das Gewaltschutzgesetz erfasst nur die auch bedingt vorsätzliche Begehung* der Verletzung der geschützten Rechtsgüter Körper, Gesundheit und Freiheit sowie der anderen in § 1 Abs. 2 GewSchG erfassten Handlungen. Das Rechtsgut der *Gesundheit umfasst ebenso die medizinisch feststellbaren psychischen Gesundheitsschäden*, die jedenfalls bei einer erheblichen Beeinträchtigung Unterlassungsansprüche auslösen können. Das allgemeine Persönlichkeitsrecht ist nur in zwei Ausprägungen geschützt, nämlich bei Drohung mit Gewalttaten, § 1 Abs. 2 Nr. 1 GewSchG und bei bestimmten unzumutbaren Belästigungen, § 1 Abs. 2 Nr. 2 GewSchG.

Ist es bereits einmal zu Gewalttätigkeiten gekommen, spricht eine tatsächliche Vermutung dafür, dass weitere Beeinträchtigungen zu befürchten sind.[240] Der Gewalttäter hat dann die Vermutung zu widerlegen.[241]

Die Handlung muss **widerrechtlich** begangen worden sein. Handelt der Täter dagegen **ohne Vorsatz** oder ist seine Unzurechnungsfähigkeit auf andere Ursachen als die in § 1 Abs. 3 GewSchG genannten zurückzuführen, etwa auf Krankheit, bleibt zwar die verschuldensunabhängige Anspruchsgrundlage des § 1004 BGB analog, die Folgen können jedoch nicht dem GewSchG entnommen werden, sondern unterliegen allgemeinen Maßstäben.[242]

b) Vorläufiger Rechtsschutz

Haben die Beteiligten niemals einen gemeinsamen Haushalt geführt bzw. leben sie seit mehr als sechs Monaten voneinander getrennt, steht dem Opfer bis 1. 9. 2009 nur die Möglichkeit offen, im Zivilrechtsweg eine **einstweilige Verfügung nach §§ 935, 940 ZPO** zu beantragen. Eilentscheidungen ergehen durch **Beschluss** nach regelmäßiger persönlicher **Anhörung** der Parteien, soweit dies möglich ist.

226

227

---

239 Palandt/Brudermüller GewSchG § 1 Rn. 5.
240 BGH NJW 1987, 2225.
241 BayObLG NJW-RR 1987, 463.
242 Palandt/Brudermüller § 1 GewSchG Rn. 5 a. E.

228 Das Gesetz selbst nennt *in nicht abschließender Weise* statthafte Maßnahmen, z. B. ein
 – **Betretungsverbot** betreffend die Wohnung der verletzten Person, § 1 Abs. 1 Satz 3 Nr. 1 GewSchG,
 – Verbot, sich in einem bestimmten Umkreis der Wohnung der verletzten Person aufzuhalten (»**Bannmeile**«), § 1 Abs. 1 Satz 3 Nr. 2 GewSchG,
 – Verbot, bestimmte andere Orte aufzusuchen (**Näherungsverbot**), an denen sich die verletzte Person regelmäßig aufhält, § 1 Abs. 1 Satz 3 Nr. 3 GewSchG,
 – Verbot, eine Verbindung zur verletzten Person, auch unter Verwendung von Fernkommunikationsmitteln, aufzunehmen (**Kontaktverbot**), § 1 Abs. 1 Satz 3 Nr. 4 GewSchG,
 – und das Verbot, ein Zusammentreffen mit der verletzten Person herbeizuführen, § 1 Abs. 1 Satz 3 Nr. 5 GewSchG.

Welche dieser oder weiterer Maßnahmen das Gericht anordnet, steht in seinem Ermessen, das sich daran orientiert, den *angestrebten Zweck der Unterlassung weiterer Rechtsverletzung* zu erreichen. Da sich der materiellrechtliche Anspruch aus § 1004 BGB herleitet (s. Rz. 204), muss als weitere Voraussetzung die dort normierte **Wiederholungsgefahr**[243] bestehen.

229 Die Anordnungen sollen grundsätzlich **befristet** werden, § 1 Abs. 1 Satz 2 GewSchG. Die Regelung ist eine Ausprägung des Grundsatzes der Verhältnismäßigkeit, denn Eingriffe in die Rechte des Täters sind nur soweit gerechtfertigt, als sie zur Gefahrenabwehr für das Opfer erforderlich und notwendig sind. Anders als bei der Wohnungszuweisung, § 2 Abs. 2 Satz 2 GewSchG (sechs Monate), ist allerdings keine bestimmte Frist vorgegeben. Die zu verhängende Frist ist anhand der konkreten Umstände (Häufigkeit der Verletzungen, Intensität, Schwere der Verletzungshandlung bzw. Drohung usw.) in jedem Einzelfall anhand einer umfassenden Güterabwägung individuell festzusetzen.

3. Die Bekanntmachung

230 Bei Entscheidung im schriftlichen Verfahren wird dem Gesuchsteller eine ablehnende Entscheidung formlos mitgeteilt, ansonsten ihm zugestellt, da es dann ihm obliegt, die Zwangsvollstreckung binnen Monatsfrist zu realisieren, § 929 Abs. 2 ZPO (**Verfahrensherrschaft**).

---

243 Palandt/Bassenge § 1004 Rn. 32.

4. Die Vollstreckung

Die Vollstreckung ist Aufgabe des Antragstellers, §§ 922 Abs. 2, 936 ZPO. Schutzanordnungen wie Misshandlungs-, Kontakt- und Näherungsverbote richten sich auf ein Unterlassen und werden daher nach § 890 ZPO vollstreckt. Bei jeder Zuwiderhandlung ist der Antragsgegner auf Antrag des Gläubigers von dem Prozessgericht des ersten Rechtszugs zu einem Ordnungsgeld bis 250 000,- €, und für den Fall, dass dieses nicht beigetrieben werden kann, zu Ordnungshaft, oder zu Ordnungshaft bis zu sechs Monaten zu verurteilen, die insgesamt 2 Jahre nicht übersteigen darf. *Nach § 890 Abs. 2 ZPO hat der Verurteilung eine entsprechende Androhung vorauszugehen, die auch in der die Verpflichtung aussprechenden Entscheidung enthalten sein kann* und in der Regel auch aufgenommen wird.

231

Zur Beteiligung des Gerichtsvollziehers s. Rz. 223. Die Bestimmung des § 940 a ZPO wurde dahingehend ergänzt, dass bei einstweiligen Verfügungen zur Vollstreckung von Unterlassungspflichten die Anwendung unmittelbaren Zwangs durch den Gerichtsvollzieher zugelassen wurde, der die Polizei um Amtshilfe ersuchen kann, § 892 a ZPO.

232

§ 14 Die Wohnungszuweisung

Das Gewaltschutzgesetz schafft nach § 2 GewSchG einen materiell-rechtlichen Anspruch auf Wohnungszuweisung. Bei diesem Zuweisungsanspruch wird danach unterschieden, ob es zu einer Verletzung der geschützten Rechtsgüter gekommen ist oder ob der Täter »nur« mit ihrer Verletzung widerrechtlich gedroht hat. Ist die Wohnung **nicht gemeinsam genutzt**, ist das GewSchG nicht anwendbar. Der Zuweisungsanspruch kann sich aber aus den allgemeinen Grundsätzen für Schuldverhältnisse ergeben. Die damit zusammenhängenden sehr komplizierten Rechtsfragen haben im richterlichen Eildienst nur beschränkte Bedeutung. Es treten nahezu ausschließlich Fallgestaltungen auf, bei denen sich die Partner gerade trennen oder die Trennung gerade vollzogen haben. Hier kann als zuverlässige Richtschnur gelten:
- Sind die Partner verheiratet (nur **Ehegatten** und Lebenspartner nach § 14 LPartG), richtet sich der Anspruch auf Zuweisung der gemeinsamen Wohnung nach h. M. nach § 1361 b Abs. 1 Satz 1 BGB,
- ansonsten bei **Nichverheirateten** nach § 2 GewSchG.

233

Nach wohl h. M. ist § 1361 b BGB als weitergehende Vorschrift allgemein zur Lösung von Konflikten zwischen Ehegatten als lex specialis gegenüber

§ 2 GewSchG anwendbar, wer von beiden bei Trennung die bisher gemeinsam genutzte Ehewohnung allein weiter nutzen darf.[244]

I. Verfahrensfragen

234 Die Verfahren auf Wohnungsüberlassung und -räumung richten sich
– bei Anhängigkeit eines Scheidungsverfahrens oder eines sonstigen **Eheverfahrens** nach § 1361 b BGB. Zuständig ist das Familiengericht, § 23 a Abs. 1 GVG i. V. m. §§ 111 Nr. 5, 200 FamFG. Dieses Verfahren ist im Bereitschaftsdienst praktisch nicht denkbar, denn es setzt eine zumindest einjährige Trennung der Eheleute voraus, so dass eine Eilentscheidung außerhalb der regulären Dienstzeit kaum begründbar wäre.
– Die Wohnungsüberlassung **außerhalb eines Ehe- oder gleichgestellten Verhältnisses** in anderer häuslicher Gemeinschaft unterliegt ab 1. 9. 2009 den gleichen Verfahrensvorschriften mit Zuständigkeit des Familiengerichts mit der Möglickeit auf Erlass einer **einstweiligen Anordnung**, § 23 a Abs. 1 GVG, §§ 111 Nr. 6, 210 ff. FamFG.

Leben **Kinder** im Haushalt und will das Gericht einen Antrag nach § 2 GewSchG auf Wohnungsüberlassung ablehnen, soll nach § 213 Abs. 1 Satz 1 FamFG mit Nachholpflicht bei Unterbleiben wegen Gefahr in Verzug, § 213 Abs. 1 Satz 2 FamFG, das **Jugendamt** vorher angehört werden.

II. Die Entscheidung

1. Anspruchsgrundlage

235 Die Vorschrift des § 2 GewSchG (oder des § 1361 b BGB) ist die allgemeine materiell-rechtliche Grundlage für die Wohnungsüberlassung in den Fällen, in denen Gewalttaten im Rahmen eines **auf Dauer angelegten gemeinsamen Haushaltes** begangen werden. Dabei wird nach **zwei Fallgruppen** unterschieden. Liegt eine **Verletzung von Rechtsgütern** nach § 1 Abs. 1 GewSchG vor, ist die Wohnungsüberlassung an *keine weiteren Voraussetzungen* geknüpft, insbesondere an keinen Härtefall. Ist dagegen eine **Drohung mit Rechtsgutsverletzungen** nach § 1 Abs. 2 Satz 1 Nr. 1 GewSchG gegeben, setzt die Überlassung der Wohnung zusätzlich voraus, dass sie erforderlich ist, um eine *unbillige Härte* für das Opfer zu vermeiden.

Die Wohnungsüberlassung **außerhalb einer häuslichen Gemeinschaft** richtet sich materiell-rechtlich nach den allgemeinen Vorschriften der

---

244 Palandt/Brudermüller § 1361 b Rn. 1; AG Tempelhof-Kreuzberg FamRZ 2003, 532.

§ 14 *Die Wohnungszuweisung*

§§ 823, 861, 1004 BGB analog mit § 940 a ZPO. Zwar liegt bei Gewalttaten **keine verbotene Eigenmacht** vor, weil weder eine Besitzentziehung noch eine Störung ohne Willen des Besitzers gegeben ist. In verfassungskonformer Auslegung gilt die Bestimmung auch bei körperlicher Bedrohung eines Mitbewohners, so dass eine Eilanordnung getroffen werden kann.[245] Dies ist vom Gesetzgeber auch gewollt. Denn durch die Ergänzung von § 940 a ZPO wird sichergestellt, dass die Räumung von Wohnraum oder ein Betretungsverbot bei anderen als auf Dauer angelegten gemeinsamen Haushalten auch bei einer konkreten Gefahr für Leib oder Leben des Antragstellers durch einstweilige Verfügung angeordnet werden kann.

2. Ausschluss des Anspruchs

Nach § 2 Abs. 3 GewSchG, der über § 2 Abs. 6 Satz 3 GewSchG auch für Bedrohungen gilt, ist in drei Fällen der Anspruch auf Wohnungsüberlassung ausgeschlossen:
– Nach § 2 Abs. 3 Nr. 1 GewSchG, wenn **weitere Verletzungen nicht zu befürchten** sind,
– nach § 2 Abs. 3 Nr. 2 GewSchG, wenn das Opfer nicht innerhalb von drei Monaten nach der Tat die **Überlassung der Wohnung schriftlich** vom Täter **verlangt** hat. Durch diese **Überlegungsfrist** soll dem Opfer ausreichend Zeit gewährt werden, um sich über seine eigene Situation und Zukunft, insbesondere im Hinblick auf die künftige Wohnungsnutzung klar zu werden.
– Eine Wohnungsüberlassung ist ferner dann nicht möglich, **soweit** der Überlassung besonders **schwerwiegende Belange des Täters** entgegenstehen, § 2 Abs. 3 Nr. 3 GewSchG. Zu denken ist an besondere Behinderung oder schwere Erkrankung. Kann Ersatzwohnraum unschwer beschafft werden, muss der Täter dem Opfer die Wohnung überlassen.

Die Wohnungsüberlassung kann nicht nur **zeitlich sondern auch räumlich beschränkt** werden, sofern hierdurch der Schutz des Opfers nicht gefährdet wird.

3. Vorläufiger Rechtsschutz

Für den Bereitschaftsdienst interessiert nur der vorläufige Rechtsschutz nach dem Gewaltschutzgesetz wie auch im sonstigen Verfahren. Die Anordnungsgrundlage für eine Wohnungsüberlassung und -räumung ist
– bei **Anhängigkeit eines Scheidungsverfahrens** oder eines sonstigen Eheverfahrens § 1361 b BGB (»unbillige Härte«). Flankierende weitere notwendige Anordnungen kann das Familiengericht über den im Verfah-

---

245 Thomas/Putzo-Reichold § 940 a Rn. 1; Zöller/Vollkommer § 940 a Rn. 2.

ren nach § 1361 b BGB anwendbaren § 15 HausratsVO treffen. Dazu kann eine einstweilige Anordnung nach § 214 Abs. 1 Satz 1 FamFG ergehen.
– Ist die Sache **keine Ehesache und haben die Partner im Zeitpunkt der Tat einen auf Dauer angelegten Haushalt geführt**, kann bei Vorliegen der Voraussetzungen des § 2 GewSchG eine einstweilige Anordnung ergehen. *Leben die Partner jedoch schon länger getrennt, wird kein Eilfall für den Bereitschaftsdienst vorliegen.* Nach Inkrafttreten des **FamFG** ist auch dieses Verfahren ausschließlich eine Familiensache, § 111 Nr. 5 und 6 FamFG.

238 Hat der Verpflichtete ein Recht an der Wohnung, weil er etwa Mitmieter oder Miteigentümer ist oder aus anderen Gründen ein Wohnrecht hat (**Mitberechtigter**), ist die Dauer der Nutzung zu befristen, § 2 Abs. 2 Satz 1 GewSchG. Ist der Täter **Alleinberechtigter,** beträgt die Frist höchstens sechs Monate, § 2 Abs. 2 Satz 2 GewSchG. Ist dagegen das Opfer alleinberechtigt, bedarf es keinerlei Befristung.

239 Nach § 2 Abs. 4 GewSchG kann das Gericht dem Täter untersagen, den Mietvertrag für die Wohnung zu **kündigen** oder die Wohnung zu **veräußern**. Das Gericht kann auch das **Opfer** verpflichten, dem Täter eine **Nutzungsvergütung zu zahlen**, sofern dies der Billigkeit entspricht, § 2 Abs. 5 GewSchG. Die Entscheidung ist **von Amts wegen** in Zusammenhang mit der Überlassungsanordnung zu treffen.

III. Die Bekanntmachung

240 Zur Bekanntmachung s. Rz. 222. Die Wirksamkeit der Endentscheidung nach dem GewSchG wird mit Rechtskraft wirksam, wobei das Gericht die sofortige Wirksamkeit anordnen soll.

IV. Die Vollstreckung

241 Die Entscheidungen werden nach den ZPO-Vorschriften vollstreckt (§ 95 Abs. 1 Nr. 3 FamFG). Einer Vollstreckungsklausel bedarf es nicht, weil § 929 Abs. 1 ZPO auf einstweilige Anordnungen entsprechend angewandt wird (§ 53 Abs. 1 FamFG). Die Verpflichtung zur Überlassung und Räumung der Ehewohnung ist bei Zuweisung der gesamten Wohnung zur Alleinnutzung an einen Ehegatten nach § 885 Abs. 1 ZPO zu vollstrecken.
– Der Gerichtsvollzieher setzt den Täter aus dem Besitz und weist das Opfer in den Besitz ein.
– Ferner hat der Gerichtsvollzieher den Schuldner aufzufordern, eine Anschrift zum Zwecke von Zustellungen oder einen Zustellungsbevoll-

mächtigen zu benennen, § 885 Abs. 1 Satz 2 ZPO, weil der Schuldner seinen Wohnsitz verliert.

Innerhalb der im Beschluss genannten Geltungsdauer sind nach Zustellung gem. § 885 Abs. 1 Satz 3 ZPO **Mehrfachvollzüge** möglich, ohne dass der Titel verbraucht wird.[246] So wird eine erneute gerichtliche Befassung vermieden, falls der Täter in die Wohnung zurückkehrt. Dadurch wurde sichergestellt, dass ein Täter auch dann aus der Wohnung des Opfers entfernt bzw. ein **Betretungsverbot** durchgesetzt werden kann, wenn die Beteiligten keinen auf Dauer angelegten gemeinsamen Haushalt geführt haben. Neben den »Beziehungsfällen«, in denen Opfer und Täter sich erst kurz kennen bzw. noch keine 6 Monate zusammengelebt haben, nennt der Gesetzgeber in den Gründen auch als weiteren Anwendungsfall den Vermieter, der von seinem Mieter bedroht wird.

V. Der praktische Fall

Amtsgericht Musterstadt
– Rechtsantragstelle –

Musterstadt, 11.09.2009

Gegenwärtig: Lustig, Rechtspflegerin
Es erscheint unvorgeladen am heutigen Freitag um 11.30 Uhr, ausgewiesen durch Sachkenntnis Frau Ingrid Kulikovsky, erreichbar unter Tel. 0179/1234126 und erklärt:
In Sachen
Ingrid Kulikovsky, Berliner Str. 12, Musterstadt

– Antragstellerin –

gegen

Treuer Helmuth, Berliner Str. 12, Musterstadt

– Antragsgegner –

beantrage ich
I. die Wohnung Berliner Str. 12, Musterstadt, der Antragstellerin zuzuweisen.
II. Gemäß § 1 Abs. 1 u. 2 GewSchG wird dem Antragsgegner verboten,
 1. die Wohnung der Antragstellerin in Heinersreuth, Berliner Str. 12 zu betreten,
 2. sich in einem vom Gericht zu bestimmenden Umkreis der Wohnung der Antragstellerin aufzuhalten, sich der Antragstellerin bis auf 50 Meter zu nähern,

---

246 Thomas/Putzo-Hüßtege § 885 Rn. 26.

3. jegliche Verbindung zur Antragstellerin auch unter Verwendung von Fernkommunikationsmitteln aufzunehmen,
4. Zusammentreffen mit der Antragstellerin herbeizuführen, soweit dies alles nicht zur Wahrnehmung berechtigter Interessen erforderlich ist.
III. Die vorstehende Schutzanordnung wird auf ein Jahr befristet.
IV. Dem Antragsgegner wird für jeden Fall der Zuwiderhandlung gegen die in Ziffer II ausgesprochenen Verbote ein Ordnungsgeld bis zu 250 000,00 EUR, ersatzweise Ordnungshaft oder Ordnungshaft bis zu 6 Monaten angedroht.
V. Der Antragsgegner hat die Kosten des Verfahrens zu tragen.

Es wird weiterhin beantragt, über obigen Antrag vorab im Wege einer **einstweiligen Anordnung** zu entscheiden.
Außerdem beantrage ich, mir für dieses Verfahren **Verfahrenskostenhilfe** zu bewilligen. Eine Erklärung über meine persönlichen und wirtschaftlichen Verhältnisse reiche ich nach.
Weiterhin beantrage ich, die Zustellung eines eventuell erlassenen Beschlusses durch das Gericht zu vermitteln.

Gründe:

Der Antragsgegner ist der Lebensgefährte der Antragstellerin. Sie wohnen seit Januar 2005 zusammen. Die Antragstellerin ist aber die Hauptmieterin der Wohnung.
Der Antragsgegner war bis Juli des letzten Jahres im Bezirkskrankenhaus Musterstadt. Er steht derzeit unter Bewährung (Bewährungshelfer: Wolfgang Hans, Musterstadt). Er wurde u. a. wegen gefährlicher Körperverletzung verurteilt. Er hatte zur Auflage, keinen Alkohol mehr zu trinken. Diese Auflage hält er nicht ein. Der Antragsgegner hat sogar seine Testergebnisse gefälscht.
Der Antragsgegner ist sehr gewalttätig. Er hat die Antragstellerin seit Januar diesen Jahres mindestens zweimal wöchentlich geschlagen. Er wirft mit Gegenständen um sich. Nachdem die Antragstellerin nun erfuhr, dass der Antragsgegner im Rahmen der Bewährungsaufsicht seine Alkohol-Testergebnisse gefälscht hat, hat sie ihn am 08. 09. 09 aufgefordert, dies gegenüber dem Bewährungshelfer klarzustellen. Der Antragsgegner ist daraufhin ausgerastet und hat sie wieder geschlagen. Die Antragstellerin hat gleich am 10. 09. 09 schriftlich verlangt, dass der Antragsgegner aus der Wohnung auszieht, sie würde sonst gerichtliche Schritte gegen ihn einleiten. Der Antragsgegner drohte daraufhin der Antragstellerin, dass er sie und ihren Sohn umbringt und, falls ein Polizeiauto auftaucht, er mit einem Messer bereit stehen wird. Es ist ihm zuzutrauen, dass er wirklich mit dem Messer auf die Polizei losgeht. Ein weiteres Zusammenleben mit ihm ist ihr unzumutbar.

§ 14 Die Wohnungszuweisung

Die Antragstellerin hat nun heute alles dem Bewährungshelfer gemeldet. Er wird sich bezüglich der Bewährung mit dem Gericht in Verbindung setzen. Des Weiteren hat er ihr geraten, sich an die Polizei zu wenden und Strafantrag wegen Körperverletzung zu stellen.

Die Antragstellerin versichert nach Belehrung über die strafrechtlichen Folgen einer falschen eidesstattlichen Versicherung an Eides Statt, dass obige tatsächlichen Angaben richtig sind.
Ferner wird das Schreiben vom 10. 09. 09 vorgelegt.

s. g. u. u. Lustig
Ingrid Kulikovsky Rechtspflegerin

AMTSGERICHT MUSTERSTADT
Familiengericht

Musterstadt, 12.09.

Az.: 1 F 01074/09

In Sachen

Ingrid Kulikovsky, Berliner Str. 12, Musterstadt,

– Antragstellerin –

gegen

Helmuth Treuer, Kumbacher Str. 12, Musterstadt,

– Antragsgegner –

wegen Verfahren nach dem GewSchG

ergeht durch den unterzeichnenden Richter im Wege der einstweiligen Anordnung folgender

Beschluss

1. Der Antragstellerin wird die bisher gemeinsam genutzte Wohnung in der Berliner Str. 12 in Musterstadt zur alleinigen Nutzung zugewiesen.
2. Dem Antragsgegner wird längstens bis zum Ablauf von 6 Monaten verboten,
   a. die Wohnung der Antragstellerin in Heinersreuth, Berliner Str. 12, zu betreten,
   b. sich in einem Umkreis der Wohnung von 50 m aufzuhalten,
   c. sich der Antragstellerin bis auf 50 m zu nähern,
   d. Verbindung zur Antragstellerin (auch unter Verwendung von Fernkommunikationsmitteln) aufzunehmen,

e. Zusammentreffen mit der Antragstellerin herbeizuführen. Ausgenommen hiervon sind Handlungen, die zur Wahrnehmung berechtigter Interessen erforderlich sind.
3. Dem Antragsgegner wird für jeden Fall der Zuwiderhandlung gegen das unter Ziffer 2. ausgesprochene Verbot ein Ordnungsgeld bis zu 250 000,– EUR und für den Fall, dass dieses nicht beigetrieben werden kann, Ordnungshaft, oder Ordnungshaft bis zu 6 Monaten angedroht.
4. Die sofortige Wirksamkeit und die Zulässigkeit der Vollstreckung gegen den Antragsgegner wird angeordnet.
5. Der Antragsgegner trägt die Kosten des Verfahrens.[247]

Gründe:

I.

Die Antragstellerin hat im Wege der Hauptsache beantragt, ihr die gemeinsam genutzte Wohnung in der Berliner Str. 12, Musterstadt, zur alleinigen Nutzung zuzuweisen, weil eine Verletzung von Rechtsgütern nach § 1 Abs. 1 GewSchG vorliegt. Weiterhin sei eine Drohung mit Rechtsgutsverletzungen nach § 1 Abs. 2 Satz 1 Nr. 1 GewSchG gegeben und die Überlassung der Wohnung erforderlich, um eine unbillige Härte für das Opfer zu vermeiden.

Die Parteien sind eine nichteheliche Lebensgemeinschaft und führen einen auf Dauer angelegten gemeinsamen Haushalt.

Seit dem Januar diesen Jahres ist die Antragstellerin erheblichen Übergriffen seitens des Antragsgegners ausgesetzt.

Die Antragstellerin hat innerhalb von drei Monaten nach der Tat schriftlich die Überlassung der Wohnung vom Antragsgegner verlangt, § 2 Abs. 3 Nr. 2 GewSchG.

II.

Der zulässige Antrag ist begründet.
Der Anspruch rechtfertigt sich aus § 2 Abs. 1 Satz 3 GewSchG. Die Antragstellerin ist mit dem Antragsgegner nicht verheiratet und auch nicht eingetragene Lebenspartnerin, sie haben jedoch einen auf Dauer gemeinsamen Haushalt geführt.

Sie benötigt die Wohnung für sich. Die Antragstellerin hat schlüssig vorgetragen und glaubhaft gemacht, dass sie wiederholt vorsätzliche und rechtswidrige Verletzungshandlungen nach § 1 Abs. 1 Satz 1 GewSchG und Bedrohungshandlungen nach § 1 Abs. 2 Nr. 1

---

247 Zur Kostenentscheidung nach dem FamFG s. Rz. 221.

§ 14 Die Wohnungszuweisung

GewSchG ausgesetzt ist. Berechtigte Interessen des Antragsgegners, die sein Verhalten rechtfertigen könnten, sind nicht ersichtlich. Der Antragsgegner war seit Januar 2007 wiederholt gewalttätig gegenüber der Antragstellerin und hat sie nahezu wöchentlich geschlagen. Nachdem die Antragstellerin ihn aufgefordert hatte, aus der gemeinsamen Wohnung auszuziehen, drohte er, sie und ihren Sohn umzubringen und im Falle des Auftauchens eines Polizeiautos mit dem Messer bereitzustehen. Der Antragsgegner steht wegen einer Verurteilung wegen gefährlicher Körperverletzung unter Bewährung mit der Auflage, keinen Alkohol mehr zu trinken. Diese Auflage hält er jedoch nicht ein. Aufgrund der widerrechtlichen körperlichen Übergriffe und Bedrohungen, die aufgrund der Gesamtsituation weitere gleichartige Verletzungshandlungen des Antragsgegners gegenüber der Antragstellerin befürchten lassen, war das oben ausgesprochene Verbot und die Zuweisung der Wohnung an die Antragstellerin zur alleinigen Nutzung erforderlich, um weitere Verletzungshandlungen abzuwenden, § 1 Abs. 1 und 2 Gewaltschutzgesetz, § 53 Abs. 2 FamFG.

Aufgrund des glaubhaft gemachten Verhaltens und der Äußerungen des Antragsgegners besteht die Gefahr, dass dieser die Antragstellerin erneut verletzen wird.

Der Antragstellerin ist die Wohnung insgesamt zuzuweisen, weil davon auszugehen ist, dass bei einer Teilung der Wohnung der Antragsgegner das Nutzungsrecht erschweren oder vereiteln wird.

Die Drohungen des Antragsgegners nach § 1 Abs. 2 Satz 1 Nr. 1 GewSchG stellen für den Verbleib des Antragsgegners in der gemeinsamen Wohnung eine unbillige Härte dar.

Die Entscheidung ergeht ohne vorherige Anhörung des Antragsgegners, weil ein weiteres Abwarten wegen der Verletzungshandlungen und der massiven Bedrohung durch den Antragsgegner nicht zumutbar ist. Die Schutzanordnungen sind erforderlich, um einen ausreichenden Schutz der Antragstellerin vor zu befürchtenden Nachstellungen und Gewalttätigkeiten des Antragsgegners zu gewährleisten.

Das Gericht hat die einstweilige Anordnung wegen Dringlichkeit ohne mündliche Verhandlung erlassen, weil die Antragstellerin nur durch eine sofortige Entscheidung den gebotenen Schutz erlangen kann.

Die Androhung von Ordnungsgeld und Ordnungshaft ergibt sich aus § 890 Abs. 1 und 2 ZPO.

Die Entscheidung ist nach § 53 Abs. 2 Satz 2 FamFG sofort vollziehbar.

Die Kostenentscheidung beruht auf § 81 Abs. 1 Satz 3 FamFG.

Ein Verstoß gegen das vorgenannte Verbot kann gemäß § 4 Gewaltschutzgesetz mit Freiheitsstrafe bis zu 1 Jahr oder mit Geldstrafe geahndet werden. Die Strafbarkeit nach anderen Vorschriften bleibt unberührt.

Appel
Richter am Amtsgericht

Zur Rechtsbehelfsbelehrung s. Rz. 224.

Az.: 1 F 01074/09

Verfügung:

1. Beschluss zustellen durch zuständigen Gerichtsvollzieher an Antragsgegner
2. Beschluss zustellen an Antragstellerin
3. Beschluss per Fax mit Bl. 1 und 2 d. a. mitteilen an Jugendamt mit der Bitte um Sachverhaltsermittlung und Stellungnahme, soweit ein minderjähriges Kind betroffen sein sollte
4. Beschluss per Fax mitteilen an zuständige Polizeiinspektion z. K.
5. WV Frau/Herrn Referatsinhaber

Musterstadt, 12. 09. 2009
Amtsgericht Musterstadt

Appel
Richter am Amtsgericht

Teil 5 – Strafprozessuale Eingriffsmaßnahmen

I. Einführung

Ermittlungsverfahren werden von der Staatsanwaltschaft oder einer anderen gesetzlich bestimmten Ermittlungsbehörde (z. B. Finanzbehörde in reinen Steuerstrafsachen, §§ 386 Abs. 1 und 2, 399 Abs. 1 AO) als Organ der Strafrechtspflege geführt. Die Staatsanwaltschaft hat als Justizbehörde den rechtlich einwandfreien Ablauf der Ermittlungen zu garantieren und die ständige rechtliche Kontrolle über die polizeiliche Ermittlungstätigkeit auszuüben; ihr obliegt im Ermittlungsverfahren die Leitungs- und Kontrollfunktion und die umfassende Sachleitungskompetenz.[248] Sie trägt die Verantwortung für das Ermittlungsverfahren und hat darauf zu achten und sicherzustellen, dass die Ermittlungen rechtlich einwandfrei geführt werden. Dabei ist die Zulässigkeit von Maßnahmen gegen Beschuldigte und Nichtbeschuldigte bei nicht unerheblichen Rechtseingriffen an ermittlungsgerichtliche Entscheidungen gebunden, ohne dass die Ermittlungsbehörde dadurch ihre Stellung als »Herrin des Ermittlungsverfahrens« verliert. Der Richtervorbehalt zielt auf eine vorbeugende Kontrolle der Maßnahme durch eine unabhängige und neutrale Instanz ab. Der Richter im Bereitschaftsdienst wird im Wesentlichen mit Anordnungen zur Wohnungsdurchsuchung, der Untersuchung von Personen und mit verdeckten Ermittlungsmaßnahmen befasst sein, auf die sich die nachfolgenden Ausführungen beschränken.

243

Die Strafprozessordnung unterscheidet bei den Eingriffsmaßnahmen zwischen Beschuldigten und Nichtbeschuldigten. Der dem § 136 StPO zugrunde liegende **Beschuldigtenbegriff** vereinigt subjektive und objektive Elemente. Der Beschuldigtenbegriff setzt subjektiv den Verfolgungswillen der Strafverfolgungsbehörde voraus, der sich objektiv in einem Willensakt manifestiert. Deshalb wird der Richter im Eildienst zunächst prüfen, ob gegen die Person bereits ein förmliches Ermittlungsverfahren eingeleitet ist. Andernfalls beurteilt sich sein Vorgehen danach, ob die beantragte Maßnahme nur gegen Beschuldigte zulässig ist. Daraus ist der Verfolgungswille der Strafverfolgungsbehörde zu entnehmen. Auch bei Eingriffsmaßnahmen, die an einen Tatverdacht anknüpfen, begründet der Verfahrensantrag

244

---

248 BGHSt 34, 215, 217 m. w. N.

der Staatsanwaltschaft die Beschuldigteneigenschaft des von der Maßnahme betroffenen Verdächtigen.[249]

II. Verfahrensfragen

1. Örtliche Zuständigkeit

245 Für die Anordnung richterlicher **Untersuchungshandlungen** (Ermittlungshandlungen und Zwangsmaßnahmen) ist seit 1.1.2008[250] das Ermittlungsgericht **örtlich** zuständig, in dessen Bezirk die Staatsanwaltschaft ihren Sitz hat. Hat sie eine Zweigstelle, stellt diese ihre Anträge bei dem Gericht, in dessen Bezirk die Zweigstelle liegt, § 162 Abs. 1 Satz 1 StPO. Von dieser Zuständigkeitskonzentration, welche der Vereinfachung, Beschleunigung, Kompetenzbündelung, aber auch der notwendigen Bereitstellung eines gerichtlichen Bereitschaftsdienstes dient,[251] gibt es eine Ausnahme: Bei gerichtlichen **Vernehmungen** und Augenscheinseinnahmen ist das Amtsgericht zuständig, in dessen Bezirk diese Untersuchungshandlungen vorzunehmen sind, wenn die Staatsanwaltschaft dies zur Beschleunigung des Verfahrens oder zur Vermeidung von Belastungen Betroffener dort beantragt, § 162 Abs. 1 Satz 3 StPO.

2. Sachliche Zuständigkeit

246 Grundsätzlich ist **sachlich** das Amtsgericht für ermittlungsgerichtliche Tätigkeiten zuständig. Neben dem Ermittlungsrichter des Amtsgerichts kann auch der Ermittlungsrichter des OLG tätig werden, wenn es sich um erstinstanzliche Sachen des OLG nach § 120 GVG handelt, bzw. der Ermittlungsrichter des Bundesgerichtshofs, wenn der Generalbundesanwalt die Ermittlungen führt (§§ 169 Abs. 1, 2 StPO, 142 a Abs. 1 GVG). Für das Abhören und Aufzeichnen des nichtöffentlich gesprochenen Wortes in der Wohnung des Beschuldigten, § 100 c Abs. 1 StPO, ist nach § 74 a GVG die Strafkammer zuständig, in deren Landgerichtsbezirk die Staatsanwaltschaft ihren Sitz hat. Dem Ermittlungsgericht obliegt die Vornahme der Untersuchungshandlungen bis zur Erhebung der öffentlichen Klage, dann geht seine Zuständigkeit auf das mit der Anklage befasste Gericht über, §§ 202, 219, 126 Abs. 1 Satz 1, Abs. 2 Satz 1 StPO.[252]

---

249 BGH NJW 2007, 2706.
250 Gesetz zur Neuregelung der Telekommunikationsüberwachung und anderer verdeckter Ermittlungsmaßnahmen sowie zur Umsetzung der Richtlinie 2006/24/EG vom 21. Dezember 2007, BGBl. I S. 3198, in Kraft seit 1.1.2008.
251 BT-Drs. 16/5846 S. 65.
252 BGH NJW 1977, 2153.

3. Das Verfahren als Antragsverfahren

Das Ermittlungsgericht wird grundsätzlich nur auf Antrag tätig. Der Richter darf grundsätzlich nicht über die beantragte Handlung hinausgehen und auch keine andere als die beantragte Handlung vornehmen, etwa die Beschlagnahme weiterer Sachen anordnen oder die Durchsuchung auf weitere Räume erstrecken oder einen zusätzlichen Zeugen vernehmen.

247

Nach § 165 StPO kann ein Richter bei Gefahr in Verzug die erforderlichen Untersuchungshandlungen auch ohne Antrag vornehmen, wenn ein Staatsanwalt nicht erreichbar ist (**Notstaatsanwalt**). Die Vorschrift des § 165 StPO begründet die Pflicht des Richters, ohne den ansonsten erforderlichen Antrag richterlich tätig zu werden.[253] Bei der **Notbeweisaufnahme** des § 166 Abs. 1 StPO zugunsten des Beschuldigten wird der Richter tätig, wenn der Beschuldigte im Rahmen einer Beschuldigtenvernehmung einzelne Beweiserhebungen beantragt, die seiner Entlastung dienen und deren Verlust als Beweismittel droht, oder welche die Freilassung begründen können.

248

Antragsberechtigt ist grundsätzlich die **Staatsanwaltschaft**, § 162 Abs. 1 StPO. Dabei ist sie nicht an ihren Bezirk gebunden. Die antragstellende Staatsanwaltschaft braucht deshalb nicht nach § 143 StPO dem übergeordneten Landgericht zugeordnet zu sein. In Strafsachen, die ausschließlich Steuerstraftaten zum Gegenstand haben, und bei denen nicht die Staatsanwaltschaft die Ermittlungen führt, ist die Finanzbehörde Ermittlungsbehörde (§§ 386, 399 Abs. 1 AO). Sie hat dann die gleichen Antragsrechte wie die Staatsanwaltschaft. Zum Begriff der Finanzbehörde gehören auch das Hauptzollamt, das Bundeszentralamt für Steuern und die Familienkasse, § 386 Abs. 1 Satz 2 AO. Die **Polizeibeamten** haben bei der Verfolgung von Straftaten in Ermittlungsverfahren kein Antragsrecht, sondern nur die Staatsanwaltschaft, deren Ermittlungspersonen sie sind, § 152 GVG. Von ihnen gestellte Anträge sind unzulässig. Etwas anderes gilt bei Ermittlungsverfahren, bei welchen die Verwaltungsbehörden die Ermittlungen in eigener Zuständigkeit führen, etwa bei Ordnungswidrigkeiten. Hier sind diese Ermittlungsbehörden auch berechtigt, beim Ermittlungsgericht im Rahmen ihres Aufgabenbereichs Anträge zu stellen, etwa auf richterliche Vernehmung eines Zeugen.

249

III. Die Prüfungskompetenz im Ermittlungsverfahren

Das Ermittlungsgericht hat bei beantragten richterlichen Untersuchungshandlungen zu prüfen, »ob die beantragte Handlung nach den Umständen

250

---

253 Meyer-Goßner § 165 Rn. 4.

des Falles gesetzlich zulässig ist«, § 162 Abs. 2 StPO. Hierzu ist manches strittig.[254] Einigkeit besteht darin, dass dem *Ermittlungsgericht keine Prüfungskompetenz hinsichtlich der Zweckmäßigkeit, Notwendigkeit oder Erfolgseignung der beantragten Maßnahme zusteht, sondern nur hinsichtlich deren rechtlichen Zulässigkeit, hier insbesondere im Rahmen des Verhältnismäßigkeitsgrundsatzes.*

IV. Beweiserhebungs- und Verwertungsverbote

251 Durch § 160 a StPO ist ein harmonisiertes System zur Berücksichtigung der von den Zeugnisverweigerungsrechten der Berufsgeheimnisträger (§§ 53, 53 a StPO) geschützten Interessen **außerhalb der Vernehmungssituation** eingeführt. § 160 a StPO gilt für alle Eingriffsmaßnahmen im Rahmen eines Ermittlungsverfahrens.

Absolute Verbote

252 Eine Ermittlungsmaßnahme, die sich gegen **Seelsorger, Strafverteidiger und Abgeordnete** richtet (§ 53 Abs. 1 Satz 1 Nr. 1, 2 oder Nr. 4 StPO) und voraussichtlich Erkenntnisse erbringen würde, über die diese Person das Zeugnis verweigern dürfte, ist unzulässig (**Beweiserhebungsverbot**). Dennoch erlangte Erkenntnisse dürfen nicht verwertet werden (**Beweisverwertungsverbot**) und daher auch bei den ermittlungsgerichtlichen Entscheidungen nicht beachtet werden. *Richtet sich die Ermittlungsmaßnahme nicht gegen diese Personen, sondern gegen nichtgeschützte Betroffene, so gelten die Verbote entsprechend,* wenn durch eine Ermittlungsmaßnahme Erkenntnisse über die drei geschützten Berufsgruppen erlangt werden, über die diese das Zeugnis verweigern dürften.

Relative Verbote

253 Ein relatives, d. h. der Abwägung unterliegendes Erhebungs- und Verwertungsverbot besteht nach § 160 a Abs. 2 StPO bei den von Absatz 1 nicht erfassten **Berufsgeheimnisträgern**, denen das Gesetz ein Zeugnisverweigerungsrecht zubilligt, und das zum Tragen kommen kann. Erfasst sind die in § 53 Abs. 1 Satz 1 Nr. 3 bis 3 b StPO genannten **Beratungs- und Heilberufe** sowie die von § 53 Abs. 1 Satz 1 Nr. 5 StPO aufgeführten **Medienmit-**

---

254 Vgl. dazu Rieß, Die Prüfungskompetenz des Ermittlungsrichters, NStZ 1991, 513 ff.; Wiesneth, Handbuch Rn. 35 ff.; Ebsen, Bericht aus der Praxis. Immer noch unklar: Begründungspflicht und Prüfungsrecht bei Anträgen auf richterliche Untersuchungshandlungen im Ermittlungsverfahren (§ 162 StPO), NStZ 2007, 501 ff.

arbeiter. Im Rahmen der geforderten Verhältnismäßigkeitsprüfung ist das primär öffentliche – je nach Fallgestaltung (Opferinteressen) allerdings auch individuell begründete – Interesse an einer wirksamen, auf die Ermittlung der materiellen Wahrheit und die Findung einer gerechten Entscheidung gerichteten Strafrechtspflege gegen das öffentliche Interesse an den durch die zeugnisverweigerungsberechtigten Personen wahrgenommenen Aufgaben und das individuelle Interesse an der Geheimhaltung der einem Berufsgeheimnisträger anvertrauten oder bekannt gewordenen Tatsachen abzuwägen.[255] Handelt es sich um keine Straftat von erheblicher Bedeutung, ist in der Regel *nicht* von einem Überwiegen des Strafverfolgungsinteresses auszugehen, § 160 a Abs. 2 Satz 1 StPO.

Ausnahme

Die Bestimmungen sowohl zum absoluten wie relativen Schutz sind nicht anzuwenden, soweit die zur Verweigerung des Zeugnisses Berechtigten der Teilnahme an der Tat, der Begünstigung, der Strafvereitelung, der Hehlerei oder der Geldwäsche verdächtig sind, § 53 b Abs. 4 Satz 1 StPO. Bei Antragsdelikten ist diese Verstrickungsregelung nur anwendbar, wenn der Antrag gestellt oder die entsprechende Ermächtigung erteilt ist, § 160 a Abs. 4 Satz 2 StPO. 254

V. Die Entscheidung

Die Entscheidung des Ermittlungsgerichts ergeht in Beschlussform. Der **Beschluss** ist grundsätzlich schriftlich abzufassen (s. Rz. 16) und zu begründen (§ 34 StPO). Einzelne Eingriffsnormen stellen weitere Anforderungen an den Beschlussinhalt, vgl. z. B. § 100 b Abs. 2 Satz 2 StPO. Selbst in den Fällen, in denen wegen Eilbedürftigkeit zunächst eine mündliche oder fernmündliche Anordnung getroffen wurde, etwa beim Erlass eines Durchsuchungs- und Beschlagnahmebeschlusses, sollte die Abfassung des begründeten Beschlusses zur Rechtskontrolle nachgeholt oder auf andere Weise dokumentiert werden (s. Rz. 17). 255

VI. Der Vollzug

Der Vollzug der Entscheidungen erfolgt in der Regel durch die Staatsanwaltschaft, der die Vollstreckung übertragen ist, § 36 Abs. 2 StPO, und die sich in der Regel ihrer Ermittlungspersonen bedient. Nur bei Haft- 256

---

255 BT-Drs. 16/5846 S. 36.

anordnungen und der einstweiligen Unterbringung nach § 126 a StPO fertigt das Ermittlungsgericht ein Ersuchen an die Vollzugsanstalt, in welche der Gefangene von Polizeikräften verbracht wird, und er ist ab Inhaftnahme für den Beschuldigten bis zur Anklageerhebung verantwortlich (Briefzensur, Ausantwortung u. a.).

§ 15 Untersuchung von Personen

I. Die zwangsweise Untersuchung einer Person

257 Nach § 81 a StPO wird die *Untersuchung des Körpers des Beschuldigten*, gleich ob am oder im Körper, zugelassen, bei einem Zeugen und sonstigen Personen die Untersuchung auf Spuren und Tatfolgen nur am Körper, § 81 c Abs. 1, 2 StPO. Der Körper wird zum Augenscheinsobjekt. Das Gesetz stellt auf einen **Eingriff ohne Einwilligung** und Mitwirkung der zu untersuchenden Person ab, der nur eine Duldungspflicht auferlegt wird. Eine freiverantwortliche Einwilligung (nicht bloß die Hinnahme des Eingriffs) schließt die Anordnung einer Zwangsmaßnahme aus.

Es reicht der einfache **Tatverdacht**, wobei noch weitere Anforderungen an die Person und den Zweck des Eingriffs gestellt werden.

1. Die Untersuchung des Beschuldigten

258 Der Beschuldigte darf körperlich untersucht werden. Zu diesem Zweck sind Entnahmen von Blutproben und andere körperliche Eingriffe zulässig. Die Untersuchung des Körpers des Beschuldigten, gleich ob am oder im Körper, dient der Feststellung *verfahrensrelevanter Tatsachen* (**Spurengrundsatz**).

2. Die Untersuchung von Zeugen/Geschädigten

259 Ein Zeuge darf am Körper untersucht werden, § 81 c Abs. 1 StPO. Körperliche Eingriffe, soweit sie über die Untersuchung von Körperöffnungen hinausgehen,[256] sind verboten. Zweck der Untersuchung ist das Auffinden einer *bestimmten Spur* oder die Folge einer Straftat (**Spurengrundsatz**). Ferner kommt zur Erforschung der Wahrheit die Entnahme einer Blutprobe in Betracht (**Aufklärungsgrundsatz**).

---

256 Meyer-Goßner § 81 c Rn. 16.

3. Die Untersuchung Dritter

Nach § 81 c Abs. 2 StPO müssen Personen, die nicht als Zeugen in Betracht kommen, Untersuchungen hinnehmen.[257] Der Untersuchungszweck ist dabei eng umgrenzt. Er lässt nur Abstammungsuntersuchungen und die Entnahme von Blutproben zu, soweit zur Erforschung unerlässlich (**Aufklärungsgrundsatz**).

4. Maßnahmenbegrenzung

Es darf durch den körperlichen Eingriff kein Gesundheitsnachteil für den Beschuldigten zu befürchten sein, § 81 a Abs. 1 Satz 2 StPO. Gleiches gilt für die Nichtbeschuldigten, § 81 c Abs. 2 StPO. Letztlich muss auch der **Grundsatz der Verhältnismäßigkeit** gewahrt sein. Bei Nichtbeschuldigten wird das durch § 81 c Abs. 4 StPO nochmals hervorgehoben.

II. Besonderheiten

1. Das Untersuchungsverweigerungsrecht

Die Untersuchungen oder Blutprobenentnahmen können von Nichtbeschuldigten aus den gleichen Gründen wie das Zeugnis verweigert werden, §§ 81 c Abs. 3 Satz 1, 52 StPO. Ein Weigerungsrecht aufgrund des Zeugnisverweigerungsrechts nach den §§ 53, 53 a StPO besteht jedoch nicht (str.[258]). Über das Recht auf Verweigerung der Untersuchung ist die betroffene Person zu belehren, § 81 c Abs. 3 Satz 2 StPO, auch wenn sie bereits über ihr Zeugnisverweigerungsrecht belehrt worden war. *Ordnet das Ermittlungsgericht die Untersuchung an, ist es zur Belehrung verpflichtet.* Es kann jedoch die Staatsanwaltschaft bei Übergabe des Beschlusses nach § 36 Abs. 2 Satz 1 StPO ersuchen, für die Belehrung vor Untersuchung zu sorgen.[259]

2. Das Beweissicherungsverfahren bei Minderjährigen

Hat ein Minderjähriger keine genügende Vorstellung vom Untersuchungsverweigerungsrecht und ist der zur Entscheidung berufene gesetzliche Vertreter von der Entscheidung ausgeschlossen (§ 52 Abs. 2 Satz 2 StPO) oder verhindert, ist diese Maßnahme bei dem Erfordernis des sofortigen Handelns auf **besondere (unanfechtbare) Anordnung eines Richters** zulässig (§ 81 c Abs. 3 Satz 3 StPO). Dies führt aber nicht dazu, dass das Ergebnis

---

257 Wiesneth, Handbuch Rn. 650–659.
258 Meyer-Goßner § 81 c Rn. 23 m. w. N.
259 Meyer-Goßner § 81 c Rn. 24.

auch verwertet werden darf. Die Verwertung bei bestehendem Zeugnisverweigerungsrecht richtet sich wieder nach den allgemeinen Regeln, insbesondere ist die Einwilligung des gesetzlichen Vertreters zur Verwertung erforderlich, § 81 c Abs. 3 Satz 5 StPO.

III. Die Anordnung der Maßnahme

1. Der Richtervorbehalt

264 Soweit der Beschuldigte in Kenntnis von Sinn und Tragweite seine Einwilligung in die Maßnahme (z. B. Entnahme einer Blutprobe) gibt, bedarf es nach § 81 a Abs. 1 Satz 2 StPO keiner Anordnung der Zwangsmaßnahme. Ansonsten steht der Eingriff unter dem **Richtervorbehalt**, §§ 81 a Abs. 2, 81 c Abs. 5 StPO. Bei Gefährdung des Untersuchungserfolges durch Verzögerung haben diese Anordnungskompetenz auch die Staatsanwaltschaft und deren Ermittlungspersonen, §§ 81 a Abs. 2 StPO, 152 GVG. Umstritten ist, ob der Richter im Eildienst zur Anordnung von Blutentnahmen im Straßenverkehr zur Feststellung der Blutalkoholkonzentration oder einer Drogenbeeinflussung bei diesen Massendelikten stets heranzuziehen ist. Zwar wird dies nicht zur Nachtzeit sein, wenn ein Eildienst nicht eingerichtet ist (s. Rz. 8). Ansonsten können die Ermittlungsbehörden jedoch Gefahr in Verzug nicht damit begründen, dass eine gerichtliche Entscheidung innerhalb einer bestimmten Zeitspanne gewöhnlich nicht erreichbar wäre[260] oder ein Tatnachweis wegen des körpereigenen Abbaus der Stoffe erschwert ist.[261] Deshalb hängt die Heranziehung des Bereitschaftsrichters wesentlich von der Bearbeitungskultur im jeweiligen Gerichtsbezirk ab. Ist der Richter im Eildienst bereit, fernmündliche Sachverhaltsschilderungen entgegenzunehmen und mündlich zu entscheiden (zur Dokumentationspflicht s. Rz. 17), ist seine Entschließung herbeizuführen. Diese Handlungsweise wird auch zu der Überlegung Anlass geben, wegen dieser Massendelikte den Bereitschaftsdienst ebenfalls für die Nachtzeit einzuführen, da diese Maßnahmen bei den Massendelikten konkret zu erwarten sind. Besteht der Bereitschaftsdienst auf einer Aktenvorlage oder zumindest einer schriftliche Sachverhaltsschilderung als Entscheidungsgrundlage, worauf er einen Anspruch hat, und wird er danach eine schriftliche Entscheidung treffen, wird wegen des damit einhergehenden Zeitmoments häufig eine Eilentscheidung der Polizeibehörden veranlasst sein,[262] zumal sie kein Recht ha-

---

260 BVerfG NJW 2007, 1444; BGHSt 51, 285, 293.
261 OLG Köln zfs 2009, 48 f.; OLG Hamm NJW 2009, 242 f.; OLG Bamberg Beschl. v. 19. 03. 2009 – 2 Ss 15/09; OLG Thüringen Beschl. v. 25. 11. 2008 – 1 Ss 230/08; OLG Hamburg NJW 2008, 2597.
262 LG Tübingen NStZ 2008, 589 ff.

ben, über die unverzügliche Durchführung der beabsichtigten Maßnahme hinaus einen Beschuldigten bis zu einer gerichtlichen Entscheidung festzuhalten, vgl. zum strafprozessualen Festnahme- und Festhalterecht §§ 127 Abs. 2, 163 b StPO.

2. Die Entscheidung

Die Entscheidung des Ermittlungsgerichts ergeht durch **Beschluss**. Die Maßnahme muss als Beschränkung des Grundrechts den Eingriff und die festzustellenden Tatsachen genau bezeichnen, der schriftlich zu fassende Beschluss ist zu begründen, § 34 StPO.

Die **Anordnung durch die Staatsanwaltschaft** und deren **Ermittlungspersonen** kann auch formlos (i. d. R. mündlich) erfolgen.

265

§ 16 Durchsuchung und Beschlagnahme

Durchsuchungs- und Beschlagnahmebeschlüsse werden im Bereitschaftsdienst meist als Kombinationsbeschlüsse von den Verfolgungsbehörden beantragt und sind ein wesentlicher Teil richterlicher Tätigkeit im Eildienst. Die Rechtsmaterie erscheint einfach, weist dennoch durchaus ihre Besonderheiten auf.[263]

I. Die Durchsuchung

Die §§ 94 ff. StPO regeln die Zwangsmaßnahmen zur Sicherung und Erlangung von Beweisen, Verfalls- und Einziehungsgegenständen, zur Ergreifung des Beschuldigten und im Fall des § 111 a StPO (vorläufige Entziehung der Fahrerlaubnis) die Vorwegnahme einer Urteilsfolge. Ergänzt werden diese Vorschriften um die Regelungen zur Gewinnabschöpfung und zur Rückgewinnungshilfe (§ 111 b StPO). *Durchsuchung ist die zwangsweise Inaugenscheinnahme zum Zweck des Auffindens von Gegenständen, die der Beschlagnahme unterliegen.* **Nachschau** ist die Inaugenscheinnahme, die ausschließlich dem Auffinden des Beschuldigten dient. Durchsucht werden können **Wohnungen und Räume**, die jemand inne hat, **Personen** nach Spuren oder Sachen an oder in der Kleidung oder am Körper und die dem Verdächtigen oder Nichtverdächtigen gehörenden **Sachen**. **Wohnungen und Räume**, die jemand innehat, sind Arbeits-, Betriebs- und Geschäftsräume, Büros sowie »Hotelzimmer, Wohnwägen, Wohnmobile, bewohnbare

266

---

263 Wiesneth, Handbuch Rn. 672 ff.

Schiffe, Zelte, Schlafwagenabteile, nicht allgemein zugängliche Geschäfts- und Büroräume oder ein nicht allgemein zugängliches Vereinsbüro und Krankenzimmer«,[264] nicht aber Unterkunftsräume eines Soldaten oder Polizeibeamten, Personenkraftwagen oder Fafträume in einer Justizvollzugsanstalt, die nicht dem Schutz des Art. 13 GG unterfallen.[265]

1. Durchsuchung beim Verdächtigen

267 Die Durchsuchungsanordnung gegen den Verdächtigen setzt nach § 102 StPO voraus, dass die *Wahrscheinlichkeit besteht, eine bestimmte Straftat sei bereits begangen worden (Verdacht), und dass Anhaltspunkte die Vermutung rechtfertigen, dass der Zweck der Durchsuchung erreicht werden kann (Erfolgserwartung).* Ausreichend ist **einfacher Tatverdacht einer Straftat.** Wegen des mit einer Durchsuchung verbundenen schweren Grundrechtseingriffs hat das BVerfG die Eingriffsschwelle hier erhöht und verlangt einen »greifbaren Verdacht«[266] bzw. »einen tragfähigen, auf die Person ... des Täters bezogenen Verdacht«,[267] präzisiert: »Der Verdacht muss auf **konkreten Tatsachen** beruhen; vage Anhaltspunkte oder bloße Vermutungen reichen nicht aus«,[268] und formuliert negativ: »Ein Verstoß gegen diese Anforderungen liegt vor, wenn sich sachlich zureichende plausible Gründe für eine Durchsuchung nicht mehr finden lassen«.[269] Im Gegensatz zur Durchsuchung beim Nichtverdächtigen müssen zu suchende Gegenstände nur annäherungsweise beschreibbar sein, konkrete Vorstellungen dazu müssen noch nicht bestehen.[270] Allerdings muss gerade die Durchsuchung zur Ermittlung und Verfolgung der Straftat erforderlich sein.[271]

Wie jeder Grundrechtseingriff muss der Verhältnismäßigkeitsgrundsatz gewahrt sein. Die Durchsuchung muss im Hinblick auf den bei der Anordnung verfolgten gesetzlichen Zweck Erfolg versprechen. Schließlich muss der Eingriff in angemessenem Verhältnis zu der Schwere der Straftat und der Stärke des Tatverdachts stehen; dies ist nicht der Fall, wenn andere, weniger einschneidende Mittel zur Verfügung stehen, etwa auf der Hand liegende weitere Ermittlungen zur Stärkung des Tatverdachts. Je schwächer der Anfangsverdacht ist, umso strenger ist die Verhältnismäßigkeitsprüfung vorzunehmen.

---

264 BGH NJW 2005, 3295, 3297.
265 BGH NJW 2005, 3295, 3297; BVerfG NJW 1996, 2643; BGH NStZ 1999, 145.
266 BVerfGE 59, 95 ff.
267 BVerfG NJW 2003, 1513.
268 BVerfG NJW 2004, 3171, 3172; BVerfG NStZ-RR 2005, 207.
269 BVerfG NStZ-RR 2008, 176; BVerfG NJW 2004, 3171, 3172.
270 LR-Schäfer § 102 Rn. 23; KK-StPO-Nack § 102 Rn. 3.
271 BVerfG NVwZ 2007, 1047.

§ 16 *Durchsuchung und Beschlagnahme*

Der besondere **Schutz beschuldigter Berufsgeheimnisträger** (§ 53 StPO) erfordert dabei »die besonders sorgfältige Beachtung der Eingriffsvoraussetzungen und des Grundsatzes der Verhältnismäßigkeit«[272] bei der Durchsuchung beruflich genutzter Räumlichkeiten. Gerade diese Durchsuchung muss zur Ermittlung und Verfolgung der Straftat *erforderlich* sein, damit zur Erhärtung des Tatverdachts.[273]

Für die Durchsuchung der Wohnung eines Verdächtigen ist es gleichgültig, ob er Alleininhaber oder **Mitinhaber** der tatsächlichen Herrschaft über die Räumlichkeiten ist.[274] Die Durchsuchung nach § 102 StPO ist immer dann zulässig, wenn er bei einer Personenmehrheit Mitgewahrsam hat oder die Räumlichkeiten mitbenutzen darf. Ansonsten müssten die Voraussetzungen des § 103 StPO (Durchsuchung beim Nichtverdächtigen) mit der dortigen höheren Eingriffsschwelle vorliegen. Bei der Wohnung einer Familie reicht deshalb ein Durchsuchungsbeschluss gegen ein Familienmitglied aus. Gleiches gilt bei Wohngemeinschaften für die Gemeinschaftsräume. Aufgrund der Wohnsituation entspricht es der Lebenserfahrung, dass ein Beschuldigter Zugang zu allen von den Mitgliedern der Wohngemeinschaft bewohnten Räumen hat und nutzt.[275] Wohn-, Arbeits-, Geschäfts- und Betriebsräume, die einer Person vom Arbeitgeber überlassen wurden, können auch bei Mitbenutzung durch andere Kollegen aufgrund eines Durchsuchungsbeschlusses gegen den Verdächtigen durchsucht werden.

268

Bei **Presseangehörigen** sind die Voraussetzungen einer Durchsuchungsanordnung besonders zu prüfen. Werden als geheim deklarierte Unterlagen veröffentlicht, kann der Journalist über Anstiftung oder Beihilfe zur Verletzung des Dienstgeheimnisses (§ 353 b StGB) zum Beschuldigten deklariert werden. Das Bundesverfassungsgericht hat in Anbetracht der Bedeutung der freien Presse dies eingeschränkt. Durchsuchungs- und Beschlagnahmemaßnahmen in einem Ermittlungsverfahren gegen Presseangehörige wegen Beihilfe zur Verletzung des Dienstgeheimnisses – alleine durch die Veröffentlichung – sind unzulässig, wenn sie ausschließlich oder vorwiegend dem Zweck dienen, die Person des Informanten zu ermitteln.[276]

269

2. Durchsuchung beim Nichtverdächtigen

Durch diese Maßnahme sind Personen betroffen, welche nicht an der Tat beteiligt sind. Es muss jedoch schon einen Beschuldigten geben, der jedoch

270

---

272 BVerfG Beschl. vom 21. 1. 2008 – 2 BvR 1219/07 zur Arztpraxis.
273 BVerfG Beschl. vom 5. 5. 2008 – 2 BvR 1801/06 zu Kanzleiräumen eines Strafverteidigers.
274 LG Saarbrücken NStZ 1988, 424 f.; BGH NStZ 1986, 84.
275 BGH NStZ 2000, 154 f.
276 BVerfG NJW 2007, 1117 (»Cicero«-Entscheidung).

noch nicht namentlich feststehen muss. Auch hier sind zunächst Verdacht und Erfolgserwartung Grundvoraussetzung. Die Eingriffsschwelle in das Grundrecht ist jedoch deutlich höher als beim *Verdächtigen. Die körperliche Durchsuchung der Person des Unverdächtigen ist ebenso zulässig wie beim Verdächtigen.* Gesucht wird nach **Tatspuren** oder **Beweismitteln**. Soweit Wohnungen, Räume und Sachen durchsucht werden sollen, ist erforderlich, dass die Durchsuchung nur zur **Ergreifung des Beschuldigten** oder zur Verfolgung von Spuren einer Straftat oder zur Beschlagnahme **bestimmter Gegenstände** zulässig ist und **Tatsachen** vorliegen, aus denen zu schließen ist, dass die gesuchte Person, Spur oder Sache sich in den zu durchsuchenden Räumen befindet. Im Gegensatz zu § 102 StPO müssen die Beweisgegenstände oder Spuren hinreichend individualisierbar und zumindest der Gattung nach näher bestimmt sein.

II. Die Beschlagnahme von Beweismitteln

271 Die Beschlagnahme nach § 94 Abs. 2 StPO dient der Gewinnung von Beweismitteln und deren Überführung in behördlichen Gewahrsam. Damit werden alle Sachen umfasst, die für die Tat oder die Umstände ihrer Begehung Beweis erbringen. *Beschlagnahme ist hierbei die Anordnung und/oder Durchführung der zwangsweisen Entziehung der Verfügungsgewalt einer Person über einen Gegenstand und dessen förmliche Sicherstellung* (**Überführung in amtlichen Gewahrsam**). Davon zu unterscheiden ist die formlose **Sicherstellung**. Sie ist jede Entgegennahme von Beweismitteln durch Ermittlungsbehörden (§ 94 Abs. 1 StPO).
Ausreichend ist bei einfachem Tatverdacht die potentielle Beweisbedeutung der Sache. Dass sie tatsächlich zum Beweismittel wird, ist keine Voraussetzung der Beschlagnahme.

272 **Zeugnisverweigerungsberechtigte Personen** sind nicht zur Herausgabe verpflichtet, können nach § 95 Abs. 2 StPO auch nicht zur Herausgabe gezwungen werden.[277] § 97 Abs. 1, 2 StPO will eine Umgehung des Zeugnisverweigerungsrechts verhindern[278] und bezieht sich auf die Beweismittel, *jedoch nicht auf Verfalls- und Einziehungsgegenstände, auf Sachen selbst beschuldigter Verweigerungsberechtigter (Teilnahmeverdacht im weitesten Sinn), § 97 Abs. 2 Satz 3 StPO, und auf die freiwillige Herausgabe der Beweismittel (Verzicht nach Belehrung).* Konkret sind aber nur die Gegenstände beschlagnahmefrei, die von § 97 StPO als solche bezeichnet werden. Das sind
– **schriftliche Mitteilungen** zwischen Beschuldigtem und Zeugnisverweigerungsberechtigtem,

---

277 Dazu Wiesneth, Handbuch Rn. 725 ff.
278 BVerfG NJW 1972, 1123, 1125.

§ 16 Durchsuchung und Beschlagnahme 181

– **Aufzeichnungen von Berufsgeheimnisträgern** über solche Mitteilungen oder Umstände, auf die sich das Zeugnisverweigerungsrecht nach § 53 Abs. 1 Nr. 1 bis 3 b StPO bezieht,
– und schließlich sonstige Gegenstände und ärztliche Untersuchungsbefunde, auf die sich dieses Zeugnisverweigerungsrecht bezieht,

soweit sie sich **im Gewahrsam der zeugnisverweigerungsberechtigten Person** (§§ 52, 53 StPO) befinden, § 97 Abs. 2 Satz 1 StPO. Die Beschränkungen der Beschlagnahme gelten nicht bei *tatsachengestütztem* Verdacht der **Verstrickung** in die Tat, § 97 Abs. 2 Satz 3 StPO.

Eine Sonderregelung besteht für Angehörige der Heilberufe, wenn die Beweismittel im Gewahrsam einer Krankenanstalt oder eines Dienstleisters sind, der für die Genannten personenbezogene Daten erhebt, verarbeitet oder nutzt, und bei der elektronischen Gesundheitskarte im Sinne des § 291 a SGB V, § 97 Abs. 2 Satz 1 und 2 StPO, sowie Gegenstände, auf die sich das Zeugnisverweigerungsrecht der in § 53 Abs. 1 Satz 1 Nr. 3 a und 3 b StPO genannten Personen erstreckt (**Beratungsstellen**), wenn sie im Gewahrsam der in dieser Vorschrift bezeichneten Beratungsstelle sind, und bei **Presse- und Rundfunkmitarbeitern**, wenn ihre Unterlagen sich in der Redaktion, beim Verlag usw. befinden, § 97 Abs. 5 Satz 1 StPO. 273

Bei **elektronischen Speichermedien** ist die Durchsicht von Medien statthaft, die sich nicht beim Betroffenen befinden, sondern von dem durchsuchten Gegenstand räumlich getrennt sind, wenn auf diese von einem durchsuchten Speichermedium aus zugegriffen werden kann und andernfalls der Verlust der Daten zu besorgen ist, § 110 Abs. 3 StPO. Voraussetzung ist, dass die Daten sich im Herrschaftsbereich des Beschlagnahmeadressaten befinden. 274

III. Besonderheiten

1. Kombinationsanordnung

Bei Beschlagnahmebeschlüssen ist der **Bestimmtheitsgrundsatz** zu beachten. Es können nur solche Gegenstände beschlagnahmt werden, die individuell und unverwechselbar sowie vollständig beschrieben werden können. Die Formulierung in einem *Kombinationsbeschluss aus Durchsuchungs- und Beschlagnahmeanordnung* darf keinen Zweifel darüber offen lassen, ob bestimmte Gegenstände von der Beschlagnahme erfasst sind oder nicht.[279] Bezeichnet das Ermittlungsgericht die Gegenstände in seinem Beschluss nicht so genau, dass keine Zweifel darüber bestehen, ob sie von der 275

---

[279] BVerfG NStZ 1992, 91, 92.

Beschlagnahmeanordnung erfasst sind, dann liegt noch keine wirksame Beschlagnahmeanordnung vor, sondern nur »eine Richtlinie für die Durchsuchung«.[280] Dies wird häufig bei der Suche nach Schriftverkehr, Geschäftsunterlagen u. a. der Fall sein.

2. Durchsuchung zur Nachtzeit

276 Die Durchsuchung von Wohnungen, Geschäftsräumen und befriedeten Besitztümern darf gemäß § 104 StPO grundsätzlich nicht zur **Nachtzeit** erfolgen. Personen dagegen dürfen jederzeit durchsucht werden, ebenso ihre Sachen. Eine Ausnahme bildet die Verfolgung auf frischer Tat oder wenn es sich um die Wiederergreifung eines entwichenen Gefangenen handelt. Im richterlichen Eildienst muss damit gerechnet werden, dass Gefahr in Verzug besteht, bei der ebenfalls Raumdurchsuchungen zur Nachtzeit zulässig sind, § 104 Abs. 1 StPO. In diesem Fall kann die *Durchsuchungsanordnung mit der Maßgabe ergehen, dass die Durchsuchung zur Nachtzeit vollzogen werden darf.*[281] Eine Legaldefinition für die Nachtzeit enthält § 104 Abs. 3 StPO.

3. Haftbefehle

277 Haftbefehle, Unterbringungsbefehle, Vorführungsbefehle und Vollstreckungshaftbefehle enthalten stillschweigende Anordnungen zur Durchsuchung zwecks Ergreifung des Beschuldigten (str.[282]), sog. **Ergreifungsdurchsuchung.**

4. Verteidigerunterlagen

278 Eine Erweiterung des Schutzbereichs findet gemäß § 148 StPO in dem Verhältnis zwischen Beschuldigtem und seinem **Verteidiger** auf Verteidigungsunterlagen statt. Gegenstände wie Schriftverkehr usw. dürfen auch beim zeugnisverweigerungsberechtigten Berufsgeheimnisträger beschlagnahmt werden, wenn sie nicht das Vertrauensverhältnis zwischen ihm und dem Beschuldigten betreffen.[283]

5. Das Persönlichkeitsrecht

279 Ein **Beschlagnahmeverbot** kann auch bei **Verletzung von Grundrechten,** insbesondere des Persönlichkeitsrechts, bestehen, wenn der unantastbare

---

280 BVerfG NStZ 2002, 212 f.
281 Meyer-Goßner § 104 Rn. 1 m. w. N.
282 Meyer-Goßner § 105 Rn. 6 m. w. N.
283 Wiesneth, Handbuch Rn. 731 f.

Kernbereich privater Lebensführung betroffen wird, Art. 2 Abs. 1 i. V. m. Art. 1 Abs. 1 GG, der jedem Zugriff staatlicher Stellen entzogen ist. Betrifft die Aufzeichnung jedoch nur den Hergang einer strafbaren Handlung (Tagebuchaufzeichnungen über Straftaten), so ist eine Abwägung zwischen dem Interesse der Allgemeinheit an einer wirksamen Strafverfolgung und Verbrechensbekämpfung und dem betroffenen Grundrecht vorzunehmen,[284] was nur bei schweren Taten zu einer Verwertung führt.

6. Bundestagsabgeordnete

Für **Bundestagsabgeordnete** besteht neben einem Zeugnisverweigerungsrecht im Zusammenhang mit der parlamentarischen Arbeit auch ein Beschlagnahmeprivileg, Art. 47 GG (für sonstige Abgeordnete vgl. § 97 Abs. 3 StPO). In Räumen des Bundestags, in denen der Abgeordnete unmittelbare Herrschaftsmacht über die Schriftstücke hat, dürfen solche nicht beschlagnahmt werden, auch wenn sie sich bei einem Mitarbeiter befinden. Das gilt nicht bei Mitarbeitern außerhalb der Räume des Bundestags.[285] 280

7. Durchsuchung bei Presseangehörigen

Die Vorschriften zur Durchsuchung treffen auch für Pressemitarbeiter zu und dienen der Wahrheitsermittlung im Strafverfahren. Eine Durchsuchung in Presseräumen stellt wegen der damit verbundenen Störung der redaktionellen Arbeit und der Möglichkeit einer einschüchternden Wirkung eine Beeinträchtigung der Pressefreiheit dar. Durchsuchungen und Beschlagnahmen in einem Ermittlungsverfahren gegen Presseangehörige sind verfassungsrechtlich unzulässig, wenn sie ausschließlich oder vorwiegend dem Zweck dienen, die Person des Informanten zu ermitteln.[286] 281

IV. Die Anordnung der Maßnahme

1. Der Richtervorbehalt

Grundsätzlich werden Durchsuchungen und Beschlagnahmen durch das Ermittlungsgericht angeordnet (**Richtervorbehalt**). Es gilt die allgemeine Zuständigkeitsbestimmung des § 162 Abs. 1 Satz 1 StPO. Die richterliche Entscheidung erfolgt durch schriftlichen und begründeten Beschluss, § 34 StPO, der dem Betroffenen im Rahmen der Durchsuchungsmaßnahme bekannt zu geben ist, § 33 Abs. 2 StPO. 282

---

284 BGH NStZ 1994, 350.
285 BVerfG NJW 2003, 3401 ff.
286 BVerfG NJW 2007, 117; NJW 1966, 1603.

2. Entscheidungsinhalt

283 Das Durchsuchungsziel ist im Beschluss möglichst genau darzustellen. Erforderlich ist eine konkret formulierte, *formelhafte Wendungen vermeidende* Anordnung, die zugleich den Rahmen der Durchsuchung absteckt und eine Kontrolle durch das Rechtsmittelgericht ermöglichen kann. Der Beschluss muss tatsächliche Angaben über den Inhalt des Tatvorwurfs enthalten.[287] »Zu einer angemessenen Begrenzung der Zwangsmaßnahme kann ein Durchsuchungsbeschluss nicht beitragen, wenn er keinerlei tatsächliche Angaben über den Inhalt des Tatvorwurfs oder eine schlagwortartige Bezeichnung der mutmaßlichen Straftat enthält, obwohl eine konkrete Kennzeichnung nach dem Ergebnis der Ermittlungen möglich und den Zwecken der Strafverfolgung nicht abträglich ist«.[288] *Bei Nichtverdächtigen müssen die gesuchten bestimmten Gegenstände im Beschluss soweit konkretisiert werden, dass sowohl beim Betroffenen als auch beim vollziehenden Beamten keine Zweifel über die zu suchenden Gegenstände entstehen können.*

§ 17 Verdeckte Überwachungsmaßnahmen

I. Zweck der Maßnahmen

284 Bei den technischen Überwachungsmaßnahmen wird zum einen der Inhalt einer Kommunikation oder Telekommunikation überwacht, indem zum Beispiel Gespräche mitgehört und aufgezeichnet werden, §§ 100 a, 100 b StPO, andererseits kann auch über Verkehrsdaten Auskunft verlangt werden, § 100 g StPO.[289] Bei heimlichen Ermittlungsmaßnahmen sind erhöhte Anforderungen im Hinblick auf den Grundrechtsschutz wegen der erheblichen Streubreite und der besonderen Gefahr von Eingriffen in den absolut geschützten Kernbereich privater Lebensführung zu beachten. Die Bestimmungen sind seit 1. 1. 2008 neu geregelt.[290] Eingegriffen wird bei der Über-

---

287 BVerfG NJW 1994, 3281, 3282.
288 BVerfG NVwZ 2007, 1047; BVerfG NStZ 2000, 601.
289 Dazu Bär, in: Wabnitz/Janovsky, Handbuch des Wirtschafts- und Steuerstrafrechts, Kapitel 12; derselbe: EDV-Beweissicherung im Strafverfahren bei Computer, Handy, Internet, DRiZ 2007, 218 ff.
290 Gesetz zur Neuregelung der Telekommunikationsüberwachung und anderer verdeckter Ermittlungsmaßnahmen sowie zur Umsetzung der Richtlinie 2006/24/EG vom 21. Dezember 2007, BGBl. I S. 3198; Puschke, Singelstein: Telekommunikationsüberwachung, NJW 2008, 113.

wachung und Aufzeichnung des Telekommunikationsinhalts zumindest in das Fernmeldegeheimnis des Art. 10 GG, der die Vertraulichkeit der individuellen Kommunikation schützt, als auch in das allgemeine Persönlichkeitsrecht. Die öffentliche Gewalt soll grundsätzlich nicht die Möglichkeit haben, sich Kenntnis vom Inhalt des über Fernmeldeanlagen abgewickelten mündlichen Informations- und Gedankenaustauschs zu verschaffen. Einen Unterschied zwischen Kommunikationen privaten und anderen, etwa geschäftlichen oder politischen Inhalts, macht Art. 10 GG dabei nicht.[291] Der Grundrechtsschutz umfasst auch die näheren Umstände des Fernmeldeverhältnisses; dazu gehört insbesondere die Tatsache, ob und wann zwischen welchen Personen und Fernmeldeanschlüssen Fernmeldeverkehr stattgefunden hat. Die Eingriffsvorschriften beschränken nach Art. 10 Abs. 2 GG dieses Grundrecht. Bei der Auskunftspflicht der Diensteanbieter ist das Grundrecht der informationellen Selbstbestimmung betroffen, ebenso beim **Einsatz technischer Mittel** zum Abhören und Aufzeichnen des nichtöffentlich gesprochenen Wortes außerhalb einer Wohnung. Hinsichtlich der **Online-Durchsuchung** hat das Bundesverfassungsgericht ein Grundrecht neu entwickelt: Das Grundrecht auf Gewährleistung der Vertraulichkeit und Integrität informationstechnischer Systeme.[292] Danach sind die Diensteanbieter zurzeit verpflichtet, die Verbindungsdaten nur bei schweren Straftaten an die Verfolgungsbehörden zu übermitteln. Dies hindert den Richter im Bereitschaftsdienst jedoch nicht, entsprechende Auskunftsbeschlüsse auf Antrag zu erlassen. Bei der sog. »Quellen-TKÜ« als Spezialfall der Telekommunikationsüberwachung bei (verschlüsselt geführter) Internettelefonie ist dagegen eine zurzeit nicht bestehende gesetzliche Grundlage zu fordern.

Bei der **Eingriffsschwelle** sind »bestimmte Tatsachen« gefordert, wobei die Verdachtsgründe über vage Anhaltspunkte und bloße Vermutungen hinausreichen müssen. Bloßes Gerede, nicht überprüfte Gerüchte und Vermutungen reichen nicht. Erforderlich ist, dass aus Zeugenaussagen, Observationen oder anderen sachlichen Beweisanzeichen der Verdacht bestätigt ist.[293]

1. Einsatz technischer Mittel

Der Einsatz innerhalb einer Wohnung

Das nichtöffentlich gesprochene Wort **innerhalb** einer Wohnung (sog. **»großer Lauschangriff«**) darf wegen Art. 13 Abs. 3 bis 6 GG nur unter eng begrenzten Voraussetzungen abgehört werden. Da diese Maßnahme

---

291 BVerfG 67, 157, 172.
292 BVerfG NVwZ 2008, 543.
293 BVerfG NJW 2007, 2752 zum Nachrichtenmittler.

nach § 100c Abs. 1 StPO nicht vom Ermittlungsgericht, sondern von der Strafkammer des Landgerichts am Sitz des OLG als **Staatsschutzkammer** anzuordnen ist, §§ 100c Abs. 2 StPO, 74a GVG, wird sie nur der Vollständigkeit wegen erwähnt.

Der Einsatz außerhalb einer Wohnung

287 Nach § 100h Abs. 1 Satz 1 Nr. 1 StPO sind außerhalb von Wohnungen Bildaufnahmen vom Beschuldigten oder von anderen Personen möglich, nach § 100h Abs. 1 Satz 1 Nr. 2 StPO werden sonstige besondere für Observationszwecke bestimmte technische Mittel zur Erforschung des Sachverhalts oder zur Ermittlung des Aufenthaltsorts eines Täters eingesetzt, und in § 100f Abs. 1 StPO sind die akustischen Überwachungs- und Aufzeichnungstechniken außerhalb einer Wohnung geregelt (sog. »**kleiner Lauschangriff**«). Danach wird das Abhören und Aufzeichnen des nichtöffentlichen Wortes erlaubt, wenn
- dies außerhalb einer Wohnung geschieht,
- der auf bestimmte Tatsachen begründete Tatverdacht einer Katalogstraftat nach § 100a StPO (wie beim Abhören von Telefongesprächen) besteht und
- die Erforschung des Sachverhalts oder die Ermittlung des Aufenthaltsorts des Beschuldigten auf andere Weise aussichtslos oder wesentlich erschwert wäre.

288 **Subjekt** der Maßnahmen ist grundsätzlich der **Beschuldigte**. Bei **Dritten**, etwa Verwandten oder Freunden und sonstigen Kontaktpersonen, ist das Abhören und Aufzeichnen des außerhalb einer Wohnung gesprochenen nichtöffentlichen Wortes nur zulässig, wenn aufgrund bestimmter Tatsachen anzunehmen ist,
- dass sie Kontaktpersonen des Täters sind,
- dass die Maßnahme zur Erforschung des Sachverhalts oder zur Ermittlung des Aufenthaltsorts des Täters führen wird, und
- dies auf andere Weise aussichtslos oder wesentlich erschwert wäre, § 100f Abs. 2 Satz 2 StPO.

Hier zeigt sich die Parallele zu § 100a StPO. Nach § 100f Abs. 3 StPO dürfen die Maßnahmen auch durchgeführt werden, wenn sonstige Personen davon unvermeidbar betroffen werden, also nicht nur die Zielperson der Maßnahme, sondern auch Gespräche Unbeteiligter aufgezeichnet oder mit abgehört werden.

289 Der Richter im Bereitschaftsdienst hat als Ermittlungsgericht die **Anordnungskompetenz** bei Abhör- und Tonaufzeichnungen außerhalb einer Wohnung mit technischen Mitteln, §§ 100f Abs. 4, 100b Abs. 1 StPO. Die Anordnung muss schriftlich erfolgen, sie muss den Namen und die An-

§ 17 Verdeckte Überwachungsmaßnahmen

schrift des Betroffenen enthalten, gegen den sich der Einsatz richtet, und Art, Umfang und Dauer der Maßnahme bezeichnen. Die Maßnahme ist auf **höchstens 3 Monate** unter **Angabe des Endzeitpunktes** zu befristen mit Verlängerungsmöglichkeit um jeweils weitere drei Monate, §§ 100 f Abs. 4, 100 b Abs. 1 Satz 4 und 5, Abs. 2 Satz 2 Nr. 3 StPO.

2. Überwachung und Aufzeichnung des TK-Inhalts

Bei dieser Maßnahme wird die Telekommunikation inhaltlich überwacht, indem z. B. Gespräche mitgehört und aufgezeichnet werden, § 100 a StPO. Nach § 100 a Abs. 1 StPO ist die Überwachung des Inhalts der Telekommunikation zulässig, wenn
- aufgrund bestimmter Tatsachen der Verdacht der Täterschaft oder Teilnahme oder des strafbaren Versuchs an einer der in Abs. 2 genannten **Katalogstraftaten** besteht, oder wenn eine solche Katalogstraftat durch eine andere Straftat vorbereitet wird, § 100 a Abs. 1 Nr. 1 StPO,
- die Tat auch im Einzelfall schwer wiegt, § 100 a Abs. 1 Nr. 2 StPO,
- und die Erforschung des Sachverhalts oder die Ermittlung des Aufenthaltsortes des Beschuldigten auf andere Weise wesentlich erschwert oder aussichtslos wäre, § 100 Abs. 1 Nr. 3 StPO.

Ausreichend ist jede Straftat, wenn sie der Vorbereitung einer Katalogstraftat dient, § 100 a Abs. 1 Nr. 1 StPO (»durch eine Straftat vorbereitet hat«), z. B. ein Pkw-Diebstahl für einen späteren Raub.

Subjekt der Telefonüberwachung sind nach § 100 a Abs. 3 StPO
- der Beschuldigte bzw. der Tatverdächtige,
- der Nichtverdächtige, unabhängig davon, ob er ein Zeugnisverweigerungsrecht hat, wenn er
  - Nachrichtenmittler vom oder zum Beschuldigten oder
  - eine Person ist, deren Anschluss der Beschuldigte benutzt.

Streitig ist, ob nach dem Gesetzeswortlaut (»für den Beschuldigten Handelnde«) und der Intention des Gesetzgebers Nachrichtenmittler nur solche Personen sind, die gewissermaßen »im Lager« des Beschuldigten stehen, oder ob dies auch die Opfer einer Straftat (Schutzgelderpressung) sein können.[294]
Dies gilt nicht für den **Telefonanschluss des Verteidigers**, § 148 StPO (Rechtsgarantie des unüberwachten mündlichen Verkehrs zwischen Strafverteidiger und Beschuldigtem[295]). Geschützt wird auch der **Kernbereich privater Lebensführung**. Die Maßnahme ist unzulässig, wenn *allein* Er-

---

294 Meyer-Goßner § 100 a Rn. 19; a. A. L/R-Schäfer § 100 a Rn. 68; offen gelassen durch BVerfG NJW 2007, 2752, 2753.
295 BVerfG StV 2007, 399.

kenntnisse aus diesem Bereich erlangt würden, § 100 a Abs. 4 Satz 1 StPO. Ermittlungen dazu sind jedoch vor Anordnung der Maßnahme nicht geboten.

3. Die Auskunftspflicht über die Verkehrsdaten

291 Nach § 100 g Abs. 1 StPO kann angeordnet werden, dass Auskunft über die äußeren Umstände einer Telekommunikation bzw. auch ohne Verbindung über die Standortdaten eines betriebsbereiten Mobiltelefons zu erteilen ist. Verkehrsdaten sind »Daten, die bei Erbringung eines Telekommunikationsdienstes erhoben, verarbeitet oder genutzt werden«.[296] Die Datenerhebung umfasst

– gespeicherte Verkehrsdaten aus der Vergangenheit ohne zeitliche Beschränkung, soweit sie noch vorhanden sind,
– zukünftig anfallende Verkehrsdaten mit einer Zeitbeschränkung von höchstens drei Monaten, §§ 100 g Abs. 2 Satz 1, 100 b Abs. 1 StPO, die
  • in Echtzeit anfallen und sofort mitgeteilt werden, soweit es sich um Straftaten von erheblicher Bedeutung handelt, § 100 g Abs. 1 Satz 3 StPO, oder
  • die gespeichert werden und in bestimmten Zeitabständen mitgeteilt werden.

Die Standortdaten eines eingeschalteten Mobiltelefons (Stand-by-Betrieb) können nunmehr erfasst werden, ohne dass eine Telekommunikationsverbindung stattfinden muss. Es besteht bei den Verkehrsdaten nicht nur eine **Auskunftsverpflichtung** der Diensteanbieter, die dies geschäftsmäßig erbringen,[297] sondern auch der Personen und Stellen, welche diese Dienste nicht geschäftsmäßig anbieten – wie geschlossene Systeme in Hotels, Krankenhäusern oder Betrieben. Auch kann die Strafverfolgungsbehörde ermächtigt werden, die Überwachungsmaßnahmen ausschließlich mit eigenen Mitteln durchzuführen.

292 Es werden **zwei Kategorien** von Straftaten in § 100 g Abs. 1 StPO unterschieden: **Straftaten von auch im Einzelfall erheblicher Bedeutung** und **mittels Telekommunikation begangene** Straftaten (z. B. Telefax, Telefon, Computer).

Straftaten von erheblicher Bedeutung

– Bei diesen muss die Straftat nicht nur abstrakt nach dem Strafrahmen, sondern auch im Einzelfall von erheblicher Bedeutung sein.

---

296 Legaldefinition in § 3 Nr. 30 TKG i. V. m. § 96 Abs. 1 TKG, § 100 g Abs. 1 Satz 1 StPO.
297 § 3 Nr. 10 TKG.

§ 17 Verdeckte Überwachungsmaßnahmen

- Die Erhebung der Verkehrsdaten ist nur dann zulässig, wenn dies für die Erforschung des Sachverhalts oder die Ermittlung des Aufenthaltsortes des Beschuldigten *erforderlich* ist, § 100 g Abs. 1 Satz 1 StPO.

Tatbegehung mittels einer Endeinrichtung

- Hier kommt jede Straftat als Anlasstat in Betracht, wobei die Erhebung der Daten in einem angemessenen Verhältnis zur Bedeutung der Sache stehen muss, leichte Kriminalität wie geringfügige Beleidigung scheidet aus.[298]
- Die Straftat muss **vollendet** sein. Taten im Versuchsstadium oder die in strafbarer Weise vorbereitet werden, werden nicht mehr erfasst.
- Die Maßnahme ist nur zulässig, wenn die Erforschung des Sachverhalts oder die Ermittlung des Aufenthaltsortes des Beschuldigten *auf andere Weise aussichtslos* wäre, § 100 g Abs. 1 Satz 2 StPO.

4. Besondere Maßnahmen der TK-Überwachung

Die Zielwahlsuche

Mit dieser nach § 100 g Abs. 1 StPO zulässigen Maßnahme wird ein *Abgleich aller in einem bestimmten Zeitraum bei allen Diensteanbietern angefallenen Verkehrsdatensätze* durchgeführt, um zu ermitteln, von welchem – unbekannten – Anschluss aus eine Verbindung zu einem bestimmten – bekannten – Anschluss hergestellt worden ist. Nachdem § 100 b Abs. 1 StPO zu einer umfassenden Auskunftspflicht umgestaltet ist, kann eine Anordnung darauf gestützt werden, soweit noch notwendig. Denn die Diensteanbieter müssen zukünftig auch die Rufnummern der anrufenden Anschlüsse speichern, § 113 a Abs. 2 Nr. 1 TKG, so dass es einer Zielwahlsuche nicht mehr bedarf.

293

Der »IMSI«-Catcher

Mit der International Mobile Equipment Identifikation (IMSI) kann jeder Mobilfunkteilnehmer weltweit im Netz identifiziert werden, da diese Nummer, die auf der SIM-Karte gespeichert ist, bei jedem Kommunikationsvorgang im Netz mit übertragen wird.[299] Durch eine technische Einrichtung wird eine Sende- oder Empfangsanlage (»elektronischer Staubsauger«) simuliert, bei dem sich das Mobiltelefon anmeldet und diese Nummer sendet. Die Maßnahme dient nicht mehr wie früher der Vorbereitung einer

294

---

298 BT-Drs. 16/5846 S. 52.
299 Bär Rn. 277 ff.

Maßnahme nach § 100 a StPO, der vorläufigen Festnahme oder Ergreifung eines Beschuldigten aufgrund Haftbefehls, sondern kann generell zur Erforschung des Sachverhalts oder der Ermittlung des Aufenthaltsortes des Beschuldigten bei einer Straftat von erheblicher Bedeutung eingesetzt werden.

Die Funkzellenabfrage

295 Bei dieser Sonderform des Auskunftsanspruchs wird Auskunft erteilt, welches Mobiltelefon sich in einer umgrenzten Zeit über die Funkzelle ins Funknetz eingeloggt hat, was beim Diensteanbieter registriert und für einige Zeit gespeichert wird. Die Maßnahme ist nach § 100 g Abs. 2 Satz 2 StPO zulässig und entbindet lediglich von dem nach §§ 100 g Abs. 2 Satz 1, 100 b Abs. 2 Satz 2 Nr. 2 StPO bestehenden Erfordernis, bei der Erhebung von Verkehrsdaten die Rufnummer oder eine andere Kennung des zu überwachenden Anschlusses oder des Endgerätes anzugeben, nicht aber von der nach §§ 100 g Abs. 2 Satz 1, 100 a Abs. 3 StPO bestehenden Verpflichtung, dass sich die Anordnung nur gegen den Beschuldigten oder dessen Nachrichtenmittler richten darf.[300]

Die Maßnahme dient
– einmal der *Identifizierung eines noch unbekannten Straftäters oder dessen Nachrichtenmittlers*, der während eines konkreten Zeitraums aus einer bestimmten Funkzelle eine TK-Verbindung hergestellt hat oder diese herstellen wird,
– und zum anderen der Ermittlung des Aufenthaltsortes des Beschuldigten, **nicht** jedoch zur Ermittlung von Zeugen.

Da bei dieser Maßnahme eine Anzahl Unbeteiligter betroffen werden könnte, verlangt die Maßnahme
– eine Straftat von auch im Einzelfall erheblicher Bedeutung
– eine räumlich und zeitlich hinreichend bestimmte (begrenzte) Bezeichnung der Telekommunikation, über die Auskunft erteilt werden soll,
– wenn andernfalls die Erforschung des Sachverhalts oder die Ermittlung des Aufenthaltsortes des Beschuldigten auf andere Weise wesentlich erschwert oder aussichtslos wäre.

Streitig ist, ob **tatsächliche Anhaltspunkte** gegeben sein müssen, dass sich der Täter am Funkverkehr beteiligt hat.[301]

Auch für diese Maßnahmen gilt der **Richtervorbehalt**, §§ 100 g Abs. 2 S. 1, 100 b Abs. 1 StPO und das Schriftformerfordernis der Anordnung mit den Inhaltsanforderungen, § 100 b Abs. 2 StPO, mit Ausnahme der An-

---

300 BT-Drs. 16/5846 S. 55.
301 So LG Magdeburg StV 2006, 125; Bär Rn. 179 m. w. N.; a. A. LG Rottweil StV 2005, 438 mit Anm. Beichel-Benedetti.

gabe der Kennung des Gerätes, §§ 100 b Abs. 2 Satz 2 Nr. 2, 100 g Abs. 2 Satz 2 StPO.

Der Zugriff auf E-Mails und SMS

Noch nicht abgerufene E-Mails bei einem Provider unterliegen dem Schutz des Art. 10 GG, so dass die Voraussetzungen des § 100 a StPO gegeben sein müssen.[302] Der Zugriff auf abgerufene E-Mails, die auf einem PC gespeichert sind, können nach §§ 94, 98 StPO kopiert und gesichert werden wie in Papierform vorhandene Unterlagen.[303]

296

Gespeicherte oder gedruckte Verbindungsnachweise

Erfolgt die Erhebung von Verkehrsdaten nicht beim TK-Diensteanbieter, so kommen für die Suche nach und die Beschlagnahme von Rechnungen mit Einzelverbindungsnachweisen oder das Auslesen elektronischer Speicher von Kommunikationsgeräten (z. B. Handyspeicher) die allgemeinen Vorschriften der §§ 94 ff. StPO zur Anwendung, § 100 g Abs. 3 StPO. Dabei ist besonders das Recht auf informationelle Selbstbestimmung, Art. 2 Abs. 1 i. V. m. Art. 1 Abs. 1 GG und ggf. Art. 13 GG über den Grundsatz der Verhältnismäßigkeit zu beachten.[304]

297

Die Online-Durchsuchung

Mangels einer gesetzlichen Grundlage sind Online-Durchsuchungen (Setzen eines Trojaners) im Ermittlungsverfahren unzulässig[305] und auch durch die Neuregelung der Telekommunikationsüberwachung nicht eingeführt worden.

298

5. Die längerfristige Observation

Bei dieser Maßnahme erfolgt eine flächendeckende und auch umfassende Ausspähung einer Person. Betroffen sind nicht nur der Beschuldigte, sondern auch mögliche Kontaktpersonen sowie Unbeteiligte. Die Observation kann kurz- oder längerfristig sein. Eine planmäßige Beobachtung besteht nach der **Legaldefinition** des § 163 f Abs. 1 Satz 1 StPO, wenn die *angeordnete planmäßig angelegte Beobachtung des Beschuldigten durchgehend län-*

299

---

302 LG Hanau StV 2000, 354; LG Mannheim StV 2002, 242 f.; LG Hamburg StV 2009, 70; weitere Nachweise bei Bär Rn. 105 ff.
303 BVerfG NJW 2005, 1917, 1920; dazu auch Kemper NStZ 2005, 538, 540.
304 BVerfG NJW 2006, 976; anders noch BVerfG NStZ 2005, 337; bei Dritten vgl. BGH MMR 2006, 541: § 103 StPO.
305 BGH NJW 2007, 930 ff.

ger als 24 Stunden dauern oder an mehr als zwei Tagen *stattfinden soll. Die kurzfristige Observation dagegen wird von der Generalklausel der §§ 161, 163 StPO erfasst. Die Maßnahme dient der Sachverhaltsaufklärung oder der Fahndung nach dem Beschuldigten.

300 Es müssen nach § 163 f Abs. 1 StPO
– zureichende tatsächliche Anhaltspunkte dafür vorliegen, also eine erhöhte Verdachtslage bestehen,
– dass eine Straftat von erheblicher Bedeutung begangen worden ist.
– Die Maßnahme darf nur angeordnet werden, wenn die Erforschung des Sachverhalts oder die Ermittlung des Aufenthaltsortes des Täters auf andere Weise erheblich weniger erfolgversprechend oder wesentlich erschwert wäre
– und die Maßnahme auch verhältnismäßig ist.

301 Seit 1. 1. 2008 steht die Maßnahme unter uneingeschränktem **Richtervorbehalt**, § 163 f Abs. 3 StPO mit Anordnungsbefugnis durch die Staatsanwaltschaft und ihrer Ermittlungspersonen bei **Gefahr in Verzug**, denen eine Bestätigungspflicht binnen drei Werktagen obliegt. Die Anordnung unterliegt dem **Schriftformerfordernis**, §§ 163 f Abs. 3 Satz 3, 100 b Abs. 2 Satz 1 StPO.

II. Die Anordnung der Maßnahme

1. Der Richtervorbehalt

302 Nach der zentralen Vorschrift des § 100 b Abs. 1 Satz 1 StPO, auf den alle Regelungen des Einsatzes der technischen Überwachungsmaßnahmen verweisen, darf die Überwachung und Aufzeichnung grundsätzlich nur durch den Richter beim Ermittlungsgericht am Sitz der Staatsanwaltschaft, § 162 Abs. 1 Satz 1 StPO, angeordnet werden (**Richtervorbehalt**) und setzt einen Antrag der Staatsanwaltschaft voraus. Bei **Gefahr in Verzug** ergeht die Anordnung durch die Staatsanwaltschaft oder ihrer Ermittlungspersonen, § 100 b Abs. 1 Satz 2 StPO, mit der Folge, dass unverzüglich eine richterliche Bestätigung zu beantragen ist, ansonsten die Anordnung nach **drei Werktagen** außer Kraft tritt, § 100 b Abs. 1 Satz 3 StPO.

2. Entscheidungsinhalt

303 Der Beschluss muss nach § 100 b Abs. 2 Satz 1 StPO **schriftlich** ergehen. Der Beschluss muss nach § 100 b Abs. 2 Satz 2 Nr. 1 bis 3 StPO *Namen und Anschrift des Betroffenen, gegen den sich die Maßnahme richtet, angeben, soweit dies möglich ist, sowie die Rufnummer oder Anschlusskennung zwingend bezeichnen, soweit sich nicht aus bestimmten Tatsachen ergibt,*

dass diese zugleich einem anderen Endgerät zugeordnet ist. Weiter sind in dem Beschluss **Art, Umfang und Dauer** der Maßnahme zu bestimmen, wobei eine gesetzliche Frist von **höchstens drei Monaten** besteht mit Verlängerungsmöglichkeit um jeweils weitere drei Monate, § 100 b Abs. 1 Satz 5 StPO. Dabei ist der **Endzeitpunkt zu benennen,** § 100 b Abs. 2 Satz 2 Nr. 3 StPO.

Teil 6 – Arrest und einstweilige Verfügung

§ 18 Einführung

304 Mit Anträgen auf Erlass von Arrest oder einstweiliger Verfügung muss im Bereitschaftsdienst immer gerechnet werden, auch wenn solche Gesuche nicht häufig sind. Diese **Eilverfahren** dienen dem vorläufigen Rechtsschutz mit dem Zweck, *in einem summarischen Verfahren einen Titel zu schaffen*, der unmittelbar vollstreckt werden kann. Zu unterscheiden ist das Verfahren auf Erlass eines Titels vom anschließenden Vollstreckungsverfahren, was im Rahmen des Bereitschaftsdienstes einmal bei Kombinationsbeschlüssen bei der Tenorierung (Anordnung und Vollstreckung), aber auch bei der begleitenden Verfügung interessiert. Grundsätzlich wird eine Anhörung des Gegners im Bereitschaftsdienst bei beabsichtigter Sachentscheidung nicht möglich sein. Denkbar ist aber eine **Schutzschrift** des Gegners, die in Erwartung des Antrags hinterlegt ist und die von der zuständigen Geschäftsstelle dem Bereitschaftsdienstrichter vorzulegen ist. Die Schutzschrift lässt schon vor Anhängigkeit des Verfahrens prozessrechtliche oder sachliche Einwendungen gegen den Anspruch und den Arrest- bzw. Verfügungsgrund zu, um eine Zurückweisung eines noch anzubringenden Gesuchs zu veranlassen.

I. Abgrenzungsfragen

305 Obwohl sich die einstweilige Verfügung und der Arrest im Verfahrensablauf stark ähneln, haben sie doch unterschiedliche Zielrichtungen. Beim **Arrest** werden **Geldforderungen** oder Ansprüche gesichert, die in solche übergehen können, während die **einstweilige Verfügung** Ansprüche betrifft, die keine Geldforderungen sind, sondern **sonstige Individualansprüche** auf eine gegenständliche Leistung, § 935 ZPO, oder der vorläufigen Regelung eines streitigen Rechtsverhältnisses dienen, damit dem Rechtsfrieden, § 940 ZPO. Ausnahmsweise ist eine Leistungsverfügung (**Erfüllung**) mit dem Ziel statthaft, eine vorläufige Befriedigung des Gläubigers zu erreichen, wenn der Antragsteller auf die sofortige Erfüllung seines Leistungsanspruchs angewiesen ist. Das ist im richterlichen Eildienst der Fall, wenn er durch Zuwarten oder durch die Verweisung auf die spätere

§ 18 Einführung

Geltendmachung von Schadensersatz in unzumutbarer Weise erhebliche wirtschaftliche Nachteile erleiden würde (**existentielle Notlage**). *Arrest und einstweilige Verfügung schließen sich gegenseitig aus.* Bei spezialgesetzlichen Regelungen auf Erlass einer **einstweiligen Anordnung** gehen die besonderen Anordnungsverfahren vor. Für eine einstweilige Verfügung in diesen Angelegenheiten besteht kein Rechtsschutzbedürfnis (s. Rz. 325).

II. Zuständigkeitsregelungen

1. Die sachliche Zuständigkeit

Bei der Bestimmung der sachlichen Zuständigkeit zwischen Amts- und Landgericht hat der Streitwert wesentliche Bedeutung. Die sachliche Zuständigkeit des Amtsgerichts bis 5 000,– € bestimmt sich nach den §§ 23 Nr. 1, 71 Abs. 1 GVG. Bei nichtvermögensrechtlichen Streitigkeiten ist zur Bestimmung des Streitwerts § 12 Abs. 2 Satz 1 GVG zu beachten. Da der Antragsteller nur eine gesicherte Position erhält, jedoch nicht endgültig befriedigt wird, ist die *Höhe der Forderung nicht Streitgegenstand, sondern der Anspruch auf Sicherung.* Dieser wird nach § 3 ZPO geschätzt und beträgt meist **1/3 des Hauptsachestreitwerts**.[306] Die sachliche Zuständigkeit ist nach § 802 ZPO eine **ausschließliche**.

306

2. Die örtliche Zuständigkeit

Zuständig ist das **Gericht der Hauptsache**. Nach §§ 919, 936 ZPO ist das Gericht der Hauptsache örtlich **ausschließlich** (§ 802 ZPO) zuständig. Ist die Hauptsache noch nicht anhängig, bestimmt sich die Zuständigkeit nach den allgemeinen Zuständigkeitsvorschriften. Ist die Hauptsache dagegen schon anhängig, dann kommt es für die Zuständigkeit darauf an, wo sie schwebt.[307] Bei Schiedsvereinbarungen sind die staatlichen Gerichte auch dann für Maßnahmen des einstweiligen Rechtsschutzes zuständig, wenn für die Hauptsache die Zuständigkeit eines Schiedsgerichts vereinbart worden ist.[308]

307

Davon gibt es drei Ausnahmen (**Wahlzuständigkeit**):
– **Beim Arrest** ist wahlweise auch das Gericht zuständig, in dessen Bezirk der Arrest vollzogen werden soll, § 919 ZPO (Gericht der »**Arrestbereitschaft**«),

---

306 Thomas/Putzo-Hüßtege § 3 Rn. 16, 52.
307 Thomas/Putzo-Reichold § 919 Rn. 3.
308 Zöller/Vollkommer Vorb. § 916 Rn. 4.

– bei der einstweiligen Verfügung ist *in dringenden Fällen* auch das Amtsgericht örtlich und sachlich zuständig, in dessen Bezirk sich der Streitgegenstand befindet, damit das Gericht der belegenen Sache (Gericht der »**Zwangsbereitschaft**«), § 942 Abs. 1 ZPO (s. Rz. 321),
– und bei Eintrag einer Vormerkung oder eines Widerspruchs gegen die Richtigkeit des Grundbuchs, des Schiffsregisters oder des Schiffsbauregisters auch das Gericht, in dessen Bezirk das Grundstück belegen ist oder der Heimathafen oder der Heimatort des Schiffes oder der Bauort des Schiffsbauwerks sich befindet, § 942 Abs. 2 Satz 1 ZPO.

Das Verfahren beim Gericht der Zwangsbereitschaft verlangt die Prüfung und Glaubhaftmachung[309] *(dazu Rz. 312), dass die Anrufung des Gerichts der Hauptsache das Verfahren nachteilig verzögern würde.* Liegt diese Voraussetzung nicht vor, ist der Antrag wegen Unzuständigkeit zurückzuweisen. In der Zeit moderner Bürotechnologie und des bundesweit eingeführten Bereitschaftsdienstes auch bei den Landgerichten dürfte ein solcher Antrag nur in seltenen Fällen Erfolg versprechend sein. Denn in fast allen Fällen ist das eigentlich nach § 937 ZPO zuständige Gericht genauso rasch unmittelbar erreichbar und ansprechbar.[310]

III. Das Verfahren

1. Allgemeine Prozessvoraussetzungen

308 Neben der Partei- und Prozessfähigkeit des Antragstellers und seiner Postulationsfähigkeit bei einer mündlichen Verhandlung vor dem Landgericht, § 78 ZPO, muss neben dem Arrest- oder Verfügungsgrund für die Eilmaßnahme zusätzlich ein **Rechtsschutzbedürfnis** bestehen. Ein solches *fehlt, wenn der Antragsteller bereits einen Vollstreckungstitel besitzt*, der ohne Sicherheitsleistung vollstreckt werden kann oder eine Sicherungsvollstreckung nach § 720 a ZPO zulässt. Gleiches gilt, *wenn er Sicherheiten besitzt, die ihm ausreichend Schutz bieten*, etwa weil er durch Eigentumsvorbehalt, Sicherungsübereignung, bestellte Pfandrechte oder durch Hinterlegung bereits gesichert ist.

2. Das Antragserfordernis

309 Der das Verfahren einleitende Antrag ist **schriftlich** zu stellen. Die zulässige Antragstellung zu Protokoll der Geschäftsstelle, § 920 Abs. 3 ZPO, dürfte im Bereitschaftsdienst nicht zum Tragen kommen, weil ein Eildienst für die

---

309 Baumbach/Hartmann § 942 Rn. 4.
310 Baumbach/Hartmann § 942 Rn. 2.

§ 18 Einführung

Rechtsantragstelle in der Regel nicht eingerichtet ist. Im Bereitschaftsdienst wird der Antrag in der Regel per **Telefax** eingehen. **Mündliche** oder telefonisch vorgetragene **Anträge** dagegen sind im Bereitschaftsdienst wegen des Schriftformerfordernisses **unzulässig**. *Der Antrag muss bestimmt sein und schlüssig die Tatsachen beinhalten, aus denen sich der zu sichernde Anspruch und der Arrest- bzw. einstweilige Verfügungsgrund ergeben*, §§ 920 Abs. 1, 936 ZPO. Ist der Antrag in der **schlüssigen Darlegung** des Anspruchs und des Arrestgrunds mangelhaft, muss das Gericht bei **behebbaren Mängeln** nach § 139 ZPO auf Ergänzung hinwirken.[311] Gegebenenfalls ist dem Antragsteller eine Frist zu setzen, innerhalb der er sein Gesuch ergänzen kann. Bei nicht behebbaren Mängeln ist das Gesuch sogleich zurückzuweisen.

3. Der zu sichernde Anspruch

Sowohl der Arrest als auch die einstweilige Verfügung setzen einen nach materiellem Recht bestehenden Anspruch voraus (dazu Rz. 323, 335), der schlüssig dargestellt werden muss.[312]

310

4. Arrest- bzw. Verfügungsgrund

Das Eilverfahren verlangt eine Rechtfertigung. Erforderlich ist das Vorliegen eines Grundes, der die Schaffung eines Titels ohne oder neben einem Hauptsacheverfahren erforderlich macht. Das Gesetz normiert die Voraussetzungen dazu in den §§ 917, 918, 935 und 940 ZPO. Es handelt sich um eine **Verfahrensvoraussetzung besonderer Art**, nicht um eine Prozessvoraussetzung. Deshalb kann das Vorliegen eines solchen Grundes dahinstehen, wenn der Antrag aus rechtlichen oder tatsächlichen Gründen zurückgewiesen werden muss.

311

5. Die Beweismittel

Zunächst hat der Antragsteller ordnungsgemäß vorzutragen und die Voraussetzungen für eine Eilentscheidung in formeller als auch sachlicher Weise darzulegen. *Unterschiede bei der Darlegungs- und Beweislast zum Klageverfahren bestehen nicht.* Danach hat der Antragsteller alle ihm günstigen Umständen glaubhaft zu machen. Damit sind sowohl Verfügungs- bzw. Arrestanspruch als auch Verfügungs- bzw. Arrestgrund glaubhaft zu machen. Ist der Antrag beim **Gericht der Zwangsbereitschaft** (s. Rz. 307) angebracht worden, muss auch glaubhaft gemacht werden, dass die Anrufung des Gerichts der Hauptsache das Verfahren unangemessen verzögern würde.

312

---

311 Zöller/Vollkommer § 920 Rn. 6.
312 Vgl. Aufzählung bei Baumbach/Hartmann § 935 Rn. 4 ff.

Die **Glaubhaftmachung** erfordert einen geringeren Grad der richterlichen Überzeugung als der Vollbeweis. Ausreichend ist eine überwiegende Wahrscheinlichkeit, dass der Antragsteller im Hauptsacheverfahren obsiegen wird. Glaubhaftmachung bedeutet somit, dass dem erkennenden Richter *ein überwiegender Grad an Wahrscheinlichkeit* vermittelt wird. Hinsichtlich des Arrest- und des Verfügungsgrunds muss die beantragte Maßnahme zur Beseitigung der Gefährdung der prozessualen Stellung des Antragstellers erforderlich erscheinen. Der erkennende Richter muss nicht von der Richtigkeit einer Behauptung überzeugt sein. Als **Mittel der Glaubhaftmachung** kommen alle förmlichen Beweismittel der ZPO in Betracht. Eine Erleichterung besteht bei der Beweisführung, bei der neben den üblichen Beweismitteln die Glaubhaftmachung durch **eidesstattliche Versicherung** zulässig ist, § 294 Abs. 1 ZPO. Eine Einschränkung besteht beim Zeugen- und Sachverständigenbeweis sowie bei Urkunden, weil eine Beweisaufnahme, die nicht sofort erfolgen kann, unstatthaft ist, § 294 Abs. 2 ZPO. Im richterlichen Bereitschaftsdienst ist eine Beweisaufnahme durch präsente Beweismittel wie Zeugen- oder Sachverständigenbeweis außerhalb der üblichen Dienstzeiten schon aus Sicherheitsgründen (keine Besucherkontrollen, keine Justizwachtmeister) nahezu immer ausgeschlossen, so dass i. d. R. nur mit eidesstattlichen Versicherungen und Urkunden als Mittel der Glaubhaftmachung zu rechnen ist. Die Verteilung der »Beweismittellast«, somit der Glaubhaftmachungslast, entspricht der des Hauptsacheverfahrens. Streitig ist, ob der Antragsteller das Fehlen von Einreden und Einwendungen des Antragsgegners glaubhaft machen muss und damit die volle Glaubhaftmachungslast hat. Nach verbreiteter Meinung gilt dies im »einseitigen« Verfahren ohne Anhörung des Gegners uneingeschränkt,[313] während die wohl herrschende Meinung nur bei Beschlussentscheidungen ohne rechtliches Gehör des Gegners zum Ausgleich dieses Nachteils verlangt, dass der Antragsteller auch diejenigen Behauptungen aufstellt und glaubhaft macht, aus denen sich der geltend gemachte Anspruch zweifelsfrei ergibt, wenn sich aus seinem Vortrag Hinweise auf Einwendungen ergeben.[314]

313 Die eigene eidesstattliche Versicherung der Partei ist zulässig. Sie ist jedoch oft wertlos, weil sie nicht selten leichtfertig erfolgt und meist nichts anders ist als eine eindringliche Parteierklärung.[315] Die eidesstattliche Versicherung des Antragstellers oder die eines Dritten muss eine **eigene Darstellung** der glaubhaft zu machenden **Tatsachen** enthalten. Nicht selten werden eidesstattliche Versicherungen vorgelegt, welche keine eigene Sach-

---

313 Hirtz NJW 1986, 110; OLG Frankfurt FamRZ 1989, 88.
314 Thomas/Putzo-Reichold Vorb. § 916 Rn. 9 m. w. N.; Zöller/Vollkommer Vorb. § 916 Rn. 6 a m. w. N.
315 Baumbach/Hartmann § 294 Rn. 8.

§ 18 Einführung

darstellung beinhalten, sondern die »entsprechend einer heute weit verbreiteten Unsitte«[316] auf die Angaben in einem Schriftsatz Bezug nehmen. Eine solche **Bezugnahme** ist nach Meinung des Bundesgerichtshofes ungenügend und nicht geeignet, als ausreichendes Mittel der Glaubhaftmachung zu dienen, das Gesuch ist in diesem Falle als unbegründet zurückzuweisen (zur Ausnahme durch Sicherheitsleistung nach § 921 Satz 1 ZPO s. Rz. 315).

Das Gesetz normiert in Einzelfällen **gesetzliche Vermutungen**, z. B. die Eigentumsvermutung beim Besitzer, § 1006 BGB, Nießbraucher, §§ 1065, 1006 BGB, Pfandgläubiger, § 1227 BGB, oder die Eigentumsvermutung beim Schuldner bei zusammenlebenden Ehegatten, § 1362 Abs. 1 Satz 1 BGB. Außerdem sehen **gesetzliche Regelungen** vor, dass die Gefährdung im Einzelfall nicht glaubhaft gemacht werden muss, so bei der einstweiligen Verfügung auf Eintragung einer Vormerkung, § 885 Abs. 1 Satz 2 BGB, Eintragung eines Widerspruchs, § 899 Abs. 2 Satz 2 BGB, und bei Unterlassungsansprüchen nach § 12 Abs. 2 UWG. 314

Manchmal gelingt es dem Antragsteller nicht, die das Gesuch tragenden Tatsachen glaubhaft zu machen, § 920 Abs. 2 ZPO. Die Glaubhaftmachung des Anspruchs und des Grundes ist **zur Anordnung** des Arrestes, § 921 Satz 1 ZPO, oder der einstweiligen Verfügung, §§ 936, 921 Satz 1 ZPO, nach dem Ermessen des Gerichts entbehrlich, wenn wegen der dem Gegner drohenden Nachteile eine **Sicherheitsleistung erbracht** wird. Voraussetzung ist, dass Anspruch und Grund bestehen und nur die dazu erforderliche Glaubhaftmachung fehlt. *Damit kann zwar die volle Glaubhaftmachung ersetzt werden, nicht aber der schlüssige Vortrag der Tatsachen zum Anspruch und Arrestgrund.*[317] Die **Arrestanordnung ergeht erst nach Sicherheitsleistung** und wird schon aus diesem Grund im Bereitschaftsdienst kaum zur Anwendung kommen. Diese Vorschrift kommt nur in Ausnahmefällen zum Tragen, wenn der bereits durch die Anordnung dem Gegner entstehende Schaden besonders hoch sein wird oder die Vermögensverhältnisse des Gläubigers es bezweifeln lassen, ob dieser etwaige Schadensersatzansprüche des Anspruchsgegners erfüllen kann.[318] 315

6. Besonderheiten zum Hauptsacheverfahren

Das summarische Verfahren weist gegenüber einem Hauptsacheverfahren einige Besonderheiten auf:
– Das Verfahren wird *ohne Kostenvorschuss* betrieben. 316

---

316 BGH NJW 1988, 2045.
317 Thomas/Putzo-Reichold § 921 Rn. 3.
318 Zöller/Vollkommer § 921 Rn. 10.

- Die *Ladungsfrist* des § 217 ZPO von mindestens drei Tagen beim Amtsgericht kann auf Antrag ohne Anhörung des Gegners durch Beschluss nach §§ 226 Abs. 1 und 3, 224 Abs. 2 ZPO abgekürzt werden.
- Die *Einlassungsfrist* des § 274 Abs. 3 ZPO ist in dem Eilverfahren nicht anwendbar.
- Während im Arrestverfahren nach den Vorgaben des Gesetzes grundsätzlich ohne mündliche Verhandlung entschieden wird, § 921 Abs. 1 ZPO, ist im einstweiligen Verfügungsverfahren grundsätzlich mündlich zu verhandeln, es sei denn, die Entscheidung ist dringend oder der Antrag wird zurückgewiesen, § 937 Abs. 2 ZPO.

IV. Die Entscheidung

1. Form und Inhalt

317 Bei Entscheidung ohne mündliche Verhandlung wird durch **Beschluss** entschieden. Nach mündlicher Verhandlung ergeht die Entscheidung in Form eines **Urteils**. In beiden Fällen ist das volle Rubrum zu fertigen. Die Parteien werden im Rubrum als »Antragsteller« und »Antragsgegner« bezeichnet, die Parteien werden dann als »Arrest- bzw. Verfügungskläger« und »Verfügungsbeklagter« benannt. Ein unzulässiger oder unbegründeter Antrag wird zurückgewiesen. Ansonsten sind die Anordnungen im Tenor bei stattgebenden Entscheidungen vielfältig und werden bei den Ausführungen zum Arrest und zur einstweiligen Verfügung besprochen.

Die den Antrag **zurückweisende Entscheidung** ist immer, auch im Beschlussverfahren, zu begründen, da dagegen das Rechtsmittel der Beschwerde zulässig ist.[319] Zur Begründung eines Beschlusses genügt – ebenso wie zur Begründung eines Urteils – eine kurze Zusammenfassung der Erwägungen, auf denen die Entscheidung in tatsächlicher und rechtlicher Hinsicht beruht. *Es kann nicht verlangt werden, dass in der Begründung zu allem, was von der Partei vorgebracht worden ist, ausdrücklich Stellung genommen wird.*

Bei der **stattgebenden Entscheidung** ist nach §§ 936, 922 Abs. 1 ZPO eine **Begründung** nur dann geboten, wenn sie im Ausland geltend gemacht werden soll, wird jedoch in der Praxis grundsätzlich begründet, indem kurz die tragenden Entscheidungsgründe ausgeführt werden oder auf die Antragsschrift in zulässiger Weise[320] Bezug genommen wird, die dann jedoch mit dem Beschluss (und den Ausfertigungen) verbunden werden muss.

---

319 Baumbach/Hartmann § 329 Rn. 4.
320 BGH NJW 1983, 123; OLG Hamm MDR 1991, 452; BVerfGE 71, 135.

§ 18 Einführung

Arrest und einstweilige Verfügung sind *Vollstreckungstitel, die ohne weiteres vollstreckbar sind*. Die Bestimmung zur Tenorierung ohne Sicherheitsleistung in § 708 Nr. 6 ZPO betrifft nur ablehnende oder aufhebende Entscheidungen **durch Urteil** in diesen Eilverfahren. Ein anordnender **Beschluss** ist gem. § 794 Abs. 1 Nr. 3 ZPO vollstreckbar.

2. Die Bekanntmachung

Eine zurückweisende Entscheidung wird formlos mitgeteilt. *Die Zustellung einer einstweiligen Verfügung oder eines dinglichen Arrestes im Beschlussverfahren erfolgt an den Antragsteller* (vgl. § 922 Abs. 3 ZPO), nicht an den Antragsgegner. Dies ist Aufgabe des Antragstellers, § 922 Abs. 2 ZPO, der Herr über den weiteren Verfahrensablauf ist und die *Zwangsvollstreckung binnen Monatsfrist realisieren* muss, § 929 Abs. 2 ZPO. Ihm sind für seine persönlichen Unterlagen und für die Zustellung an den Antragsgegner zumindest **zwei Ausfertigungen** zu übergeben. Im richterlichen Bereitschaftsdienst sollte auch an eine Zustellung nach § 173 Satz 1 ZPO in Form der **Aushändigung an der Amtsstelle** gedacht werden.

Wurde aufgrund mündlicher Verhandlung entschieden, ist das Urteil zu verkünden und von Amts wegen an beide Parteien zuzustellen, § 317 Abs. 1 Satz 1 ZPO.

318

V. Anordnungen zur Vollstreckung

Die Vollstreckung zur Duldung oder Unterlassung von Handlungen regelt § 890 ZPO. Bei Vornahme einer Handlung wird unterschieden, ob es sich um eine vertretbare Handlung handelt, dann § 887 ZPO, oder um eine unvertretbare Handlung, dann § 888 ZPO. *Nur in den Fällen des § 890 ZPO kann ein Ordnungsgeld* zwischen 5,– € und 250 000,– € und für den Fall, dass es nicht beigetrieben werden kann, Ordnungshaft bis zu sechs Monaten für jeden Fall der Zuwiderhandlung, maximal jedoch zwei Jahre, oder alternativ Ordnungshaft **verhängt** werden. Dieses muss vorher angedroht worden sein, § 890 Abs. 2 ZPO, was üblicherweise in der Entscheidung erfolgt. Es handelt sich dabei um eine zu den §§ 887, 888 ZPO unterschiedliche Vollstreckungsart, denn bei vertretbaren Handlungen wird der Antragsteller auf Antrag ermächtigt, auf Kosten des Schuldners die Handlung vorzunehmen, während bei nicht vertretbaren Handlungen der Schuldner durch Zwangsgeld bis zu 25 000,– € und für den Fall, dass es nicht beigetrieben werden kann, durch Zwangshaft, oder alternativ durch Zwangshaft von einem Tag bis zu insgesamt sechs Monaten anzuhalten ist, wobei eine Androhung nicht stattfindet, § 888 Abs. 2 ZPO.

Problematisch in der Praxis ist die Abgrenzung zwischen Handlungs- und Unterlassungspflichten. Eine Entscheidung, mit welcher der Antrags-

319

gegner verpflichtet wird, **Räume zu beheizen**, kann nur nach den Vorschriften über die Vollstreckung der Vornahme einer Handlung, nicht wegen Verstoßes gegen eine Unterlassungspflicht durchgesetzt werden,[321] so dass § 890 ZPO einschließlich der Androhung nicht geboten ist. Nach § 888 Abs. 2 ZPO findet eine Androhung von Zwangsgeld und Zwangshaft bei nicht vertretbaren Handlungen nicht statt. Es hat sich jedoch in der Praxis eingebürgert, im Tenor auf die Vermeidung von Zwangsgeld und Zwangshaft hinzuweisen (s. praktischer Fall bei Rz. 332).

§ 19 Einstweilige Verfügung

I. Das Verfahren

320 Das Verfahren auf Erlass einer einstweiligen Verfügung ist dem Arrestverfahren schon durch die Verweisungsvorschrift des § 936 ZPO stark angenähert, weist aber einige Unterschiede auf, die nachfolgend besprochen werden. Entgegen der gesetzlichen Reihenfolge und der üblichen Darstellungen des Arrestes vor der einstweiligen Verfügung wird hier der umgekehrte Weg gewählt, weil erfahrungsgemäß im Bereitschaftsdienst einstweilige Verfügungen den Schwerpunkt bilden, etwa auf Wiedereinräumung einer Mietwohnung oder deren Versorgung mit Wasser und Strom.

1. Die Zuständigkeit

321 Gegenüber dem Verfahren auf Erlass eines Arrestes ist zu beachten, dass abweichend von § 919 ZPO, wonach das Gericht der Hauptsache und wahlweise das Gericht des Belegenheitsorts bzw. des Aufenthaltsorts einer Person zuständig ist, für die einstweilige Verfügung in § 937 Abs. 1 ZPO grundsätzlich das **Gericht der Hauptsache** zuständig ist und für den Belegenheitsort § 942 ZPO eine Zwangsbereitschaft des Amtsgerichts normiert ist (s. Rz. 307). Eine Ausnahme enthalten § 14 Abs. 2 Satz 1 **UWG** (konkurrierende Zuständigkeit des Gerichts des Tatorts) und § 23 **BauFordSiG** (ausschließliche Zuständigkeit des Amtsgerichts zur Sicherung von Baugeld vor Zweckentfremdung). Die ausnahmsweise Zuständigkeit nach § 942 ZPO ist nur in dringenden Fällen begründet und setzt voraus, dass der Antragsteller durch die Anrufung des Gerichts der Hauptsache –

---

321 H. M., s. OLG Köln MDR 1995, 95; OLG Düsseldorf NJW-RR 1998, 1768 unter Änderung der bisherigen Rechtsprechung; OLG Zweibrücken OLGZ 1974, 31; OLG Hamm OLGZ 1984, 184.

§ 19 Einstweilige Verfügung

etwa durch Zeitverlust – einen nicht hinnehmbaren Nachteil oder Rechtsverlust erleidet (s. Rz. 307).

2. Das Gesuch

Das Verfahren wird durch ein **Gesuch** des Antragstellers eingeleitet, §§ 935, 936, 920 Abs. 1 ZPO. Es ist **schriftlich** anzubringen, kann jedoch nach §§ 920 Abs. 3, 936 ZPO auch zu Protokoll der Geschäftsstelle erklärt werden. Das Gesuch muss nach §§ 936, 920 Abs. 1 ZPO den Anspruch oder das zu regelnde Rechtsverhältnis bezeichnen und den Grund der einstweiligen Verfügung enthalten. *Dabei muss der Antragsteller nur sein Rechtsschutzziel anzugeben, weil das Gericht die erforderlichen Maßnahmen nach § 938 Abs. 1 ZPO in freier Ermessensentscheidung trifft.* Allerdings wird ein solcher Antrag in der Regel konkret gefasst und bei Unterlassungsansprüchen ist es unerlässlich, dass die störende und damit zu unterlassende Handlung umschrieben wird.[322] 322

3. Der Verfügungsanspruch

Die einstweilige Verfügung sichert Individualansprüche, die nicht auf eine Geldleistung gehen und die auch nicht in eine solche umgewandelt werden. Sie dient der *Durchsetzung von Ansprüchen auf Handlungen, Duldungen oder Unterlassungen*, die Streitgegenstand eines Hauptsacheprozesses sein können, gleich welcher Art (dingliche oder persönliche Ansprüche) und welchen Rechtsgrunds (schuld-, sachen-, familien- und erbrechtliche Ansprüche),[323] z. B. Ansprüche auf Herausgabe, Lieferung von Sachen, Duldungen, Unterlassungen, Vornahme von Handlungen, Vormerkung usw. 323

4. Der Verfügungsgrund

Als Verfügungsgrund muss die Gefahr bestehen, dass die Verwirklichung des Rechts vereitelt oder wesentlich erschwert wird, § 935 BGB. *Es müssen Umstände bestehen, die nach dem objektiven Urteil eines vernünftigen Menschen befürchten lassen, dass die Verwirklichung des Individualanspruchs durch bevorstehende Veränderungen des bestehenden Zustands gefährdet ist.*[324] Hierzu gehören beispielsweise drohende Veräußerung, Zerstörung der Sache, drohende Zuwiderhandlung und abzusehende Nichtvornahme einer Handlung. Erforderlich ist regelmäßig eine Eilbedürftigkeit in 324

---

322 Zöller/Vollkommer § 938 Rn. 2.
323 Zöller/Vollkommer § 935 Rn. 6.
324 Thomas/Putzo-Reichold § 935 Rn. 6.

Teil 6 – Arrest und einstweilige Verfügung

der Sache, die dem Antragsteller ein Abwarten bis zum Abschluss des Klageverfahrens unzumutbar erscheinen lässt.

II. Rechtsschutzbedürfnis

325 Das Rechtsschutzbedürfnis fehlt, wenn für einstweilige Regelungen **spezialgesetzliche Regelungen** bestehen, so bei
– einstweiliger Anordnung in Familienstreitsachen, §§ 112, 119, 49 FamFG,
– einstweiliger Anordnung zur Sicherung des Unterhalts, §§ 111 Nr. 8, 119, 49, 2, 246 ff. FamFG,
– einstweiliger Einstellung der Zwangsvollstreckung, § 707 ZPO,
– einstweiliger Einstellung der Zwangsvollstreckung bei Rechtsmittel und Einspruch, §§ 719, 707 ZPO,
– einstweiligen Anordnungen bei Streitigkeiten nach dem **Gewaltschutzgesetz**, §§ 111 Nr. 6, 214 FamFG, 23 a Abs. 1 GVG (s. Rz. 209).

III. Die Entscheidung

326 *Bei der einstweiligen Verfügung ergeht die Entscheidung grundsätzlich auf Grund **mündlicher Verhandlung** durch Endurteil, Anerkenntnis- oder Versäumnisurteil. In **dringenden Fällen**, wie sie im richterlichen Eildienst zu erwarten sind, und bei Zurückweisung des Antrags kann die Entscheidung ohne mündliche Verhandlung **durch Beschluss** ergehen, § 937 Abs. 2 ZPO. Zu beachten ist dabei, dass die Dringlichkeit, die bei Entscheidungen im Bereitschaftsdienst in der Regel behauptet wird, über den Verfügungsgrund, der bereits eine vorläufige Sicherungsentscheidung erforderlich macht, hinausgehen muss, somit »zusätzlich dringend« ist*, weil der Antragsteller nur durch einen möglichst rasch erwirkten Titel zur Sicherung seines Anspruchs kommen kann.[325] Fehlt es daran, ist der Antrag nicht zurückzuweisen, sondern **Termin** zu **bestimmen**. Eine Ausnahme bildet § 942 BGB. Beim **Gericht der Zwangsbereitschaft** wird immer durch Beschluss entschieden, auch nach mündlicher Verhandlung, weil sich das Rechtfertigungsverfahren beim Gericht der Hauptsache anschließt. Dazu muss eine Frist bestimmt werden, innerhalb derer dieses Verfahren betrieben werden muss. Der dazu über den Verfügungsgrund hinausgehende dringende Fall, § 942 Abs. 1 ZPO, ist entbehrlich, wenn die einstweilige Verfügung mit dem Ziel der Eintragung einer Vormerkung oder eines Widerspruchs

---

325 Thomas/Putzo-Reichold § 937 Rn. 2.

§ 19 Einstweilige Verfügung

im Grundbuch, Schiffsregister oder Schiffsbauregister erstrebt wird, § 942 Abs. 2 ZPO.

Das Gericht ist bei seiner Entscheidung nicht an den Antrag gebunden, denn es bestimmt nach § 938 ZPO nach **freiem Ermessen**, welche Anordnungen zur Erreichung des Sicherungszwecks erforderlich sind. Deshalb gibt es *keine teilweise Abweisung des Antrags »im Übrigen«*. Allerdings kann das Gericht wegen § 308 Abs. 1 ZPO keine Maßnahmen anordnen, die der Antragsteller nicht begehrt. Es muss sich im Rahmen des Antrags halten und darf nicht über den Sicherungszweck hinausgehen.[326] Es gilt das **Verbot der Vorwegnahme der Hauptsache**. Deshalb kommt bei Herausgabeansprüchen normalerweise nur die Herausgabe an den Gerichtsvollzieher oder an einen Sequester (s. Rz. 331) in Frage, es sei denn, es liegt verbotene Eigenmacht vor. 327

Bei Zurückweisung eines Antrags, der unzulässig oder unbegründet ist, wird zusätzlich nur über die Kosten entschieden. Ein Ausspruch über die vorläufige Vollstreckbarkeit unterbleibt. Es ist üblich, dass zusätzlich der Streitwert festgesetzt wird.

Bei Erlass der einstweiligen Verfügung ist bei einem Verbot grundsätzlich die Androhung von Ordnungsgeld bis zu 250 000,– € oder Ordnungshaft bis zu 2 Jahren nach § 890 Abs. 1 ZPO in den Tenor aufzunehmen. Es folgt die Kostenentscheidung nach §§ 91, 92 ZPO und die Festsetzung des Streitwerts. Ein Ausspruch über die vorläufige Vollstreckbarkeit unterbleibt.

Es bestehen folgende **Besonderheiten**: Die vom Arrest bekannte **Lösungssumme** wird in der Regel bei der einstweiligen Verfügung nicht festgesetzt, weil § 939 ZPO die Bestimmungen der §§ 923 und 934 Abs. 1 ZPO ganz und die der §§ 925 Abs. 2, 927 ZPO teilweise ersetzt. 328

Hat das Gericht der Zwangsbereitschaft entschieden, ist die **Frist nach § 942 Abs. 1 ZPO** zu setzen.

Möglich ist es ferner, den Vollzug der einstweiligen Verfügung nach §§ 936, 921 Satz 1 ZPO von einer Sicherheitsleistung abhängig zu machen.

IV. Sonderformen

1. Die Regelungsverfügung

Nach § 940 ZPO kann eine einstweilige Verfügung erlassen werden, wenn ein Rechtsverhältnis streitig ist, aus dem Ansprüche entstehen können, und wenn es hierbei gilt, drohende wesentliche Nachteile des Antragstellers oder drohende Gewalt abzuwenden (**Notwendigkeit einer Regelung**). Unter einem Rechtsverhältnis versteht man die rechtlich geregelte Bezie- 329

---

326 Baumbach/Hartmann ZPO § 938 Rn. 4 f.

hung einer Person zu einer anderen Person oder zu einer Sache, vgl. § 256 ZPO. Der Antragsteller muss ein Recht gerade auf die Herstellung des anzuordnenden Zustands oder auf die Handlung bzw. Unterlassung haben. Diese Form der einstweiligen Verfügung dürfte im Bereitschaftsdienst kaum auftreten, da solche Entscheidungen meist die Anhörung des Gegners gebieten. Geregelt werden können z. B. alle Arten von Dauerschuldverhältnissen, die Rechtsverhältnisse zwischen Miteigentümern, Miterben, Gesellschaftern, Mietern oder Nachbarn. Nach dem Grundsatz des Verbots der Vorwegnahme der Hauptsache im Eilverfahren dürfen durch eine Regelungsverfügung keine endgültigen Regelungen des Rechtsverhältnisses angeordnet werden. Bei Wegfall der Regelungsverfügung muss – ohne dass es dann weiterer Änderungen bedarf – der frühere Rechtszustand automatisch wieder eintreten. Angeordnet werden kann z. B. ein Verbot, bestimmte Räume für eine bestimmte Dauer zu betreten.

2. Die Leistungsverfügung

330 In entsprechender Anwendung des § 940 ZPO wird in **Ausnahmefällen** eine Erfüllung durch einstweilige Verfügung zugelassen, soweit zur Vermeidung von Notlagen unumgänglich (**Notwendigkeit sofortiger Erfüllung**). Eine solche Leistungsverfügung ist zulässig, wenn der Antragsteller darlegt und glaubhaft macht, dass er *so dringend auf die sofortige Erfüllung seines Leistungsanspruchs angewiesen ist und sonst so erhebliche wirtschaftliche Nachteile erleiden würde, dass ihm ein Zuwarten oder eine Verweisung auf die spätere Geltendmachung von Schadensersatzansprüchen nach Wegfall des ursprünglichen Erfüllungsanspruchs nicht zumutbar ist*. Von Bedeutung können Fälle der **verbotenen Eigenmacht** werden. Da der Antragsteller in diesem Fall ein Selbsthilferecht hat, § 859 Abs. 1 BGB, muss ihm auch ermöglicht werden, staatliche Hilfe im Rahmen einer einstweiligen Verfügung mit dem Ziel der Erfüllung in Anspruch zu nehmen. Diese Form der einstweiligen Verfügung tritt immer wieder im Rahmen des Bereitschaftsdiensts auf, weil etwa ein Vermieter seinem Mieter die Versorgung der Mietwohnung mit Heizenergie, Strom oder Wasser verweigert (sog. »**Ausfrieren**« oder »**kalte Räumung**«) oder andere Türschlösser angebracht hat, ohne einen Schlüssel auszuhändigen. Einer besonderen Glaubhaftmachung des Verfügungsgrundes bedarf es nicht; dieser ergibt sich bereits aus dem besonderen Charakter des Besitzschutzes als vorläufige Güterzuordnung. Die Dringlichkeit ist regelmäßig anzunehmen.[327] Umgekehrt darf der Vermieter im Wege der einstweiligen Verfügung die Räumung

---

327 Hinz: Im Überblick: Einstweiliger Rechtsschutz im Mietprozess, NZM 2005, 841, 846 m. w. N.

§ 19 Einstweilige Verfügung

einer Mietwohnung nur beantragen, wenn die Besitzerlangung des Mieters im Wege verbotener Eigenmacht erfolgte, § 940 a ZPO.

3. Die Sequestration

Muss bei einem Individualanspruch der streitgegenständliche Gegenstand nach § 938 Abs. 2 ZPO verwahrt werden, ordnet das Gericht häufig an, dass eine bewegliche oder unbewegliche Sache wegzunehmen und »an den zuständigen Gerichtsvollzieher als Sequester« herauszugeben ist. Sequestration ist die Verwahrung, vor allem aber Verwaltung und damit Unterhaltung einer beweglichen oder unbeweglichen Sache. In der Regel sind die herauszugebenden Sachen jedoch nur zu verwahren. In den Fällen der Wegnahmevollstreckung ist daher grundsätzlich nach § 195 Nr. 3 GVGA von einer Verwahrung auszugehen (§ 195 Nr. 2 Abs. 2 GVGA), in den seltensten Fällen ist tatsächlich eine Sequestration nötig und angebracht. Liegt tatsächlich eine Sequestration vor, kann der Gerichtsvollzieher diese Aufgabe übernehmen, allerdings ist er nicht zur Übernahme verpflichtet. Dies gilt selbst in den Fällen in denen das Gericht ausdrücklich Sequestration angeordnet und dem Gerichtsvollzieher diese Aufgabe übertragen hat. *Denn Sequestration ist ein rein privatrechtliches Handeln.* Im Rahmen seines Aufgabenbereichs handelt der Sequester unter der Aufsicht des Arrestgerichts selbstständig.

331

V. Der praktische Fall

332

Dr. Jörg Kasch
Bahnhofstr. 12
Musterstadt

Musterstadt, den 21.01.09

An das
Amtsgericht Musterstadt
– Zivilabteilung –

Antrag
auf Erlass einer einstweiligen Verfügung

des Bernd Bohr, Rosenstr. 22, Musterstadt

– Antragsteller –

Prozessbevollmächtigter: Rechtsanwalt Dr. Kasch, Bahnhofstr. 12, Musterstadt

gegen

Friedrich Flink, Allgäuer Str. 30, Musterstadt

– Antragsgegner –

Namens und im Auftrag des Antragstellers – Vollmacht liegt bei – beantrage ich, im Wege einstweiliger Verfügung, wegen der besonderen Dringlichkeit ohne mündliche Verhandlung, Folgendes anzuordnen:

I. Der Antragsgegner hat bei Meidung von Zwangsgeld oder Zwangshaft die Wohnung des Antragstellers in Musterstadt, Pfarrstr. 13, 1. OG links, mit Strom zu versorgen sowie die Versorgung mit Warm- und Kaltwasser wieder in Gang zu setzen und die Heizung wieder einzuschalten, so dass die Räumlichkeiten mit ausreichender Wärme bewohnt werden können.

II. Dem Antragsgegner wird aufgegeben, dem Antragsteller den Besitz an dessen Kellerabteil, in dem sich der Stromverteilerkasten für dessen Wohnung befindet, durch Aushändigen eines Schlüssels bzw. Einbau des alten Schlosses binnen 2 Stunden nach Zustellung der einstweiligen Verfügung wieder einzuräumen, hilfsweise den Antragsteller zu ermächtigen, dies auf Kosten des Antragsgegners vornehmen zu lassen.

III. Außerdem hat der Antragsgegner unter Androhung von Ordnungsgeld bzw. Ordnungshaft für jeden Fall der Zuwiderhandlung alles zu unterlassen, dass die Versorgung der Mietwohnung mit den in I. genannten Leistungen wieder unterbrochen wird.

IV. Die Kosten des Verfahrens trägt der Antragsgegner.

Den Streitwert bitte ich von Amts wegen festzusetzen.

Begründung:

Der Antragsgegner ist Vermieter der vom Antragsteller seit 1.7.2006 aufgrund Mietvertrags vom 13.6.2006 bewohnten Wohnung in Musterstadt, Rosenstraße 22, 1. OG links. Mitbewohner sind die Ehefrau des Antragstellers und das am 11.12.2007 geborene gemeinsame Kind Sabrina. Der Mietzins beträgt monatlich 650,- € zuzüglich Nebenkosten. Zwischen den Parteien besteht Streit über den Grund von Schimmelbildung im Schlaf- und Kinderzimmer. Der Antragsteller ist der Auffassung, dass die Ursache in der Bausubstanz und der Nichtdämmung der Außenwand zu suchen ist. Wegen der eingeschränkten Nutzbarkeit der Wohnung hat er seit sechs Monaten den Mietzins gemindert und zahlt nur noch 300,- € monatlich. Der Antragsgegner hat daraufhin am 10.01.09 die fristlose Kündigung des Mietverhältnisses erklärt und Räumung der Wohnung bis 31.01.09 verlangt. Der Antragsteller hat der Kündigung sofort nach Erhalt am 11.01.09 in einem persönlichen Gespräch mit dem Antragsgegner widersprochen. Seither strebt der Antragsgegner mit aller Macht unter Einsatz unlauterer Mittel die Räumung der Räumlichkeiten an.

Beweis: Eidesstattliche Versicherung des Antragstellers (Anlage 1)
Mietvertrag vom 13. 6. 2006 (Anlage 2)
Kündigungsschreiben vom 10. 01. 09 (Anlage 3)

So terrorisiert er den Antragsteller mit Drohanrufen. Er werde dafür sorgen, dass der Antragsteller »darum bettelt, ausziehen zu dürfen«, falls er nicht unverzüglich die Wohnung verlässt. Er hat meinen Mandanten bereits bei dessen Arbeitgeber als »Mietnomade« diffamiert. Dies ist Gegenstand einer strafrechtlichen Anzeige und soll zunächst nicht Gegenstand dieses Verfahrens sein.

Seit vorgestern, dem 19. 01. 09, ist die Wohnung des Antragstellers ohne Kalt- und Warmwasser und trotz der kalten Jahreszeit ohne Heizung und Strom.

Beweis: Eidesstattliche Versicherung des Antragstellers (Anlage 1)

Dies ist auf das Verhalten des Antragsgegners zurückzuführen, denn nur er besitzt eine Zugangsmöglichkeit zum Heizraum, in dem sich auch die Verteiler für die Warm- und Kaltwasserversorgung der einzelnen Wohnungen sowie die Heizanlage selbst befinden. Dieser Raum ist seit 19. 01. 09 versperrt.

Beweis: Eidesstattliche Versicherung des Antragstellers (Anlage 1)

Der Stromverteilerkasten für die Stromzufuhr der gemieteten Wohnung befindet sich in einem separaten Raum im Keller, den der Antragsteller als Nebenraum mitgemietet hat. Der Raum wird durch eine Holztüre geschlossen und war bisher immer unversperrt. Bereits am 17. 01. und 18. 01. 09 hatte der Antragsgegner mehrfach die Sicherung herausgedreht und der Antragsteller musste sie wieder eindrehen.

Beweis: Eidesstattliche Versicherung des Antragstellers (Anlage 1)

Der Antragsteller bezieht seinen Strom vom örtlichen Versorgungsunternehmen aufgrund eines Stromlieferungsvertrags, ohne dass der Antragsgegner in diese Vertragsbeziehung in irgendeiner Weise eingebunden ist.

Beweis: Stromlieferungsvertrag vom 26. 06. 2006 (Anlage 4)
Eidesstattliche Versicherung des Antragstellers (Anlage 1)

Seit 19.01. diesen Jahres hat der Antragsgegner ohne Wissen und Billigung des Antragstellers dort ein neues Türschloss angebracht und hält die Türe versperrt. Außerdem ist die Stromversorgung seither wieder abgestellt. Trotz Aufforderung des Antragstellers, ihm einen Schlüssel zu dem Raum auszuhändigen, die Versorgung der Wohnung mit den Versorgungsleistungen zu gewähren und jede Beeinträchtigung zukünftig zu unterlassen, weigert sich der Antragsgegner, dem nachzukommen. Zur Begründung hat er gegenüber meinem Mandanten erklärt, dass durch die Kündigung kein Vertragsverhältnis mehr besteht und er wegen des angeblichen Zahlungsrückstands nicht leisten müsse.

Beweis: Eidesstattliche Versicherung des Antragstellers (Anlage 1)

Der Antragsteller ist dringend auf die Versorgung der Wohnung mit Heizung und Strom angewiesen, denn das Kind Sabrina ist an einem grippalen Infekt erkrankt. Es besteht nach Auskunft des behandelnden Hausarztes hohe Gesundheitsgefahr und eine Verschlimmerung der Krankheit, wenn es in der unbeheizten Wohnung verbleibt.

Beweis: Ärztliche Bescheinigung des Dr. Markgraf vom 20.01.09 (Anlage 5)

Es ist unumgänglich, dass Mahlzeiten für die Familie zubereitet werden können. Doch nicht einmal die Versorgung des Kleinkindes mit heißem Tee und warmer Nahrung ist möglich.

Der Antragsteller verfügt über keine ausreichenden finanziellen Mittel, um mit seiner Familie bis zum Abschluss eines Hauptsacheverfahrens in ein Hotel zu ziehen.

Beweis: Eidesstattliche Versicherung des Antragstellers (Anlage 1)
Einkommensnachweis des Arbeitgebers des Antragstellers für die Monate Oktober, November und Dezember des Vorjahres (Anlage 6)

Dem Antragsteller steht der Verfügungsanspruch für die Versorgungsleistungen aus § 535 BGB zu, da er die Versorgung der Wohnung mit Kalt- und Warmwasser sowie Heizwärme verlangen kann. Für den Zutritt zum mitvermieteten Kellerraum zu seinem Stromverteilerkasten handelt der Antragsgegner mit verbotener Eigenmacht und in strafbarer Weise nötigend. Der Anspruch des Antragstellers beruht hier auf dem Besitzschutz, ebenso der Unterlassungsanspruch.

Ich bitte, mir den Beschluss persönlich auszuhändigen. Ich ersuche um telefonische Benachrichtigung nach Erlass der einstweiligen Verfügung und werde mich persönlich im Gerichtsgebäude einfinden, damit keine Zeit verloren geht.

Dr. Kasch
Anlagen: ...

Amtsgericht Musterstadt
Aktenzeichen: 4 C 234/09

Beschluss

vom 21. 01. 09

in dem Verfahren auf Erlass einer einstweiligen Verfügung

Bernd Bohr, Rosenstr. 22, Musterstadt

– Antragsteller –

Prozessbevollmächtigter: Rechtsanwalt Dr. Kasch, Bahnhofstr. 12, Musterstadt

gegen

Friedrich Flink, Allgäuer Str. 30, Musterstadt

– Antragsgegner –

wegen Unterlassung

hat das Amtsgericht Musterstadt durch Richter am Amtsgericht Hansen beschlossen:[328]

I. Der Antragsgegner hat zur Meidung von Zwangsgeld oder Zwangshaft[329] die Wohnung des Antragstellers in Musterstadt, Pfarrstr. 13, 1. OG links, mit Kalt- und Warmwasser zu versorgen und in Betrieb zu halten sowie die Heizung wieder in Gang zu setzen und die Versorgung der Wohnung mit Heizwärme während der laufenden Heizperiode bis 30. 04. 09 in Betrieb zu halten, so dass in den Räumlichkeiten mindestens 21 Grad erreicht werden.

II. Dem Antragsgegner wird aufgegeben, dem Antragsteller den Besitz[330] an dessen Kellerabteil, in dem sich der Stromverteilerkasten für dessen Wohnung befindet, wieder einzuräumen und ihm einen passenden Schlüssel zum Türschloss auszuhändigen, hilfsweise das bisherige Schloss wieder einzubauen.[331]

III. Sofern der Antragsgegner die Anordnung unter Ziff. II. nicht innerhalb von zwei Stunden nach Zustellung des Beschlusses erfüllt, wird der Antragsteller ermächtigt, auf Kosten des Antragsgegners die verschlossene Türe zum Kellerraum durch den zuständigen Gerichtsvollzieher unter Mitwirkung eines Fachhandwerkers öffnen und durch einen Fachhandwerker ein neues Schloss einbauen zu lassen.

---

328 Vgl. zur antragsabweichenden Tenorierung Rz. 327.
329 Zu diesem Hinweis s. Rz. 319.
330 Diese Anordnung ist auch häufig verwendbar bei ausgesperrten Mietern.
331 Hinz NZM 2005, 841, 846.

IV. Der Antragsgegner hat bei Meidung eines Ordnungsgeldes bis zu 250 000,- € und für den Fall, dass dieses nicht beigetrieben werden kann, von Ordnungshaft oder von Ordnungshaft bis zu sechs Monaten für jeden Fall der Zuwiderhandlung es zu unterlassen, die Versorgung der Wohnung des Antragstellers mit Wärme während der Heizperiode bis 30.04., mit Kalt- und Warmwasser sowie Strom, weder selbst oder durch Dritte, in irgendeiner Form zukünftig zu unterbinden oder zu beeinträchtigen.
V. Die Dauer der Anordnungen ist bis 21.07.09 befristet.
VI. Die Kosten des Verfahrens trägt der Antragsgegner.
VII. Der Streitwert wird auf 3 000,- € festgesetzt.

Gründe:

I.

Der Antragsteller beantragt den Erlass einer einstweiligen Verfügung mit der Begründung, er sei aufgrund Mietvertrags vom 13.6.2006 seit 1.7.2006 Mieter der Wohnung in Musterstadt, Rosenstraße 22, 1. OG links. Mitbewohner seien die Ehefrau des Antragstellers und das am 11.12.2007 geborene gemeinsame Kind Sabrina. Seit Vorgestern, dem 19.01.09, sei die Strom- und Wasserzufuhr zur Wohnung des Antragstellers unterbrochen und auch die Heizung zur Versorgung der Wohnung mit Wärme abgestellt. Dies habe der Antragsgegner zu verantworten. Wegen der Einzelheiten des Vorbringens und der Glaubhaftmachung wird auf die Antragsschrift nebst Anlagen Bezug genommen.

II.

Der zulässige Antrag auf Erlass einer einstweiligen Verfügung ist begründet, weil der Antragsgegner aus keinem Rechtsgrund zur Einstellung der Versorgungsleistungen berechtigt war. Es liegt eine Besitzstörung i. S. der § 858 Abs. 1, vor, deren Beseitigung und zukünftige Unterlassung der Antragsteller nach §§ 861 Abs. 1, 862 BGB im Wege der einstweiligen Verfügung verlangen kann.

Das Gericht hat in diesem Verfahren nicht zu prüfen, ob für den Antragsteller der Mietzins zu Recht gemindert ist und ob das Mietverhältnis durch außerordentliche fristlose Kündigung beendet ist. Denn in jedem Fall ist der Antragsgegner zur Leistung verpflichtet.

Der Vermieter ist in einem bestehenden Mietverhältnis nicht zur Einstellung der von ihm als Nebenpflicht übernommenen Belieferung des Mieters mit Energie- und Versorgungsleistungen berechtigt, weil ihm ein Zurückbehaltungsrecht wegen Mietzinsrückständen nach §§ 273, 320 BGB schon grundsätzlich nicht zusteht (KG Berlin ZMR 2005, 951–952

m. w. N.; OLG Köln ZMR 2005, 124). Für ein beendetes Mietverhältnis ergibt sich diese Verpflichtung aus dem Anspruch des Vermieters auf Nutzungsentschädigung nach § 546 a BGB (Ulrici ZMR 2003, 895, 898) bzw. aus der Pflicht zur Rücksichtnahme nach § 241 Abs. 2 BGB (Gather, in: Schmitt-Futterer Mietrecht § 546 a Rn. 47). Auch in diesem Fall sind zumindest bei Wohnraum-Mietverhältnissen und noch bewohnter Wohnung die nach heutigen Lebensverhältnissen grundlegenden Versorgungsstandards jedenfalls für eine angemessene Zeit nach Vertragsbeendigung weiterhin aufrecht zu erhalten (Gather, in: Schmitt-Futterer Mietrecht § 546 a Rn. 47). Das Gericht hat dem dadurch Rechnung getragen, dass es die Anordnungen befristet hat.

Es besteht ein Verfügungsgrund. Bei einer Besitzstörung ist die Eilbedürftigkeit wegen des besonderen Charakters des Besitzschutzes als gegeben zu erachten. Besitzschutzansprüche sind bereits nach dem Gesetz auf eine zügige Geltendmachung angelegt (OLG Stuttgart NJW-RR 1996, 1516; OLG Köln MDR 2000, 152). Im Übrigen hat der Antragsteller auch glaubhaft gemacht, dass er dringend auf die sofortige Erfüllung seines Leistungsanspruchs angewiesen ist. Ansonsten würde er unzumutbare Nachteile erleiden. Das Kind Sabrina, das sich in der Wohnung befindet, ist an einem grippalen Infekt erkrankt. Ein Zuwarten oder eine Verweisung auf die spätere Geltendmachung von Schadensersatzansprüchen nach Wegfall des ursprünglichen Erfüllungsanspruchs ist nicht zumutbar.

Das Gericht hat die einstweilige Verfügung gem. § 937 Abs. 2 ZPO wegen Dringlichkeit ohne mündliche Verhandlung erlassen, weil der Antragsteller nur durch eine sofortige Entscheidung zur Sicherung seines Anspruchs kommen kann.

Die Androhung des Ordnungsgeldes und der Ordnungshaft für den Unterlassungsanspruch ergibt sich aus § 890 Abs. 2 ZPO.

Die Kostenentscheidung beruht auf § 91 Abs. 1 ZPO, die Festsetzung des Streitwertes auf §§ 48 Abs. 2, 53 Abs. 1 Nr. 1 GKG.

Hansen
Richter am Amtsgericht

> Aktenzeichen: 4 C 234/07
> **Verfügung**
> 1. Beschluss ausfertigen und je mit Abschrift der Antragsschrift verbinden.
> 2. Ausfertigung des Beschlusses **zweifach** an anwaltschaftlichen Vertreter des Antragstellers durch Aushändigung an der Amtsstelle gegen Nachweis mit Zusatz:
> Sie werden darauf hingewiesen, dass Zustellung und Vollzug der einstweiligen Verfügung der Partei selbst obliegen. Sie werden weiterhin auf die Einhaltung der Fristen aus §§ 936, 929 Abs. 2 und 3 ZPO hingewiesen.
> 3. Kosten
>
> Musterstadt, den 21. 1. 09
>
> Hansen
> Richter am Amtsgericht

§ 20 Der dingliche Arrest

I. Das Verfahren

333 Das Arrestverfahren ist das gesetzliche »Standardverfahren«, das in den Bestimmungen der ZPO abgebildet wird, und auf welches das Verfahren auf Erlass einer einstweiligen Verfügung »aufsetzt« und teilweise modifiziert wird, wenn auch nicht das »Regelverfahren« im richterlichen Bereitschaftsdienst beim Amtsgericht. Der **dingliche Arrest** gibt dem Gläubiger das Recht, zur Sicherung seiner Forderung in das Vermögen des Schuldners zu vollstrecken. Er darf zwar pfänden, wegen des bloßen Sicherungszwecks aber nicht verwerten.

1. Die Zuständigkeit

Zur Zuständigkeit wurde bereits ausgeführt (s. Rz. 306 f.).

2. Das Gesuch

334 Der das Verfahren einleitende Antrag ist das **Arrestgesuch**, § 920 Abs. 1 ZPO (s. dazu Rz. 309). Er ist schriftlich einzureichen. Von der Möglichkeit, den Antrag zu Protokoll der Geschäftsstelle zu erheben, wird im Bereit-

§ 20 Der dingliche Arrest

schaftsdienst kein Gebrauch gemacht werden können, da der Eildienst nicht Aufgaben der Rechtsantragsstelle umfasst. Der Antrag muss bestimmt sein und schlüssig die Tatsachen beinhalten, aus denen sich der zu sichernde Anspruch und der Arrestgrund ergeben, § 920 Abs. 1 ZPO. Ferner sind **Angaben zum Geldbetrag** oder zum Geldwert geboten, damit das Gericht danach die Lösungssumme, § 923 ZPO, bestimmen kann, die sich nach dem Wert der zu sichernden Forderung bestimmt. Außerdem ergibt sich aus dem Betrag der Umfang des Arrestpfandrechts oder die Höhe der Sicherungshypothek.[332] Darüber hinaus soll die **Arrestart** angegeben werden, ob also *dinglicher oder persönlicher Arrest* beantragt wird. Denn wegen § 308 ZPO darf das Gericht bei beantragtem dinglichen Arrest nicht den persönlichen Arrest anordnen, wären auch die besonderen Voraussetzungen erfüllt, und umgekehrt.[333]

II. Die Voraussetzungen

1. Arrestanspruch

Der Arrest dient der Sicherung der Zwangsvollstreckung wegen einer Geldforderung oder eines Anspruchs, der in eine solche übergehen kann, § 916 Abs. 1 ZPO, wobei der Anspruch auch bedingt oder betagt sein kann, § 916 Abs. 2 ZPO. Dasselbe gilt für zukünftige Ansprüche, falls sie klagbar sind,[334] wenn also schon Feststellungsklage erhoben werden könnte.[335] Im Umkehrschluss zu § 916 Abs. 1 ZPO können alle Ansprüche, die nicht durch einen dinglichen Arrest gesichert werden können, auch nicht in das bewegliche oder unbewegliche Vermögen des Schuldners vollstreckt werden.

335

2. Arrestgrund

Der Arrestgrund nach § 917 ZPO verlangt die *Besorgnis, dass ohne dinglichen Arrest die Vollstreckung eines künftigen Urteils vereitelt oder wesentlich erschwert werden würde*. Diese **Vollstreckungsgefährdung** verlangt nicht, dass ein vollstreckbarer Titel bereits vorliegt, sondern ein später zu titulierender Arrestanspruch gesichert wird. *Der Arrestgrund soll vor unlauterem Verhalten des Schuldners schützen*. Bewusst vertragswidriges Verhalten des Schuldners genügt für sich allein nicht als Arrestgrund,[336] solange

---

332 Zöller/Vollkommer § 920 Rn. 1.
333 Zöller/Vollkommer § 920 Rn. 3.
334 Thomas/Putzo-Reichold § 916 Rn. 5 m. w. N.
335 Zöller/Vollkommer § 916 Rn. 8.
336 Zöller/Vollkommer § 916 Rn. 6 m. w. N.

dadurch nicht die Zwangsvollstreckung vereitelt oder wesentlich erschwert werden soll. Deshalb ist die **schlechte Vermögenslage** des Schuldners als solche ebenso wenig Arrestgrund wie die drohende Konkurrenz anderer Gläubiger, weil dadurch nur ein Vorsprung vor anderen erreicht werden würde, wofür der Arrest nicht vorgesehen ist. Der Arrestgrund kann z. B.[337] darauf gestützt werden, dass der Schuldner Vermögensgegenstände beiseite schafft, Vermögen ins Ausland verschiebt, Scheingeschäfte abschließt oder häufig seinen Wohnsitz wechselt, um sich dem Zugriff seiner Gläubiger zu entziehen.

3. Rechtsschutzbedürfnis

336 Das allgemeine Rechtsschutzbedürfnis besteht nicht, wenn der Gläubiger bereits gesichert ist. *Das Sicherungsbedürfnis entfällt immer dann, wenn Sicherheiten den gleichen Schutz bieten wie ein Arrestvollzug.* Eine Ausnahme soll hier das Vermieterpfandrecht darstellen.[338]

III. Die Entscheidung

337 Eine Entscheidung ergeht ohne mündliche Verhandlung in Beschlussform, ansonsten durch Urteil. Die mündliche Verhandlung ist freigestellt, § 128 Abs. 4 ZPO. Welche Verfahrensart gewählt wird entscheidet das Gericht in unanfechtbarer Weise. Die Entscheidung ist Grundlage für die nachfolgende Vollstreckung, die in das bewegliche und unbewegliche Vermögen des Schuldners erfolgen kann. Deshalb wird der »dingliche Arrest in das bewegliche und unbewegliche Vermögen des Antragsgegners« angeordnet, auch wenn der Antrag beim Gericht der belegenen Sache gestellt worden war.[339]
- **Bei Zurückweisung** eines Antrags, der unzulässig oder unbegründet ist, finden sich keine Besonderheiten. Dem unterliegenden Antragsteller werden die Kosten des Verfahrens auferlegt. Ein Ausspruch über die vorläufige Vollstreckbarkeit unterbleibt. Es ist üblich, dass zusätzlich der Streitwert festgesetzt wird.
- **Bei Erlass** des dinglichen Arrestes ist die zu sichernde **Forderung** konkret zu bezeichnen. Hinzu kommt die **Kostenpauschale** in Höhe der geschätzten Kosten des Arrestverfahrens und des Hauptsacheprozesses. Ferner ist auszuführen, ob der dingliche oder persönliche Arrest angeordnet ist. Nach § 923 ZPO ist ferner anzugeben, dass durch Hinterle-

---

337 Beispiele s. Zöller/Vollkommer § 917 Rn. 8, 9.
338 Zöller/Vollkommer § 917 Rn. 11 unter Berufung auf LG Augsburg NJW 1975, 2350.
339 H. M., vgl. Zöller/Vollkommer § 919 Rn. 10 m. w. N.

gung eines bestimmten Geldbetrags (**Hinterlegungssumme, Lösungssumme**) die Vollziehung des Arrestes gehemmt ist und der Schuldner berechtigt wird, Antrag auf Aufhebung des vollzogenen Arrestes zu stellen. Es folgt die **Kostenentscheidung** nach §§ 91, 92 ZPO und die Festsetzung des Streitwerts. Ein Ausspruch über die vorläufige Vollstreckbarkeit unterbleibt, es sei denn, es ergeht ein Urteil. Dann ist dieses ohne Sicherheitsleistung für vorläufig vollstreckbar zu erklären, § 708 Nr. 6 ZPO.

Folgende **Besonderheiten** sind beim dinglichen Arrest zu beachten, welche im Bereitschaftsdienst wegen der besonderen Dringlichkeit die Regel sein dürften:

Das Gericht kann auf Antrag beim dinglichen Arrest zusammen mit der Arrestanordnung zugleich die ansonsten dem Rechtspfleger zugeordnete Vollziehung (§ 20 Nr. 16 RPflG) einleiten, § 930 Abs. 1 Satz 3 ZPO, indem eine Forderung des Arrestschuldners gepfändet wird. In diesem Fall sind im Tenor die Regelungen des § 829 Abs. 1 ZPO auszusprechen. Der Vollzug des Arrestes kann nach § 921 Satz 1 ZPO von einer **Sicherheitsleistung** abhängig gemacht werden.

§ 21 Der persönliche Arrest

I. Zweck des Verfahrens

Der persönliche Sicherheitsarrest hat im Bereitschaftsdienst kaum eine praktische Bedeutung. Der **persönliche Arrest** sichert die Forderung dadurch, dass er den Schuldner durch Verhaftung hindert, die künftige Vollstreckung dadurch zu vereiteln, dass er sich ins Ausland absetzt. Er findet nur statt, wenn er *erforderlich* ist, *um die gefährdete Zwangsvollstreckung in das Vermögen des Schuldners zu sichern*, § 918 ZPO. Deshalb müssen überhaupt **Vollstreckungsobjekte** im Vermögen des Schuldners vorhanden sein, um diesen Zweck zu erreichen. *Dies ist als Arrestgrund glaubhaft zu machen.* Wegen des erheblichen Eingriffs der Haft in das Grundrecht der Freiheit ist der persönliche Sicherheitsarrest subsidiär und nur anzuordnen, wenn eine erfolgreiche Sicherung durch den dinglichen Arrest in das Vermögen nicht zu erreichen ist. Der persönliche Arrest soll verhindern, dass der Schuldner Vermögensgegenstände beiseite schafft oder Angaben über den Verbleib wesentlichen Vermögens verweigert. Die Herbeischaffung von Vermögenswerten kann durch die Anordnung nicht erreicht werden.[340]

338

---

340 Thomas/Putzo-Reichold § 918 Rn. 2.

Zur Offenbarung von vorhandenem Vermögen kann der persönliche Arrest nur ausnahmsweise angeordnet werden, wenn der Schuldner zur Abgabe der eidesstattlichen Versicherung verpflichtet ist und darüber hinaus die Befürchtung besteht, dass er sich der Ladung nach §§ 990 ff. ZPO entziehen werde.

II. Das Verfahren

339 Örtlich ausschließlich zuständig ist das Gericht der Hauptsache oder wahlweise das Gericht, in dessen Bezirk sich die Person befindet, die in ihrer persönlichen Freiheit beschränkt werden soll, §§ 919, 802 ZPO. Wegen der Einzelheiten dazu vgl. Rz. 307. *Das Verfahren richtet sich nach den Vorschriften für den dinglichen Arrest.* Nur bei der **Vollziehung** des erlassenen persönlichen Arrestes ist zu beachten, dass nach § 933 ZPO die §§ 904 ff. ZPO Anwendung finden.

III. Die Entscheidung

340 Die anordnende Entscheidung ergeht in Form eines **Haftbefehls**. In diesen sind der Gläubiger, der Schuldner und der Grund der Verhaftung zu bezeichnen und der nach § 923 ZPO festgestellte Geldbetrag (**Lösungssumme**, s. Rz. 337) aufzunehmen, § 933 Satz 2 ZPO. Außerdem ist *anzugeben, wie der persönliche Arrest zu vollziehen ist*. Die Vollziehung regelt § 933 ZPO. Der Grundsatz der Verhältnismäßigkeit ist zu beachten und verbietet die Vollziehung bei Bagatellforderungen. Zur Verfügung stehen die **Haft** nach §§ 933, 901 ZPO oder weniger einschneidende Maßnahmen wie **Hausarrest, Wegnahme von Ausweispapieren** oder die Auferlegung einer **Meldepflicht**.[341]

Auch diese Entscheidung wird dem Gläubiger zur Vollstreckung übergeben. Zur Bekanntgabe s. Rz. 318. Die Verhaftung des Schuldners erfolgt durch den vom Gläubiger zu beauftragenden Gerichtsvollzieher, §§ 933 Satz 1, 909 ZPO.

---

341 Thomas/Putzo-Reichold § 933 Rn. 1.

§ 22 Formularbeschlüsse

1. Formularbeschluss: Haftbefehl

Aktenzeichen: Gs 341

– Ermittlungsgericht –

Haftbefehl

vom ......

in dem Ermittlungsverfahren gegen

wegen <Tatvorwurf>

Gegen den Beschuldigten wird ❏ bis längstens <Dauer>
die Untersuchungshaft angeordnet.

Gründe:

Der Beschuldigte ist dringend verdächtig, am
<Schilderung der prozessualen Tat>

Der Beschuldigte wird daher beschuldigt,

strafbar als
gemäß §§

Der dringende Tatverdacht ergibt sich aus dem bisherigen Ergebnis der polizeilichen Ermittlungen, insbesondere aus
❏ dem Geständnis des Beschuldigten
❏ den Angaben des Zeugen <Namen>
❏

Es besteht der Haftgrund der
❏ **Flucht** gem. § 112 Abs. 2 Nr. 1 StPO, da der Beschuldigte nach den vorliegenden Erkenntnissen flüchtig ist bzw. sich verborgen hält.
  ○ Sämtliche Nachforschungen nach dem bisherigen Aufenthaltsort blieben bislang erfolglos. Es muss davon ausgegangen werden, dass sich der Beschuldigte der Strafverfolgung durch Flucht entziehen will.
  ○ Nach den bisherigen Erkenntnissen ist er in sein Heimatland zurückgekehrt, um sich der Strafverfolgung zu entziehen.
  ○

❏ **Fluchtgefahr** gem. § 112 Abs. 2 Nr. 2 StPO, da bei Würdigung der Umstände die begründete Gefahr besteht, dass der Beschuldigte sich dem Strafverfahren entziehen werde.

○ Der Beschuldigte hat im Falle einer Verurteilung mit einer empfindlichen Freiheitsstrafe zu rechnen, die nicht mehr zur Bewährung ausgesetzt werden kann.
○ Er ist erheblich vorbelastet wie folgt:
  ○ Der Beschuldigte hat im Inland keinen Lebensmittelpunkt und verfügt weder über familiäre noch nennenswerte soziale Bindungen. Es besteht die erhebliche Gefahr, dass er vor Abschluss des Verfahrens in das Heimatland zurückkehrt, ohne sich dem Verfahren und einer Strafvollstreckung zu stellen.
○ Der Beschuldigte hat sich dem laufenden Verfahren schon einmal entzogen.
○ Der Beschuldigte hat Anstalten zur Flucht getroffen.
○ Der Beschuldigte kann sich über seine/ihre Person nicht ausweisen.
○ Der Beschuldigte

❏ **Verdunkelungsgefahr** gem. § 112 Abs. 2 Nr. 3 StPO, da das Verhalten des Beschuldigten den dringenden Verdacht begründet, er werde auf Beweismittel einwirken und dadurch die Ermittlung der Wahrheit erschweren.
Der Beschuldigte hat

❏ **Tatschwere.** Der Beschuldigte ist einer der in § 112 Abs. 3 StPO genannten Straftaten dringend verdächtig, nämlich eines Verbrechens gem. § .... Es liegen Umstände vor, welche die Gefahr begründen, dass ohne Festnahme des Beschuldigten die alsbaldige Aufklärung und Ahndung der Tat gefährdet sein könnte.

❏ **Wiederholungsgefahr**[342] gem. § 112a Abs. 1 StPO.
○ Der Beschuldigte ist einer Straftat nach § .... StGB i. V. m. § 112a Abs. 1 Nr. 1 StPO dringend verdächtig.
○ Der Beschuldigte ist dringend verdächtig, wiederholt oder fortgesetzt eine die Rechtsordnung schwerwiegend beeinträchtigende Straftat nach § .... StGB i. V. m. § 112a Abs. 1 Nr. 2 StPO begangen zu haben. Es ist deshalb eine Freiheitsstrafe von mehr als einem Jahr zu erwarten.
Es besteht die Gefahr, dass er
○ vor rechtskräftiger Aburteilung weitere erhebliche Straftaten gleicher Art begehen werde.
○ vor rechtskräftiger Aburteilung die Straftat fortsetzen werde.
Die Haft ist zur Abwendung der drohenden Gefahr erforderlich.

---

342 Subsidiärer Haftgrund. Nicht kombinierbar mit den übrigen Haftgründen, vgl. § 112a Abs. 2 StPO.

§ 22 Formularbeschlüsse

❏ Der Zweck der Untersuchungshaft kann auch in Kenntnis der Belastungen für der Jugendlichen durch den Haftvollzug nicht durch vorläufige erzieherische Anordnungen oder durch andere Maßnahmen erreicht werden, § 72 Abs. 1 JGG.

Auch bei Berücksichtigung des Grundsatzes der Verhältnismäßigkeit (§ 112 Abs. 1 Satz 2 StPO) ist die Anordnung der Untersuchungshaft geboten. Bei Berücksichtigung des Tatvorwurfs und der angedrohten Strafe ist sie verhältnismäßig. Eine andere, weniger einschneidende Maßnahme verspricht derzeit keinen Erfolg (§ 116 StPO).

Richter(in) am Amtsgericht

2. Formularbeschluss: Haftverschonung

342 Aktenzeichen: Gs

– Ermittlungsgericht –

Beschluss

vom <Datum>

in dem Ermittlungsverfahren gegen

wegen

Der Haftbefehl des Amtsgerichts <Gericht einsetzen> vom <Datum>, Aktenzeichen Gs <Az>, wird unter folgenden Auflagen außer Vollzug gesetzt:

- ❏ Der Beschuldigte hat in <Straße und Ort> Wohnung zu nehmen, sich binnen 48 Stunden bei der Meldebehörde anzumelden und den Nachweis der Anmeldung der Staatsanwaltschaft <Name> unverzüglich vorzulegen.
- ❏ Der Beschuldigte meldet sich wöchentlich (..... -mal), und zwar jeweils am <Wochentag>, erstmals am Tag nach seiner Entlassung, bei
  - ○ der für seinen Wohnort zuständigen Polizeidienststelle
  - ○ bei <Dienststelle>

  Die Polizeidienststelle/Dienststelle wird ersucht, der Staatsanwaltschaft <Name der Staatsanwaltschaft> die erstmalige Meldung sowie ein etwaiges Ausbleiben von Folgemeldungen unverzüglich anzuzeigen.
- ❏ Der Beschuldigte hat jede Änderung des Wohnortes und jeden Wohnungswechsel der zuständigen Strafverfolgungsbehörde <Name der Staatsanwaltschaft> sowie der ermittelnden Polizeidienststelle mitzuteilen.
- ❏ Der Beschuldigte oder ein anderer leistet eine Sicherheit in Höhe von <Betrag> € (§ 116a StPO) zugunsten des Landes/Freistaats <Bundesland>.
  - ○ Die Sicherheit kann auch durch unbedingte und unbefristete Bürgschaft eines im Inland als Zoll- und Steuerbürge zugelassenen Kreditinstituts erbracht werden.
- ❏ Der Beschuldigte hat einen im Inland wohnenden Zustellungsbevollmächtigten zu benennen.
- ❏ Der Beschuldigte hinterlegt bei der ermittelnden Polizeidienststelle folgende Ausweispapiere gegen eine entsprechende Bescheinigung, die ausdrücklich nicht zum Verlassen der Bundesrepublik Deutschland berechtigt.

§ 22 Formularbeschlüsse 223

❑ Der Beschuldigte darf das Gebiet der Bundesrepublik Deutschland nicht verlassen.
❑ Der Beschuldigte enthält sich jeder Kontaktaufnahme und Beeinflussung bezüglich der Mitbeschuldigten/Zeugen <Namen>, gleich, ob direkt oder über andere Personen und gleich, auf welche Weise.
❑ <weitere Auflagen>

Richter(in) am Amtsgericht

3. Formularbeschluss: Einstweilige Unterbringung nach StPO

343 Aktenzeichen: Gs

– Ermittlungsgericht –

Unterbringungsbeschluss

vom <Datum>

in dem Ermittlungsverfahren gegen

wegen <Tatvorwurf>

Es wird die einstweilige Unterbringung des Beschuldigten
❑ **in einem psychiatrischen Krankenhaus**
❑ **in einer Entziehungsanstalt**
angeordnet.

Gründe:

Der Beschuldigte ist dringend verdächtig, im Zustand der
❑ Schuldunfähigkeit (§ 20 StGB)
❑ verminderten Schuldfähigkeit (§ 21 StGB)
am <Sachverhalt einsetzen>
begangen zu haben.

Dies verwirklicht zumindest rechtswidrig
den Tatbestand des   <Strafbestimmung>
gemäß §§   <Strafvorschriften>

Die dringenden Gründe für die rechtswidrige Tat ergeben sich aus dem bisherigen Ergebnis der polizeilichen Ermittlungen, insbesondere aus
   O dem Geständnis des Beschuldigten
   O den Angaben des Zeugen <Namen>
   O .... <Beweislage einsetzen>
Aufgrund
   O des Kurzgutachtens des <Sachverständigenname>
   O der Ausführungen des LG-Arztes
   O <Sonstige Erkenntnis>
bestehen dringende Gründe für die Annahme, dass die Unterbringung des Beschuldigten
❑ in einem psychiatrischen Krankenhaus angeordnet werden wird, § 63 StGB.
❑ in einer Entziehungsanstalt angeordnet werden wird, § 64 StGB.
<Begründung>

Wegen   ❑ der Krankheit
        ❑ der Abhängigkeit von berauschenden Mitteln

§ 22 Formularbeschlüsse

des Beschuldigten erfordert die öffentliche Sicherheit seine einstweilige Unterbringung, weil die begründete Gefahr besteht, dass der Beschuldigte
❑ vor rechtskräftiger Aburteilung weitere erhebliche Straftaten begehen wird.
❑ vor rechtskräftiger Aburteilung die Straftat fortsetzen wird.
<Begründung>
Der Beschuldigte ist deshalb für die Allgemeinheit gefährlich. Aus diesen Gründen gebietet die öffentliche Sicherheit die einstweilige Unterbringung des Beschuldigten.

Auch bei Berücksichtigung des Grundsatzes der Verhältnismäßigkeit (§ 112 Abs. 1 Satz 2 StPO) ist die Anordnung der einstweiligen Unterbringung geboten. Eine andere, weniger einschneidende Maßnahme verspricht derzeit keinen Erfolg.

Richter(in) am Amtsgericht

4. Formularbeschluss: Festhalteanordnung

344 Aktenzeichen: ... AR .../...

Beschluss

vom <Datum>

in dem Auslieferungsverfahren gegen

wegen <Tatvorwurf>

Der Verfolgte ist bis zur Entscheidung des OLG <Bezeichnung> über die Auslieferung festzuhalten.

Gründe:

Der Verfolgte ist dringend verdächtig, am <Tattag, Tatzeit> in <Land> eine Straftat <Bezeichnung der Straftat> begangen zu haben, die zu einer Auslieferung Anlass geben kann. Gegen ihn war eine Festhalteanordnung zu treffen, weil ausländische Behörden seine Auslieferung betreiben und er die Person ist, auf die sich das Auslieferungsersuchen bezieht. Eine Entscheidung des OLG hierüber liegt noch nicht vor, § 22 Abs. 3 Satz 2 IRG.

Diese Entscheidung ist unanfechtbar. Anordnungen zur Freilassung des Verfolgten stehen ausschließlich der Generalstaatsanwaltschaft zu, §§ 22 Abs. 3 Satz 3, 21 Abs. 7 Satz 1 IRG.

Richter(in) am Amtsgericht

§ 22 Formularbeschlüsse 227

5. Formularbeschluss: Vorläufige Unterbringung – Öffentliches Recht

Aktenzeichen: XIV L 345

    Der Geschäftsstelle zum Zwecke der
    Bekanntmachung übergeben am ..... um ..... Uhr
    <Unterschrift> Urkundsbeamter der Geschäftsstelle
Amtsgericht <Name>
                   <Anschrift>

Beschluss

vom <Datum>

in dem Verfahren auf vorläufige Unterbringung
<Personalien Antragsteller>

Verfahrensbevollmächtigter: Rechtsanwalt <Name>
Verfahrenspfleger: <Name>

hat das **Amtsgericht <Gericht>** – Betreuungsgericht – durch Richter am Amtsgericht <Name> im Wege der **einstweiligen Anordnung** beschlossen:

I. Die vorläufige Unterbringung des Betroffenen in einer geschlossenen Abteilung eines psychiatrischen Krankenhauses wird angeordnet.
II. Diese Anordnung endet spätestens am <Datum>,[343] sofern sie nicht vorher verlängert wird. Die vorläufige Unterbringung ist sofort zu beenden, wenn sie nicht mehr erforderlich ist.
III. Zum Verfahrenspfleger wird <Name, Vorname, Anschrift> bestellt.
  ❍ Der Verfahrenspfleger führt die Verfahrenspflegschaft berufsmäßig.
IV. Es wird die sofortige Wirksamkeit der Entscheidung angeordnet.

Gründe:

I.

Der Betroffene
❏ wurde gegen seinen Willen am <Datum> durch <anordnende Behörde>
 ❍ im psychiatrischen Krankenhaus <Name, Ort>
 ❍ im Bezirkskrankenhaus <Name, Ort>
 nach <Gesetzesnorm> vorläufig untergebracht.
❏ befand sich bis zum <Datum> freiwillig in stationärer Behandlung
 ❍ im psychiatrischen Krankenhaus <Name, Ort>.
 ❍ im Bezirkskrankenhaus <Name, Ort>.
 Am <Datum> ordnete der Leiter der Klinik die sofortige vorläufige Unterbringung des Betroffenen nach <Gesetzesnorm> an.[344]

---

343 Längstens sechs Wochen.
344 Nicht in allen Bundesländern möglich, vgl. Rn. 95.

❑ Hierzu wurde der Betroffene gehört. Er
⚪ hat sich dazu nicht geäußert.
⚪ hat angegeben:
❑ Die Anhörung des Betroffenen war wegen der gesteigerten Dringlichkeit vor Erlass der Entscheidung nicht möglich. Sie wird unverzüglich nachgeholt werden, §§ 312 Nr. 3, 331, 332 FamFG.
⚪ An seiner Stelle wurde der Verfahrenspfleger gehört, § 317 Abs. 1 Satz 2 FamFG.
⚪ Von der Anhörung und Bestellung eines Verfahrenspflegers wurde wegen Gefahr in Verzug abgesehen. Diese Verfahrenshandlung wird unverzüglich nachgeholt, § 332 FamFG.

II.

Das Gericht ordnet nach § 331 Satz 1 FamFG die vorläufige Unterbringung des Betroffenen an, da dringende Gründe für die Annahme bestehen, dass die Unterbringungsvoraussetzungen nach dem UnterbringG/PsychKG[345] vorliegen und ein dringendes Bedürfnis für ein sofortiges Tätigwerden besteht.
Nach dem vorliegenden ärztlichen Zeugnis/Gutachten des Arztes <Name> vom <Datum> leidet der Betroffene an einer
❑ psychischen Krankheit
❑ geistigen/seelischen Behinderung,
nämlich <Beschreibung>

Aufgrund seiner Erkrankung/Behinderung gefährdet der Betroffene in erheblichem Maße die öffentliche Sicherheit und Ordnung
⚪ sowie sein eigenes Leben
⚪ sowie in erheblichem Maße seine eigene Gesundheit
⚪
Insoweit wird Bezug genommen auf den Bericht
⚪ der Polizeidienststelle
⚪ der Kreisverwaltungsbehörde
⚪ der Stadtverwaltung
⚪ des Psychiatrischen Krankenhauses/Bezirkskrankenhauses
⚪
vom <Datum>.

---

345 § 1 Abs. 1 und 4 UBG BW, Art. 1 Abs. 1 BayUnterbrG, § 8 Abs. 1 PsychKG Bln, § 8 Abs. 1 und 2 BbgPsychKG, § 9 Abs. 1 und 2 BremPsychKG, § 9 Abs. 1 und 2 HmbPsychKG, § 1 Abs. 1 und 2 FrhEntzG HE, § 11 Abs. 1 und 2 PsychKG M-V, § 16 NPsychKG, § 11 Abs. 1 und 2 PsychKG NW, § 11 Abs. 1 PsychKG RP, § 4 Abs. 1 UBG, § 10 Abs. 2 SächsPsychKG, § 13 Abs. 1 PsychKG LSA, § 7 Abs. 1 und 2 PsychKG SH, § 7 Abs. 1 und 2 ThürPsychKG.

Um die Gefährdung zu beseitigen ist die vorläufige Unterbringung des Betroffenen in einer geschlossenen Abteilung eines psychiatrischen Krankenhauses erforderlich. Denn nur durch die dort sichergestellte ständige Beaufsichtigung und Betreuung kann die Gefahr für die öffentliche Sicherheit oder Ordnung beseitigt werden. Zugleich kann der Betroffene in der geschlossenen Abteilung diejenige Heilbehandlung erhalten, die er aufgrund seines Gesundheitszustands derzeit benötigt. Infolge seiner Erkrankung/Behinderung ist er zurzeit nicht in der Lage, die Notwendigkeit einer ärztlichen Behandlung zu erkennen und seinen Aufenthalt und seine Behandlung selbstverantwortlich zu bestimmen.

Weniger einschneidende Maßnahmen, insbesondere Hilfen nach dem UnterbrG/PsychKG sind zurzeit nicht ausreichend, um die Gefährdung zu beseitigen.
- ❏ Auf die Bestellung eines Verfahrenspflegers wurde verzichtet, weil
  - ❍ Gefahr in Verzug besteht, §§ 317 Abs. 1, 332 Satz 1 FamFG.
  - ❍ der Betroffene von einem Rechtsanwalt vertreten wird, § 317 Abs. 4 FamFG.
  - ❍ der Betroffene durch einen anderen geeigneten Verfahrensbevollmächtigten vertreten wird, § 317 Abs. 4 FamFG.
  - ❍ der Betroffene seine Interessen in ausreichendem Maße auch selbst wahrnehmen kann, § 317 Abs. 1 Satz 1 FamFG.
- ❏ Die Beiordnung eines Verfahrenspflegers ergibt sich aus § 317 FamFG.

Die Entscheidung über die sofortige Wirksamkeit beruht auf § 324 Abs. 2 Satz 1 FamFG.

Rechtsmittelbelehrung:

Gegen diesen Beschluss ist die sofortige Beschwerde statthaft.
Sie ist binnen **zwei Wochen** beim Amtsgericht <Name> schriftlich oder zu Protokoll der Geschäftsstelle einzulegen. Findet die Unterbringung nicht im Bezirk dieser Gerichte statt, kann eine bereits untergebrachte Person die Beschwerde auch bei dem für den Unterbringungsort zuständigen Amtsgericht einlegen.
Die Frist beginnt mit der Zustellung oder der gerichtlich protokollierten Bekanntmachung der Entscheidung. Fällt das Ende der Frist auf einen Sonntag, einen allgemeinen Feiertag oder Samstag, so endet die Frist mit dem Ablauf des nächsten Werktages. Dabei ist allerdings zu beachten, dass die Erklärung über die Beschwerde innerhalb der Beschwerdefrist bei einem der genannten Gerichte eingegangen sein muss.

Die Einlegung erfolgt durch Einreichung einer Beschwerdeschrift oder durch Erklärung zu Protokoll der Geschäftsstelle eines der genannten Gerichte. Darüber hinaus ist jedes Amtsgericht verpflichtet, die Erklärung über die Beschwerde aufzunehmen.

Bei schriftlichen Erklärungen genügt es zur Fristwahrung nicht, dass die Erklärung innerhalb der Frist zur Post gegeben wird. Die Frist ist vielmehr nur dann gewahrt, wenn die Erklärung vor dem Ablauf der Frist bei dem Gericht eingeht. Die schriftliche Rechtsmitteleinlegung muss in deutscher Sprache erfolgen.

Richter(in) am Amtsgericht

6. Formularbeschluss: Vorläufige Unterbringung – Zivilrecht

Aktenzeichen: ... XVII .../...   346

        Zum Zwecke der Bekanntmachung der Geschäftsstelle
        übergeben am ... um ...
        Urkundsbeamter der Geschäftsstelle
Amtsgericht <Name>
<Anschrift>

Beschluss

vom <Datum>

in dem Verfahren auf vorläufige Unterbringung
<Personalien Antragsteller>

Verfahrensbevollmächtigter: Rechtsanwalt <Name>
Verfahrenspfleger: <Name>

hat das **Amtsgericht <Gericht>** – Betreuungsgericht – durch Richter am Amtsgericht <Name> im Wege der **einstweiligen Anordnung** beschlossen:

I. Die vorläufige Unterbringung des Betroffenen
    ❏ durch den Betreuer
    ❏ durch den Bevollmächtigten
    in einer
    ❏ geschlossenen Abteilung eines psychiatrischen Krankenhauses
    ❏ beschützenden Abteilung einer Pflegeeinrichtung
    wird vormundschaftsgerichtlich genehmigt.
II. Diese Anordnung endet spätestens am <Datum>, sofern sie nicht vorher verlängert wird.[346]
III. Ist die Freiheitsentziehung nicht mehr erforderlich, hat sie der Betreuer/Bevollmächtigte sofort zu beenden.
IV. ❏ Zum Verfahrenspfleger wird <Name, Vorname, Anschrift> bestellt.
    ❏ Der Verfahrenspfleger führt die Verfahrenspflegschaft berufsmäßig.
V. ❏ Wirkt die zuständige Behörde bei der Zuführung zur Unterbringung mit, darf sie – soweit erforderlich mit Hilfe der polizeilichen Vollzugsorgane – Gewalt anwenden und erforderlichenfalls auch gegen den Willen des Betroffenen dessen Wohnung betreten.
VI. Es wird die sofortige Wirksamkeit der Entscheidung angeordnet.

---

[346] Längstens sechs Wochen.

Gründe:

I.

Der Betroffen
❏ wurde ❏ soll am <Datum>
durch seinen Betreuer/Bevollmächtigten
❏ im psychiatrischen Krankenhaus <Name, Ort>
❏ im Bezirkskrankenhaus <Name, Ort>
❏
untergebracht (werden). Diese Unterbringung ist mit Freiheitsentzug verbunden, für die der Betreuer/Bevollmächtigte die einstweilige gerichtliche Genehmigung nachgesucht hat.
❏ Hierzu wurde der Betroffene gehört. Er
  ❏ hat sich dazu nicht geäußert.
  ❏ hat angegeben:
❏ Die Anhörung des Betroffenen war wegen der gesteigerten Dringlichkeit vor Erlass der Entscheidung nicht möglich. Sie wird unverzüglich nachgeholt werden, §§ 312 Nr. 3, 331, 332 FamFG.
❍ An seiner Stelle wurde der Verfahrenspfleger gehört, § 317 Abs. 1 Satz 2 FamFG.
❍ Von der Anhörung und Bestellung eines Verfahrenspflegers wurde wegen Gefahr in Verzug abgesehen. Diese Verfahrenshandlung wird unverzüglich nachgeholt, § 332 FamFG.

II.

Das Gericht ordnet nach § 1906 BGB, § 331 FamFG die vorläufige Unterbringung des Betroffenen an, da dringende Gründe für die Annahme bestehen, dass die Unterbringungsvoraussetzungen nach § 1906 Abs. 1 und 2 BGB vorliegen und ein dringendes Bedürfnis für ein sofortiges Tätigwerden besteht. Aufgrund seiner Erkrankung hat der Betroffene zurzeit keine ausreichende Krankheitseinsicht und ist bezüglich seiner Erkrankung zu keiner freien Willensbildung in der Lage. Auch vermag er die Notwendigkeit der freiheitsentziehenden Maßnahme nicht zu erkennen. Der gesundheitliche Zustand des Betroffenen erfordert eine sofortige Behandlung, da nach den ärztlichen Feststellungen sonst erhebliche gesundheitliche Nachteile zu erwarten sind. Der Betroffene gefährdet unbehandelt in erheblichem Maße
  ❍ sein eigenes Leben
  ❍ seine eigene Gesundheit
  ❍
Insoweit wird Bezug genommen auf
  ❍ das Gutachten des <Name>,
  ❍ das ärztliche Zeugnis des <Name>,

§ 22 Formularbeschlüsse

○ den Bericht der Betreuungsbehörde vom <Datum>,
○ die Stellungnahme des Betreuers/Bevollmächtigten vom
○
Dies wird bestätigt durch den unmittelbaren Eindruck, den sich das Gericht anlässlich der persönlichen Anhörung vom Betroffenen verschafft hat.
Nach dem vorliegenden ärztlichen Zeugnis/Gutachten des Arztes <Name> vom <Datum> leidet der Betroffene an einer
❏ psychischen Krankheit
❏ geistigen/seelischen Behinderung,
nämlich <Beschreibung>

Mit dem Aufschub des Freiheitsentzuges wären erhebliche, anderweitig nicht abwendbare Gefahren für den Betroffenen verbunden. <Begründung>

Um die Gefährdung zu beseitigen, ist die vorläufige Unterbringung des Betroffenen
○ in einer geschlossenen Abteilung eines psychiatrischen Krankenhauses
○ in der beschützenden Abteilung einer Pflegeeinrichtung
im Wege der einstweiligen Anordnung nach § 331 Satz 1 FamFG anzuordnen. Denn nur durch die dort sichergestellte ständige Beaufsichtigung und Betreuung kann die Gefahr für die öffentliche Sicherheit oder Ordnung beseitigt werden. Zugleich kann der Betroffene in der geschlossenen Abteilung diejenige Heilbehandlung erhalten, die er aufgrund seines Gesundheitszustands derzeit benötigt.

Weniger einschneidende Maßnahmen sind zurzeit nicht ausreichend, um die Gefährdung zu beseitigen.
❏ Auf die Bestellung eines Verfahrenspflegers wurde verzichtet, weil
  ○ Gefahr in Verzug besteht, §§ 317 Abs. 1, 332 Satz 1 FamFG.
  ○ der Betroffene von einem Rechtsanwalt vertreten wird, § 317 Abs. 4 FamFG.
  ○ der Betroffene durch einen anderen geeigneten Verfahrensbevollmächtigten vertreten wird, § 317 Abs. 4 FamFG.
  ○ der Betroffene seine Interessen in ausreichendem Maße auch selbst wahrnehmen kann, § 317 Abs. 1 Satz 1 FamFG.
❏ Die Beiordnung eines Verfahrenspflegers ergibt sich aus § 317 FamFG.
❏ Die Entscheidung zur möglichen Gewaltanwendung und der Erlaubnis zum Betreten der Wohnung beruht auf § 326 Abs. 2 und 3 FamFG.

Nach § 324 Abs. 2 Satz 1 FamFG war die sofortige Wirksamkeit der Entscheidung anzuordnen.

Rechtsmittelbelehrung:
Gegen diesen Beschluss ist die sofortige Beschwerde statthaft.

Sie ist binnen einer Frist von **zwei Wochen** beim Amtsgericht <Name> schriftlich oder zu Protokoll der Geschäftsstelle einzulegen. Findet die Unterbringung nicht im Bezirk dieser Gerichte statt, kann eine bereits untergebrachte Person die Beschwerde auch bei dem für den Unterbringungsort zuständigen Amtsgericht einlegen.

Die Frist beginnt mit der Zustellung oder der gerichtlich protokollierten Bekanntmachung der Entscheidung. Fällt das Ende der Frist auf einen Sonntag, einen allgemeinen Feiertag oder Samstag, so endet die Frist mit dem Ablauf des nächsten Werktages. Dabei ist allerdings zu beachten, dass die Erklärung über die Beschwerde innerhalb der Beschwerdefrist bei einem der genannten Gerichte eingegangen sein muss.

Die Einlegung erfolgt durch Einreichung einer Beschwerdeschrift oder durch Erklärung zu Protokoll der Geschäftsstelle eines der genannten Gerichte. Darüber hinaus ist jedes Amtsgericht verpflichtet, die Erklärung über die Beschwerde aufzunehmen.

Bei schriftlichen Erklärungen genügt es zur Fristwahrung nicht, dass die Erklärung innerhalb der Frist zur Post gegeben wird. Die Frist ist vielmehr nur dann gewahrt, wenn die Erklärung vor dem Ablauf der Frist bei dem Gericht eingeht. Die schriftliche Rechtsmitteleinlegung muss in deutscher Sprache erfolgen.

Richter(in) am Amtsgericht

7. Formularbeschluss: Abschiebungshaft

Aktenzeichen: ... XIV B ... / .. [347]

Beschluss

vom <Datum>

In dem Verfahren gegen
Name Vorname, geb. <Geburtsname>, geb. am <Datum>
In <Geburtsort>, <Familienstand>, <Beruf>, wohnhaft <Wohnanschrift>, <Staatsangehörigkeit>;
wegen Verstoß gegen das AufenthG

I. Der Betroffene wird
  ❏ im Anschluss an die durch das <Bezeichnung des Gerichts> im Verfahren <Aktenzeichen> angeordnete Untersuchungshaft
  ❏ im Anschluss an die aus dem rechtskräftigen Urteil des <Bezeichnung des Gerichts> vom <Datum> zu verbüßende Freiheitsstrafe bis zu seiner Abschiebung aus der Bundesrepublik Deutschland, längstens jedoch bis <Datum>,[347] in Sicherungshaft genommen.
II. Der Betroffene hat die Kosten des Verfahrens zu tragen.
III. Diese Entscheidung ist sofort wirksam.

Gründe:

I.

Die zuständige Ausländerbehörde beabsichtigt, den Betroffenen, der die <Staatsangehörigkeit> besitzt, aus dem Gebiet der Bundesrepublik Deutschland abzuschieben, und hat beantragt, gegen ihn die Sicherungshaft anzuordnen. Auf die Begründung des Antrags der Ausländerbehörde wird Bezug genommen.
Der Betroffene wurde am <Anhörungsdatum> richterlich gehört. Auf die Angaben in der Niederschrift/im Anhörungsvermerk wird Bezug genommen.

II.

Der Betroffene ist zur Sicherung der Abschiebung gem. § 62 Abs. 2 AufenthG in Haft zu nehmen, weil er in vollziehbarer Weise zur Ausreise verpflichtet ist und
  ❏ die freiwillige Erfüllung dieser Pflicht nicht gesichert ist
  ❏ aus Gründen der öffentlichen Sicherheit und Ordnung eine Überwachung der Ausreise erforderlich erscheint
und der Grundsatz der Verhältnismäßigkeit nicht entgegensteht.

---

347 Längstens sechs Monate.

7. Abschiebungshaft

Die Sicherungshaft ist anzuordnen, weil

○ der Betroffene unerlaubt eingereist ist und aufgrund der unerlaubten Einreise vollziehbar ausreisepflichtig ist, § 62 Abs. 2 S. 1 Nr. 1 AufenthG, und die freiwillige Erfüllung dieser Pflicht nicht gesichert ist, was von dem Betroffenen nicht glaubhaft widerlegt wurde, § 62 Abs. 2 Satz 3 AufenthG.

○ eine tatsachengestützte Gefahrenprognose i. S. d. § 58 a AufenthG besteht und deshalb eine Abschiebungsanordnung erlassen wurde, die nicht unmittelbar vollzogen werden kann, § 62 Abs. 2 S. 1 Nr. 1 a AufenthG.

○ die Ausreisepflicht abgelaufen ist und der Betroffene seinen Aufenthaltsort ohne Mitteilung an die Behörde wechselt und den Aufenthalt verschleiert, um sein Auffinden und die Abschiebung zu vereiteln oder zu erschweren, § 62 Abs. 2 S. 1 Nr. 2 AufenthG.

○ der Betroffene aus von ihm zu vertretenden Gründen am Abschiebetag nicht an dem von der Ausländerbehörde angegebenen Ort angetroffen wurde, § 62 Abs. 2 S. 1 Nr. 3 AufenthG.

○ der Betroffene sich in sonstiger Weise der Abschiebung entzogen hat, § 62 Abs. 2 S. 1 Nr. 4 AufenthG.

○ Es besteht der begründete Verdacht, dass der Betroffene sich der Abschiebung entziehen will, § 62 Abs. 2 S. 1 Nr. 5 AufenthG.

<Sachverhalt einsetzen>

Die Dauer der beantragten Haft verletzt nicht den Grundsatz der Verhältnismäßigkeit, da die Behörde ihre Bemühungen um eine beschleunigte Abschiebung ausreichend dargetan hat. Auch sind keine, vom Betroffenen nicht zu vertretende Umstände bekannt, welche einer Abschiebung innerhalb der nächsten drei Monate entgegenstehen.

Die Kostenentscheidung beruht auf § 128 c Abs. 3 KostO.

Nach § 422 Abs. 2 Satz 1 FamFG war die sofortige Wirksamkeit der Entscheidung anzuordnen.

Gegen diese Entscheidung ist das Rechtsmittel der sofortigen Beschwerde zulässig. Sie ist binnen einer Frist von **2 Wochen** beim Amtsgericht <Amtsgericht einsetzen> schriftlich oder zu Protokoll der Geschäftsstelle einzulegen. Die Frist beginnt mit der Zustellung oder der gerichtlich protokollierten Bekanntmachung der Entscheidung.

Die Einlegung erfolgt durch Einreichung einer Beschwerdeschrift oder durch Erklärung zu Protokoll der Geschäftsstelle eines Amtsgerichts.
Bei schriftlichen Erklärungen genügt es zur Fristwahrung nicht, dass die Erklärung innerhalb der Frist zur Post gegeben wird. Die Frist ist vielmehr nur dann gewahrt, wenn die Erklärung vor dem Ablauf der Frist bei dem Gericht eingeht.
Die schriftliche Rechtsmitteleinlegung muss in deutscher Sprache erfolgen.

Richter(in) am Amtsgericht

8. Formularbeschluss: Polizeigewahrsam

Aktenzeichen: XIV L
Amtsgericht Musterstadt

348

Beschluss

vom <Datum>

in dem Freiheitsentziehungsverfahren gegen
Name Vorname, geb. <Geburtsname>, geb. am <Geburtsdatum>
in <Geburtsort>, <Familienstand>, <Beruf>,
wohnhaft <Wohnanschrift>, <Staatsangehörigkeit>,
wegen Ingewahrsamnahme

hat das Amtsgericht <Gericht> durch Richter am Amtsgericht <Name> im Wege der **einstweiligen Anordnung** beschlossen:

I. Die durch die Polizeibehörde angeordnete Freiheitsentziehung des Betroffenen wird für zulässig erklärt und deren Fortdauer bis längstens <Dauer> angeordnet.
II. Die Maßnahme ist sofort zu beenden, wenn sie nicht mehr erforderlich ist.
III. Der Betroffene hat die Kosten des Verfahrens zu tragen.
IV. Es wird die sofortige Wirksamkeit der Entscheidung angeordnet.

Gründe:

I.

Die Polizeibehörde hat den Betroffenen am <Datum> um <Zeitpunkt> in Polizeigewahrsam genommen. Die Maßnahme erfolgte, weil <Begründung>.

Der Betroffene wurde dazu richterlich angehört.
❏ Er hat es abgelehnt, sich zu dem Antrag der Polizeibehörde zu äußern.
❏ Er hat erklärt, <Einlassung>.

II.

Die polizeiliche Maßnahme ist für zulässig zu erklären und die Fortdauer der Freiheitsentziehung im Wege der einstweiligen Anordnung, § 427 Abs. 1 FamFG, anzuordnen, weil dringende Gründe für die Annahme vorhanden sind, dass die Voraussetzungen für die Unterbringung vorliegen und wegen der weiteren Anhörungspflichten über die endgültige Unterbringung nicht rechtzeitig entschieden werden kann. Dabei ist das Amtsgericht <Name> gem. (§ 28 Abs. 4 Satz 1 PolG BW, Art. 18 Abs. 3 Satz 1 BayPAG, § 31 Abs. 3 Satz 1 ASOG Bln, § 18 Abs. 1 Satz 1 PolG Bdg, § 16 Abs. 3 BremPolG, § 13 a Abs. 2 Satz 1 HmbSOG, § 33 Abs. 2 Satz 1 HSOG, § 56 Abs. 5

8. Polizeigewahrsam

Satz 4 SOG M-V, § 19 Abs. 3 Satz 1 Nds. SOG, § 36 Abs. 2 Satz 1 PolG NW, § 15 Abs. 2 Satz 1 POG RP, § 14 Abs. 2 Satz 1 SPolG, § 22 Abs. 8 Satz 1 SächsPolG, § 38 Abs. 2 Satz 1 SOG LSA, § 204 Abs. 6, 181 Abs. 4 Satz 3 LVwG SH, § 20 Abs. 2 Satz 1 ThürPAG) zur Entscheidung berufen.

- ❏ Der Gewahrsam ist zum Schutz des Betroffenen gegen eine Gefahr für Leib oder Leben erforderlich, da er sich in einer hilflosen Lage befindet, die es nicht mehr möglich macht, dass der Betroffene in eigenverantwortlicher Weise frei den Willen bestimmen kann, so dass es zum Wohle des Betroffenen unerlässlich ist, durch kurzen Freiheitsentzug vorübergehend fürsorglich tätig zu werden, § 28 Abs. 1 Nr. 2 PolG BW; Art. 17 Abs. 1 Nr. 1 BayPAG; § 30 Abs. 1 Nr. 1 ASOG Bln; § 17 Abs. 1 Nr. 1 PolG Bdg; § 15 Abs. 1 Nr. 1 BremPolG; § 13 Abs. 1 Nr. 1 HmbSOG; § 32 Abs. 1 Nr. 1 HSOG; § 55 Abs. 1 Nr. 1 SOG M-V; § 18 Abs. 1 Nr. 1 Nds. SOG; § 35 Abs. 1 Nr. 1 PolG NW; § 14 Abs. 1 Nr. 1 POG RP; § 13 Abs. 1 Nr. 1 SPolG; § 22 Abs. 1 Nr. 2 SächsPolG; § 37 Abs. 1 Nr. 1 SOG LSA; § 204 Abs. 1 Nr. 1 LVwG SH; § 19 Abs. 1 Nr. 1 ThürPAG).

- ❏ Der Gewahrsam ist erforderlich, weil die Sicherheit in hohem Maße gefährdet ist. Es besteht aufgrund des bisherigen Verhaltens des Betroffenen die Gefahr der Begehung bzw. Fortsetzung von Straftaten oder Ordnungswidrigkeiten von erheblicher Bedeutung für die Allgemeinheit, so dass die Maßnahme zum Schutze anderer unumgänglich ist, § 28 Abs. 1 Nr. 1 PolG BW, Art. 17 Abs. 1 Nr. 2 BayPAG, § 20 Abs. 1 Nr. 2 ASOG Bln, § 17 Abs. 1 Nr. 2 PolG Bdg, § 15 Abs. 1 Nr. 2 BremPolG, § 13 Abs. 1 Nr. 1 HmbSOG, § 32 Abs. 1 Nr. 2 HSOG, § 55 Abs. 1 Nr. 2 u. 3 SOG M-V, § 18 Abs. 1 Nr. 2 Nds. SOG, § 35 Abs. 1 Nr. 2 PolG NW, § 14 Abs. 1 Nr. 2 POG RP, § 13 Abs. 1 Nr. 2 SPolG, § 22 Abs. 1 Nr. 1 SächsPolG, § 37 Abs. 1 Nr. 1 SOG LSA, § 204 Abs. 1 Nr. 2 LVwG SH, § 19 Abs. 1 Nr. 2 ThürPAG).

- ❏ D. Betroffene ist minderjährig und hat sich der Obhut der Sorgeberechtigten entzogen bzw. sich an einem Ort aufgehalten, an dem eine sittliche Gefahr oder Verwahrlosung droht. Deshalb ist der Gewahrsam zur Rückführung zu den Sorgeberechtigten oder dem Jugendamt gerechtfertigt (§ 28 Abs. 1 Nr. 2 a PolG BW, Art. 17 Abs. 2 BayPAG, § 30 Abs. 2 ASOG Bln, § 17 Abs. 2 PolG Bdg, § 15 Abs. 2 BremPolG, § 13 Abs. 2 HmbSOG, § 32 Abs. 2 HSOG, § 55 Abs. 2 SOG M-V, § 18 Abs. 3 Nds. SOG, § 35 Abs. 2 PolG NW, § 14 Abs. 2 POG RP, § 13 Abs. 2 SPolG, § 22 Abs. 1 Nr. 3 SächsPolG, § 37 Abs. 2 SOG LSA, § 204 Abs. 2 LVwG SH, § 19 Abs. 2 ThürPAG).

- ❏ <weitere länderspezifische Zulässigkeiten)

<jeweilige Begründung>

§ 22 Formularbeschlüsse 239

Das Ergebnis der Anhörung des Betroffenen vor Erlass der Entscheidung nach § 420 Abs. 1 Satz 1 FamFG führt zu keiner anderen Beurteilung der Sach- und Rechtslage.
<Begründung>.
Die Maßnahme wird bis längstens zu dem Zeitpunkt, wie im Tenor angegeben, gestattet, weil dies zur Begegnung der Anlasshandlung unerlässlich ist. Mildere Maßnahmen, welche den Gewahrsam entbehrlich machen könnten, sind nicht gegeben. Der Gewahrsam ist zurzeit das einzig mögliche Mittel, den angestrebten Zweck zu erreichen. Die gesetzlich normierte Aufgabe der Polizei, in diesem Einzelfalle Gefahren für die öffentliche Sicherheit oder Ordnung abzuwehren, erfordert den Gewahrsam, wobei nach den gegenwärtigen Verhältnissen und Erkenntnismöglichkeiten eine weniger beeinträchtigende Maßnahme nicht gegeben ist.
Die Kostenentscheidung beruht auf § 128 c Abs. 3 KostO.
Nach § 422 Abs. 2 Satz 1 FamFG war die sofortige Wirksamkeit der Entscheidung anzuordnen.

Beschwerdebelehrung:
Gegen diese Entscheidung ist gem. § 7 Abs. 1 FreihEntzG das Rechtsmittel der sofortigen Beschwerde zulässig. Sie ist binnen einer Frist von **2 Wochen** beim Amtsgericht <Amtsgericht einsetzen> schriftlich oder zu Protokoll der Geschäftsstelle einzulegen. Findet die Unterbringung nicht im Bezirk dieser Gerichte statt, kann eine bereits untergebrachte Person die Beschwerde auch bei dem für den Unterbringungsort zuständigen Amtsgericht einlegen. Die Frist beginnt mit der Zustellung oder der gerichtlich protokollierten Bekanntmachung der Entscheidung. Fällt das Ende der Frist auf einen Sonntag, einen allgemeinen Feiertag oder Samstag, so endet die Frist mit dem Ablauf des nächsten Werktages. Dabei ist allerdings zu beachten, dass die Erklärung über die Beschwerde innerhalb der Beschwerdefrist bei einem der genannten Gerichte eingegangen sein muss.

Die Einlegung erfolgt durch Einreichung einer Beschwerdeschrift oder durch Erklärung zu Protokoll der Geschäftsstelle eines der genannten Gerichte. Darüber hinaus ist jedes Amtsgericht verpflichtet, die Erklärung über die Beschwerde aufzunehmen.
Bei schriftlichen Erklärungen genügt es zur Fristwahrung nicht, dass die Erklärung innerhalb der Frist zur Post gegeben wird. Die Frist ist vielmehr nur dann gewahrt, wenn die Erklärung vor dem Ablauf der Frist bei dem Gericht eingeht. Die schriftliche Rechtsmitteleinlegung muss in deutscher Sprache erfolgen.
Ein bereits Untergebrachter kann sie auch bei dem für den Unterbringungsort zuständigen Gericht einlegen.

Die Frist beginnt mit der Zustellung oder Bekanntmachung der Entscheidung. Fällt das Ende der Frist auf einen Sonntag, allgemeinen Feiertag oder Samstag, so endet die Frist mit Ablauf des nächsten Werktags. Die Einlegung erfolgt durch Einreichung einer Beschwerdeschrift oder durch Erklärung zu Protokoll der Geschäftsstelle eines der genannten Gerichte. Die Frist ist in jedem Fall aber nur dann gewahrt, wenn die Erklärung innerhalb der Beschwerdefrist bei einem der oben genannten Gerichte eingegangen ist.

Richter(in) am Amtsgericht

Verfügung

1. Ggf. Az zum Register XIV L erholen und Beschluss ergänzen.
2. Beschlussausfertigung formlos an Polizeidienststelle, telefonisch vorweg.
3. Zustellung einer Ausfertigung an den Betroffenen
   ○ an Ehegatten des Betroffenen
   ○ an gesetzlichen Vertreter des Betroffenen
   ○ an Eltern des Betroffenen
   ○ an Vertrauensperson des Betroffenen
4. Schlussbehandlung

<Ort>, den <Datum>

Richter(in) am Amtsgericht

9. Formularbeschluss: GewSchG – Einstweilige Verfügung[348]

Aktenzeichen: ... C ...... / ...

Amtsgericht <Name>
<Anschrift>

Beschluss

vom <Datum>

in dem Verfahren auf Erlass einer einstweiligen Verfügung
<Personalien Antragsteller>
Prozessbevollmächtigter: Rechtsanwalt <Name>

gegen

<Personalien Antragsgegner>
Prozessbevollmächtigter: <Name>

wegen

hat das Amtsgericht <Gericht> durch Richter am Amtsgericht <Name> im Wege der **einstweiligen Verfügung** wegen Dringlichkeit ohne mündliche Verhandlung beschlossen:

I. Dem Antragsgegner wird vorläufig bis zu einer Entscheidung in der Hauptsache, längstens jedoch bis zum Ablauf von 6 Monaten verboten,
  ❏ die Antragstellerin – und deren Kinder – zu bedrohen, zu verletzen oder sonst körperlich zu misshandeln,
  ❏ die Antragstellerin – und deren Kinder – zu demütigen und einzusperren,
  ❏ mit der Antragstellerin in irgendeiner Form Kontakt aufzunehmen, auch unter Verwendung von Fernkommunikationsmitteln, sei es durch Anrufe, Ansprechen, Übermittlung von Telefaxen, Übersendung von Telegrammen, Senden von E-Mails und SMS,
  ❏ die Wohnung/den Arbeitsplatz/den Wohnsitz der Antragstellerin in der <Straße, Ort>
    ◯ und <sonstige Personen wie Eltern, Verwandte, Freunde>
    ohne deren Zustimmung zu betreten,
  ❏ sich in einem Umkreis von unter 50 Metern der vorbezeichneten Wohnung der Antragstellerin aufzuhalten oder zu nähern,
  ❏ das Haus, in dem sich die Wohnung der Antragstellerin befindet, zu betreten oder sich auf der Straße vor dem Haus/gegenüber dem Grundstück aufzuhalten,

---

[348] Bei Anträgen, die ab 1. 9. 2009 eingehen, obsolet.

❏ den Arbeitsplatz der Antragstellerin bei <Bezeichnung> in <Ort> aufzusuchen,
❏ Zusammentreffen mit der Antragstellerin herbeizuführen. Ausgenommen hiervon sind Handlungen, die zur Wahrnehmung berechtigter Interessen erforderlich sind.
❏ sich der Antragstellerin – und deren Kindern – außerhalb der Wohnung auf eine Entfernung von 50 Metern zu nähern,
❏ sie auf der Straße anzusprechen, zu folgen oder hinterher zu rufen.
○ Sollte es zu einer zufälligen Begegnung kommen, hat der Antragsgegner
II. Dem Antragsgegner wird für jeden Fall der Zuwiderhandlung gegen das unter Ziff. I ausgesprochene Verbot ein Ordnungsgeld bis zu 250 000,– € und ersatzweise für den Fall, dass dieses nicht beigetrieben werden kann, Ordnungshaft, oder Ordnungshaft bis zu 6 Monaten angedroht.
III. Der Antragsgegner trägt die Kosten des Verfahrens.
IV. Der Streitwert wird auf 2 500,– Euro festgesetzt.

Gründe:

I.

Die Parteien
❏ sind nicht miteinander verbundene Personen
❏ sind
○ verheiratete Eheleute
○ in eingetragener gleichgeschlechtlicher Partnerschaft verbunden
○ eine nichteheliche Lebensgemeinschaft
○ Geschwister / Verwandte

Seit dem <Datum> ist die Antragstellerin erheblichen Übergriffen seitens des Antragsgegners ausgesetzt.

Die Antragstellerin beantragt den Erlass einer einstweiligen Verfügung.
❏ Zur Begründung trägt sie vor, <Begründung>
❏ Zur Begründung wird Bezug genommen auf den Sachvortrag der Antragstellerin in der Antragsschrift.

II.

Das zulässige Gesuch ist begründet. Der Anspruch rechtfertigt sich aus §§ 1004, 823 Abs. 1 BGB, § 1 Abs. 1 GewSchG.

Die Antragstellerin hat schlüssig vorgetragen und glaubhaft gemacht, dass sie so dringend auf die sofortige Erfüllung des Unterlassungsanspruchs angewiesen ist, dass sie ansonsten unzumutbare Nachteile erleiden würde, die ihr ein Zuwarten oder eine Verweisung auf die spätere Geltendmachung von Schadensersatzansprüchen nach Wegfall des ursprünglichen An-

§ 22 Formularbeschlüsse

spruchs nicht zumutbar ist. Das Gericht nimmt insoweit Bezug auf den glaubhaft gemachten Sachvortrag der Antragstellerin in ihrer Antragsschrift.

Die im Tenor getroffenen Anordnungen rechtfertigen sich aus § 1 Abs. 1 Satz 3 GewSchG. Der Antragsgegner hat wiederholt vorsätzliche und rechtswidrige
❏ Verletzungshandlungen nach § 1 Abs. 1 Satz 1 GewSchG begangen
❏ (und) Bedrohungshandlungen nach § 1 Abs. 2 Nr. 1 GewSchG begangen.

Berechtigte Interessen des Antragsgegners, die sein Verhalten rechtfertigen könnten, sind nicht ersichtlich.

Das bisherige Verhalten des Antragsgegners begründet die Gefahr der Wiederholung. Die Schutzanordnungen sind erforderlich, um einen ausreichenden Schutz der Antragstellerin vor zu befürchtenden Nachstellungen und Gewalttätigkeiten des Antragsgegners zu gewährleisten.

Nach dem Grundsatz der Verhältnismäßigkeit war die Anordnung nach § 1 Abs. 1 Satz 2 GewSchG zu befristen.

Das Gericht hat die einstweilige Verfügung gem. § 937 Abs. 2 ZPO wegen Dringlichkeit ohne mündliche Verhandlung erlassen, weil die Antragstellerin nur durch eine sofortige Entscheidung zur Sicherung ihres Anspruchs kommen kann.

Die Anordnung des Zwangsgeldes und der Zwangshaft ergibt sich aus § 888 Abs. 1 ZPO.

Die Kostenentscheidung beruht auf § 91 Abs. 1 ZPO, die Festsetzung des Streitwertes auf §§ 48 Abs. 2, 53 Abs. 1 Nr. 1 GKG.

Richter(in) am Amtsgericht

Verfügung

1. Antragsschrift mit Beschluss verbinden (bei Bezugnahme)
2. Ausfertigung des Beschlusses an
   ❏ Antragsteller mit ZU
   ❏ Antragsteller durch Aushändigung an der Amtsstelle gegen Nachweis
   ❏ anwaltschaftlichen Vertreter des Antragstellers gem. § 212 a ZPO
   ❏ anwaltschaftlichen Vertreter des Antragstellers durch Aushändigung an der Amtsstelle gegen Nachweis
   mit Zusatz:
   Sie werden darauf hingewiesen, dass Zustellung und Vollzug der einstweiligen Verfügung der Partei selbst obliegen. Sie werden wei-

terhin auf die Einhaltung der Fristen aus §§ 936, 929 Abs. 2 und 3 ZPO hingewiesen.
3. ❏ Beschlussmitteilung an Jugendamt
4. Beschlussabschrift an zuständige Polizeidienststelle z. K.
5. Kosten

Datum, Unterschrift

§ 22 Formularbeschlüsse 245

10. Formularbeschluss: GewSchG – Einstweilige Anordnung

Aktenzeichen: ... F ....../... 350

Amtsgericht <Name>
<Anschrift>

Beschluss

vom <Datum>

in dem Verfahren auf Erlass einer einstweiligen Anordnung
<Personalien Antragsteller>
Prozessbevollmächtigter: Rechtsanwalt <Name>
gegen

<Personalien Antragsgegner>
Prozessbevollmächtigter: <Name>
wegen

hat das **Amtsgericht <Gericht> – Familiengericht –** durch Richter am Amtsgericht <Name> im Wege der **einstweiligen Anordnung** ohne mündliche Verhandlung beschlossen:

I. Dem Antragsgegner wird längstens bis zum Ablauf von 6 Monaten verboten,
   ❑ die Antragstellerin – und deren Kinder – zu bedrohen, zu verletzen oder sonst körperlich zu misshandeln,
   ❑ die Antragstellerin – und deren Kinder – zu demütigen und einzusperren,
   ❑ mit der Antragstellerin in irgendeiner Form Kontakt aufzunehmen, auch unter Verwendung von Fernkommunikationsmitteln, sei es durch Anrufe, Ansprechen, Übermittlung von Telefaxen, Übersendung von Telegrammen, Senden von E-Mails und SMS,
   ❑ die Wohnung/den Arbeitsplatz/den Wohnsitz der Antragstellerin in der <Straße, Ort>
      ○ und <sonstige Personen wie Eltern, Verwandte, Freunde>
         ohne deren Zustimmung zu betreten,
   ❑ sich in einem Umkreis von unter 50 Metern der vorbezeichneten Wohnung der Antragstellerin aufzuhalten oder zu nähern,
   ❑ das Haus, in dem sich die Wohnung der Antragstellerin befindet, zu betreten oder sich auf der Straße vor dem Haus/gegenüber dem Grundstück aufzuhalten,
   ❑ den Arbeitsplatz der Antragstellerin bei <Bezeichnung> in <Ort> aufzusuchen,

❑ Zusammentreffen mit der Antragstellerin herbeizuführen. Ausgenommen hiervon sind Handlungen, die zur Wahrnehmung berechtigter Interessen erforderlich sind.
❑ sich der Antragstellerin – und deren Kindern – außerhalb der Wohnung auf eine Entfernung von 50 Metern zu nähern,
❑ sie auf der Straße anzusprechen, zu folgen oder hinterher zu rufen.
○ Sollte es zu einer zufälligen Begegnung kommen, hat der Antragsgegner
II. Dem Antragsgegner wird für jeden Fall der Zuwiderhandlung gegen das unter Ziff. I ausgesprochene Verbot ein Ordnungsgeld bis zu 250 000,– € und ersatzweise für den Fall, dass dieses nicht beigetrieben werden kann, Ordnungshaft, oder Ordnungshaft bis zu 6 Monaten angedroht.
III. Die Entscheidung erlangt mit Übergabe an die Geschäftsstelle Wirksamkeit. Es wird die Zulässigkeit der Vollstreckung ohne vorherige Zustellung an den Antragsgegner angeordnet.
IV. Der Antragsgegner trägt die Kosten des Verfahrens.

Gründe:

I.

Die Antragstellerin hat im Wege der Hauptsache beantragt, Verbots- und Unterlassungsansprüche nach § 1 GewSchG zu erlassen und ferner um eine gleichlautende einstweilige Anordnung ersucht.
Die Parteien sind
❑ verheiratete Eheleute
❑ in eingetragener gleichgeschlechtlicher Partnerschaft verbunden
❑ eine nichteheliche Lebensgemeinschaft
❑ Geschwister/Verwandte
❑

Seit dem <Datum> ist die Antragstellerin erheblichen Übergriffen seitens des Antragsgegners ausgesetzt.
Zum Sachvortrag der Antragstellerin wird Bezug genommen auf ihre Ausführungen in der Antragsschrift.

II.

Der zulässige Antrag ist begründet.
Die Zuständigkeit des angerufenen Gerichts beruht auf § 23 a Abs. 1 Nr. 1 GVG i. V. m. §§ 111 Nr. 6, 211 Abs. 1 FamFG. Der Anspruch rechtfertigt sich aus §§ 1004, 823 Abs. 1 BGB, § 1 Abs. 1 Satz 3 GewSchG.

Die Antragstellerin hat schlüssig vorgetragen und glaubhaft gemacht, dass sie so dringend auf die sofortige Erfüllung des Unterlassungsanspruchs angewiesen ist, dass sie ansonsten unzumutbare Nachteile erleiden würde.

§ 22 Formularbeschlüsse 247

Aufgrund der glaubhaft gemachten widerrechtlichen Übergriffe, die aufgrund der Gesamtsituation weitere gleichartige Verletzungshandlungen des Antragsgegners gegenüber der Antragstellerin befürchten lassen, war das oben ausgesprochene erforderlich, um weitere Verletzungshandlungen abzuwenden, § 1 Abs. 1 GewSchG, § 214 Abs. 1 FamFG.
Danach hat der Antragsgegner wiederholt vorsätzliche und rechtswidrige
❑ Verletzungshandlungen nach § 1 Abs. 1 Satz 1 GewSchG begangen
❑ (und) Bedrohungshandlungen nach § 1 Abs. 2 Nr. 1 GewSchG begangen.

Berechtigte Interessen des Antragsgegners, die sein Verhalten rechtfertigen könnten, sind nicht ersichtlich.

Das bisherige Verhalten des Antragsgegners begründet die Gefahr der Wiederholung.

Die Schutzanordnungen sind erforderlich, um einen ausreichenden Schutz der Antragstellerin vor zu befürchtenden Nachstellungen und Gewalttätigkeiten des Antragsgegners zu gewährleisten.

Das Gericht hat die einstweilige Anordnung wegen Dringlichkeit ohne mündliche Verhandlung erlassen, weil die Antragstellerin nur durch eine sofortige Entscheidung den gebotenen Schutz erlangen kann.

Nach dem Grundsatz der Verhältnismäßigkeit war die Anordnung nach § 1 Abs. 1 Satz 2 GewSchG zu befristen.

Der Zeitpunkt der Wirksamkeit der Entscheidung ergibt sich aus § 53 Abs. 2 Satz 2 FamFG, da der Erlass ohne mündliche Verhandlung erfolgte. Die Möglichkeit der Vollstreckung vor Zustellung an den Antragsgegner beruht auf §§ 214 Abs. 2, 53 Abs. 1 FamFG.

Die Androhung von Ordnungsgeld und Ordnungshaft ergibt sich aus § 890 Abs. 1 und 2 ZPO.

Die Kostenentscheidung beruht auf §§ 111 Nr. 6, 81 Abs. 1 Satz 3 FamFG.

Ein Verstoß gegen das ausgesprochene Verbot kann gemäß § 4 Gewaltschutzgesetz mit Freiheitsstrafe bis zu 1 Jahr oder mit Geldstrafe geahndet werden. Die Strafbarkeit nach anderen Vorschriften bleibt unberührt.

Richter(in) am Amtsgericht

Verfügung

1. Antragsschrift mit Beschluss verbinden (bei Bezugnahme).
2. Ausfertigung des Beschlusses mit Rechtsbehelfsbelehrung an
   ❑ Antragstellerin mit ZU

❏ Antragstellerin durch Aushändigung an der Amtsstelle gegen Nachweis
❏ anwaltschaftlichen Vertreter der Antragstellerin gem. § 212 a ZPO
❏ anwaltschaftlichen Vertreter der Antragstellerin durch Aushändigung an der Amtsstelle gegen Nachweis
❏ Beschlussausfertigung an zuständigen Gerichtsvollzieher zur Zustellung an den Antragsgegner unter **Hinweis an Antragsteller**:
Sie werden darauf hingewiesen, dass der Auftrag an den Gerichtsvollzieher zur Zustellung an den Antragsgegner und zur Vollziehung durch Vermittlung der Geschäftsstelle des Amtsgerichts veranlasst wird, § 214 1. Halbs. FamFG.
3. ❏ Beschlussmitteilung an Jugendamt
4. Beschlussabschrift an zuständige Polizeidienststelle z. K.
5. WV sodann

Datum, Unterschrift

11. Formularbeschluss: GewSchG – Wohnungszuweisung

Aktenzeichen: ... F .... / ...   351

Amtsgericht <Name>
<Anschrift>

Beschluss

vom <Datum>

in dem Verfahren auf Erlass einer einstweiligen Anordnung
<Personalien Antragsteller>
Prozessbevollmächtigter: Rechtsanwalt <Name>
gegen
<Personalien Antragsgegner>
Prozessbevollmächtigter: <Name>
wegen

hat das **Amtsgericht <Gericht> – Familiengericht** – durch Richter am Amtsgericht <Name> im Wege der **einstweiligen Anordnung** ohne mündliche Verhandlung beschlossen:

I. Der Antragstellerin wird die bisher gemeinsam genutzte Wohnung in <Straße, Ort, Stockwerk, Lage> zur alleinigen Nutzung zugewiesen.
II. ❑ Die Wohnungszuweisung an die Antragstellerin wird für längstens sechs Monate befristet.
   ❑ Eine Befristung ist nicht erforderlich, da die Antragstellerin alleinige Mieterin ist.
   ❑ Der Antragsgegner wird verpflichtet, die Wohnung sofort zu verlassen und sämtliche zur Wohnung gehörende Schlüssel an die Antragstellerin herauszugeben.
III. Dem Antragsgegner wird untersagt, die Wohnung ohne Zustimmung der Antragstellerin zu betreten.
IV. Die einstweilige Anordnung ist sofort vollziehbar und vollstreckbar. Die Antragstellerin kann sich zur Durchsetzung dieser einstweiligen Anordnung der Hilfe des Gerichtsvollziehers bedienen, der seinerseits um Hilfe der Polizei nachsuchen darf.
V. Dem Antragsgegner wird für jeden Fall der Zuwiderhandlung gegen das unter Ziff. I ausgesprochene Verbot ein Ordnungsgeld bis zu 250 000,– € und für den Fall, dass dieses nicht beigetrieben werden kann, Ordnungshaft, oder Ordnungshaft bis zu sechs Monaten angedroht.
VI. Der Antragsgegner trägt die Kosten des Verfahrens.

Gründe:

I.

Die Antragstellerin hat im Wege der Hauptsache beantragt, ihr die gemeinsam genutzte Wohnung in <Straße, Ort> zur alleinigen Nutzung zuzuweisen, weil
❏ eine Verletzung von Rechtsgütern nach § 1 Abs. 1 GewSchG vorliegt,
❏ eine Drohung mit Rechtsgutsverletzungen nach § 1 Abs. 2 Satz 1 Nr. 1 GewSchG gegeben ist und die Überlassung der Wohnung erforderlich ist, um eine unbillige Härte für das Opfer zu vermeiden.

Die Parteien sind
❏ verheiratete Eheleute
❏ in eingetragener gleichgeschlechtlicher Partnerschaft verbunden
❏ eine nichteheliche Lebensgemeinschaft
❏ Geschwister/Verwandte
❏
und
❏ führen einen auf Dauer angelegten gemeinsamen Haushalt.
❏ haben im Zeitpunkt der Tat einen auf Dauer angelegten gemeinsamen Haushalt geführt.

Seit dem <Datum> ist die Antragstellerin erheblichen Übergriffen seitens des Antragsgegners ausgesetzt.

Die Antragstellerin hat innerhalb von drei Monaten nach der Tat schriftlich die Überlassung der Wohnung vom Antragsgegner verlangt, § 2 Abs. 3 Nr. 2 GewSchG.

II.

Der zulässige Antrag ist begründet.
❏ Der Anspruch rechtfertigt sich aus §§ 823, 861, 1004 BGB analog.[349]
❏ Der Anspruch rechtfertigt sich aus § 2 Abs. 1 Satz 3 GewSchG.
Die Antragstellerin ist
❏ mit dem Antragsgegner nicht verheiratet und auch nicht eingetragene Lebenspartnerin.
❏ die Ehefrau des Antragsgegners, wobei ein Scheidungsverfahren anhängig ist.
❏ die Ehefrau des Antragsgegners. Ein Scheidungsverfahren ist nicht anhängig.
❏ die eingetragene Lebenspartnerin der Antragsgegnerin.

---

[349] Außerhalb einer häuslichen Gemeinschaft.

§ 22 Formularbeschlüsse

Sie benötigt die Wohnung für sich. Die Antragstellerin hat schlüssig vorgetragen und glaubhaft gemacht, dass sie wiederholt vorsätzlichen und rechtswidrigen
❏ Verletzungshandlungen nach § 1 Abs. 1 Satz 1 GewSchG
❏ (und) Bedrohungshandlungen nach § 1 Abs. 2 Nr. 1 GewSchG
ausgesetzt ist. Berechtigte Interessen des Antragsgegners, die sein Verhalten rechtfertigen könnten, sind nicht ersichtlich.
❏ Aufgrund des glaubhaft gemachten Verhaltens und der Äußerungen des Antragsgegners besteht die Gefahr, dass dieser
  ○ die Antragstellerin
  ○ und das Kind/die Kinder
erneut verletzen wird.
❏ Die Drohungen des Antragsgegners nach § 1 Abs. 2 Satz 1 Nr. 1 GewSchG stellen für den Verbleib des Antragsgegners in der gemeinsamen Wohnung eine unbillige Härte dar, weil

Der Antragstellerin ist die Wohnung insgesamt zuzuweisen, weil davon auszugehen ist, dass bei einer Teilung der Wohnung der Antragsgegner das Nutzungsrecht erschweren oder vereiteln wird.

Die Entscheidung ergeht ohne vorherige Anhörung des Antragsgegners, weil ein weiteres Abwarten wegen der Verletzungshandlungen/massiven Bedrohung durch den Antragsgegner nicht zumutbar ist.

Die Schutzanordnungen sind erforderlich, um einen ausreichenden Schutz der Antragstellerin vor zu befürchtenden Nachstellungen und Gewalttätigkeiten des Antragsgegners zu gewährleisten.

Das Gericht hat die einstweilige Anordnung wegen Dringlichkeit ohne mündliche Verhandlung erlassen, weil die Antragstellerin nur durch eine sofortige Entscheidung den gebotenen Schutz erlangen kann.
○ Da der Antragsgegner ein Recht an den Wohnräumen zusteht, war die Anordnung nach § 2 Abs. 2 Satz 2 GewSchG zu befristen.
○ Das Betretungsverbot beruht auf § 1 Abs. 1 Nr. 1 GewSchG.

Die Androhung von Ordnungsgeld und Ordnungshaft ergibt sich aus § 890 Abs. 1 und 2 ZPO.

Die Entscheidung ist nach § 216 Abs. 1 Satz 2 FamFG sofort vollziehbar, die sonstigen Anordnungen beruhen auf § 215 FamFG.

Die Kostenentscheidung ergibt sich aus § 81 Abs. 1 Satz 3 FamFG.

Richter(in) am Amtsgericht

Verfügung
1. Ausfertigung des Beschlusses mit Rechtsbehelfsbelehrung an
   a. ❑ Antragstellerin mit ZU
   b. ❑ Antragstellerin durch Aushändigung an der Amtsstelle gegen Nachweis
   c. ❑ anwaltschaftlichen Vertreter der Antragstellerin gem. § 212 a ZPO
   d. ❑ anwaltschaftlichen Vertreter der Antragstellerin durch Aushändigung an der Amtsstelle gegen Nachweis.
2. Beschlussausfertigung an zuständigen Gerichtsvollzieher zur Zustellung an den Antragsgegner unter **Hinweis an Antragsteller**: Sie werden darauf hingewiesen, dass der Auftrag an den Gerichtsvollzieher zur Zustellung an den Antragsgegner und zur Vollziehung durch Vermittlung der Geschäftsstelle des Amtsgerichts veranlasst wird, § 214 Abs. 2 FamFG.
3. ❑ Beschlussmitteilung an Jugendamt[350] mit der Bitte um Sachverhaltsermittlung und Stellungnahme, soweit ein minderjähriges Kind betroffen sein sollte.
4. ❑ Beschluss per Fax an zuständige Polizeidienststelle z. K.
5. WV sodann

Datum, Unterschrift

---

350 § 213 Abs. 1 und Abs. 2 Satz 1 FamFG.

§ 22 Formularbeschlüsse

12. Formularbeschluss: Untersuchung des Beschuldigten

Aktenzeichen: ... Gs ... / .. 352
– Ermittlungsgericht –
Beschluss
vom <Datum>

in dem Ermittlungsverfahren gegen

wegen <Tatvorwurf>
Es wird
❑ die Entnahme einer Speichelprobe und für den Fall der Weigerung die Entnahme einer Blutprobe bei dem Beschuldigten
❑ die körperliche Untersuchung des Beschuldigten
❑ der körperlicher Eingriff durch den Arzt <Arztname> in Form <Beschreibung des körperlichen Eingriffs>
❑ die nervenärztliche Untersuchung des Beschuldigten durch den Arzt <Arztname>
angeordnet.
❑ Hierzu ist der Beschuldigte vorzuführen. Zur Ergreifung des Beschuldigten wird die Durchsuchung seiner Wohnung angeordnet.

Gründe:

Der Beschuldigte ist verdächtig, am
<Beschreibung des Schuldvorwurfs>
strafbar als   <Strafbestimmungen>
gemäß   §§ <Strafvorschriften>

Die Untersuchung bzw. der Eingriff ist zur Feststellung von Tatsachen, die für das Verfahren von Bedeutung sind, erforderlich, § 81 a Abs. 1 S. 1 StPO. Die Feststellung dient der Prüfung, ob <Begründung>

Der körperliche Eingriff ist von einem Arzt nach den Regeln der ärztlichen Kunst vorzunehmen. Nachteile für die Gesundheit des Beschuldigten sind nicht zu befürchten.
❑ Dem Beschuldigten wurde Gelegenheit gegeben, sich zur beabsichtigten Entscheidung zu äußern.
  ○ Er hat sich innerhalb der gesetzten Frist nicht geäußert.
  ○ Die vorgebrachten Einwände sind nicht geeignet, von der Maßnahme abzusehen.
    <Begründung>

❑ Von einer vorherigen Anhörung war abzusehen, § 33 Abs. 4 StPO, weil dadurch der Zweck der Anordnung gefährdet wäre. <Begründung>

❏ Es war die Vorführung des Beschuldigten sowie die Durchsuchung seiner Wohnung zur Ergreifung anzuordnen, § 102 StPO, weil der Beschuldigte bereits einmal der Ladung des Arztes zur Untersuchung bzw. zur Vornahme des Eingriffs nicht Folge geleistet hat.

Der Grundsatz der Verhältnismäßigkeit ist gewahrt. Die Maßnahme steht zur Bedeutung der Sache nach Art und Schwere der Straftat und der zu erwartenden Rechtsfolge nicht außer Verhältnis.

Richter(in) am Amtsgericht

13. Formularbeschluss: Untersuchung eines Nichtbeschuldigten

Aktenzeichen: ... Gs ... / ..

– Ermittlungsgericht –

Beschluss

vom <Datum>

in dem Ermittlungsverfahren gegen

wegen <Tatvorwurf>

Es wird die
- ❏ körperliche Untersuchung des Zeugen <Name des Zeugen>
- ❏ Untersuchung des <Name der anderen Person> zum Zwecke der Abstammung
- ❏ Entnahme einer Blutprobe bei <Name der anderen Person>

angeordnet.

Gründe:

Der Beschuldigte ist verdächtig, am
<Beschreibung des Schuldvorwurfs>
strafbar als   <Strafbestimmungen>
gemäß   §§   <Strafvorschriften>

- ❏ Die Untersuchung des Zeugen ist zur Feststellung von Tatspuren und Tatfolgen, die für das Verfahren von Bedeutung sind, erforderlich, § 81 c Abs. 1 StPO.
- ❏ Die Entnahme der Blutprobe bzw. die Abstammungsuntersuchung ist zur Aufklärung der Tat zumutbar und unerlässlich.

Die Feststellung dient der Prüfung, ob <Begründung>

Die körperliche Untersuchung ist von einem Arzt nach den Regeln der ärztlichen Kunst vorzunehmen. Nachteile für die Gesundheit des Betroffenen sind dabei nicht zu befürchten.
- ❏ Der Betroffene wurde über sein Recht, die Untersuchung verweigern zu können, nach §§ 81 c Abs. 3 Satz 1, 52 StPO belehrt und hat davon keinen Gebrauch gemacht.
- ❏ Dem Betroffenen wurde Gelegenheit gegeben, sich zur beabsichtigten Entscheidung zu äußern.
  - ○ Er hat sich innerhalb der gesetzten Frist nicht geäußert.
  - ○ Die vorgebrachten Einwände sind nicht geeignet, von der Maßnahme abzusehen. <Begründung>

❏ Von einer vorherigen Anhörung des Betroffenen war abzusehen, § 33 Abs. 4 StPO, weil dadurch der Zweck der Anordnung gefährdet wäre.
<Begründung>
Der Grundsatz der Verhältnismäßigkeit ist gewahrt. Die Maßnahme steht zur Bedeutung der Sache nach Art und Schwere der Straftat und der zu erwartenden Rechtsfolge nicht außer Verhältnis.

Richter(in) am Amtsgericht

§ 22 Formularbeschlüsse 257

14. Formularbeschluss: Durchsuchung und Beschlagnahme

Aktenzeichen: ... Gs ... / .. 354

– Ermittlungsgericht –

Beschluss

vom <Datum>

in dem Ermittlungsverfahren gegen

wegen <Tatvorwurf>

I. Es wird die Durchsuchung
❏ der Person
❏ der Wohnräume einschließlich sämtlicher Nebenräume
❏ der Geschäftsräume mit Nebenräumen
❏ der Fahrzeuge
❏ <freie Texteingabe>
des Beschuldigten in <Durchsuchungsobjekt> nach <gesuchte Gegenstände> angeordnet.

II. ❏ Es wird die Beschlagnahme der aufgefundenen Gegenstände
○ als Beweismittel
○ als Objekte der Einziehung
angeordnet, sofern sie nicht freiwillig herausgegeben werden.
❏ Es wird die Auswertung der bei dem Beschuldigten vorgefundenen Telekommunikationsverkehrsdaten angeordnet.
❏ Der Antrag auf Anordnung der Beschlagnahme wird als zurzeit unbegründet zurückgewiesen

III. Die Durchsuchung darf zur Nachtzeit vollzogen werden.

Gründe:

Aufgrund der bisherigen Ermittlungen besteht der begründete Verdacht, dass <Tatvorwurf einsetzen>

Der Beschuldigte wird daher beschuldigt,
<gesetzliche Merkmale der Tat>
strafbar als   <Strafbestimmungen>
gemäß   §§   <Strafvorschriften>

❏ Die gesuchten Gegenstände können als Beweismittel von Bedeutung sein. Es steht zu vermuten, dass die Durchsuchung zum Auffinden der Gegenstände führen wird, §§ 102, 105 Abs. 1 StPO.

- ❏ Die Beschlagnahme rechtfertigt sich aus § 74 StGB, §§ 111 b Abs. 1, 111 c StPO, da Gründe für die Annahme vorhanden sind, dass die Voraussetzungen für die Einziehung der Gegenstände vorliegen.
  <Begründung der Einziehungsvoraussetzungen>
- ❏ Die Beschlagnahme rechtfertigt sich aus § 73 Abs. 1 Satz 1 StGB, §§ 111 b Abs. 1 und 2, 111 c StPO, da Gründe für die Annahme vorhanden sind, dass die Voraussetzungen für den Verfall der Gegenstände bzw. der Einziehung des Wertersatzes vorliegen.
  <Begründung der Verfallsvoraussetzungen>
- ❏ Die Auswertung der Telekommunikationsdaten (gespeicherte Verkehrsdaten) ist gerechtfertigt, weil auch unter Berücksichtigung des Rechts auf informationelle Selbstbestimmung die Maßnahme verhältnismäßig ist.
  <Begründung>
- ❏ Der Vollzug der Durchsuchung zur Nachtzeit war anzuordnen, weil wegen Gefahr in Vollzug bei einem Abwarten der Verlust des Beweismittels droht.
- ❏ Die Anordnung der Beschlagnahme durch das Ermittlungsgericht kommt zurzeit nicht in Betracht, weil der Bestimmtheitsgrundsatz entgegensteht. Konkret bezeichenbare Schriftstücke und sonstige Unterlagen sind noch nicht bekannt, so dass deren Sicherstellung und ggf. Beschlagnahme dem Ergebnis der Durchsuchung vorbehalten bleibt.

Die Anordnung war gem. § 33 Abs. 4 StPO ohne vorherige Anhörung des Beschuldigten zu treffen, um den Zweck der Untersuchungsmaßnahme nicht zu gefährden.

Die Maßnahme ist auch verhältnismäßig, denn sie ist zur Erreichung des angestrebten Zwecks geeignet und erforderlich, wobei der mit ihr verbundene Grundrechtseingriff nicht außer Verhältnis zur Bedeutung der Sache und zur Stärke des Tatverdachts steht.

Richter(in) am Amtsgericht

15. Formularbeschluss: TK-Überwachungsbeschluss

Geschäftsnummer: ... Gs .../..[351]
Aktenzeichen Staatsanwaltschaft: Js

– Ermittlungsgericht –

B e s c h l u s s

vom <Datum>

in dem Ermittlungsverfahren gegen

wegen <Tatvorwurf>

Auf Antrag der Staatsanwaltschaft wird ohne vorherige Anhörung die Überwachung und Aufzeichnung des Telekommunikationsverkehrs mit Herausgabe der Verkehrsdaten in dem nach der Telekommunikations-Überwachungsverordnung zulässigen Umfang bis zum Ablauf des <Datum einsetzen>

❏ für den Anschluss-/Endgerätenummer/Kennung
Anschlussinhaber:
(vollständigen Namen und Anschrift d. Anschlussinhabers einsetzen)

Netzbetreiber:

❏ für die Anschluss-/Engerätenummern/Kennungen
Anschlussinhaber:
(vollständigen Namen und Anschrift d. Anschlussinh. einsetzen)

Netzbetreiber:

durch die Verpflichteten im Sinne des § 113 a TKG angeordnet.

❏ Mit umfasst von dieser Anordnung ist auch die Direktanwahl der Mailbox und der technischen Schaltung.

❏ Hinsichtlich d. oben genannten Anschlusses/Anschlüsse wird auch die Mitteilung regelmäßig erfolgender Positionsmeldungen (Bewegungsdaten) des eingeschalteten Mobilfunkendgeräts bzw. der SIM-Karte(n) in Echtzeit angeordnet, § 100 g Abs. 1 Satz 1 Nr. 1, Satz 3 StPO).

❏ Zudem wird angeordnet festzustellen, ob das Mobilfunkendgerät mit der oben genannten IMEI-Nummer(n) mit (neuen) SIM-Karten betrieben wird. Sämtliche vorhandenen Daten, insbesondere die Ruf-

---

351 Vgl. Bär Handbuch Rn. 512.

nummer(n) und Verkehrsdaten sind der anfragenden Polizeidienststelle zu übermitteln.

Der jeweils Verpflichtete hat dem Gericht, der Staatsanwaltschaft und ihren im Polizeidienst tätigen Ermittlungspersonen die Maßnahmen nach § 100 a StPO zu ermöglichen und angeforderte Auskünfte unverzüglich zu erteilen, wenn hinsichtlich des genannten Anschlusses/der genannten Anschlüsse Roaming-Vereinbarungen bestehen und mit welchen Netzbetreibern dies der Fall ist.

Gründe:

Die Anordnung beruht auf §§ 100 a Abs. 1 und 2, 100 b Abs. 1 Satz 1 StPO. Aufgrund der bisherigen Ermittlungen, insbesondere
- ○ der Angaben
- ○
- ○ der Angaben der sachbearbeitenden Polizeidienststelle im Zwischenbericht vom <Datum>, Bl. <Blattzahl> der Akten

besteht gegen d. Beschuldigten der Verdacht, folgende schwere Straftat nach § 100 a Abs. 2 Nr. .... StPO
- ○ begangen
- ○ versucht
- ○ durch folgende Straftat vorbereitet

zu haben:
<Schilderung der Straftat>
strafbar als   <Strafbestimmungen>
gemäß   §§   <Strafvorschriften>

Die Tat wiegt auch im vorliegenden Fall schwer, § 100 a Abs. 1 Nr. 2 StPO, weil
<Begründung>

Der Inhaber des genannten Anschlusses/der genannten Anschlüsse ist
- ❑ der Beschuldigte,
- ❑ eine sonstige Person, von der aufgrund bestimmter Tatsachen anzunehmen ist, dass d. Beschuldigte ihren Anschluss/ihre Anschlüsse benützt,
- ❑ eine Person, von der aufgrund bestimmter Tatsachen anzunehmen ist, dass sie für d. Besch. bestimmte oder von ihm herrührende Mitteilungen entgegennimmt oder weitergibt,

(§ 100 a Abs. 3 StPO).

Die angeordnete Maßnahme ist unentbehrlich, weil
- ○ andere Erfolg versprechende Aufklärungsmittel nicht vorhanden sind,
- ○ die Benutzung anderer Aufklärungsmittel eine wesentliche Erschwerung der Ermittlungen bedeuten würde,

§ 22 Formularbeschlüsse

◯ die Ermittlung des Aufenthaltsortes d. Beschuldigten auf andere Weise aussichtslos oder wesentlich erschwert wäre,
§ 100 a Abs. 1 Nr. 3 StPO.

Die Anordnung zur Direktanwahl der Mailbox und zu Roaming-Vereinbarungen beruht auf § 100 b Abs. 3 Satz 1 StPO.
Die Anordnung war gem. § 33 Abs. 4 StPO ohne vorherige Anhörung d. Beschuldigten zu treffen, um den Zweck der Untersuchungsmaßnahme nicht zu gefährden.

Richter(in) am Amtsgericht

16. Formularbeschluss: TK-Verkehrsdaten

Geschäftsnummer: ... Gs ... / ..
Aktenzeichen Staatsanwaltschaft: Js

– Ermittlungsgericht –

Beschluss

vom <Datum>

in dem Ermittlungsverfahren gegen

wegen <Tatvorwurf>

Auf Antrag der Staatsanwaltschaft wird angeordnet, dass die Verpflichteten i. S. d. § 113 a TKG unverzüglich sämtliche Verkehrsdaten i. S. d. §§ 96 Abs. 1, 113 a TKG, die

❑ für den Anschluss/die Anschlüsse: <einsetzen>
❑ Anschluss- Endgerätenummer/Kennung: <einsetzen>
Anschlussinhaber/-nutzer:
Anschrift:

Netzbetreiber:
❑ ab
❑ im Zeitraum von ...... bis .... angefallen sind,
❑ und bis .... anfallen werden,[352]

an die anfragende Polizeidienststelle übermitteln.

Gründe:

Die Anordnung beruht auf §§ 100 g Abs. 1, 100 b Abs. 1 Satz 1 StPO.

Aufgrund der bisherigen Ermittlungen besteht gegen d. Beschuldigten der Verdacht,[353]

❑ folgende auch im Einzelfall schwerwiegende
  ○ schwere Straftat nach § 100 a Abs. 2 Nr. ... StPO
  ○ Straftat von erheblicher Bedeutung
    ○ begangen
    ○ versucht
    ○ durch folgende Straftat vorbereitet

---

352 Maximal drei Monate.
353 Der Beschluss hat zwei Alternativen: Entweder durch eine *erhebliche Straftat* begangen, versucht, vorbereitet **oder** mittels *Telekommunikation* begangen (d. h. vollendet).

§ 22 Formularbeschlüsse

zu haben:
<Straftat>

strafbar als   <Strafbestimmungen>
gemäß   §§   <Strafvorschriften>

Die Maßnahme ist für die
○ Erforschung des Sachverhalts
○ Ermittlung des Aufenthaltsortes des Beschuldigten
erforderlich, weil

❏ folgende Straftat mittels Telekommunikation begangen hat:
<Straftat>

strafbar als   <Strafbestimmungen>
gemäß   §§   <Strafvorschriften>

Ohne die Maßnahme wäre die
○ Erforschung des Sachverhalts
○ Ermittlung des Aufenthaltsortes des Beschuldigten
auf andere Weise aussichtslos. Dabei steht sie in einem angemessenen Verhältnis zur Bedeutung der Sache.

Der Tatverdacht beruht auf
○ den Angaben des
○
○ Ergänzend wird zur Begründung Bezug genommen auf den Zwischenbericht der sachbearbeitenden Polizeidienststelle vom <Datum>, Bl. <Blattzahl> der Akten.

Der Inhaber des genannten Anschlusses/der genannten Anschlüsse ist
❏ der Beschuldigte,
❏ eine sonstige Person, von der aufgrund bestimmter Tatsachen anzunehmen ist, dass d. Beschuldigte ihren Anschluss/ihre Anschlüsse benützt,
❏ eine Person, von der aufgrund bestimmter Tatsachen anzunehmen ist, dass sie für d. Besch. bestimmte oder von ihm herrührende Mitteilungen entgegennimmt oder weitergibt,
(§ 100 a Abs. 3 StPO).

Die Anordnung war gem. § 33 Abs. 4 StPO ohne vorherige Anhörung d. Beschuldigten zu treffen, um den Zweck der Untersuchungsmaßnahme nicht zu gefährden.

Richter(in) am Amtsgericht

17. Formularbeschluss: Längerfristige Observation

Geschäftsnummer: ... Gs.../..
Aktenzeichen Staatsanwaltschaft: Js

– Ermittlungsgericht –

Beschluss

vom *<Datum>*

in dem Ermittlungsverfahren gegen

wegen <Tatvorwurf>

Auf Antrag der Staatsanwaltschaft wird ohne vorherige Anhörung die längerfristige Observation d.

<vollständige Personalien angeben>

für[354] <Zeitdauer> angeordnet.

Gründe:

Die Anordnung beruht auf §§ 163 f Abs. 1, Abs. 3 Sätze 1 und 3, 100 b Abs. 1 Satz 4, Abs. 2 Satz 1 StPO.

Aufgrund der bisherigen Ermittlungen liegen zureichende tatsächliche Anhaltspunkte dafür vor, dass d. Beschuldigte folgende Straftat von erheblicher Bedeutung begangen hat:
<Straftat>

Dies ist strafbar als
gemäß §§
❏ Ohne die[355] gegen d. Beschuldigten angeordnete Maßnahme wäre die
  ○ Erforschung des Sachverhalts
  ○ Ermittlung des Aufenthaltsortes des Täters
erheblich weniger Erfolg versprechend oder wesentlich erschwert (§ 163 f Abs. 1 Satz 2 StPO).

❏ Es ist auf Grund folgender bestimmter Tatsachen anzunehmen, dass d. Betroffene mit dem Täter in Verbindung steht oder dass eine solche Verbindung hergestellt wird:
Weiter ist anzunehmen, dass die angeordnete Maßnahme zur
  ○ Erforschung des Sachverhalts
  ○ und

---

354 Maximal drei Monate.
355 Der Beschluss hat zwei Alternativen: Betroffen ist der Beschuldigte oder eine dritte Person.

§ 22 Formularbeschlüsse

❍ Ermittlung des Aufenthaltsortes des Täters
führen wird, was auf andere Weise erheblich weniger Erfolg versprechend oder wesentlich erschwert wäre (§ 163 f Abs. 1 Satz 3 StPO).
Die Anordnung war gem. § 33 Abs. 4 StPO ohne vorherige Anhörung d. Beschuldigten zu treffen, um den Zweck der Untersuchungsmaßnahme nicht zu gefährden.

Richter(in) am Amtsgericht

18. Formularbeschluss: Einstweilige Verfügung – Ablehnung

358 Aktenzeichen: ... C ....../...

Amtsgericht <Name>

Beschluss

vom <Datum>

in dem Verfahren auf Erlass einer einstweiligen Verfügung
<Personalien Antragsteller>
Prozessbevollmächtigter: Rechtsanwalt <Name>

gegen

<Personalien Antragsgegner>
Prozessbevollmächtigter: <Name>

wegen

hat das Amtsgericht <Gericht> durch Richter am Amtsgericht <Name> beschlossen:

I. Der Antrag vom <Datum> auf Erlass einer einstweiligen Verfügung wird zurückgewiesen.
II. Die Kosten des Verfahrens trägt der Antragsteller.
III. Der Streitwert wird auf <Betrag> festgesetzt.

Gründe:

I.

Der Antragsteller beantragt den Erlass einer einstweiligen Verfügung mit der Begründung, <Begründung>

II.

❑ Der Antrag ist unzulässig, weil
  ❑ der Antrag nicht an das Gericht der Hauptsache, § 937 Abs. 1 ZPO, gerichtet ist und ein dringender Fall für die Anrufung des Gerichts, in dessen Bezirk sich der Streitgegenstand befindet, § 942 Abs. 1 ZPO, nicht gegeben bzw. nicht glaubhaft gemacht, damit eine nachteilige Verzögerung nicht erkennbar ist.
  ❑ der Antrag nicht an das Gericht der Hauptsache, § 937 Abs. 1 ZPO, gerichtet ist und im Bezirk des angerufenen Gerichts sich das Grundbuch/Schiffsregister/Schiffsbauregister zur Eintragung der Vormerkung/des Widerspruchs nicht befindet, § 942 Abs. 1 ZPO.
  ❑ die sachliche Zuständigkeit des Amtsgerichts nach §§ 23 Nr. 1, 71 Abs. 1 GVG nicht gegeben ist. Bei dem nach § 3 ZPO zu bemessen-

§ 22 Formularbeschlüsse 267

den Sicherungsinteresse beträgt der Streitwert .... € und führt zur Zuständigkeit des Landgerichts, da ein ausschließlicher Gerichtsstand des Amtsgerichts nicht besteht, § 23 Nr. 2 GVG.
❏ spezialgesetzliche Regelungen für das Begehren bestehen und deshalb für eine einstweilige Verfügung das Rechtsschutzbedürfnis fehlt.
❏
<Begründung>
❏ Der zulässige Antrag ist unbegründet, weil
❏ schon nach dem eigenen Vorbringen des Antragstellers der Verfügungsanspruch nicht besteht.
❏ der Verfügungsanspruch nicht glaubhaft gemacht ist, § 920 Abs. 2 ZPO.
❏ schon nach dem eigenen Vorbringen des Antragstellers ein Verfügungsgrund nicht besteht. Die behauptete Besorgnis, dass ohne die Anordnung der einstweiligen Verfügung die Verwirklichung des Rechts vereitelt oder wesentlich erschwert würde, § 935 ZPO, ist nicht gerechtfertigt.
❏ ein Verfügungsgrund nicht glaubhaft gemacht ist, § 920 Abs. 2 ZPO.
❏
<Begründung>
❏ weder der Verfügungsanspruch noch der Verfügungsgrund glaubhaft gemacht sind. Die eidesstattliche Versicherung des Antragstellers enthält keine eigene Darstellung der Tatsachen, die glaubhaft gemacht werden. Vielmehr versichert er nur, dass die in der Antragsschrift gemachten Angaben der Wahrheit entsprechen. Eine solche Bezugnahme ist ungenügend und nicht geeignet, als ausreichendes Mittel der Glaubhaftmachung zu dienen (BGH NJW 1988, 2045). Sie ist lediglich eine Parteierklärung ohne Beweiswert.

Die Kostenentscheidung beruht auf § 91 Abs. 1 ZPO, die Streitwertfestsetzung auf §§ 53 Abs. 1 Nr. 1 GKG, 3 ZPO.

Richter(in) am Amtsgericht

Verfügung

1. Ausfertigung des Beschlusses an
   ❏ Antragsteller mit ZU
   ❏ anwaltschaftlichen Vertreter des Antragstellers gem. § 212 a ZPO
2. Kosten

Datum, Unterschrift

19. Formularbeschluss: Dinglicher Arrest – Ablehnung

359 Aktenzeichen: ... C ...... / ...

Amtsgericht <Name>

Beschluss

vom <Datum>

in dem Arrestverfahren
<Personalien Antragsteller>
Prozessbevollmächtigter: Rechtsanwalt <Name>

gegen

<Personalien Antragsgegner>
Prozessbevollmächtigter: <Name>

wegen

hat das Amtsgericht <Gericht> durch Richter am Amtsgericht <Name> beschlossen:
I. Der Antrag vom <Datum> auf Erlass eines dinglichen Arrestes wird zurückgewiesen.
II. Die Kosten des Verfahrens trägt der Antragsteller.
III. Der Streitwert wird auf <Betrag> festgesetzt.

Gründe:

I.

Der Antragsteller beantragt den Erlass eines dinglichen Arrestes mit der Begründung, <Begründung>

II.

❏ Der Antrag ist unzulässig, weil
  ❏ der Antrag nicht an das Gericht der Hauptsache gerichtet ist und im Bezirk des angerufenen Gerichts der Arrest auch nicht zu vollziehen ist, § 919 ZPO.
  ❏ die sachliche Zuständigkeit des Amtsgerichts nach §§ 23 Nr. 1, 71 Abs. 1 GVG nicht gegeben ist. Bei dem nach § 3 ZPO zu bemessenden Sicherungsinteresse beträgt der Streitwert .... € und führt zur Zuständigkeit des Landgerichts.
  ❏ für den Antrag ein Rechtsschutzbedürfnis fehlt. Der Antragsteller hat in der Sache bereits einen Titel, nämlich <Bezeichnung>.
    ○ Er kann daraus die sofortige Zwangsvollstreckung ohne Sicherheitsleistung betreiben.
    ○ Er hat nicht belegt, dass er außer Stande ist, die Sicherheitsleistung zur Zwangsvollstreckung aus dem Titel zu erbringen.

§ 22 Formularbeschlüsse

- ○ Er hat daraus die Möglichkeit der Sicherungsvollstreckung nach § 720a ZPO.
- ❏ ...

<Begründung>

- ❏ Der Antrag ist unbegründet, weil
  - ❏ schon nach dem eigenen Vorbringen des Antragstellers der Arrestanspruch nicht besteht.
  - ❏ der Arrestanspruch nicht glaubhaft gemacht ist, § 920 Abs. 2 ZPO.
  - ❏ schon nach dem eigenen Vorbringen des Antragstellers ein Arrestgrund nicht besteht. Die behauptete Besorgnis, dass ohne die Verhängung des Arrestes die Vollstreckung des Urteils vereitelt oder wesentlich erschwert würde, § 917 Abs. 1 ZPO, ist nicht gerechtfertigt.
  - ❏ ein Arrestgrund nicht glaubhaft gemacht ist, § 920 Abs. 2 ZPO.

<Begründung>

- ❏ weder der Arrestanspruch noch der Arrestgrund glaubhaft gemacht sind. Die eidesstattliche Versicherung des Antragstellers enthält keine eigene Darstellung der Tatsachen, die glaubhaft gemacht werden. Vielmehr versichert er nur, dass die in der Antragsschrift gemachten Angaben der Wahrheit entsprechen. Eine solche Bezugnahme ist ungenügend und nicht geeignet, als ausreichendes Mittel der Glaubhaftmachung zu dienen (BGH NJW 1988, 2045). Sie ist lediglich eine Parteierklärung ohne Beweiswert.

Die Kostenentscheidung beruht auf § 91 Abs. 1 ZPO, die Streitwertfestsetzung auf §§ 53 Abs. 1 Nr. 1 GKG, 3 ZPO.

Richter(in) am Amtsgericht

Verfügung

1. Ausfertigung des Beschlusses an
   - ❏ Antragsteller mit ZU
   - ❏ anwaltschaftlichen Vertreter des Antragstellers gem. § 212a ZPO.
2. Kosten

Datum, Unterschrift

20. Formularbeschluss: Dinglicher Arrest – Anordnung

Aktenzeichen: ... C ...... / ...

Amtsgericht <Name>

Beschluss

vom <Datum>

in dem Arrestverfahren
<Personalien Antragsteller>
Prozessbevollmächtigter: Rechtsanwalt <Name>

gegen

<Personalien Antragsgegner>
Prozessbevollmächtigter: <Name>

wegen

hat das Amtsgericht <Gericht> durch Richter am Amtsgericht <Name> beschlossen:

I. Zur Sicherung der Zwangsvollstreckung wegen <Forderung> des Antragstellers auf Zahlung von <Forderungssumme> nebst <Zinssatz> Zinsen p. a. daraus seit dem <Verzugstermin> und einer Kostenpauschale von <Pauschbetrag> wird der dingliche Arrest in das bewegliche und unbewegliche Vermögen des Antragsgegners angeordnet.

II. Durch Hinterlegung eines Betrags von <Lösungsbetrag> durch den Antragsgegners wird die Vollziehung des Arrestes gehemmt und der Antragsgegner berechtigt, die Aufhebung des vollzogenen Arrestes zu beantragen.

III. ❏ In Vollziehung des Arrestes wird die angebliche Forderung des Antragsgegners gegen <Forderungsschuldner> aus dem <Rechtsverhältnis> in Höhe von <Forderungsbetrag> gepfändet. Der Drittschuldner darf an den Antragsgegner und Schuldner nicht mehr leisten. Der Antragsgegner hat sich jeder Verfügung über die Forderung, insbesondere der Einziehung zu enthalten.

IV. ❏ Die Vollziehung des Arrestes wird davon abhängig gemacht, dass der Antragsteller Sicherheit in Höhe von <Betrag der Sicherheitsleistung> leistet.

V. Die Kosten des Verfahrens trägt der Antragsgegner.

VI. Der Streitwert wird auf <Betrag> festgesetzt.

§ 22 Formularbeschlüsse 271

Gründe:

I.

Der Antragsteller beantragt den Erlass eines dinglichen Arrestes mit der Begründung, <Begründung>

II.

❑ Der zulässige Antrag ist begründet, weil der Antragsteller glaubhaft gemacht hat, dass ihm gemäß <Anspruchsgrundlage> ein Anspruch in Höhe von <Betrag> zusteht. Weiterhin hat er glaubhaft gemacht, dass die Vollstreckung wegen dieses Anspruchs gefährdet wäre. Es besteht die Besorgnis, dass ohne Verhängung des Arrestes die Vollstreckung des Urteils vereitelt oder wesentlich erschwert würde.
  ❍ Danach trifft der Antragsgegner Anstalten, sich ins Ausland abzusetzen.
  ❍ Danach verschleudert und veräußert der Antragsgegner Vermögensgegenstände, um sie dem Zugriff der Gläubiger zu entziehen.
  ❍

Die Anordnung der Sicherheitsleistung zur Vollziehung des Arrestes beruht auf § 921 ZPO, weil der Antragsteller
  ❍ den Arrestanspruch
  ❍ den Arrestgrund
nicht genügend glaubhaft gemacht hat.

Die Anordnung der Abwendungsbefugnis ergibt sich aus § 923 ZPO.

Die Kostenentscheidung beruht auf § 91 Abs. 1 ZPO, die Streitwertfestsetzung auf §§ 53 Abs. 1 Nr. 1 GKG, 3 ZPO.

Richter(in) am Amtsgericht

Verfügung

1. Ausfertigung des Beschlusses an
  ❑ Antragsteller mit ZU
  ❑ Antragsteller durch Aushändigung an der Amtsstelle mit EB
  ❑ anwaltschaftlichen Vertreter des Antragstellers gem. § 212 a ZPO
  ❑ anwaltschaftlichen Vertreter des Antragstellers durch Aushändigung an der Amtsstelle
  mit Zusatz:
  Sie werden darauf hingewiesen, dass Zustellung und Vollzug der einstweiligen Verfügung der Partei selbst obliegen, § 929 Abs. 2 und 3 ZPO. Sie werden weiterhin auf die Einhaltung der Fristen aus § 929 Abs. 2 und 3 ZPO hingewiesen.
2. Kosten

Datum, Unterschrift

21. Formularbeschluss: Persönlicher Arrest – Anordnung

361 Aktenzeichen: ... C ...... / ...

Amtsgericht <Name>

Beschluss

vom <Datum>

in dem Arrestverfahren
<Personalien Antragsteller>
Prozessbevollmächtigter: Rechtsanwalt <Name>

gegen

<Personalien Antragsgegner>
Prozessbevollmächtigter: <Name>

wegen

hat das Amtsgericht <Gericht> durch Richter am Amtsgericht <Name> beschlossen:

I. Zur Sicherung der Zwangsvollstreckung wegen <Forderung> des Antragstellers auf Zahlung von <Forderungssumme> nebst <Zinssatz> Zinsen p. a. daraus seit dem <Verzugstermin> und einer Kostenpauschale von <Pauschbetrag> in das bewegliche und unbewegliche Vermögen des Antragsgegners wird der persönliche Arrest angeordnet.

II. In Vollzug dieses Arrestes wird
  ☐ die Haft gegen den Antragsgegner und Schuldner angeordnet.
  ☐ angeordnet, dass der Gerichtsvollzieher den Antragsgegner und Schuldner zu verhaften und dem Amtsgericht <Bezeichnung> – Vollstreckungsgericht zur Ableistung der eidesstattlichen Versicherung nach § 807 ZPO vorzuführen hat.
  ☐ angeordnet, dass der Antragsteller und Schuldner den ihm gehörenden Personalausweis/Reisepass an den Gerichtsvollzieher abzuliefern hat, der diesen bei der Geschäftsstelle des Gerichts der Hauptsache hinterlegen soll.
  ☐ dem Antragsgegner und Schuldner folgende Freiheitsbeschränkung auferlegt:
    ☐ Er hat sich wöchentlich am <Datum> zwischen <Uhrzeit> bei der örtlich zuständigen Meldebehörde zu melden und die hierüber ausgestellte Bescheinigung dem Gericht der Hauptsache vorzulegen.
  ☐ Die Vollziehung des Arrestes wird davon abhängig gemacht, dass der Antragsteller Sicherheit in Höhe von <Sicherheitssumme> leistet.

III. Durch Hinterlegung eines Betrags von <Lösungsbetrag> durch den Antragsgegners wird die Vollziehung des Arrestes gehemmt und der Antragsgegner berechtigt, die Aufhebung des vollzogenen Arrestes zu beantragen.
IV. Die Kosten des Verfahrens trägt der Antragsgegner.
V. Der Streitwert wird auf <Betrag> festgesetzt.

Gründe:

I.

Der Antragsteller beantragt den Erlass eines persönlichen Arrestes gegen den Antragsgegner mit der Begründung, <Begründung>

II.

Der zulässige Antrag ist begründet, weil der Antragsteller glaubhaft gemacht hat, dass ihm gemäß <Anspruchsgrundlage> ein Anspruch in Höhe von <Betrag> zusteht. Weiterhin hat er glaubhaft gemacht, dass die Voraussetzungen für die Anordnung eines persönlichen Arrestes gegeben sind, § 918 ZPO. Die Arrestanordnung ist erforderlich, um die gefährdete Zwangsvollstreckung in das Vermögen des Antragsgegners und Schuldners zu sichern. Es wurde glaubhaft gemacht, dass
❏ die Haft erforderlich ist, um den Antragsgegner und Schuldner am Wegschaffen von Vermögensgegenständen zu hindern.
❏ Es erscheint unter Berücksichtigung des Grundsatzes der Verhältnismäßigkeit auszureichen, an Stelle der Haft die freiheitsbeschränkenden Auflagen anzuordnen, da sie geeignet erscheinen, den Zweck des persönlichen Arrestes in gleicher Art und Weise zu erreichen.
❏ die zwangsweise Vorführung des Antragsgegners und Schuldners durch den Gerichtsvollzieher vor das zuständige Amtsgericht zur Ableistung der eidesstattlichen Versicherung erforderlich ist, weil ansonsten die Zwangsvollstreckung in das Vermögen des Schuldners gefährdet wäre.
❏

Die Anordnung der Sicherheitsleistung zur Vollziehung des Arrestes beruht auf § 921 ZPO, weil der Antragsteller
❏ den Arrestanspruch
❏ den Arrestgrund
nicht genügend glaubhaft gemacht hat.

Die Anordnung der Abwendungsbefugnis ergibt sich aus § 923 ZPO.

Die Kostenentscheidung beruht auf § 91 Abs. 1 ZPO, die Streitwertfestsetzung auf §§ 53 Abs. 1 Nr. 1 GKG, 3 ZPO.

Richter am Amtsgericht

Verfügung

1. Ausfertigung des Beschlusses an
   ❑ Antragsteller mit ZU
   ❑ Antragsteller durch Aushändigung an der Amtsstelle mit EB
   ❑ anwaltschaftlichen Vertreter des Antragstellers gem. § 212 a ZPO
   ❑ anwaltschaftlichen Vertreter des Antragstellers durch Aushändigung an der Amtsstelle mit **Zusatz**:
   Sie werden darauf hingewiesen, dass Zustellung und Vollzug der einstweiligen Verfügung der Partei selbst obliegen, § 929 Abs. 2 und 3 ZPO. Sie werden weiterhin auf die Einhaltung der Fristen aus § 929 Abs. 2 und 3 ZPO hingewiesen.
2. Kosten

Datum, Unterschrift

Stichwortverzeichnis

Die Zahlen beziehen sich auf die Randnummern.

A
Abschiebungshaft
- Abschiebungsfrist 126
- Absehen von Anhörung 138–140
- Amtsermittlungsgrundsatz 137
- Anhörung des Betroffenen 138
- Anhörung Sonstiger 140
- Anhörungspflicht 138
- Antragsberechtigte 136
- Antragsverfahren 136
- Anwendungsbereich, persönlicher 123
- Anwendungsbereich, sachlicher 124
- Asylantrag 129
- Asylfolgeantrag 131
- Asylzweitantrag 131
- Bekanntmachung 144
- Der praktische Fall 150
- Eilzuständigkeit 135
- Einleitung 122
- Einstweilige Anordnung 142
- Entscheidung 142
- Festnahmeanordnung 137
- Formularbeschluss 347
- Fristsetzung 142
- Haftgründe 125
- Hafthindernisse 129
- Kostenentscheidung 143
- Ladungsfrist 137
- Nichtöffentliche Sitzung 141
- Niederschrift 141, 150
- Prüfungsumfang 128
- sicherer Drittstaat 130
- Sicherungshaft 147
- Sitzungsverlauf 141
- Tenorierung 142
- Undurchführbarkeit 132
- Verfahrensantrag 136
- Verfahrenspfleger 139
- Verhältnismäßigkeitsgrundsatz 127
- Vollzug 145
- Vorbereitungshaft 146
- vorläufige Festnahme 137
- Zurückschiebungshaft 149
- Zurückweisungshaft 148
- Zuständigkeit, örtliche 135
- Zuständigkeit, sachliche 134
- Zweck der Maßnahme 122

Arrest
- Abgrenzung 305
- allg. Prozessvoraussetzungen 308
- Antrag 309, 334
- Arrestanspruch 335
- Arrestgrund 311, 335
- Bekanntmachung 318
- Beschluss 337
- Beweismittel 312
- Einlassungsfrist 316
- Einleitung 304
- Entscheidung 337
- Entscheidung allg. 317
- Formularbeschluss 360
- Formularbeschluss Ablehnung 359
- Formularbeschluss pers. Arrest 361
- Gesuch 334
- Glaubhaftmachung 312
- Ladungsfrist 316
- persönlicher Arrest 338
- Rechtsschutzbedürfnis 336
- Schutzschrift 304
- Sequestration 331
- Sicherheitsleistung 315
- Streitwert 306
- Verfahren 316
- Vollstreckungsgefährdung 335
- Zuständigkeit, örtliche 307
- Zuständigkeit, sachliche 306
- Zustellung 318

AufenthG
- s. Abschiebungshaft 122

B
Bereitschaftsdienst
- Amtshaftung 18
- Änderungen 1
- Antragserfordernis 14
- Antragsverfahren 14

– Ausstattung 9
– Beschlagnahmen 5
– Dienst zur Nachtzeit 8
– Dokumentationspflicht 14
– Durchsuchung von Personen 5
– Einführung 1
– Eingriffsmaßnahmen 5
– Entscheidungsform 16
– Erreichbarkeit 2, 7
– Fortbildungspflicht 10
– Gefahr in Verzug 14
– Geschäftsverteilungsplan 6, 10
– gesetzlicher Richter 12
– Haftung 18
– Innenhaftung 20
– Konzentration 6
– mündliche Anordnung 16–17
– Personal 9
– Pool-Lösung 6
– Präsidium 10
– Prüfungsumfang 15
– Richter am Landgericht 11
– Richter auf Probe 13
– Richterprivileg 18
– Richtervorbehalt 5, 7
– Richtervorbehalt allg. 3
– Richtervorbehalt nach StPO 3
– Sicherheitsleistung 5
– Unterstützungsbereich 9
– Zentralisierung 6
– Zuständigkeit 12
Beschlagnahme
– Beratungsstellen 273
– Beschlagnahmefreiheit 272, 278
– Beschluss 282
– Besonderheiten 272
– Bestimmtheitsgrundsatz 275
– Bundestagsabgeordnete 280
– Elektronische Speichermedien 274
– Entscheidung 282
– Heilberufe 273
– Intimbereich 279
– Medienmitarbeiter 273
– Persönlichkeitsrecht 279
– Richtervorbehalt 282
– Verteidigerunterlagen 278
– Zeugnisverweigerungsrecht 272
– Zweck der Maßnahme 271
Betreuerbestellung
– Auswahl der Person 192
– vorläufige 191
Beweiserhebungsverbot
– absolutes Verbot 252

– Allgemeines 251
– Ausnahme 254
– relatives Verbot 253
Beweisverwertungsverbot
– s. Beweiserhebungsverbot 251
Bürg.-rechtl. Unterbringung
– Amtsermittlungsgrundsatz 184
– Anhörungspflicht 184
– Anhörungsvermerk 193
– Anordnung nach § 1846 BGB 178
– Anwendungsbereich, persönlicher 176
– Anwendungsbereich, sachlicher 177
– Ärztliches Zeugnis 185
– Bekanntmachung 189
– Betreten der Wohnung 190
– Der praktische Fall 193
– Einführung 174
– Einstweilige Anordnung 186
– Einwilligung 184
– Entscheidungsinhalt 187
– Formularbeschluss 346
– Freiheitsentziehung 179
– Gefahr in Verzug 175
– Genehmigung 178
– Genehmigungsvoraussetzungen 179
– Gesundheitsschädigung 179
– Gewaltanwendung 190
– Kausalität 179
– Kosten 187
– Krankheit, Behinderung 179
– Maßnahme nach § 1846 BGB 180, 188
– Minderjährige 194
– ohne Betreuer 175
– Verfahrensanregung 183
– Verfahrensantrag 183
– Verfahrensgrundsätze 185
– Verhältnismäßigkeit 179
– Vollzug 190
– Vorläufige Betreuerbestellung 191
– Zuständigkeit, örtliche 182
– Zuständigkeit, sachliche 181

D
Der praktische Fall
– Abschiebungshaft 150
– Einstweilige Verfügung 332
– GewSchG, Unterlassungsanordnung 224
– GewSchG, Wohnungszuweisung 242
– Haftbefehlseröffnung 69
– Haftvorführung 56
– Unterbringung Erwachsener 193
– Unterbringung Minderjähriger 203
– Unterbringung nach Öff. Recht 121

Stichwortverzeichnis

- Unterbringung nach StPO 78
- Vorführung bei Europ. Haftbefehl 88

Durchsuchungsmaßnahmen
- Berufsgeheimnisträger 267
- Beschluss 283
- Beschuldigter 266–267
- Durchsuchungsobjekte 266
- Entscheidung 283
- Formularbeschluss 354
- Haftbefehl 277
- Kombinationsbeschluss 275
- Mitgewahrsam 268
- Nachtzeit 276
- Nichtverdächtiger 270
- Presseangehörige 281
- Richtervorbehalt 282
- Verdächtiger 267
- Wohnungsbegriff 266

E
Eidesstattliche Versicherung 313
- Absehen von 315
- Entbehrlichkeit 315
- Mittel der Glaubhaftmachung 313

Eingriffsmaßnahmen
- Antragsberechtigte 249
- Antragsverfahren 247
- Beschlagnahme 271
- Beschuldigtenbegriff 244
- Beweiserhebungsverbote 251
- Beweisverwertungsverbote 251
- Durchsuchung 266
- Durchsuchung bei Presseangehörigen 269
- Durchsuchung beim Nichtverdächtigen 270
- Durchsuchung beim Verdächtigen 267
- Einführung 243
- Entscheidungsform 255
- Notbeweisaufnahme 248
- Notstaatsanwalt 248
- Prüfungskompetenz 250
- Untersuchung d. Beschuldigten 258
- Untersuchung d. Geschädigten 259
- Untersuchung d. Zeugen 259
- Untersuchung Dritter 260
- Zuständigkeit, örtliche 245
- Zuständigkeit, sachliche 246

Einsatz technischer Mittel
- Anordnungskompetenz 289
- Beschuldigter 288
- Dritte 288
- Eingriffsschwelle 285

- großer Lauschangriff 286
- kleiner Lauschangriff 287
- Zweck 284

Einstweilige Verfügung
- Abgrenzung 305
- allg. Prozessvoraussetzungen 308
- Antrag 309, 322
- Bekanntmachung 318
- Belegenheitsort 307
- Besonderheiten 328
- Beweismittel 312
- Dringlichkeit 326
- eidesstattl. Versicherung 312
- Einlassungsfrist 316
- Einleitung 304
- Entscheidung 326
- Entscheidung allg. 317
- Ermessen 327
- Formularbeschluss Ablehnung 358
- Gesuch 322
- Glaubhaftmachung 312
- Kostenentscheidung 327
- Ladungsfrist 316
- Leistungsverfügung 330
- Mietrechtsfall 332
- Ordnungsmittel 327
- Rechtsschutzbedürfnis 325
- Regelungsverfügung 329
- Schutzschrift 304
- Sequestration 331
- Streitwert 306
- verbotene Eigenmacht 330
- Verfahren 316, 320
- Verfügungsanspruch 323
- Verfügungsgrund 311, 324
- Vollstreckungsanordnung 319
- Zuständigkeit 321
- Zuständigkeit, örtliche 307
- Zuständigkeit, sachliche 306
- Zustellung 318
- Zwangsbereitschaft 307

Einstweilige Unterbringung
- s. Bürg.-rechtl. Unterbringung 174
- s. Öff.-rechtl. Unterbringung 89
- s. Strafprozessuale Unterbringung 71
- Unterbringungsvoraussetzungen 90

Europäischer Haftbefehl
- Anwendungsbereich, persönlicher 80
- Anwendungsbereich, sachlicher 81
- Belehrungen 83–84
- Der praktische Fall 88
- Einführung 79
- Entscheidungen 86

Stichwortverzeichnis

- Festhalteanordnung 85–86
- Rechtsbehelfsbelehrung 85
- Spezialitätsgrundsatz 84
- vereinfachte Auslieferung 84
- Verfahrensablauf 83
- Vernehmung 83
- Vollzug 87
- Zuständigkeit, örtliche 82
- Zuständigkeit, sachliche 82

F
Formularbeschlüsse
- Abschiebungshaft 347
- Bürg.-rechtl. Unterbringung 346
- dingl. Arrest 360
- dingl. Arrest, Ablehnung 359
- Durchsuchungsbeschluss 354
- einstw. Verfügung, Ablehnung 358
- Festhalteanordnung 344
- Gewaltschutzgesetz, Unterlassung 349, 350
- Haftbefehl 341
- Haftverschonung 342
- Observation 357
- pers. Arrest 361
- Polizeigewahrsam 348
- TKÜ-Überwachung 355
- TKÜ-Verbindungsdaten 356
- Unterbringung nach öff. Recht 345
- Unterbringung nach StPO 343
- Untersuchung d. Beschuldigten 352
- Untersuchung Nichtbeschuldigter 353
- Wirksamwerden d. Entscheidung 348
- Wohnungszuweisung 351

G
Gewaltschutzgesetz
- Allgemeines 173
- Anordnungsmöglichkeiten 228
- Anspruchsgrundlage 204
- Anwendungsbereich 204
- Anwendungsbereich, persönlicher 206
- Anwendungsbereich, sachlicher 207
- Befristung 229
- Bekanntmachung 222, 230
- Deeskalationshaft 205
- Der praktische Fall 224, 242
- Eheleute 234
- Einleitung 204
- einstweilige Anordnung 215–219
- einstweilige Verfügung 225, 226
- Entscheidung 218
- Entscheidungsinhalt 228
- Familiengericht 209
- gemeinsamer Haushalt 208
- Generalnorm 173
- Gerichtsvollzieher 223, 232
- Hauptsacheantrag 216
- Kostenentscheidung 221
- Länderbestimmungen 173
- Polizeirecht der Länder 173
- Prozesskostenhilfeantrag 217
- Regelungsbedürfnis 205
- Scheidungsantrag 216
- sofortige Wirksamkeit 222
- Spezialnormen 173
- Streitwert 212
- unmittelbarer Zwang 232
- Verbote 228
- Verfahren 234
- Verfahren, Familiensachen 211
- Verfahren, Zivilsachen 214
- Verfahrensfragen 208
- Vollstreckung 223, 231
- Vollziehung vor Zustellung 220
- vorläufiger Rechtsschutz 205
- Wiederholungsgefahr 228
- Zivilgericht 212
- Zuständigkeit, örtliche 210, 213
- Zuständigkeit, sachliche 209–212
- – Entscheidung 235
- – Wohnungszuweisung 233

Glaubhaftmachung 312, 315
- einstw. Verfügung 312
- gesetzliche Vermutung 314
- Sicherheitsleistung 315

H
Haftbefehl
- Antragsdelikt 24
- Bagatelldelikt 24
- Beschleunigungsgrundsatz 36
- Beweislage 35
- Haftgrund Flucht, Verborgenhalten 28
- Haftgrund Fluchtgefahr 29
- Haftgrund Tatschwere 32
- Haftgrund Verdunkelungsgefahr 31
- Haftgrund Wiederholungsgefahr 33
- Haftgründe 27
- Jugendliche 23, 30
- Privatklagedelikt 24
- Schwerkriminalität 32
- Strafbestimmungen 34
- Straftat 25
- Tatverdacht 26
- Verhältnismäßigkeit 36

Stichwortverzeichnis

- Voraussetzungen 25
Haftbefehlseröffnung
- Einführung 61
- Haftentscheidung 66
- Haftvollzug 68
- Haftvorführung 64
- nächstes Amtsgericht 67
- Niederschrift 69
- praktischer Fall 69
- Prüfungskompetenz 66
- Verfahrensablauf 65
- Vollzug 68
- Vorführungsfrist 63
- Zuständigkeit 62
Haftbefehlsverfahren
- Antragserfordernis 38
- Anwendungsbereich, persönlicher 23
- Anwendungsbereich, sachlicher 24
- Anwesenheitsberechtigte 40
- Befragung zu Nr. 3 UVollzO 51
- Belehrungen 44
- Benachrichtigungen 48
- Dolmetscher 41
- Eilentscheidung 38
- Einleitung 21
- Entscheidungen 47
- Formularbeschluss 342
- Gerichtsstand 37
- Haftbefehl 53
- Haftbefehlsantrag 46
- Haftentscheidung 66
- Haftverschonung 54
- Haftvorführung 64
- Konsulatsbenachrichtigung 49
- nächstes Amtsgericht 67
- Rechtsbehelfsbelehrung 52
- Tatvorwurfseröffnung 43
- Unterbringungsverfahren 22
- Verfahrensablauf 65
- Vernehmung zur Person 42
- Vernehmung zur Sache 45
- Vernehmungsfrist 39
- Vollzug 55
- Vorführungsfrist 39, 63
- WÜK 49
- WÜK-Belehrungswortlaut 50
- Zuständigkeit 37, 62
Haftgrund
- Flucht 28
- Fluchtgefahr 29
- Jugendlicher, Fluchtgefahr 30
- Schwerkriminalität 32
- Sichverborgenhalten 28

- Tatschwere 32
- Verdunkelungsgefahr 31
- Wiederholungsgefahr 33
Haftvorführung
- Antragsverfahren 38
- Anwesenheitsberechtigte 40
- Belehrungen 44
- Dolmetscher 41
- Entscheidung 47
- Haftbefehlsantrag 46
- Haftbefehlserlass 53
- Haftverschonung 54
- Haftvollzug 55
- Niederschrift 56
- praktischer Fall 56
- Rechtsbehelfsbelehrung 52
- Tatvorwurfseröffnung 43
- Vernehmung zur Person 42
- Vernehmung zur Sache 45
- Vernehmungsfrist 39
- Verteidigerkonsultationsverlangen 44
- Vorführungsfrist 39
- Zuständigkeit 37

I
Ingewahrsamnahme
- s. Polizeigewahrsam 151

O
Observation
- Bestätigungspflicht 301
- längerfristige 299
- Richtervorbehalt 301 f.
- Voraussetzungen 300
- Zweck 299
Öff.-rechtl. Unterbringung
- Absehen von Anhörung 107
- Amtsermittlungsgrundsatz 104
- Anhörungsvermerk 111
- Antragsrecht 95
- Antragsverfahren 102
- Anwendungsbereich 89
- Anwendungsbereich, örtlicher 101
- Anwendungsbereich, persönlicher 91
- Anwendungsbereich, sachlicher 92
- Anwesenheitsberechtigte 109
- Anzuhörende 108
- ärztliche Eingriffe 120
- Ärztliches Zeugnis 105
- Befristung 115
- Begründung 116
- Behörden 95
- Bekanntmachung 117–118

- Betreute 94
- Beweislage 97
- Der praktische Fall 121
- Einführung 89
- Einstweilige Anordnung 112
- Entscheidung 112
- Formularbeschluss 345
- Freiwilligkeitserklärung 93
- Gefahr in Verzug 113
- gesetzlich Vertretene 94
- Kinder 94
- Kosten 116
- Niederschrift 111
- Subsidiarität 94
- Suchtkranke 98
- Suizidgefahr 99
- Unterbringungsart 114
- Verfahrensfähigkeit 103
- Verfahrenspfleger 110
- Vollzug 119
- Voraussetzungen 96
- Zuständigkeit, sachliche 100
- Zwangsbehandlung 119

P
Persönlicher Arrest 338
- s. Arrest, persönlicher Arrest 338
Polizeigewahrsam
- Amtsermittlungsgrundsatz 158
- Anhörung Betroffener 159
- Antragsverfahren 157
- Anwendungsbereich, persönlicher 152
- Anwendungsbereich, sachlicher 153
- Aufgabenbereich 153
- Aufklärungspflicht 158
- Bekanntmachung 168
- Beschwerdeberechtigte 170
- Einführung 151
- Entlassung vor Entscheidung 166
- Entscheidungsinhalt 167
- Ermessensentscheidung 156
- Feststellung Rechtswidrigkeit 172
- Formularbeschluss 348
- Freiheitsbeschränkung 151
- Freiheitsentzug 151
- FreihEntzG 157
- Gefahrenbegriff 165
- Gefahrenprognose 165
- gerichtliche Entscheidung 166
- Gewahrsamsbegriffe 154
- Gewaltschutzgesetz 154, 173
- Höchstdauer 167
- öff. Ordnung 153
- öff. Sicherheit 153
- Platzverweisung 155
- Rechtsbehelfe 169
- Schadensbegriff 165
- Schutzgewahrsam 154
- Sicherungsgewahrsam 154
- Sofortige Beschwerde 170
- Verfahrensablauf 159
- Verfahrenspfleger 160
- Verfahrensvorschriften 157
- Verhältnismäßigkeitsgrundsatz 156, 165
- Vertrauensperson 162
- Vollzug 168
- Voraussetzungen 153
- weitere Beschwerde 171
- Wirksamwerden d. Entscheidung 167
- Zuständigkeit, örtliche 164
- Zuständigkeit, sachliche 163

R
Richterliche Entscheidung
- Begründungspflicht 16
- Beschlussform 16
- Dokumentationspflicht 17
- Mündliche Anordnung 17
- Rechtliches Gehör 16

S
Sicherheitsarrest
- s. Arrest, persönlicher Arrest 338
Sicherungshaft
- s. Abschiebungshaft 122
- s. Zurückschiebungshaft 122
Strafprozessuale Maßnahmen
- s. Eingriffsmaßnahmen 243
Strafprozessuale Unterbringung
- Anwendungsbereich 72
- Der praktischer Fall 78
- Einführung 71
- Unterbringungsbeschluss 76
- Unterbringungsvoraussetzungen 73
- Verfahren 75
- Vollzug 77
- Zuständigkeit, örtliche 74
- Zuständigkeit, sachliche 74

T
TK-Maßnahmen
- Abhörmaßnahmen 284
- Aufzeichnung 290
- Beschlagnahme 297
- Beschluss 303
- Beschlussinhalt 303

Stichwortverzeichnis 281

- E-Mails 296
- Entscheidung 303
- Formularbeschluss 355, 356
- Funkzellenabfrage 295
- IMSI-Catcher 294
- Online-Durchsuchung 298
- Richtervorbehalt 302
- Überwachung 290
- Verbindungsdaten 284
- Verkehrsdaten 291 f.
- Zielwahlsuche 293
- Zweck 284

U
Unterbringung
- Anhörung 106
- s. Bürg.-rechtl. Unterbringung 174
- s. Öff.-rechtl. Unterbringung 89
- s. Strafproz. Unterbringung 71

Unterbringung Minderjähriger
- Abgrenzungsfragen 201
- Anwendungsbereich, persönlicher 195
- Anwendungsbereich, sachlicher 196
- Der praktische Fall 203
- Einführung 194
- Genehmigungsverfahren 197
- SGB VIII 201
- Verfahrensanregung 200
- Vollzug 202
- Zuständigkeit, örtliche 199
- Zuständigkeit, sachliche 198

Untersuchungshaft
- Befragung zu Nr. 3 UVollzO 51
- Benachrichtigungen 48
- Eigenbenachrichtigung 48
- Haftbefehl 53

- Haftverschonung 54
- Konsulatsbenachrichtigung 49
- Rechtsbehelfsbelehrung 52
- WÜK-Belehrungswortlaut 50

Untersuchungsmaßnahmen
- Arztwunsch 256
- Beschluss 264
- Beschuldigter 257–258
- Beweissicherung 263
- Blutprobe 264
- Dritte 260
- Entscheidung 264
- Formularbeschluss 352
- Geschädigter 259
- Gesundheitsnachteil 261
- Minderjährige 263
- Richtervorbehalt 264
- Verweigerungsrecht 262
- Zeuge 259

W
Wohnungszuweisung
- s. auch Gewaltschutzgesetz 233
- Anspruchsgrundlage 233
- Ausschlussgründe 236
- Befristung 238
- Bekanntmachung 240
- Eheleute 234
- Entscheidung 235
- Formularbeschluss 351
- Kündigung 239
- Überlegungsfrist 236
- Veräußerung 239
- Vollstreckung 241
- vorläufiger Rechtsschutz 237